科学版精品课程立体化教材·经济学系列

制度经济学

主　编　董景荣
副主编　范　波　黄　波　李宇雨

科学出版社
北　京

内 容 简 介

本书共分九章，着重对制度经济学概论、产权理论、交易成本理论、契约理论、企业理论、国家理论、制度变迁理论、法律的经济分析及马克思的制度经济学思想等方面进行系统的介绍。在内容上将重点放在制度经济学的共识性概念、知识和应用上，并且尽量避免与经济、管理课程体系中其他课程内容重复。写作上每章采用案例导入，概念和知识点结合案例与例子进行说明，帮助读者理解和掌握。

本书既可以作为高等院校经济学、管理学、法学、政治学和社会学等本科生、研究生及MBA的教材和参考书，也可以作为政府机关、企事业单位管理人员的阅读参考用书。

图书在版编目（CIP）数据

制度经济学/董景荣主编. —北京：科学出版社，2015.1
科学版精品课程立体化教材·经济学系列
ISBN 978-7-03-042485-3

Ⅰ.①制…　Ⅱ.①董…　Ⅲ.①制度经济学－高等学校－教材
Ⅳ.①F091.349

中国版本图书馆CIP数据核字（2014）第268210号

责任编辑：方小丽／责任校对：鲁　素
责任印制：赵　博／封面设计：蓝正设计

科学出版社出版
北京东黄城根北街16号
邮政编码：100717
http://www.sciencep.com

中煤（北京）印务有限公司印刷
科学出版社发行　各地新华书店经销
*
2015年1月第一版　开本：787×1092　1/16
2026年1月第四次印刷　印张：18 1/2
字数：438 000

定价：39.00元

（如有印装质量问题，我社负责调换）

前　言

新古典经济学认为，在完全竞争市场中，资源可以通过“看不见的手”达到最优配置。事实上，现代经济是个复杂的演化系统，制度则是这个系统得以有效运行的保障。制度保护个人的自由领域，限制经济活动中的机会主义行为，缓和或避免冲突，推动社会分工，促进经济繁荣。不仅经济增长依赖制度，甚至连人类生存也依赖正确的制度和支撑这些制度的基本价值观，如我国的计划生育法、养老制度等。

近年来，制度的重要性得到越来越多的关注和认可。首先，成熟工业经济国家对经济的干预日益增加，资本主义制度下的传统经济秩序日趋衰微，而这些国家面临着创新减缓、增长放慢和新就业机会减少等问题，从而导致了对政府公共政策的质疑和经济改革尝试（如解除管制）的呼吁。与此同时，新兴工业国家和不发达经济体的观察家也发现，传统经济增长理论未能涉及经济发展中一些本质问题，尤其是未涉及实现经济繁荣和安全的制度安排。其次，随着全球经济一体化的发展，国际竞争日益激烈。国际竞争在很大程度上就是不同制度系统间的竞争，一些规则系统在竞争中被证明是成功的，因此，在竞争中落后的国家开始对成功国家的制度进行效仿。

由于制度在经济实践中的重要性得到广泛认同，传统主流经济学（如新古典经济学）无法对此加以诠释，制度经济学则填补了这一理论空缺，因而在近几十年来得到迅猛发展。制度经济学重视对非市场因素的分析，诸如制度因素、法律因素、历史因素、社会和伦理因素等，其中尤以制度因素为甚，强调这些非市场因素是影响社会经济生活的主要因素。以制度作为视角，研究“制度”和分析“制度因素”在社会经济发展中的作用。这一研究方法论的核心在于，不是以任何客观指标来衡量经济活动，而是立足于个人之间的互动来理解经济活动。

虽然制度经济学得到空前发展，已跻身主流经济学，出现一大批获诺贝尔经济学奖的学者，如哈耶克（1974 年）、科斯（1991 年）、诺思（1993 年）、威廉姆森（2009 年）等，国内外也出版了一大批制度经济学的学术专著，但是仍然缺乏一本令人满意的制度经济学入门教材。本书则对此进行尝试并力图实现突破。

本书由来自各种不同背景的初学制度经济学的人士编写，因此，本书的编写宗旨是，提供基本的、系统的经济学思维模式和结构化的、实用的经济分析方法，以训练读者解释现实中的经济学现象，解读、把握政府及各类组织的政策、法律及规章制度的能力。

本书按照制度经济学中的几大要素，包括交易成本理论、产权理论、契约理论、企业理论、制度变迁理论、法律的经济学分析及马克思的制度经济学思想等进行章节划分，以此作为明确的理论框架对制度经济学学科主流进行概括和综合，使读者能够对制度经济学形成一个系统、全面的认识。

本书是在参考国际国内有关文献的基础上写成的，力求涉及制度经济学所包含的一些基本领域的知识。一方面，重点放在制度经济学领域共识性的基本概念、基础知识和基本方法上，注重应用性和操作性，适当介绍制度经济学的新概念、新技术和新方法，避免非共识、探索性和深奥的内容；另一方面，尽量避免与经济、管理专业其他课程如西方经济学、微观经济学、宏观经济学等内容重复。

本书注重理论与实践的结合，每章的内容采用案例导入方式引出本章的背景和主要问题。结合主要的概念、知识点和方法，应用案例和例子进行说明，以辅助读者理解和掌握相关的理论知识。在章后给出相应的思考题，帮助读者理解本章知识。

本书由董景荣、黄波、李宇雨和范波编写，其中，董景荣负责第 1 章和第 7 章的编写及全书理论框架的构建和统稿，黄波负责第 2～4 章的编写，李宇雨负责第 5、6、8 章的编写，范波负责第 9 章的编写。本书的编写和出版得到重庆师范大学、重庆大学和科学出版社的大力支持，在此表示衷心感谢！

编者在编写本书的过程中参考了大量文献，已尽可能地列在书后的参考文献中，但其中仍难免有遗漏；特别是一些资料经过反复引用已难以查实原始出处，这里特向被漏列文献的作者表示歉意，并向所有的作者表示诚挚的谢意！

由于编者水平有限，加之时间仓促，书中难免有不足之处，恳请读者予以批评指正。

编　者

2014 年 12 月

目　　录

第1章　制度经济学概论

引导案例

七个和尚分粥的故事

从前有座寺庙，庙中有七个和尚。这七个和尚每天都要分食一锅粥，但又没有标准的度量工具，于是他们先后采取了一系列办法，试图公平合理地解决斋饭的分配问题。

刚开始，由方丈指定一名僧人专门负责分粥事宜。大家很快发现，这名僧人碗里的粥最多、最稠。于是又换了一名僧人，结果总是主持分粥的僧人占便宜。

为了解决这个问题，方丈决定由专人负责分粥改为大家轮流主持分粥，每个僧人一天。这样以来，似乎谁都不吃亏，但每个僧人在一周中只有一天能吃得饱且有剩余，其余六天都要饿肚皮。

分工专人负责制和轮流分粥制既然不可取，方丈就让大家推举一位信得过的老僧主持分粥。这位德高望重的僧人，起初还能公平分配，但过了一段时间，便开始为自己和自己宠幸的徒儿多分。

在道德和修行也靠不住的情况下，他们又决定对分粥的体制进行改革。选举一个“分粥委员会”和一个“监督委员会”，形成类似于今天的监督和约束机制。这个机制运行一个阶段后，公平基本上做到了，可是由于监督委员对分粥方案常常会提出各种各样的挑剔，分粥委员会又据理力争，待达成一致时再分粥，粥就变凉了。

最后，他们改为每个僧人轮流值日分粥，但负责分粥的那个僧人必须最后一个领粥。令人惊奇的是，在这种制度下，七只碗的粥每次都几乎一样多，就像用科学仪器量过一样。这是因为每个主持分粥的人都认识到，如果七只碗里的粥不一样，确定无疑他将享用分量最少的那碗，从此和尚们都能够均等地吃上热粥。

同样是七个人，不同的分配制度，导致不同分配的效果。第一种制度造成“权力导致腐败，绝对的权力，导致绝对的腐败”（阿克顿《自由和权力浅说》）。第二种制度从总体上看固然平等，但造成轮流腐败和资源浪费。第三种制度的运行结果表明，道德的约束力具有一定的局限性。第四种制度的运行结果说明，权力多元化造成利益分歧，从而产生对抗和内耗，降低工作效率。第五种制度下，如果分配不均，则利益受损者必然是分配者本人。

这则案例表明，任何社会或组织要取得良好的运行效果和较高的工作效率，就需要一种科学合理的制度加以保障。如何制定这样一种制度，是每位领导者和成员需要考虑的问题。

1.1 制度基础知识概述

在人类社会中，任何个人、组织或社团都生存在特定的制度网络中，受其束缚和制约。没有制度，人类就无异于动物，或永远处于茹毛饮血时代。审视人类漫长的发展史，可以清楚地看到，是制度维系了人类的生存与发展，推动了社会文明与进步。那么，到底什么是制度呢？西方制度经济学家对此进行了比较深入的研究，得出了比较成熟的理论，本节将对制度的一些基础知识进行介绍。

1.1.1 制度的内涵

对制度的一般性理解①②有以下几种。

人们基于自身的经验和理论结构，对制度的理解不尽相同，有人视其为“自然习俗”，有人视其为“集体控制个人行动”，有人视其为“构建人类相互行为的人为设定的约束”。在学术界，制度被公认为是人类行为的规范，但对制度的定义却各有不同。

在我国战国时期，思想家和改革家商鞅就有关于制度和国家治理的相关论述。《商君书·壹言》中写道：“凡将立国，制度不可不察也，治法不可不慎也，国务不可不谨也……制度时，则国俗可化而民从制；治法明，则官无邪……”这里的制度还主要指一些礼、俗等，但从其发挥教化和规范臣民的作用来看，是和现代“制度”的作用相一致的。

美国政治哲学家罗尔斯从政治学的角度表示：“我们把制度理解为一种公开的规范体系。”美国旧制度学派经济学家凡勃伦认为：“制度，实质上就是个人或社会对有关的某些关系或某些作用的一般思想习惯，而生活方式所构成的是，在某一时期或社会发展的某一阶段通行的制度的总和。因此，从心理学方面来说，可以概括地把它说成是一种流行的精神状态或流行的生活理论。说到底，可以归纳为性格上的一种流行类型。”

诺贝尔经济学奖获得者、美国新制度经济学代表人物诺思认为：制度是一种社会博弈规则，是人们所创造的用以限制人际交往行为的框架。他将博弈规则分为两大类：正式规则（宪法、产权制度和合同）和非正式规则（规范和习俗）。正式规则与非正式规则会相互影响。例如，当从国外借鉴良好的正式规则时，若本土的非正式规则因惯性而一时难以改变，新的正式规则和旧的非正式规则势必产生冲突，从而导致借鉴来的制度无法实施或奏效。

日本新制度经济学家青木昌彦从博弈论的角度出发概括了学者们对制度的三种定义，并提出了自己的定义。他指出，关于制度有三种方式的定义：一是把制度定义为博弈的参与者，尤其是组织；二是把制度定义为博弈的规则；三是把制度定义为博弈的均衡解。他本人倾向于第二种定义，但提出了修正意见，把制度定义为关于博弈如何进行

---

① 石建社．1998. 制度内涵与制度变迁．山西财经大学学报，(2)：16-19.

② 张旭昆．2002. 制度的定义与分类．浙江社会科学，(6)：3-9.

的共有信念的一个自我维系系统。制度的本质是对均衡博弈路径显著和固定特征的一种浓缩性表征，该表征被相关域几乎所有参与人所感知，认为是与他们策略决策相关的。这样，制度就以一种自我实施方式制约着参与人的策略互动，并反过来又被他们在连续变化环境下的实际决策不断再生产出来①。

在新制度经济学派中，舒尔茨的定义得到人们普遍接受："制度是一种行为规则，这些规则涉及社会、政治及经济行为。例如，它们包括管束结婚与离婚的规则，支配政治权力的配置与使用的宪法中所内含的规则，以及确立由市场或政府来分配资源与收入的规则。"在舒尔茨看来，制度是为经济提供服务的。他将制度分为以下几类：①用于降低交易成本的制度，如货币、期货市场等；②用于影响生产要素所有者之间配置风险的制度，如合约、分成制、合作社、公司、保险、公共社会安全计划等；③用于提供职能组织与个人收入流之间联系的制度，如财产，包括财产转移法、资历和劳动者的其他权利等；④用于确立公共品和服务的生产与分配框架的制度，如高速公路、飞机场、学校和农业试验站等②。

马克思对制度的使用非常广泛，但他多是从社会经济基础和上层建筑、生产力和生产关系的角度及形态层面使用的，如原始公有制、行会制度、雇佣制度、剩余价值占有制等。他对制度的定义是"现存的制度只不过是个人迄今所存在的交往的产物"。虽然马克思使用制度很广泛，但他的制度定义很大程度上是从制度的发生意义上说的，即人们交往的产物，没有人的社会性的交往活动，人类也根本没有制度需要，也不会产生制度。

本书倾向于把制度定义为：关于人们（个人及组织，下同）行为的规则，是关于人们的权利、义务和禁忌的规定。权利规定人们可以采取什么行为，义务规定人们必须采取什么行为，禁忌规定人们不准采取什么行为。说到底，制度就是人们共同遵守的办事规程或行为准则。

1.1.2　制度的构成

制度通过提供一系列规则界定人们的选择空间，约束人们之间的相互关系，从而减少环境中的不确定性，减少交易成本，保护产权，促进生产性活动。制度由一系列社会认可的非正式制度（非正式约束）、国家规定的正式制度（正式约束）和实施机制所构成，这三个部分就是制度构成的基本要素。

1. 非正式制度

非正式制度是人们在长期交往中无意识形成的，具有持久生命力，并构成代代相传文化的一部分。从历史上看，在正式制度设立之前，人与人之间的关系主要靠非正式制度来维持，即使在现代社会，正式制度也只占整个约束的很少一部分，人们生活的大部

① 青木昌彦．2001．比较制度分析．周黎安译．上海：上海远东出版社．

② 舒尔茨．1991．制度与人的经济价值的不断提高//科斯，阿尔钦，诺斯，等．财产权利与制度变迁：产权学派与新制度学派译文集．刘守英，等译．上海：上海三联书店．

分空间仍由非正式规则来约束。一般而言，非正式制度包括社会公认的行为规则和组织内部实施的行为规则等，它是对正式制度的扩展、细化和限制，它的产生减少了衡量和实施成本，使交换得以发生。但非正式制度由于缺乏强制性而存在一定的局限性，若没有正式制度，非正式制度就会提高实施成本，从而使复杂的交换不能发生。

非正式制度主要包括价值信念、伦理规范、道德观念、风俗习性、意识形态等因素。在非正式制度中，意识形态处于核心地位。因为它不仅蕴涵了其他观念、规范和习性，而且可以在形式上构成某种正式制度的“先验”模式。对于一个勇于创新的民族或国家而言，意识形态有可能处于优势地位或以“指导思想”的形式构成正式制度（或正式约束）的“理论基础”和最高准则。从我国历史来看，我国在价值层面、思想层面不比西方文明差，甚至在历史上还有超过的时候，但我国在把价值层面的东西转化为法律、制度层面上却远不如西方国家。现在我们强调的法律、制度，西方在很早以前就实行了。

2. 正式制度

正式制度是指人们有意识创造的一系列政策法则。正式制度包括政治规则、经济规则和契约，以及由这一系列的规则构成一种等级结构，从宪法到成文法和不成文法，再到特殊的细则，最后到个别契约，它们共同约束着人们的行为。正式制度也叫正式规则，这些规则可作如下分类。

（1）界定多人在分工中的“责任”的规则。在亚当·斯密著名的制针例子中，制度就是要约定哪些工作由哪些人做，所有工人一起来完成针的制作。在市场中，制度就是约定哪些商品由哪些人生产。用新古典经济学的话说，制度为人们指出了行动的目标。

（2）界定每个人可以干什么、不可以干什么的规则。每个人追求以最小努力（或成本）换取约定好处的行为可能会危害他人利益，如制造假、冒、伪、劣产品，这必然要求制度的规范。用新古典经济学的话说，制度就是为人们定出“选择空间”的边界。

（3）关于惩罚的规则。约定对违反“可以干什么、不可以干什么”的规则所需要付出的代价。

（4）“度量衡”规则。交换各方需要约定如何度量每个人的物理投入与物理产出，在此基础上才可能确定交换的价值量①。

社会越复杂越能提高正式制度的收益率。这是因为任何规则的制定及其实施都需要成本或费用，规则适用范围越广，规则实施的边际成本越随之下降。换言之，规则实施也有一个“规模经济”问题。

在正式制度中，新制度经济学关于政治规则与经济规则关系的界定不同于马克思的历史唯物主义原理。诺思认为，政治规则通常决定着经济规则，如宪法规范着一切经济规则。诺思有一种观点尤其值得重视，他指出，经济规则并不是按照效率原则发展，它受到政治、军事、社会、历史和意识形态的约束。因此，完全有可能出现一个民族长期

① 汪丁丁．2005．制度分析基础讲义．上海：上海人民出版社．

地停留在低效率的经济制度中的现象。诺思在这个问题的分析上有其独到之处，也是在这一点上，华盛顿大学经济系的教授巴塞尔与诺思有了分歧。巴塞尔认为就长期看，由于民族间生存竞争压力的存在，以上情形不可能发生。

3. 实施机制

制度构成的第三个部分是实施机制。实施机制是实施的程序和过程，是指制度内部各要素之间彼此依存、有机结合和自动调节所形成的内在关联和运行方式。人们判断一个国家的制度是否有效，除了看这个国家的正式规则与非正式规则是否完善以外，更主要的是看这个国家制度的实施机制是否健全。离开了实施机制，那么任何制度尤其是正式规则就形同虚设。“有法不依”比“无法可依”更糟糕。历史上以“人治”为主的国家，并不是没有制定法律，而是没有建立起与法律制度配套的实施机制。

建立实施机制的原因在于交换的复杂度、合作者双方信息不对称，以及人的有限理性及机会主义行为。在经济活动的复杂交换中，交换品具有许多复杂且有价值的特征，衡量这些特征的价值所需成本很高，甚至不可能完全准确衡量。因此，交换过程中存在着严重的信息不对称，拥有私人信息一方就很可能采取欺骗和违约等机会主义行为，从而导致对契约的偏离，甚至阻碍复杂交换的出现，为此，必须建立实施制度为合作者提供足够的信息，监测对契约的偏离，通过强制性措施保证契约实施。交换越复杂，就越有必要建立实施机制。可以说，强制性的实施机制是任何契约能够实施的基本前提。

检验一个国家的制度实施机制是否有效（或是否具有强制性）主要看违约成本的高低。强有力的实施机制应使违约成本极高，从而使任何违约行为都变得不划算，即违约成本大于违约收益。经济学家分析表明，当某人从事违约行为（也可变为违法行为）的预期效用超过将资源用于从事其他活动所带来的效用时，此人便会选择违约。因此，一些人成为违约者不在于他们的基本动机与别人有什么不同，而在于他们的利益同成本之间存在的差异。

在现实经济生活中，制度实施机制的主体一般都是国家，或者说，交换者总是委托国家来执行实施职能。既然交换者委托国家执行实施职能，那么交换者与国家之间就会形成委托-代理关系。国家能否有效行使代理职能（或实施职能）至少受两大因素的影响：第一，实施者自己的效用函数，实施者对问题的认识和处理会受到自己利益的影响；第二，发现、衡量违约和惩罚违约者的成本。强化实施机制有利于社会正常运转与物质财富增加，但若国家财政出现困难，就不得不降低维持实施机制的费用支出。发展中国家制度实施机制“软化”的一个重要原因就是其财政困难、资金短缺。

4. 非正式制度与正式制度的关系

把制度划分为正式制度与非正式制度，只是为了理论分析的方便，在实际社会经济生活中，正式制度与非正式制度对经济发展的“共同影响”是很难分割开的。

从变革速度看，正式制度可以在一夜之间发生变化，而非正式制度的改变却是个长期过程。例如，一个国家进行革命和军事征服以后，即使整个正式规则都发生了变化，这个国家的许多社会特征仍然保持着。

从制度可移植性看，一些正式制度尤其是那些具有国际惯例性质的正式规则可以从一个国家移植到另一个国家。例如，我国在市场化改革过程中就移植了一些西方国家有关市场的规则。这可极大降低正式制度创新和变迁的成本。但非正式制度（或非正式约束）由于存在着传统根性和历史积淀，其可移植性就差很多。一种非正式规则尤其是意识形态能否被移植，不仅取决于所移植国家的技术变迁状况，而且更重要的取决于后者的文化遗产对移植对象的相容程度。如果两者具有相容性，那么，制度创新的引入，不管是通过扩散过程，还是通过社会、经济与政治程序所进行的制度转化，都会进一步降低制度变迁成本。

制度经济学关于正式制度与非正式制度必须相容的原理，对于进行经济体制改革与制度变迁的国家具有一定启发意义。已经改变的正式制度与持续的非正式制度之间的紧张程度，对经济变化方向有着重要影响。进行制度变迁的国家总想尽快通过改变正式规则，实现新旧体制的转轨（如从计划经济体制转向市场经济体制），但这种正式规则的改变在一定时期内可能与持续的非正式制度并不相容，即出现“紧张”。这种紧张程度取决于已经改变的正式规则与持续的（或传统的）非正式制度的偏离程度。1993 年，诺思在获诺贝尔经济学奖发表演讲时指出：“离开了非正式规则，成功的西方市场经济制度的正式政治经济规则搬到第三世界和东欧，就不再是取得良好经济实绩的充分条件。私有化并不是解决经济实绩低下的灵丹妙药。”因此，国外再好的正式规则，若远远偏离了土生土长的非正式规则，也是“好看不中用”的。这类似于发展中国家在引进国外先进技术曾经经历过的教训一样，开始认为越先进的技术越好，似乎只有这样才能尽快地赶上发达国家。事实证明，“欲速则不达”，“适中”的技术才是最好的技术。

1.2 制度的起源

制度的起源至少包括三层含义①。

1.2.1 制度从无到有

从没有任何制度到有制度，需要追溯到人类社会最初的制度产生。从人类产生之日起就有了制度萌芽，如原始部落中人们之间分工、合作、产品分配等规则的起源。当然，此时的制度还属于非正式制度，因为没有国家的产生，没有第三方实施机制的建立。因此，如果仅考虑正式制度起源，那么国家的起源意味着正式制度的起源，因为只有国家才能够有意识地创立制度，并保证制度实施。

1.2.2 在特定制度环境中新制度的起源

所谓制度环境是指一系列用来建立生产、交换与分配基础的基本的政治、社会和法

① 黄少安．2008．制度经济学．北京：高等教育出版社．

律规则。随着人类社会的发展变化和环境的改变，新的问题不断出现，对能解决新问题的制度产生了需求，这就是新制度的起源。例如，随着技术的进步、某种新产品的产生，出现对新产品标准的需求，这种标准就是一种制度，新产品标准的制定也就是制度的起源。又如，随着计算机网络的发展，对网络资源的产权界定产生了需求，这种产权规则的制定，就是一种新产权制度的起源。再如，网络游戏的虚拟资产是游戏玩家通过购买点卡获得，或通过通宵达旦“游戏”挣得，这些虚拟资产是否需要保护、如何保护，这样的制度在网络游戏产生之前不可能存在，但是一旦出现问题，就产生了对这种虚拟资产保护制度的需求，这种制度的产生就是已经存在大量制度背景下新制度的起源。人们在讨论制度起源时，主要是指这类制度的起源。在新制度经济学文献中，这种制度的起源又被称为制度创新。

1.2.3　已经存在的制度的更新

关于某个问题已经有了相关的制度规定，但由于环境等的变化需要做出相应改变，这种新制度的产生，也可以看作制度的起源。在大多数文献中，这通常被看作制度变迁。例如，美国、英国等现代许多民主国家选举权规则的更新，在最初的时候，并非普选权或者所有的人都有选举权，但是随着政治环境的变化，所有人都获得了选举权，这种制度的变化，对原来没有选举权的人来说就是一项制度的起源。美国在建国之初，一个黑人奴隶的选举权仅相当于 3/5 票，南北战争之后，黑人获得了自由，也就取得了完整的选举权。同样，在 20 世纪之前，大多数国家的妇女没有选举权，随着 20 世纪妇女解放运动的发展，妇女具有了选举权，取得了同男子同样的地位和权利，这也意味着新制度的产生，即制度的起源。

从以上制度起源的三层含义可以看出，需要区分两个层面的制度起源，一个是从人类环境中完全没有制度到出现制度，即制度根本上的从无到有；另一个是制度系统内部新制度的产生。很明显，前者是一个需要想象力的任务，因为谁也不知道没有制度的前制度时代是什么样子，更重要的是人类产生的第一种制度到底是什么、是怎样产生的，这些都难以回答，只能进行无法实证检验的设想和推理。因此，人们更关注第二个层面的问题，即制度系统内部的新制度从无到有的过程。

制度是一系列正式和非正式规则及其实施机制的结合。但令人遗憾的是，正如人们至今仍无法令人信服地解说人类的起源一样，制度经济学家们至今也难以令人满意地解释制度起源。新制度经济学的制度起源理论大部分是阐述特定制度存在下的制度起源问题。在最一般意义上，新制度经济学家们认为，制度起源在于资源稀缺性。在一个资源稀缺的世界，如果不存在对人力资本、非人力资本和自然资源自由使用进行约束的制度安排，便没有任何社会能够生存。为了生存，为了更好地使资源发挥效率，便产生了约束人们行为的各种制度安排。从这种意义上说，制度是内生的。具体而言，关于制度起源的学说主要有以下两种。

1. 合作起源说

合作起源说从囚徒困境开始，通过博弈分析来解释制度起源。囚徒困境告诉我们，强调个体理性的非合作博弈往往可能无效率，相反，重视团体理性的合作博弈则一般可以带来合作剩余。合作博弈和非合作博弈的区别就在于当人们的行为相互作用时，当事人能否达成一个具有约束力的协议。这个协议的达成过程，其实就是制度起源的过程。纳什均衡说明理性人的个体理性行为可能导致集体的非理性。为解决个体理性和集体理性的冲突，不是否认个体理性，而是设计一种机制，在满足个体理性的前提下达到集体理性，因此，又可以说个体理性和集体理性的冲突是制度起源的重要原因。需要指出的是，由于存在着信息不完全和其他障碍，人们难以有充分理性在分享合作剩余上顺利达成一致，因此，就需要一个强有力的第三者（如国家）出面强迫当事人同意。这就是霍布斯定理，即通过建立法律结构，使私人协议难以达成所造成的损失最小。

2. 交易成本说

按照科斯的理论，如果没有交易成本，那么，亚当·斯密的“看不见的手”就会指引社会资源发挥最佳效率。事实上，社会交易是有成本的，如果不对资源的利用设置一定规则，那么，“看不见的手”引导的就不会是繁荣，而是混乱。只要交易成本存在，制度就会发生作用，制度的设立就是为了减少交易成本。科斯认为企业取代市场的过程是为了降低由于市场交易产生的交易成本的过程。这样，从科斯的理论可以得出一个基本结论：不仅企业和大量的法律文本，而且整个社会的制度结构都能够由交易成本来解释。从科斯的制度起源理论还可以引申出一种“制度选择”的思想。在科斯看来，制度选择的依据是两个层次上的比较：一个层次是不同的、可供选择的制度类型的交易成本的比较；另一个层次是制度变迁、操作成本与所带来收益的比较。

1.3 制度经济学的基本假设

经济学总是离不开一些基本的假设前提。所谓经济学的基本假设，与基本方法论密切联系，或者说在它身上最能体现经济学的哲学方法论，是经济理论体系赖以建立和理论逻辑分析展开的逻辑起点或基本理论前提。本节着重讨论制度经济学的几个最基本的前提假设，本书全部分析就建立在这些假设基础之上①。

1.3.1 稀缺性假设

人是趋利避害的动物，因此，经济分析方法适用于人类一切行为。经济分析以经济人假设为出发点，而经济人假设的依据是稀缺性，因此，本节首先讨论稀缺性假设。

资源稀缺性是指无论人们如何努力，所能获取的资源总不能完全满足他们的需要。

① 贺卫，伍山林．2003．制度经济学．北京：机械工业出版社．

把资源与人们的需要联系起来，对理解稀缺性至为重要。如果不存在需要，也就不会有资源多少的问题，甚至不会有资源这个概念；如果资源都像空气那样充裕，或者说，满足人们欲望的手段无穷尽，那么不论人们的需要如何增长，都不会存在稀缺性问题。不过，即使是空气这种通常被认为是取之不尽、用之不竭的资源，在某些特定条件下，如空气严重污染的场合，也会变为稀缺物品，其标志是新鲜空气作为商品出售。

正是由于资源的稀缺性，产生了如何有效配置和利用资源这个基本的经济问题，也才有了经济学存在和发展的依据。几乎所有的经济学派别都把资源稀缺性作为最基本的前提假设，绝大多数经济学理论实际上都是以稀缺性为前提：土地是稀缺的，资本是稀缺的，信息是稀缺的，人力资源是稀缺的，而且制度也是稀缺的。经济学研究的就是对稀缺资源的配置和充分利用的问题。不稀缺的东西不是经济物品，不在经济学研究范围之内。因此，资源的稀缺性是全部经济学的基本假设，否则，资源的优化配置和充分利用问题将不存在，也就无所谓人们的选择问题。但稀缺性是动态的，是否稀缺及稀缺程度如何，是由客观存在东西的数量及其变动与人口数量及其变动的相对状况决定，而这种状况随着自然状态的变化和人类社会的发展而变动。有些东西过去不稀缺，随着人口的增加和需求量的增加，却变得稀缺起来；有些原来可再生资源，由于社会经济发展所导致的一些因素破坏了其再生条件，从而也会变得稀缺。例如，环境污染，生态平衡遭到破坏，会使一些资源变得稀缺起来。不过资源多种多样，种类和数量也在变化，人们对不同资源的需要因时空条件不同也不固定，所以，虽然从总体上可以说资源稀缺总是常态，但就每一种特定资源来说，是否稀缺及稀缺程度如何都在变化。例如，当大气没被污染时，空气不会成为稀缺资源，而当污染日益严重时，清新空气就变得越来越珍贵，要享用就必须支付代价了，于是清新空气就会变成稀缺资源。而随着科学技术、产业结构和人们需要的变化，过去是稀缺的物品，现在或将来也可能不再具有稀缺性。此外，空间位置不同也会使同一物品稀缺性不同。例如，在现实社会中，珠宝比食品更为稀缺，而在渺无人烟的荒岛上，食品就远比珠宝稀缺。

由以上分析可以看出，稀缺是在给定时期内，与需要相比较，其供给相对不足。稀缺性并非先天就有，而是人类需求变化使然。由此产生了研究人们如何使用相对稀缺的资源来满足无限多样需要的经济学。

1.3.2　新经济人假设

1. 经济人假设面临诸多挑战

19 世纪英国著名经济学家约翰·穆勒依据亚当·斯密对经济人的描述和英国古典经济学家西尼尔提出的个人经济利益最大化公理，提炼出了经济人假设。具体而言，经济人就是使市场经济得以运行的人，即会计算、有创造性、能寻求自身利益最大化的人。经济人假设还暗含人是完全理性的假设，即人在经济生活中总是受利己动机所驱使，在做决策时，总是深思熟虑地通过成本-收益分析或趋利避害原则，对其所面临的各种可能机会、目标及实现目标的手段进行权衡比较，优化选择，以找出一个方案，使他耗费给定的劳动或金钱，给自己带来最大限度利益。

“经济人”概念由意大利经济学家帕累托最先引进了经济学，此后经济人假设便不断受到各种各样的挑战，其中最主要的挑战来自马斯洛的需要层次说、西蒙的有限理性说、威廉姆森的机会主义说、莱宾斯坦的X效率理论和诺思的意识形态说等。

1）马斯洛的挑战

1943年，美国心理学家马斯洛提出了著名的需要层次理论，将人类需要区分为生理需要、安全需要、社交需要、尊重需要及自我实现需要五个层次，并认为这些需要逐次产生，前一种需要得到基本满足才会产生后一种需要，从而否定了传统的经济人假设把经济利益作为人唯一需要的观点，使经济人假设向现实迈进了一大步，提高了对现实的阐释能力。

2）西蒙的挑战

经济人假设遇到的最强有力挑战来自美国经济学家西蒙的有限理性说。经济人最大化行为假设以完全理性为条件，这种理性假定决策者总是用敏锐眼光对面前一切都深思熟虑，他不仅明白自己当前面临的选择范围，而且对未来的选择余地也了如指掌，能够找到实现目标的所有备选方案，预见这些方案的实施后果，并依据某种价值标准在这些方案中做出最优抉择。但在有限理性学说看来，由于环境的不确定性和复杂性、信息的不完全性，以及人类认识能力的有限性，不可能把所有价值考虑到单一的综合性效用函数中，了解所有备选方案及其实施后果，因此，决策过程中人们寻求的并非最优解，而是满意解。

有限理性学说特别强调人自身理性能力的限制，这种限制表现在个人准确无误地接受、储存、检索、传递和处理信息的能力在水平和储量上所受到的限制。有限理性说的贡献在于使经济人置身于交易成本为正的现实世界中。从决策过程来看，经济人仍然追求最优解，只是这个最优解是在约束条件下的最优解。

3）威廉姆森的挑战

经济人由于具有完全理性，能够洞察现在和未来，因此，以说谎、欺骗和毁约来谋取私利的机会主义行为都无从得逞。而美国经济学家威廉姆森接受了西蒙的有限理性假设，他认为，由于人是有限理性的，他不可能对复杂和不确定的环境一览无余，不可能获得关于环境现在和将来变化的所有信息，因此，一些人就可能利用某种有利的信息条件，如信息不对称环境、向对方说谎和欺骗，或者利用某种有利的谈判地位背信弃义，要挟对方，以谋取私利。即人有机会主义倾向，并可能实施机会主义行为。

显然，机会主义倾向假设是对追求自身利益最大化假设的重要补充，使其更加接近现实。相比之下，亚当·斯密的经济人没有损人之心，所以主观为自我能达成客观为大家（正和博弈）；而威廉姆森的经济人只要能够利己，就不惜损人，从而主观为自我未必能达成客观为大家的效果（零和博弈或负和博弈）。

4）莱宾斯坦的挑战

1966年，美国经济学家莱宾斯坦抓住经济人假设与现实不一致的缺点，对它进行全面批判。他基于对企业的生产结果是利润非最大化，以及人们往往不尽全力去工作等现实的观察，从人作为生产者的角度分析认为，人在生产领域中同在消费领域中一样，其行为亦非最大化的，即“X效率理论”。所谓X效率理论，是指考虑生产组织内部因错过了充分利用现有资源的机会而造成某种类型的低效率，究其原因，从根本上说，是由于缺乏竭尽全力去有效利用各种经济机会的动力。

尽管莱宾斯坦的理论来自对现实的观察，然而，从他观察到的现象得不出人的行为非最大化的结论。其实，结果的非最大化往往正是人们在一组约束条件下最大化行为的一种后果，莱宾斯坦强调压力不足或缺乏动力，其实等同于“个人在这种约束条件下以他认为的最佳方式来努力”。如同西蒙对经济人假设的批判一样，莱宾斯坦的批判也只是使经济人面对现实环境的约束进行最佳选择。

5）诺思的挑战

诺思指出：“人类行为比经济学家模型中的个人效用函数所包含的内容更为复杂。有许多情况不仅是一种财富最大化行为，而是利他和自我施加的约束，它们会根本改变人们实际做出选择的结果。”诺思认为新古典经济学不能解释人的利他行为，为了解释制度的稳定与变迁，需要超越个人主义的成本-收益计算原则，他把诸如利他主义、意识形态和自愿负担约束等其他非财富最大化行为引入个人预期效用函数，从而建立了更加复杂、更接近现实的经济人假设，这与马斯洛的理论有异曲同工之处。

2. 新制度经济学的新经济人假设

新制度经济学认为，经济人是在市场制度中具有多元效用函数（＝收益函数－成本函数）的个人，他既有饮食男女的官能之欲和金钱财宝的物质之欲，又有权力名位的追求之欲，还有利他主义的牺牲之欲。这些欲望（或偏好）的满足都能给他带来效用，而在他追求效用最大化的过程中，行为要受到多方面约束，因而只具备有限理性。换言之，经济人只能在特定制度环境约束下最大化自己的效用。这些约束主要来自人类自身认识能力的有限性、环境的不确定性和复杂性、信息的不完全性和不对称性，以及法律、规章、价值信念、伦理规范、道德观念、风俗习惯和意识形态等，它们使人的行为成本改变。这是新制度经济学提出的“新经济人”假设。

新制度经济学中的“新经济人”是在可变的制度之下，具有多元性可变偏好的人，面临的是一个不完全竞争，信息不完全、不对称，具有不确定性和复杂性的市场环境，加之自身认识能力有限，使其理性受到限制，在有限理性情况下，就会产生机会主义行为，从而导致交易成本大于零和交易活动稀缺。制度是人们进行交易的规则，设计合理的制度或改变制度，就是要力求降低不确定性和复杂性，消除外部性，进而降低交易成本。

1.3.3　其他有关假设

在“新经济人”假设中，主要论述了经济人追求自身利益最大化、需求偏好的多样性、有限理性和机会主义倾向等行为假设。制度经济学还设置了不完全竞争，信息不完全、不对称，非零交易成本，不确定性和复杂性及外部性等环境假设。

1. 不完全竞争

完全竞争是新古典经济学核心，是其基本假设之一，若没有这种假设，整个新古典体系就不可能存在。实际上，这种完全竞争的市场假设已被许多经济学家所批判或放弃，垄断竞争理论或不完全竞争理论及各种非瓦尔拉斯均衡理论的产生和发展就说明了这一点。不确定性、小数目谈判条件、资产专用性、可交易数量有限及交易地理位置的局限是导致市场垄断或不完全竞争的不同因素，它们导致了不同形式、不同意义上的垄断。

2. 信息不完全、不对称

由专业化分工造成信息不对称的发展是经济发展的特点，随着分工的发展，信息越来越分散在不同专业中，可谓隔行如隔山。这种信息不对称一方面使人们不必去探求他们不需要知道的信息，从而能集中精力于自己的专业，促进了效率提高和生产力发展；但另一方面为机会主义行为开辟了更多的活动空间。此外，由于市场竞争的不完全，导致了交易双方在市场上处于不平等地位，主要表现为信息不充分、不对称，甚至不真实。由此导致了人们获取信息的困难和机会主义行为（如信息不对称环境中的隐瞒行为，专用性强的资产交易中的要挟行为，集体行为中的“搭便车”行为等），增加了交易成本。

3. 非零交易成本

由于信息不对称，便存在着机会主义行为的可能性，因此在市场交易过程中产权要度量、界定和保证，交易对象或交易伙伴要寻找，交易信息要了解，交易谈判要进行，契约要签订并履行，监督要实行，解决纠纷的安排要设立，违约行为要制裁，交易秩序要维护。这些活动都要产生费用，这就是交易成本，此外，复杂性和不确定性也将导致交易成本上升。

4. 不确定性和复杂性

人们把那些无法预料和难以测度的变化定义为不确定性。例如，芝加哥学派创始人奈特把不确定性定义为完全不可预见的事变。对可用概率来描述的事件，奈特则称之为风险，它可以由保险机制加以平滑。风险与不确定性的区别在于前者是一种可测度（可用概率表示）的不确定性，而后者为一种不可测度的风险。如果没有不确定性，也就不会有风险和由此引起的交易成本。不确定性主要有四个来源：①人们根据过去和现在的情况推断未来，但对眼前情况的认识却不一定正确；②对人们行为不加干预的后果的预料不一定正确；③对干预究竟会引起哪些变化也未必真正了解；④人们在从事行动时，其结果未必完全与希望相符合，因为，行为结果＝行为＋不确定性。制度的作用就在于减少不确定性，使人们对未来有明确预期，从而减弱或抵消其对交易的阻滞作用。

复杂性与不确定性既有联系又不等同。复杂性是一种有把握难度，尚可得知的状态，它既可以出现在过去和现在，也可以出现在将来；不确定性则超出了人们的认识范围，它只与将来相联系。不过，复杂性和不确定性经常叠加。与复杂性相比，不确定性对人类智力的挑战似乎更为严峻。通过概率表达某种事件发生的可能性大小，改进了人们应对不确定性的能力，但依然不能解决事件何时以何种形式发生的问题。复杂性可以在没有不确定性的情况下存在，即静态考察时有复杂性。

复杂性与不确定性的关系可概括为：二者都是事物客观属性，二者往往相互作用。事物本身的静态复杂性使事物在变动中的不确定性加剧，而动态不确定性反过来又会使复杂程度加剧。

5. 外部性

外部性又叫外部效应，是指私人收益与社会收益、私人成本与社会成本不一致的现象。它可具体地分为外部经济（正外部效应）和外部不经济（负外部效应），同时它又分别表现在生产和消费上。这样就有了四种外部性的具体形式：生产外在经济、消费外在经济、生产外在不经济和消费外在不经济。在现代经济学中，外部性概念是一个出现较晚但越来越重要的概念。自从剑桥学派创建人马歇尔以后，越来越多的经济学家从不同角度对外部性问题进行了探讨——庇古从“公共产品”入手，奥尔森从“集体行动”入手，科斯从“外部侵害”入手，诺思从“搭便车”入手，博弈论专家们则从“囚徒困境”入手。这些经济学家尽管探讨外部性的角度不同，但其实质相同，即都涉及产权和人与人（组织与组织）之间的合作问题。不难想象，外部性问题普遍存在。从外部性中，可以明显感受到它对经济人选择的强烈影响，结果是正外部性越来越少，而负外部性越来越多。对此只有建立制度加以克服，如对造成负外部性者加以课税，对造成正外部性者加以补贴（庇古方案）；或通过界定产权，由市场交易自行解决（科斯方案）等。

1.4　制度经济学研究方法

1.4.1　实证分析与规范分析

所谓实证分析，大都是与事实相关的分析，规范分析则与价值有关。前者关注的问题描绘出“是什么”，强调经济理论要客观描述事实；而后者要解决的问题在于回答“应该怎么样”，力图按照特定的价值取向调整或改变现实。换言之，“是”和“应该是”之间的区分，事实和价值之间的区分，关于世界的客观性论述和对世界的带有主观性叙述之间的区别，组成了实证分析和规范分析的判别条件。据此，描述经济究竟如何运行或人们的经济行为到底怎样的被称为实证经济学；而那些充满激情地赞美或诋毁某种经济运行机制或人们经济行为的则被称为规范经济学。

实证经济学企图超脱或排斥一切价值判断，只研究经济本身内在规律，并根据这些规律，分析和预测人们经济行为的效果。正如弗里德曼所概括的：“实证经济学不受任何价值观念或伦理观点约束，其目的不是描述‘应该怎么样’，而是‘实际怎么样’。实证经济学的任务是提供某种概括体系，用来预见影响人类活动和人类环境的某些变化及其后果。实证经济学的效果是根据其预测与现实中可观察到的现象在多大程度上达到一致所决定。总之，实证经济学与大部分所谓物理科学相同，是一门客观科学。”

规范经济学则以一定的价值判断为基础，提出某些标准作为分析处理经济问题的指南，树立经济理论前提，作为制定经济政策的依据，并研究如何才能符合这些标准。价值判断可被定义为对所认定客观效力赞成或不赞成的判断，是对经济事物社会价值的判断，即对某一经济事物是非好坏的判断。所谓好坏，也就是对社会有积极意义还是有消极意义。价值判断属于社会伦理学范畴，具有强烈的主观性与阶级性。

实证经济学为了使经济学具有客观科学性，就要避开价值判断问题；而规范经济学要判断某一具体经济事物的好坏，则从一定价值判断出发来研究问题。实证研究要确认事实本身，研究经济本身的客观规律与内在逻辑，分析经济变量之间的因果关系，不仅要能够反映或解释已经观察到的事实，还要能够对有关现象将来会出现的情况做出正确分析与预测，经受将来发生事实的检验；规范研究则要说明事物本身是否符合某种价值判断，或对社会有什么意义，从而为私人或政府旨在实现某种目标提供行之有效的行动方针和政策处方，它所涉及的就不是有关事物之间是否存在某种因果关系，而是涉及应该怎样的问题。显然，实证分析的内容具有客观性，所得到的结论可以根据事实来进行检验，也不会以人们主观意志为转移；规范分析则具有主观性，它所得出的结论要受到不同价值观的影响，处于不同阶级地位、具有不同价值判断标准的人，对同一事物的好坏会做出截然相反的评价，谁是谁非没有什么绝对标准，从而也就无法进行检验。

但实证分析与规范分析二者并不是绝对排斥的。规范分析要以实证分析为基础，实证分析也离不开规范分析的指导。一般来说，越是具体问题，实证分析成分越多；而越是高层次、带有决策性的问题，越具有规范性，即使是最彻底的实证分析，也不可避免地带有以效率为准绳的价值判断。至于提出什么问题进行研究，采用什么研究方法，突出强调哪些因素，实际上都涉及研究者个人价值的判断。而且，经济学者之所以提出某一理论，在绝大多数场合是为他所主张的政策提供理论依据，而政策主张之所以不同，除了可能由于实证分析有不同结论以外，在许多情况下实际上由于各人有不同的价值判断，即什么是好事，什么是坏事，各人有不同的判断标准。

1.4.2　演绎法与归纳法

演绎法是从普遍性结论或一般性事理推导出个别性结论的论证方法。在演绎论证中，普遍性结论是依据，而个别性结论是论点。归纳法是由个别到一般的论证方法。它通过许多个别的事例或分论点，归纳出它们所共有的特性，从而得出一个一般性的结论。

演绎法与归纳法的区别主要在于，归纳法是从认识个别的、特殊的事物推出一般原理和普遍事物；而演绎法由一般（或普遍）到个别。归纳法从特殊到一般，优点是能体现众多事物的根本规律，且能体现事物的共性；缺点是容易犯不完全归纳的毛病。演绎法从一般到特殊，优点是由定义根本规律等出发一步步递推，逻辑严密，结论可靠，且能体现事物的特性；缺点是缩小了范围，使根本规律的作用得不到充分展现。归纳是一种或然性推理；演绎则是一种必然性推理，其结论正确性取决于前提是否正确，以及推理形式是否符合逻辑规则。归纳法的结论超出了前提范围，而演绎法的结论没有超出前提所断定的范围。归纳法根据已有前提，进行归纳并逻辑推导，得到新结论；演绎法主要验证开始所列举的前提假设，最后验证的结论一般不会超出前提假设范围。

但这并不意味演绎法与归纳法相互排斥。事实上，演绎推理的一般性知识（大前提）来自归纳推理的概括和总结，从这个意义上说，没有归纳推理也就没有演绎推理，而归纳推理也离不开演绎推理。归纳过程所利用的工具（概念、范畴）是归纳过程本身所不能解决和提供的，需要借助理论思维，依靠人们先前积累的一般性理论知识的指导，而这本身就是一种演绎活动。而且，单靠归纳推理是不能证明必然性的，因此，在归纳推理过程中，人们常常需要应用演绎推理对某些归纳的前提或结论加以论证。从这个意义上也可以说，没有演绎推理也就不可能有归纳推理。正如恩格斯指出的："归纳和演绎，正如分析和综合一样，是必然相互联系着的。"

1.4.3 博弈论

博弈论最早由德国数学家莱布尼茨于 1710 年提出，但博弈论的真正发展还是在 20 世纪。20 世纪 20 年代，德国数学家波雷尔用最佳策略的概念研究了下棋和其他许多具体决策问题，并试图把它们作为应用数学的分支加以系统研究，可惜他最终没能完成博弈论理论体系。第二次世界大战期间，博弈论方法被运用到军事领域和战时其他活动之中，显示出其重要作用和威力。1944 年，数学家冯·诺依曼和经济学家摩根斯顿通过长达 8 年的合作，在《博弈论和经济行为》一书中首次把博弈论应用于经济，并取得成功。之后，在纳什、泽尔腾和海萨尼等一批数学家和经济学家努力下，博弈论逐渐发展起来。

博弈论是研究决策者在某种竞争下，当结果无法由个人完全掌握，而是由局中人共同决策而定时，个人为了取胜应采取何种策略的数学理论和方法。它包括合作博弈和非合作博弈两种类型。合作博弈是假设存在一种制度，对于局中人之间的任何协议都有约束力；在非合作博弈中则不存在这种制度，而唯一有约束力的协议是自我实施协议，即若给定其他局中人计划按该协议行动，局中人为追求自己的最大利益，也将按该协议行动。因此，如果说合作博弈论重点在群体，探讨合作的形成过程及合作中成员如何分配他们的所得，那么非合作博弈论重点在个体，揭示他应采取的对策。纳什均衡就是指这种自我实施协议的非合作博弈均衡状态。在这种状态下，若其他局中人不改变其策略，任何一个局中人都不能通过改变自己的策略来增加效用。换言之，在其他局中人策略已定的情况下，一个人只能采取某种策略才能获得最大利益，任何策略的改变都不能使其利益进一步增加，达到这种状态就称为纳什均衡。纳什均衡的核心思想是要针对其他局中人的行为方式和可能采取的行动来做出决策，以谋取利益最大化。

作为一种研究方法，博弈论在经济学中的应用最广泛、最成功，尤其是博弈论的研究模式与经济学一样，即强调个人理性在给定约束条件下追求效用最大化。理性人在最大化偏好时需要相互合作，而合作中又存在着冲突，为了实现合作的潜在利益和有效地解决合作中的冲突，理性人发明了各种各样的制度，以规范他们的行为。价格制度就是人类为达到合作和解决冲突所发明的最重要制度之一，新古典经济学就是以价格制度为研究对象，故又称为价格理论。该理论假设：①市场参与者数量足够多，从而市场具有竞争性；②参与者之间不存在信息不对称问题。然而，这两种假设在现实中一般不满足，因而市场往往不可能是完全竞争市场。在不完全竞争市场中，人们之间的行为相互影响，所以一个人在决策时必须考虑对方的反应，这就是博弈论要研究的问题。此外，现实中市场参与者之间的信息一般不对称，价格制度常常不是实现合作和解决冲突的最有效安排，学校、企业、家庭和政府等非价格制度便应运而生，其最显著的特征是参与人之间的行为相互作用。因此，当20世纪70年代经济学家开始将注意力由价格制度转向非价格制度时，博弈论逐渐成为经济学的基石，经济学终于找到了属于自己的语言，甚至有人认为，要建立以人为中心的经济学，就必须用博弈论重写整部经济学。

由于经济学的研究对象越来越转向个体，一切从个人效用函数及约束条件开始，求解约束条件下的个人效用最大化问题而导出行为及均衡结果。这也正是博弈论的研究范式：给出个人的效用函数及策略空间，然后分析当每个人都选择其最优策略以最大化个人效用函数时将发生什么，这与经济学效用最大化方式吻合。

经济学越来越转向人与人关系的研究，特别是人与人之间的行为相互影响和作用，人们之间的利益冲突与一致、竞争与合作的研究。过去经济学研究个人行为时，总是假设其他人的行为都被总结在一个非人格化的参数价格里面，所以个人在给定价格参数下决策，人们行为之间的相互作用通过价格来间接完成。但现在经济学开始转向对人与人之间的直接关系进行研究，特别是经济学开始注意到理性人的个人理性行为可能导致集体非理性，这一点和传统经济学形成鲜明对照。在传统经济学里，价格可以使个人理性和集体理性达到一致，现代经济学开始注意到个人理性和集体理性的矛盾与冲突。但是解决这个问题的办法并不是像传统经济学主张的那样，通过政府干预来避免“市场失灵”所导致的无效状态，而是认为如果一种制度安排不能满足个人理性，就不可能实行下去。所以解决个人理性与集体理性之间冲突的办法，不是否认个人理性，而是设计一种机制，在满足个人理性的前提下达到集体理性。认识到个人理性与集体理性的冲突，对于认识制度安排非常重要。因为所谓制度，其实就是在多次博弈之后逐步形成、使人们在相互交往时可以较为确定地知道别人行为方式的社会契约，这种契约必须符合纳什均衡。如果一项协议不构成纳什均衡，它就不可能自动实施，因为至少有一个参与人会违背这项协议，这就是纳什均衡的哲学思想。囚徒困境反映了一个很深刻的问题，这就是个人理性与集体理性的矛盾，它不构成纳什均衡，因而没有人积极地遵守协定。正是从这个意义来说，经济学是契约的科学。

因为在他人信息不完全的情况下，经济人往往会利用一切现行体制下可能的机会，以不惜损害他人或公众利益的办法为自己谋取最大利益，所以在经济活动中人们必须打探、分析和研究别人行为方式的特征，这也就是信息的重要性所在。因此，经济学越来越重视对信息的研究，特别是信息不对称对个人选择及制度安排的影响。平等竞争的博弈规则将越来越重要。而由一个计划机关来掌握所有分散信息的想法越来越不现实，而且越来越容易被机会主义行为所利用。博弈论成为主流经济学的一部分，正是伴随着经济学对信息问题的重视而来：信息经济学就是博弈论应用的一部分，或者说，信息经济学是非对称信息博弈论。

经济学作为研究人类行为方式的科学，它研究人与人之间的相互影响、相互利用、相互欺骗、相互敌对、相互竞争、相互合作和相互交易等，这一系列的“相互”加到一起就构成了通常所说的经济关系、生产关系或社会关系。每个人、每个集团和每个阶层都有自己的特殊利益，都想通过自己的某种行动谋取自身利益的最大化，但问题是在整个经济中，在一定时点上，资源存量是有限的，市场是有限的，收入是有限的，你多得一点，他人就可能少得一点，由此构成人们相互之间的利益冲突。政策制定者应该用博弈论的观点来看问题，你有政策，别人就会有对策，你要想使自己的政策有效，就必须充分考虑到别人可能采取的各种对策，以使你的政策本身符合纳什均衡的要求，这样才能达到预期的效果。不能说他人为自己的利益而努力这件事是错的，应该做的只是想出更好的办法与他人博弈，要承认博弈对方为自己利益而奋斗的平等权利，而不是简单地付诸道义，幻想他人自动退出利益的角逐。

1.4.4　成本-收益分析

成本-收益分析方法又称交易成本分析法。在交易成本为正的世界上，经济人的基本行为准则就是行为预期收益≥预期成本（$R \geqslant C$），这是经济人采取行动的必要条件，而采取行动的程度在于边界条件：边际收益＝边际成本（MR＝MC），因为在这点上实现了净收益（NR＝$R-C$）最大化。经济人行为就是成本-收益分析的结果。本书认为，人们的基本行为动机没有什么不同，都是追求效用最大化，而人们的行为差异在于其收益较之成本的差异，此差异来源于各人不同的价值观，即在同一事件中，不同人对收益和成本的主观评价不同。

1. 经济人行为成本函数

经济人在追求效用最大化过程中，一切给他们带来负效用的因素，都要进入其行为成本函数，即成本是为获得收益而付出的代价，它具有机会成本属性。经济人具有随机应变、投机取巧、利用一切机会为自己谋取更大利益的行为倾向，因此，除生产性支出外，经济人行为成本还来自其他经济人损人利己的机会主义行为。因此，在市场交易过程中就产生了度量、界定和保证产权（提供交易条件）的成本，发现交易对象或寻找交易伙伴的成本，打探交易价格和讨价还价的成本，订立交易契约的成本，履行契约的成本（生产性成本），监督契约履行的成本，违约造成的损失成本和制裁违约行为的成本，以及维护交易秩序的成本等。这一切成本都表现为对人的时间（包括闲暇）、脑力和体力的消耗，对实物形态的各种资源的消耗，以及对货币财富的消耗。总之，所有交易成本都表现为人力成本、物力成本和财力成本。

除交易成本外，还有一种心理成本。例如，采取机会主义行为损人利己要冒受法律制裁、舆论谴责和名誉扫地的风险，以及受到良知责备。这些因素引发心理成本，它因人而异。意识形态在这里对心理成本的高低起了决定性作用。一般来说，拥有意识形态资本越多的人越是风险厌恶者，机会主义行为心理成本越高；反之，拥有意识形态资本越少的人越是风险偏好者，机会主义行为心理成本越低。因此，面对相同收益，可能出现前者觉得得不偿失而放弃机会主义行为，后者则觉得有利可图而采取机会主义行为的情况。

综上所述，经济人行为成本函数可表示为

$$C=C_0+C_1+C_2=f_0(l,k,h,n)+f_1(r,w,c)+f_2(p,q,d)$$

其中，C_0 为生产成本，它由所消耗的劳动 l、物质资本 k、人力资本 h 和自然资源 n 所决定；C_1 为交易成本，它由所消耗的人力 r、物力 w 和财力 c 所决定；C_2 为心理成本，它由机会主义行为实施的次数 q、被查处的概率 p 和惩罚强度 d 所决定。

意识形态的影响主要体现在 C_2 上，即具有不同意识形态资本的人对 p 和 d 主观评价不同，从而有不同的 C_2 和 C。从另一个角度来看，博弈对手拥有意识形态资本的多少，将直接决定其采取机会主义行为的概率，从而对经济人的 C_1 产生影响，只是这不能从自己这一方加以有效控制，属于外生变量，但据此可对 C_1 做出预期。

2. 经济人行为收益函数

凡是能给经济人带来正效用的一切因素都要进入其收益函数。这些因素正是经济人行为所追求的对象，如追求生理需要、安全需要、社交需要、尊重需要和自我实现（含利他主义）需要的满足，都能给自身带来正效用。它们可被分为物质（或经济）因素与精神（或非经济）因素两大类。一般而言，物质需要属于低层次需要，而精神需要属于高层次需要。意识形态在这里的作用表现为，拥有较多意识形态资本的人不仅偏好物质因素，而且更偏好精神因素。当“鱼与熊掌不可兼得”时，他们往往宁愿牺牲物质因素而保全精神因素，因为高层次需要的满足能给其带来更多效用，从而在行为上更追求高层次需要的满足。而对拥有较少意识形态资本的人来说，其偏好主要局限于物质因素，即注重低层次需要的满足，因为他们缺乏高层次的需要。意识形态就是这样通过改变人们的偏好体系来影响其收益函数。

综上所述，经济人行为收益函数可表示为

$$R=f(s,m)$$

其中，s 为物质因素；m 为精神因素。

意识形态的影响主要体现在 s 和 m 上，即具有不同意识形态资本的人对 s 和 m 的主观评价不同，从而有不同的 R。

3. 成本-收益分析的作用

成本-收益分析是了解和引导经济人行为的有效工具。无论是收益还是成本，都将以效用得失的形式出现，并最终转化为个人保留价格的形式加以计量。因此，根据成本-收益计算，便可解释和预测经济人的行为倾向。只要掌握了个人意识形态资本的存量，就能对某一行为的成本函数和收益函数值进行预期，从而判断其行为倾向。反过来，可以通过对个人进行意识形态投资，改变其成本函数和收益函数，从而改变其行为倾向，达到引导、控制其行为之目的。当然，这是一个长期过程，可谓“冰冻三尺非一日之寒”，短期内还要靠正式制度来调整经济人的成本与收益。

本章小结

本章主要介绍了制度经济学的一些基础知识和准备知识。在第一部分首先交代了与制度有关的一些基础知识，包括制度的内涵和构成；接着对制度的起源和变迁进行了简要说明（第 7 章将详细介绍该部分内容）；随后说明了制度经济学的基本假设及相关研究方法。本章延伸阅读部分介绍了制度经济学的发展历史和制度经济学的一个重要理论——外部性理论，以帮助读者理解后面章节的内容。

思考题

1. 什么是制度？它有哪些特征？
2. 新制度经济学对制度的理解与一般性理解有什么区别？
3. 制度由哪几部分构成？各部分有什么特征？
4. 制度经济学有哪些假设？各自的含义是什么？
5. 制度经济学的研究方法有哪些？各自有什么特点？

延伸阅读　制度经济学的发展历史

制度经济学的发展主线

制度经济学的发展大体上可以划分为以下两条主线。

一、空想社会主义的制度批判和构想

空想社会主义的制度批判和构想，即马克思经济学及马克思主义经济学，包括前苏联、东欧、中国等国家经济学家对经济体制改革的探索。

空想社会主义的制度批判和制度构想虽然不是一个完整意义上的制度经济学派，却是马克思制度经济学的重要思想来源，就像德国历史学派是美国制度学派的思想渊源一样。以《资本论》为代表的马克思经济学无疑是制度经济学史的一个重要里程碑。但是，不能忽视马克思以后的马克思主义经济学，如列宁、布哈林、斯大林的经济思想及欧洲其他国家的马克思主义经济学，还有后来西方许多马克思主义经济学家的理论。学术观点、研究方法可以不同，也可以批判，但是，不能否认它的存在及其影响。以前苏联为代表的社会主义公有制和计划经济体制是人类社会发展史上的重要制度，可以说，这种制度出现的早期，就有人加以批判，这不奇怪。就像资本主义私有制和市场经济体制早期，就有空想社会主义者对它加以批判一样。20 世纪 30 年代以哈耶克和兰格为代表的大论战，就是围绕公有制和计划经济是否可行展开。所谓苏联东欧经济学，是指从兰格开始一直到 20 世纪 80 年代，苏联和东欧国家的众多经济学家批判传统社会主义经济体制和寻求改革道路的经济学。可以说，苏联东欧经济学的核心就是关于传统社会主义经济体制改革的探索，是关于制度变迁的经济学。许多经济学家取得了重要成果，在制度经济学发展史上应该占有重要地位。当然，社会主义国家的体制改革还在进行，对改革的经济学研究也还在进行。中国等社会主义国家的经济学家及一些西方国家的经济学家都在关注和研究这一重大的制度变迁，他们提出的许多理论，虽然大多数有待系统化和实践的检验，但无疑是制度经济学发展的一个重要阶段。

二、美国的制度经济学派

美国的制度经济学派大体经历了四个发展阶段。

第一阶段是指19世纪末到20世纪30年代，以凡勃伦、康芒斯、米契尔等为代表的旧制度学派。凡勃伦被认为是奠基者，其《有闲阶级论》和康芒斯的《制度经济学》等是制度经济学的早期代表作。早期制度经济学主要从社会发展角度分析制度变革与经济社会发展的关系，反对把制度因素作为分析经济活动的既定前提。

第二阶段基本上是指20世纪30～40年代，是从凡勃伦和康芒斯等到加尔布雷思之间的过渡阶段，也就是从所谓传统制度经济学向“新”制度经济学过渡的阶段。这一阶段的主要代表是米恩斯和伯利等人，代表作是米恩斯和伯利的《现代公司和私有产权》，最显著特征是从社会和企业结构角度分析资本主义经济问题。把经济制度微观化为企业制度，具体化为权利结构，对私有制条件下所有权和管理权的分离，对企业内部的权力结构进行分析，可谓制度经济学的重大突破。

第三阶段是指20世纪50年代至今，即“新”制度经济学阶段，是以加尔布雷思为代表的制度经济学，是相对于凡勃伦、康芒斯、米恩斯和伯利等学说而言。

第四阶段与加尔布雷思的“新”制度经济学同时代起步，20世纪80年代开始进入盛世，被主流经济学所认可，至今仍蓬勃发展的制度经济学，是以科斯、诺思、威廉姆森等为代表的另一个“新制度经济学派”。它既不是只相对于凡勃伦、康芒斯，也不是只相对于米恩斯和伯利及加尔布雷思，而是相对于从凡勃伦到加尔布雷思所有制度经济学的“新制度经济学”。在制度分析方法上，它与所有制度学派相同，就财产权利结构分析而言，它与米恩斯和伯利有直接关系。但是，它之所以被称为“新制度经济学”，是由于在以下几个重要方面有创新：第一，方法论上的创新——坚持逻辑实证主义方法论，把新古典经济学的边际均衡分析方法与制度分析方法结合；第二，研究主题的确立——以资源配置为主题，改变了其他制度经济学主题变幻不定的状况；第三，基本范畴的创新——创立了“交易成本”范畴，并使之成为核心范畴。

美国的制度经济学派，又可以划分为演化学派和新古典学派：以凡勃伦和康芒斯为代表的旧制度经济学，以及在此传统下发展出来的以加尔布雷思为代表的“新”制度经济学，是演化学派；以科斯、诺思和威廉姆森等为代表基于新古典范式的新制度经济学，是新古典学派。因此，也可以说，科斯等的制度经济学是新古典制度经济学派，也可以说是新自由主义经济学的组成部分。

旧制度经济学

一、从古典经济学到旧制度经济学

古典经济学（又称古典政治经济学）产生于17世纪中期，完成于19世纪初期。在英国古典经济学家亚当·斯密的《国民财富的性质与原因研究》中，古典经济学基本形成了体系。斯密在经济学史上的功绩不可抹杀，但其理论和方法都存在着矛盾，正确与错误两种观点并存。其学说中的科学成分是经济学说史上的宝贵遗产，某些错误观点也被后来者进一步加工与发挥。李嘉图在许多方面发展了斯密的理论。李嘉图的学说代表着当时资产阶级经济学的正统观念，反映了资本主义上升阶段资产阶级经济学所能达到的最高成就。李嘉图的著作在当时被看作理论方面的巨大成功，因而被奉为经典。在李嘉图去世后，其门徒们打着维护李嘉图学说的旗号，实际上却给予李嘉图学说以庸俗化解释，从而使李嘉图学派趋于瓦解。

在古典政治经济学解体后不久，资产阶级经济学的代表人物分成了两派。一派是精明、贪婪的实践家，他们聚集在弗雷德里克·巴斯夏旗帜下；另一派追随约翰·斯图亚特·穆勒，企图调和不能调和的东西。19世纪40年代，约翰·斯图亚特·穆勒在资产阶级经济学史上做了第一次折中性大综合。他标榜自己是斯密和李嘉图的继承者，实际上只不过是在其父亲詹姆斯·穆勒之后进一步歪曲古典经济学，折中各家经济学说，集19世纪上半期经济学之大成。他被认为是当时经济学正统观念的代表。

19世纪60～70年代，约翰·斯图亚特·穆勒的经济学说受到历史学派和边际学派的挑战。历史学派强调历史主义研究方法，否定理论作用，否定经济规律的存在；边际学派则以主观效用价值论来否定生产费用价值论，把利润、利息和地租归结为心理因素作用，从而引发了经济学说史上所谓的边际革命。

19世纪70年代，马歇尔在资产阶级经济学说上做了第二次折中性大综合，他把约翰·斯图亚特·穆勒的经济学说和历史学派、边际学派调和起来，拼凑成一个新体系。马歇尔的著作《经济学原理》被当时的资产阶级经济学家奉为权威，成为各个资本主义国家大学讲授的范本。资产阶级经济学家把马歇尔的经济学看成古典经济学的复兴，故被称为新古典经济学。

此后，美国一些经济学家在一定程度上看到了资本主义所面临的种种矛盾，他们不赞成新古典经济学的假设前提、分析方法和结论，认为新古典经济学的心理假设并非经济假设，因而不现实；认为供求规律只能适用于某些市场，而且只能近似地予以表述。在他们看来，新古典经济理论把自由放任吹捧为至善至美，与客观事实格格不入。由此他们得出结论：旧的经济理论已经失去作用，现代资本主义运转并不符合已有经济理论论证，必须有新的经济学说来代替它。他们发现，人们不满的是垄断、贫困、萧条和资源浪费等问题，这些问题需要解决，只有采用制度分析方法，提出社会控制和改革主张，缓和阶级矛盾的目的才能达到。

因此，制度学派在资产阶级经济学说史上一开始就处于“异端”地位。制度学派提出了正统经济学不愿承认的问题，特别是资本主义经济和自由市场体制不像新古典经济学所设想或描绘的那样完美无缺，它们有弊病、有缺陷，因而需要调整和补救，所以，尽管制度经济学在本质上也维护资产阶级利益，还被视为旨在侵犯资产阶级利益的蛊惑人心的言论。美国制度学派奠基人凡勃伦被看成离经叛道的经济学家，他在美国经济学界和著名大学的圈子中备遭冷遇的经历清楚地说明了这一点。

美国制度学派在理论和方法上不同于当时流行于资本主义世界的庞巴维克、马歇尔、克拉克等的经济学说。它既不像庞巴维克那样着重于抽象演绎方法，即把个人从特定社会生产关系中抽象出来，分析个人欲望及满足途径；不像马歇尔那样采用均衡分析方法来解释社会经济现象，认为各种矛盾最终将趋于缓和，从而认为阶级利益可协调，资本主义秩序稳定；也不像克拉克那样，强调经济自发调节作用，把资本主义社会的各种矛盾归结为自然规律作用的结果。在美国制度学派经济学家看来，资本主义社会本身并不是自然、均衡和调和的，但是可以改良和调节。

二、旧制度经济学派概述

旧制度经济学派所处时段大约是1900～1936年。该学派强调制度演进，主张国家干预，是德国历史学派在美国的变种。旧制度经济学派各个代表人所提倡的学说颇为庞杂，没有形成明确、统一的理论体系。只是由于他们在研究问题时着重说明各种制度间的相互作用及其与经济发展的关系，并以此阐述社会经济现象，才被统称为制度经济学派。它前期的三位最出名的代表人物包括：精心剖析传统思想并提出制度理论和方法的凡勃伦；力劝通过政府立法进行社会改革的康芒斯；运用统计学知识以促进归纳法的米契尔。他们都强调制度对经济生活的影响，可称为旧制度经济学派三巨头。仅就理论思想对以后经济理论发展来说，凡勃伦是这三人中影响最大的一位，其思想成为以加尔布雷思为代表的“新”制度学派的主要来源。

旧制度学派各个分支虽然研究的出发点、内容并不相同，但他们在研究对象、研究方法等方面有相同之处。他们在研究对象上都强调制度在经济生活中的重要作用。在研究方法上，主要汲取了德国历史学派的观点，采取历史主义和制度分析方法，一方面强调从制度的整体方面研究问题，另一方面强调从制度的演进方面研究问题，提出要建立以研究制度演进为基本内容的经济理论，从结构上改革资本主义社会。这种对“制度趋势”的研究既是制度学派的共同点，又是形成制度学派的理论基础。

1. 凡勃伦的制度经济学说

凡勃伦（1857～1929）是制度学派创始人，出生于美国中部农村的挪威移民家庭。1884年他毕业于耶鲁大学研究院，1890年后他在康奈尔和芝加哥大学从事研究工作，担任芝加哥大学《政治经济学杂志》编辑，同时讲授经济学，但不大受欢迎。后来他到斯坦福大学和密苏里大学从事教学工作，同样受到冷遇。1918年他到华盛顿粮食管理局工作了一段时间。凡勃伦的晚年称得上穷困潦倒，靠他的学生接济度日。他逝世于1929年，即“大危机”到来之前的几个月。构成凡勃伦传统的主要著作是《有闲阶级论》(1899)、《企业论》(1904)、《科学在现代文化中的地位》(1919)、《工程师与价格制度》(1921)等。其理论主要建立在唯心主义和庸俗进化论基础上，强调制度和文化心理因素分析，在制度学派中被称为社会心理派。其主要理论包括以下几个方面。

(1) 关于有闲阶级。凡勃伦承认社会上存在着阶级利益冲突，一个阶级努力于社会生产事业，另一个阶级则坐享优裕生活，并依赖资本力量指挥生产。他认为，有闲阶级积累财富的目的不是单纯地为了满足物质、精神及知识的需要，更重要的是通过在消费上的挥霍来炫耀财富。财富被视为权力、威望、荣誉和成功的象征。所以，消费是为了出名。

在凡勃伦看来，有闲阶级的成员不参与有益于社会的生产活动，而是尽做些浪费、无用的事情。凡勃伦写道："有闲阶级从事这些职业，明显的动机的确不是靠生产上的努力来增加财富。在这方面，也像其他文化阶段一样，政治和战争至少部分地是为了从事这些职业的人去追求金钱利益，但它却是通过明目张胆的攫取和强占手段获得。这样的职业显然具有掠夺性。"

(2) 关于社会制度的演变。在《有闲阶级论》中，凡勃伦把社会经济发展视为与生物进化相类似。他宣称，社会结构的演进是一种制度的自然选择过程。社会进步是适者生存的思想习惯和个人被迫适应变化环境的结果。制度必须随着变化了的情况而变化，这些制度的不断发展即是社会的发展。在变化过程中，文化总是落在后面。

凡勃伦认为，如果社会上任何一部分人或任何阶级逃避环境的强制，那么他们的观点将迟迟不能适应改变了的形势，因而阻碍着社会进化。富有的有闲阶级正是处在这样的逃避地位。因此，从进化观点来看，当现行制度发展到一定程度时，有闲阶级将不能适应变化了的环境，不能跟上时代步伐。

显然，凡勃伦的社会制度演进观点只是把达尔文的进化论移植到经济学领域中来，这和他所提倡的进化论经济学思想相一致。他把社会发展说成是思想习惯的发展，认为人类社会制度的演变是思想习惯不断变化的结果，这是唯心主义的观点。但是，他承认旧制度的矛盾，并且指出专门从事掠夺的有闲阶级是力图阻止制度变革的阶级，这具有积极意义。

(3) 对资本主义制度的分析。凡勃伦认为，资本主义社会由从原始的生产技术制度和私有财产制度演进而来的"机器利用"和"企业经营"两个基本制度构成，它们分别以人类改进工艺的本能和获取利益的本能为根源，资本主义社会实际上是"企业经营"控制着"机器利用"。依据"机器利用"和"企业经营"的划分，凡勃伦进一步把资本主义社会分为两大阶级：其一为工程师、技术员、科学家、工人等物质生产者；其二为老板、经理和商业推销员等，他们依靠所有权控制工业，目的在于获得优厚利润。凡勃伦指出，"企业经营"和"机器利用"之间的矛盾是资本主义的根本矛盾，是资本主义其他一切矛盾的根源和基础。

凡勃伦根据他对资本主义矛盾的分析，在《工程师与价格制度》中提出了改革的设想。这个设想就是由工程师、科学家和技术专家组成的"技术人员委员会"来领导社会。在他看来，工程师、科学家和技术专家是整个社会最好的代表，因为他们不是一个既得利益集团，只有在他们的指导下才有可能推翻现行资本主义价格体系。

凡勃伦对资本主义的分析，已经触及资本主义社会的一些矛盾。例如，资本家扩大生产要受到市场相对狭小的限制，反映了生产和消费的矛盾；大机器操作的生产力受到企业经营目的的约束，反映了资本主义生产力与生产关系的矛盾。但是，他没有透过现象去寻找这些矛盾的根源。从凡勃伦改革内容来看，应该说是激进方案，实际上要进行社会革命。

2. 康芒斯的制度经济学说

康芒斯（1862～1945）是一个通过实际活动研究如何把经济关系归结为法律形式以改变经济体系的制度经济学研究者。他出生于美国俄亥俄州，26岁时毕业于奥柏林大学，之后在霍普金斯大学研究院读了两年，后来执教于韦斯里大学、奥柏林大学和印第安纳大学。构成康芒斯传统的主要著作是《资本主义的法律基础》（1924）、《制度经济学》（1934）、《我自己》（1934）和《集体行动经济学》（逝世后于1950年出版）。

康芒斯和其他制度经济学学者一样，从利益冲突而不是从利益和谐作为制度经济学的出发点。在康芒斯看来，主要利益冲突来自财富生产者和财富消费者之间的差异，这两个集团又可以分化出许多具有利益冲突的阶级，如买者与卖者、借者与贷者、农民与工人等。在集团内部，是集体行动；在集团与集团之间，则矛盾重重。随着矛盾发展，或者是出现利益融合，或者是出现僵局，或者是出现不可收拾的局面，从而要求再一次集体行动的强制。然而，除了冲突之外，还存在着互相依赖，要求有秩序的稳定关系。各种社会现象都内在地包含着冲突、依赖、秩序等具有矛盾性质的各种因素，它们不能一劳永逸地得到解决，而是持续地、永久地作为必须重新应对的问题反复出现。

显然，康芒斯这种阶级划分与矛盾分析十分混乱。它既混同了阶级和阶层，又用生产者和消费者的矛盾去代替资产阶级和无产阶级的对抗性矛盾，但是，他能看到社会集团之间的矛盾及矛盾的互相依赖和冲突，则是一种辩证的观点。

如前所述，凡勃伦把制度定义为广泛流行的生活习惯，康芒斯则把制度定义为制约个人行动的集体行动。康芒斯认为，由于个人力量是软弱的，这就使他与协会或工会结合在一起。政府授予这些社团以独立自主的权力。国家本身则通过军事力量、经济力量等来干涉其供给与需求，鼓励或保护某些企业和职业，制止某些有害于整体的行为，引导个人和团体按一定方向活动。

康芒斯比较了社会财富和个人财产。他认为，社会财富决定于使用价值的丰裕，个人财产则决定于由价值计量的稀有价值。资本主义意味着为他人创造使用价值和限制供给以创造稀有价值的双重过程。因此，资本主义要求两种计量单位：工时和美元。第一种用来计量已创造的使用价值；第二种用来计量它的稀有价值。工时计量财富，代表生产社会；美元计量财产，代表所得社会。

在康芒斯活动的那个时期，工会还没有被广泛承认。他为工会辩护，说它是一种工人与雇主谈判以表现集体意志的手段。通过集体谈判，个人意志就变成集体意志的一部分。当时政府干预经济被人们看作可悲的事情，但是康芒斯仍然主张扩大国家权力以约束由于私有财产积累而出现的经济权力滥用。他认为，国家作为一种矫正不平衡的公正力量而存在。例如，对于工人在工作中的某些产权，法院应该予以保护，就像保护商人的利润权力一样。可见，康芒斯支持工会开展和对工人某些利益的维护。其出发点是力图通过法律手段来调和各个集团的利益矛盾。不过，这样一来其改革方案就不具有革命性意义，也没有凡勃伦那样激进。但是在当时，他的意见代表着一种改良主义思潮，他通过法律改革的温和建议，曾部分地为政府所采纳。

康芒斯把“交易”视为制度经济学的基本分析单位，并将“交易”分为三种基本类型：买卖交易，即平等人之间的交换关系；管理交易，即上下级之间的命令和服从关系；限额交易，主要指政府对个人的关系。这三种交易类型覆盖了所有人与人之间的经济活动。然而，康芒斯在对以交易为基本单位的制度进行分析时所采用的方法并不是经济学方法，而主要是哲学、法学、社会学和心理学方法。因此，康芒斯没能完成将经济学方法运用于制度研究的任务。

3. 米契尔的经济学说

米契尔（1874～1948）是凡勃伦的得意门生。如果说凡勃伦是制度学派理论上的奠基者，康芒斯是以政治法律手段调节集团利益冲突的改革家，那么米契尔是重视事实、以统计资料验证制度主义理论的研究者。所以在旧制度学派中，他被称为经验统计派。

米契尔出生于美国伊利诺州，1892 年考入芝加哥大学，后来就读于研究生院，1899 年获哲学博士学位。米契尔最初在华盛顿人口普查办公室工作，之后在芝加哥大学、加利福尼亚大学和哥伦比亚大学从事教学和研究工作。他的主要著作有《经济周期及其原因》(1913)、《经济周期问题及其背景》(1927) 和《论经济学与工业的关系》(1941) 等。

在米契尔看来，经济科学是关于人类行为的科学，因此经济科学应朝着多调查、少演绎推理的方向发展。他在发表于 1896 年的《政治经济学》杂志上的大学毕业论文中写道：“众所周知，演绎推理可能把研究者引入迷途，除非它的结果为归纳法的调查研究所检验和纠正。”米契尔主张，不要为某一特殊弊端立即采取补救行动，应当敦促人们去做了解那些社会问题及其相互影响的研究，只有充分认识社会之后才能明智地改造社会。米契尔把计划与市场的关系当作重点问题来研究。他认为，一个企业内部的协作是专家们精心计划的结果；企业之间的协作则不能都说是有计划的，它是在生存斗争中无计划、自然选择的结果。企业内部协作有明确目标——赚取利润，企业间协作则受到种种有冲突的目标的限制。企业内部协作由一个具有权力的权威来按计划执行；企业间协作则依赖许多不能执行共同计划的权威行事，除非有一个能说服或强迫其他人的人。由于这些情况，企业内部协作具有经济效益的特征，企业间协作具有浪费的特征。米契尔进一步指出，资本主义经济活动就细节来说是有计划地由技术来指导进行，但就总体来说，既无共同计划，也无集中指导。除了在战争紧急状态下所采取的短暂经济动员计划外，各个资本主义国家还没有做出如何供养其人民的有系统的计划，而是继续依赖有缺点的私人自动协作做努力。

以上论述说明，米契尔已经观察到资本主义基本矛盾的表现形式之一，即个别企业内部生产的有组织性与整个社会生产的无政府状态之间的矛盾。由此他希望社会和国家应小心谨慎地去实行社会经济计划，以克服最坏的经济波动，同时保持经济自由和增加安全。至于如何实现社会经济计划，他认为要解决两个问题：其一，怎样使人们希望完成的目标从分歧走向统一；其二，怎样使零碎、片段的个别计划变成相互依存的社会计划。

米契尔对经济周期理论提出了一套富有特色的见解。概括起来他的经济周期理论有四个主要论点。

(1) 经济波动由货币原因引起。

(2) 经济周期不仅会表现在集体活动中，而且会扩散到整个经济体系。

(3) 除了危机时期外，波动与预期利润关系密切。

(4) 波动不是由轻微和偶然的平衡破坏导致，而是由经济系统本身引起。

此外，他还认为经济周期可以划分成若干阶段。例如，他说："从复苏发展为繁荣，繁荣孕育着危机，危机将产生萧条；随着萧条加深，新的复苏将出现；于是，另一个周期又开始了。"基于这种看法，他认为，经济周期理论必然是对从一种商业状态自行转化为另一种商业状态的、累计变动的历史性分析。

米契尔将萧条时期之后的经济复苏作为周期阶段起点。周期开始，上涨的工资和较高的利润既刺激消费需求，又刺激投资需求，乐观主义开始流行和传播，生产条件不断加强。到复苏阶段后期，价格逐步上涨。未来价格的预期刺激着商品订货，货币数量和信用随着商业情况的改善而扩张。利润因工资和间接成本落在后面而增加，于是扩大投资，经济进入繁荣阶段。但是，当投资在投资品成本上涨的情况下进行时，固定成本便会上升。这时，建立新工厂的成本增加，租金和利息相继提高，工资开始追赶上涨的物价。另外，由于过分乐观，工人不再担心失业，结果企业设备的生产效率下降，管理能力下降，工人的工作效率下降，生产浪费增加。到繁荣后期，当产品价格不能提高时，上升的生产成本便吞噬了利润。这些压力越来越严重，以致经济危机接踵而来，经济陷入萧条。随着萧条加深，资本品逐渐陈旧和濒临废弃，新资本品价格低廉，挣扎图存的竞争诱导企业家购买新的、更有效率的、低成本的机器设备，更新固定资本。此外，消费者原来使用的耐用品和半耐用品因陈旧过时而急需替换，增加的人口也将引起消费品需求的增加，空虚的存货有待于充实，于是，乐观局面又开始出现，经济再次逐步上升，进入复苏阶段。

米契尔对经济周期的研究阐述了资本主义经济危机不断反复出现的现象，并结合固定资本更新来分析问题，这值得肯定。

旧制度经济学向"新"制度经济学过渡阶段

在20世纪30年代以前，马歇尔的新古典经济学说处于资产阶级经济学的正统地位，1936年凯恩斯《就业、利息和货币通论》出版后，凯恩斯经济学成为资产阶级政府管理和调节经济的理论根据，新古典经济学的主流地位让位于凯恩斯主义。制度主义经济学无论在20世纪30年代经济危机以前还是其后，虽然从来不曾上升为主流经济学的地位，但制度主义经济学并没有因为凯恩斯主义的盛行而销声匿迹，它依然处在不断发展过程之中，过渡时期的制度主义经济学的主要代表人物有伯利、米恩斯、伯恩汉和艾尔斯等。以他们为代表的经济理论是过渡时期的制度经济学说，"构成凡勃伦和加尔布雷思之间的桥梁"。

一、伯利的基本观点

伯利是美国旧制度经济学向新制度经济学过渡时期的代表人物，主要著作有《现代公司和私有财产》(1933)、《政治力量的自然选择》(1936)、《20 世纪的资本主义革命》(1941) 和《没有财产权的权力》(1959) 等。伯利的经济观点主要受凡勃伦的学说影响，从企业权力结构来进行经济分析，同时强调法律制度对企业所有权的影响。伯利考察了当时美国资本的实际投入情况，认为财产权已经不再集中在原来的企业主手里，已经分散于众多的投资者，"财产权，按照它的最后意义来说，已经分散了。权力因素与财产分离了，并且已经集中在比较少数人的手上。这种情况的结果不仅是证券的转移，比起单纯股权的更改要重要得多。这是一种新的社会经济结构的发展。它的影响实际上是政治性的"。

伯利认为，权力至少包含两个方面：一是内部，即中心集团对组织内个人所运用的权力；二是外部，主要指虽然不是组织内部成员但其事务却受到该组织活动的影响。伯利说："随着最大的美国公司股权的日益分散，管理方面发生了显著变化，其中大多数公司的管理者不再是主要的所有者。说得更确切些，没有主要的所有者，管理在很大程度上是脱离所有权而存在。"在伯利看来，由于权力分离，出现了两个对立集团，"一方面是所有权，另一方面是管理——这种管理又越来越脱离所有权，并最终处于经理人员本身手中的趋势，因而经理人员能够使自已的地位永存"。由于公司制度的发展，原来私人企业的责任，现在突然看不出属于私人了。伯利认为，过去的权力被集体化了，现在的权力是集中的，经济管理的发展前途掌握在少数人手中，这些人和传统利润制度的作用不相关联。

伯利在做了上述分析后，提出了"新的公司活动"的主张。公司既不应单纯地为股票持有人利益服务，也不应成为管理者为自已谋取私利的工具，而应为社会利益服务。伯利提出："可以理解的是，如果公司制度要存在下去，看来几乎最主要的是，大公司的管理应当发展为纯粹的中性技术统治，把各个社会集团的各种要求加以平衡，并且按照公共政策，而不是根据个人私欲，赋予每一个集团以一部分收入。"

伯利在《没有财产的权力》中指出，社会主义可能在政治上是民主的，它可能比某些形式的资本主义提供更高形式的个人主义内容。资本主义制度可能是金字塔式权力机构，这种制度可能把计划的好处和个人选择的价值结合在一起。伯利认为："这两种制度虽然有所不同，可是在经济组织上，它们并没有天壤之别，以致仅仅由于这类组织上或纯粹经济上的不同之点，就必须打得你死我活。"在伯利看来，权力分散已经为不同制度之间的经济合作提供了现实可能。这两种制度之间发生斗争，并不在于它们在结构上不能两立，而是由于各自领袖们在自由选择生活这个基本认识上有所不同。归根结底，一切社会几乎不可避免地都需要把权力组织起来，使其足以实现潜在的经济力量。伯利得出结论，现代资本主义财产权的分裂将导致资本主义新形式，"你可以把这种结果叫作集体主义，或是非国家控制的社会主义，或是人民资本主义"。

二、伯恩汉的经理革命

伯恩汉是旧制度经济学向新制度经济学过渡中的又一代表人物，曾在纽约大学任教，并一度追随托洛茨基参加工人运动。他的主要著作有《批判的哲学导论》(1938)、《经理革命》(1941) 和《共产主义走向失败》(1965) 等。

在伯恩汉制度经济学说中，对资本主义社会发展前景提出了自己的观点。他认为，由于资本主义社会存在着大量失业现象和周期性经济危机，资本主义社会无法充分利用它本身的技术能力，资本主义意识形态已经日益失去民心，资本主义并不是永恒的。与此同时，伯恩汉否定了资本主义将被社会主义取代的理论。他指出，按照马克思主义的定义，社会主义社会有三个特征：无阶级、完全的民主和国际性。在伯恩汉看来，各国社会主义政党的实践或者没有成功，或者并不是真正的社会主义，或者最终放弃了社会主义。他认为，意识形态方面的一些理论由于不能解释当代现实，已经被新的自然科学方法所取代。伯恩汉由此得出，社会主义不是资本主义的唯一替代形态，作为现阶段历史过渡的将是第三种社会，即经理社会。

伯恩汉认为，伯利关于企业结构的分析具有重要意义，但他的分析不完整。“所以当伯利谈到所有权和管理分离时，他们前后不一致，或至少不完整。进行管理的人就是所有者。”伯恩汉把经理阶级称作社会统治阶级。在他看来，不论生产过程中所有权如何，就功能而论，经理都是指那些当代社会中在技术上管理着实际生产过程的那部分人，他们是现代技术与劳动高度分工的产物。具体而言，伯恩汉的经理概念主要包括业务经理、生产经理、厂长、总工程师和总工艺师等。伯恩汉提出了经理革命的观点。他认为，经理革命是一种由于权力转移而发生的社会变革，通过这种社会变革，社会统治阶级已经由过去的资本家变成了现在的企业管理者们。伯恩汉进一步分析，“经理们无论作为个人来说，还是从法律地位或历史地位来看，都越来越不再和资本家一样了。有一种连带在一起的转变：经理的职能通过生产技术变更而变得比较特殊、比较复杂、比较专门化，以及对于整个生产过程比较有决定性，从而使得那些履行这些职能的人，作为社会上一个特殊集团或阶级而与众不同”。

伯恩汉一方面把经理阶级说成社会上最有权力的人，既是管理者又是实际的所有者，因此经理社会与过去社会相比有很大改进；另一方面，伯恩汉认为经理社会同样存在着弊端，这种弊端主要体现在：经理们的权力过于强大，成为社会新特权者，从而压迫与被压迫、统治与被统治关系依旧存在。伯恩汉希望资本主义社会“能够在一种比较民主的方式中完成向经理社会的转变”。希望未来的经理社会能够保证个人的自然权力、自由和民主，从而避免官僚化统治。

三、艾尔斯的制度经济学说

艾尔斯是过渡时期承先启后的人物，主要著作有《经济进步理论》(1944)、《工业经济》(1952) 和《走向一个合理的社会》(1961) 等。

艾尔斯特别强调技术对经济制度变化的作用。艾尔斯指出，美国制度经济学传统是以企业权力结构分析作为出发点，而对技术进步的作用论述不够。所谓技术进步，艾尔斯写道：“技术发展性质的意义不在于个人技艺专长中，而在于工具的性质中。为了完全理解技术进步的原理，整个分析必须在对文明加以总结的水平上进行，而不是在对个性加以总结的水平上进行。”可见，在艾尔斯看来，其本质不在于个人技艺提高和个人精神的某种表现，而在于工具变革及由此引起的制度变化。

艾尔斯进而认为，技术进步使得所有权与管理发生分离，导致了经理革命。所有权与管理分离涉及自古以来关于财产收入权惯例的改变，而经理革命作为技术进步的产物，不仅是统治阶级的更换，而且涉及社会制度内在性质的变化。艾尔斯由此指出："显而易见，技术创新在资本主义各种制度建立方面起了决定性作用。工业革命在建立工业在现代生活中至高无上地位的同时，使得工业领袖们成为有权力的人。权力无疑重要，因此，制度方面适应技术变革的过程，既微妙和复杂，也极其重要，从而必须予以特别注意。"

根据艾尔斯理论，西方经济发展不能归功于市场制度。在他看来，商人销售的各种商品不是由市场产生，而是现代科学和技术的结果。正是技术发展，才使得市场发展成为可能。值得注意的是，艾尔斯在看到技术对经济制度起决定作用的同时，认为制度反过来影响技术。他指出，技术增长速度取决于制度刚性或可变性，制度可以影响技术变化方向，促进某些技术发展，阻碍另一些技术发展，在某些情况下，还会使技术进步完全停止。

"新"制度经济学

20 世纪 50 年代至今，即"新"制度经济学阶段，是以加尔布雷思为代表的制度经济学，是相对于凡勃伦、康芒斯、米恩斯和伯利等学说而言的。

加尔布雷思（1908～2005）出生于加拿大安大略省，1934 年获农业经济学博士学位，1934～1939 年任美国哈佛大学经济系讲师。1940 年他在美国政府工作，先后任过物价管理局副局长和代理局长、战略轰炸调查团团长等职；1949～1959 年，任哈佛大学经济系教授；1961～1963 年被任命为美国驻印度大使；1973 年任美国经济学协会主席；1975 年退休。加尔布雷思的主要著作有《美国资本主义：抗衡力量的概念》(1952)、《1929 年大崩溃》(1955)、《丰裕社会》(1958)、《新工业国》(1967)、《经济学与公共目标》(1973) 和《没有把握的年代》(1977) 等。加尔布雷思在资产阶级经济学家中被称为开明派批评家。在批评当代资产阶级经济学和经济政策时，他提出两个否认：其一，否认经济成长是经济政策的最终目标；其二，否认市场机制是资源分配的有效手段。

作为"新"制度经济学集大成者，加尔布雷思的观点主要集中在他的三部著作《丰裕社会》、《新工业国》和《经济学与公共目标》中。这三部著作被资产阶级经济学家吹捧为继凡勃伦之后对现代美国资本主义做出最精辟分析的著作。第一部书抨击那些把经济成长和更多产出看成经济发展终极目标的保守观念；第二部书描绘了"技术结构阶层"支配社会经济运转的梗概，强调技术革新对生产的影响及大企业对计划的促进和形成；第三部书论述通过民主的社会主义和经济计划，使社会公共利益胜过私人利益，实现收入均等、权力均等，消除二元体系，从而进入"新社会主义"。这三部书总起来有如下几个主要特点：①公开批判资本主义的不协调，由此被视为激进派言论；②强调国家对经济的干预，由此被划入开明派；③批判凯恩斯学说只注意定理分析，提出定性分析即结构分析的重要性，强调探讨资本主义社会结构及人的平等和幸福等问题；④从研究个人经济行为转移到研究集体行为；⑤排斥演绎法，采用研究现实材料的归纳法。

一、加尔布雷思的权力结构分析

加尔布雷思认为，现代社会使人类梦寐以求的丰裕社会成为现实。但是，丰裕并没有带来幸福，因为人们还在相信那种稀缺的教条，继续追求越来越多的物质产品。私有产业经济创造了额外需求，部分是由于风尚和竞赛，部分是由于生产者通过广告和推销手段进行鼓吹和劝说。高水平生产会导致高水平欲望和需求，而多方面的需求依赖被满足的过程。如果生产者能够决定或有力地影响消费者的抉择，那么，通过生产就能操纵市场，以"生产者主权"替代"消费者主权"。

加尔布雷思指出，"消费者主权"基本上建立在满足人的自然需要基础上，它适应于商品供给还不丰裕、人们收入水平还比较低的阶段；"生产者主权"基本上建立在满足人的心理需要基础上，它适应于商品供给丰裕、人们收入水平较高的阶段。他写道："作为先进技术和庞大组织成果的高度生产和高额收入，使居民中很大一部分摆脱了自然需要的强制和压力。结果，他们的经济行为在某种程度上可以调节。一个头脑清醒的人，如果饿着肚子，就不可能劝他用最后一美元去买别的东西，而只能买食物。但一个人如果吃、穿、住都不错，或者生活上被照顾得很好，那就可以劝他在购买电动刮胡刀和电动牙刷之间做一番选择。"

在这样的经济体系中，可以操纵市场的大公司便占有极其重要的地位。加尔布雷思进而指出，现代大公司由能够操纵现代生产和市场、拥有科学技术的专家阶层做出决策。这个阶层包括经理、科学家、工程师、经营管理人员、会计师、律师和经济师等，他们形成"技术结构阶层"。

关于权力归属，加尔布雷思认为，在不同历史阶段，不同生产要素的稀缺性有所不同，而"权力归于最难获得或最难替代的生产要素"。他认为，"在封建时代，土地是最重要的生产要素。地主是这一生产要素的供给者，所以地主当时掌权。后来，资本主义兴起了，资本代替土地而成为最重要的生产要素，资本家是这一生产要素的供给者，权力也就从地主手里转移到资本家手里"。他还认为，"近年来，由于工业不断发展，技术迅速进步，资本供给日益丰裕，社会上出现了储蓄过多的倾向。另外，工业和技术发展所需要的专门知识越来越复杂，专门知识成了企业成功的决定性生产要素，谁拥有科学技术、经济、法律方面的专门知识，就能使企业兴旺。于是权力再度转移，从资本供给者手中转移到专门知识的拥有者手中"。也就是说，"技术结构阶层"（包括高级经理、副经理、科学家、工程师、工厂经营管理人员、销售学专家、广告经营管理人员、稽核员和律师等）是权力的真正拥有者。他说："虽然公司的章程把权力置于资本所有者手中，但技术和计划要求把这种权力转移到技术结构阶层。"权力的这种转移，使得原来掌权的资本家成为"正在消失的形象"。值得注意的是，加尔布雷思的"技术结构阶层"掌权和决策，并非意味着其中某一个成员掌权和决策，而是指整个集团掌权和决策。"这不仅由于个人能力和知识毕竟有限，更由于企业所需要的是一个综合情报，必须依靠整个集团做出决策。而且，一旦决策由集团做出，不能被个人所推翻，因为任何个人如果想要更改集团的决策，他必须求教于另一批专家，让另一批具有同样专门知识的专家来判断。这样，权力或决策权仍然掌握在专家集团手中。”

随着权力的转移，现代大公司的权力结构发生了变化。传统公司的权力结构为：最上层是股东大会，下面是董事会，再下面是厂部各级业务人员，底层是工人。现代大公司的权力结构为：以企业为中心，外面是一层又一层的圆圈。现代公司的最外圈是普通股东，向内的一层是生产工人，再向内一层是基层管理人员，再向内则是技术人员、工程师、各种专家和高级经理人员。越是外围的人，与公司关系越疏远、越松散；越往内圈移动，与公司关系越密切，对公司越忠诚。加尔布雷思指出：“普通股东之所以处于最外围，因为他们同公司的关系纯粹是金钱关系，他们关心的只是手头股票能够赚多少股息。如赚得少，他们就把股票卖掉，投资于其他地方，因而，一点也不忠于本公司。”生产工人之所以处于次外圈，是因为他们和股东不同，每天同组织直接打交道，这迫使工人把自己同公司视为一体，工人自认为是某公司的人，因而他们同公司的关系已经不是纯粹的金钱关系。“技术结构阶层”则不同，他们的事业心、技术兴趣和责任感都与公司息息相关。加尔布雷思指出，那些未拥有专门知识的股东，对现代生产、技术和业务活动越来越不了解。因为他们无知，所以对公司的经营无权过问。由于股份总额扩大，股东人数增加，每一个股东的投票权所起的作用减少了，“他可以投票，但他的投票没有价值”。

在加尔布雷思看来，由于“技术结构阶层”的收入主要是薪水和奖金而不是股息，如果企业追求最大限度的利润，得到最大好处的是不忠于本企业的股东们，而“技术结构阶层要为此承担风险”。技术结构阶层，从自身利益出发，只要力求做到使企业保持最低限度的利润，不使股东们卖掉股票，从而造成股票价格骤然下跌就行了。他们所热衷的是企业的生存、成长、稳定和扩张；利润最大化已不是他们主要关心的方面，或者说已放在次要地位。然而，大公司害怕风险，需要一种既增长又稳定的市场。这只有应用凯恩斯的宏观经济政策才能实现。因此，政府必须成为技术结构阶层的主要合作者。另一个次要的合作者是教育制度，因为大公司需要有训练的专门人才和先进科学，而这笔巨大的开支由政府承担。最后一个小合作者是工会，有了它的帮助，就可以通过集体协议为大公司的劳动供给提供保障。

二、加尔布雷思的“二元体系论”

在加尔布雷思学说中占有重要地位的是“二元体系”分析。他指出，现代资本主义社会存在着两个相互对立又彼此联系的经济体系：计划体系和市场体系。前者是由若干大公司组成的、有组织的计划经济体系；后者是由无数分散的小企业和个体生产者组成的市场经济体系。前面所说的“生产者主权”、“技术结构阶层”的统治，只存在于计划体系范围之内。计划体系有权支配环境，因为权力在集体手里；市场体系一般地受环境支配，因为权力归于个人。加尔布雷思指出：“计划体系企图对它的经济环境加以控制，它在这方面获得了成就。市场体系抱有同样的愿望，但是进行的方式比较显露，所获得的成就也差得多，结果一个系统可以支配环境，另一个则一般说来，依然被环境所支配。”加尔布雷思接着指出，正如在世界范围内发达工业国家对第三世界弱小国家经济的剥削一样，在发达工业国家内，计划体系也正在对市场体系中的小企业和小生产者进行剥削。更应当引起注意的是，在国内，"大工业对小企业的剥削机会要大得多"。

在计划体系中，由于企业的权力已经转移到"技术结构阶层"手中，企业和工人之间的关系就不再反映资本家和工人的关系，而是反映"技术结构阶层"和工人之间的关系。资本家如果不掌握公司决策所必需的专门知识，他就无法进入决策集团；缺乏专门知识的工人也与"技术结构阶层"无缘。在市场体系中，企业的权力仍然属于所有者。由于市场体系受计划体系支配，市场体系中的所有者不得不受"技术结构阶层"支配。加尔布雷思由此推断，当前美国的阶级差别及二元体系之间的权力不平等，是由教育程度的不同所造成的。他写道："当资本是经济成功的钥匙时，社会冲突发生在富人和穷人之间。货币造成这种差别，占有或不占有是对那些处于对立地位的人轻蔑的理由，或者是引起他们愤愤不平的原因。社会学、经济学、政治科学和小说，都歌颂对垒双方之间的战争，歌颂山上的大公馆同山下的平民住房的关系。近年来，教育把人们区分开来。"

关于劳资集体议价制度，加尔布雷思认为市场体系同样处于不利地位。由于计划体系中的大公司不以最大利润为目标，付出的工资不用自己来负担，因此它比较容易同意工人提出增加工资的要求，不过分计较与工人之间的金钱关系。由于"计划体系并不按古典方式来剥削它的工人，与市场体系的工人相比，这些工人是一个有特权的集团"。在市场体系中的小企业主们，由于未能组织起来而力量微薄，在与强大的工会打交道时地位软弱。此外，由于市场体系自己不能控制产品价格，如果需求减少，价格势必下降，而工会仍然坚持向计划体系的工资水平看齐，使得市场体系中小企业主的处境更为艰难。同理，在遭遇通货膨胀时，计划体系中的大公司能控制产品价格，使价格随工资上涨而提高，通过这种交替上升的方式来转嫁通货膨胀所造成的损失。这一切对于市场体系来说可望而不可即，它既不能控制价格，又不能阻止工资上升。因此，二元体系发展中呈现出日益明显的"马太效应"。

计划体系虽然在大企业、工矿和交通运输业，以及其他重工业部门中占统治地位，但是在农业、服务行业和中小企业中仍然是市场体系占主要地位。由于市场体系资金力量微薄，技术更新缓慢，信用条件较差，控制价格无力，因此屈服于计划体系力量的支配，在两者的交换关系中，常常处于不利地位，遭受计划体系剥削。加尔布雷思认为，这种不平等的局面必须予以改变，使社会经济回到人类崇高的目标上。

三、加尔布雷思的"结构改革论"

如何改变现状？加尔布雷思认为，首先要实行"结构改革"，即改变两个体系之间的关系，重点是实现权力均等化。为此，需要从两个方面来进行。其一，提高市场体系的权力。例如，市场体系中的小企业主们一般不受反托拉斯法限制，使他们能够联合起来，以稳定自己产品的价格。立法机构应当采取措施，支持市场体系的小企业和个体经营者的集体行动。加尔布雷思写道："在价格和收入特别低或反常的场合，政府应积极支持有关组织，以便稳定价格和产量，并采取措施限制外人参加该行业的活动。"又如，在市场体系中，政府不应当采取价格管制措施来保证价格稳定性，而应当用财政手段来帮助小企业，以保证价格稳定性；价格管制只应该适用于计划体系，适用于一两千家最大的公司。加尔布雷思说："价格管制虽然可以阻止大零售商扩大他们的差价部分，但对零售价格的管制不是十分必要。零售业的很大一部分是在市场体系之内，零售商一般不拥有巨大的市场权力。"其二，减少计划体系的权力。基本途径是运用法律和经济措施，限制计划体系的行动。例如，政府应当采取措施不使计划体系的目标侵犯公共目标，不让大公司的生产污染大气和水源，政府在这方面要制定法律，以限制和禁止大公司违反规定。又如，政府应当加强对财政支出的管理，以保证财政支出有利于公共目标，而不是只为大公司服务。同时，政府应当对大公司实行价格管制，并限制它们利用市场波动来损害小企业和消费者的利益。

收入和财富平等是加尔布雷思实现"新社会主义"的重要主张，其办法是通过国家干预经济，实行价格管制，对工资、薪金和利润进行控制，对大企业进行"整肃"。他提出，要充分利用大企业已经提供的计划经营的好处，包括计划生产和销售，使经济朝着公共利益目标前进；随着其他计划的实行，包括"过强过弱的产业"的社会化，就可以保证公共利益战胜私人利益。加尔布雷思写道："首先有必要急剧地增大市场体系的权力和能力，肯定地说，有必要提高它相对于计划体系的发展，从而在这方面减少两个体系之间发展中一贯的不平等。这包括着手缩小两个体系在报酬上的不平等——改善市场体系的议价权力，减少计划体系对它的剥削。这就称作'新社会主义'。"他还进一步认为，要使上述措施得以顺利实施，只有建立一种新的信念制度，使人们从传统观念的束缚中解放出来，正视经济中的客观事实，不再重复过去陈旧的教条。在通过民主的政治变革以产生"新社会主义"过程中，教育界的影响力相当大。他认为，今天科学教育界的地位相当于50年前银行家们的地位，当时银行界因供给资本而使企业有求于己，今天科学技术界因向企业界提供技术人员和科研成果而使得其地位独特，能够发挥独一无二的影响作用。他断言："正如可以预料的，技术结构阶层对于科学教育界的新依赖性反映于二者之间的关系中……过去，董事会中一个银行家的名字曾向全世界宣告本公司有门路获得充分资金，如今，一个科学家的名字或者一个学院院长的名字，可以与前任空军将军的名字一起被发现，以表明本公司与最新技术进步相配合。"可见，在加尔布雷思看来，实现所谓"新社会主义"改良方案的承担者为科学技术和教育界。

从以上论述可以看出，加尔布雷思的制度经济学内容有一些反映客观实际，有一些则错位。例如，在现代资本主义社会中，一切经济活动依然是资本家发号施令，"技术结构阶层"只是一批被雇佣的知识分子；追求最大限度的利润依然是资本主义企业目标；资本主义社会的基本矛盾依然是资产阶级和无产阶级之间的矛盾，而不是所谓的"计划体系"和"市场体系"之间的矛盾。他虽然提出了制度改革的必要性，要实现所谓的"新社会主义"，但是他的改革只是寄希望于建立新的信念制度。这种玄想，连资产阶级经济学家也在嘲笑他是一个"空想家"。不过还必须看到，加尔布雷思承认资本主义在高度工业化后出现了许多新弊端，公开指责大企业对小生产者的剥削，提出收入和财富均等，以及对某些关系国民经济命脉的企业实行国有化的主张，虽然是改良主义，仍不失进步意义。

新制度经济学

新制度经济学最重要的代表人物是科斯和诺思。在一系列著作中，新制度经济学家们采用传统经济学分析方法，对现实世界里制度的起源、作用和变迁进行了全新探讨。现在，新制度经济学在经济学界和社会科学其他学科中的影响与日俱增。尽管新制度经济学的边界相当模糊，但还是可以这样大致地加以界定，即以传统经济分析方法，使用交易成本和产权等关键性概念，对现实世界里制度的起源、作用、变迁及与经济绩效的关系作为讨论对象的经济理论，均可视为新制度经济学。在某种程度上可以这样说，新制度经济学随着对产权和交易成本的深入研究而拓展开来。

美国经济学家德姆塞茨和阿尔钦单独或合作写了一系列有关产权的文章。例如，德姆塞茨的《关于产权的理论》、《产权的交换与行使》，阿尔钦的《产权经济学》及他们合作的《产权范式》等。在他们看来，人们若要合作，首先要弄清各自拥有的资源，也就是要界定产权。关于产权，德姆塞茨定义为："使自己或他人受益或受损的权益。"第一，产权附着在物上，一组产权常附着于一项物品或劳务；第二，产权和交易联系在一起；第三，产权是人与人之间的关系，"产权所有者拥有他人允许特定方式活动的承诺……产权规定了人们怎样受益和受损，从而规定谁须给谁补偿以改变行为"；第四，完备的产权是复数，代表着一组权利，"产权是个由非常复杂的整体而产生的概念……产权的概念是变化多端的和灵活的"；第五，产权价值决定交换物品的价值；第六，产权和外在性密切相关。

德姆塞茨和阿尔钦认为，产权界定清楚与否及如何界定，直接影响当事人的成本和收益。当某种资源没有明确的产权归属时，利用这一资源就要冒不能全部获取由使用这一资源所产生收益的风险，也就是外部性问题。外部性由某种有益或有害的外在效应转化而来。外部性源于"稀缺性导致的对资源使用的竞争性需求"。产权制度可以使得成本收益外部性内部化，即可以使经济当事人承担他应当承担的成本，获得他应当获得的收益。毫无疑问，这一转变增加了经济当事人有效利用资源的动力，从而提高了经济效率。产权界定不同会带来成本收益不同，从而改变他们的经济计算。根据科斯定理，在交易成本为零的情况下，对产权的不同界定并不影响资源的有效配置；在交易成本为正的情况下，不同的产权配置会产生不同的资源配置效率。

尽管界定产权是一件极为重要的事情，然而并不是在任何情况下界定产权都有利可图，因为界定产权本身也有成本。界定产权和建立产权制度是人们之间最初始的合作。这一合作的内容，是用对他人产权尊重来换取他人对自己产权的尊重。由于这一合作必须付出一定交易成本，因此当界定产权的费用高于它所带来的收益时，人们宁肯不建立产权制度。"对那些并不稀缺的资源实施私有制所获取收益很小，而且这样做可能有成本。对于这类资源不必节省地使用，因为它的供给足以满足所有潜在的竞争性使用……不过当自然的稀缺性条件变得更为普遍时，公有权利会日益变得具有非生产性。"

德姆塞茨指出，产权制度从无到有，从根本上说不是因为人们变得聪明了，而是由于情况发生了变化，使得建立产权制度有利可图。德姆塞茨将私人产权的产生看作产权的真正起源，认为资源的相对价格随资源稀缺度提高而提高。当资源相对价格提高到一定程度时，建立私有产权的成本就低于可能的收益，私有产权就产生了。关于这一点，德姆塞茨以北美印第安人狩猎边界和毛皮贸易关系的故事来加以说明。“我们可以有把握地猜测，毛皮交易的直接影响有：第一，对印第安人来说毛皮价值大大增加；第二，结果狩猎活动规模急剧扩大，两个结果大大增加了自由狩猎相关外在性的重要性。产权制度开始变化，这种变化朝着这样一个方向进行：要求把因毛皮贸易而获得的经济效应纳入考虑之中。里科克收集了地理方面和分布方面的证据，表明了毛皮交易中心及私人狩猎领地的最古老和最完善的发展之间准确无误的相关关系。”

关于企业理论，自科斯之后开始向两个方向发展。威廉姆森继续从交易成本的角度深入研究，而德姆塞茨和阿尔钦认为，企业理论可以不通过市场机制，而通过企业的组织费用和监督成本来确立。在他们看来，在其他条件不变的情况下，企业组织的监督费用越低，通过企业内部组织资源的比较优势就越大。在《生产、信息与经济组织》中，他们提出了团队生产、监督成本、偷懒和剩余索取权等概念，从而开启了企业理论的另一条道路。他们认为，由于众人在一起合作生产的效率，要高于他们分别生产总和的效率，因此适宜于采取企业的形式。但是，合作生产带来了另一个问题：一个人的贡献较难与另一个人的贡献分开，从而就较难按照贡献准确地支付报酬。这就不可避免地会鼓励偷懒，因此需要有人来监督。但问题是谁来监督监督者呢？德姆塞茨和阿尔钦认为，要让监督者享有企业剩余索取权，即扣除各种生产要素报酬后的剩余部分。这样，监督者就有了监督其他要素所有者的行为和消除偷懒行为的动力。

随着企业形式的演变，企业所有权与控制权日益分离，这样就出现了代理问题。根据代理理论的观点，代理费用主要有委托人的监督费用、代理人的保证费用和剩余损失，即委托人监督不了，而代理人又不自觉的情况下所造成的损失。尤金·菲莫在《代理问题与企业理论》中指出，由于存在着管理者市场和股票市场，管理者的行为受到约束，代理费用被降低了。詹森和马克林在《企业理论：经营者行为、代理费用和产权结构》中指出，企业股票的市场价值可以反映代理费用的高低。因此在他们看来，股票市场是约束代理人行为的有效制度安排。

缔约后的机会主义行为及其引致的交易成本是纵向一体化的重要原因。所谓纵向一体化，是指前后相继的企业或生产阶段从市场契约关系转变为企业内部关系的过程。为了降低缔约后的机会主义行为所引致的交易成本，还可以采取长期契约替代短期契约的方式。

威廉姆森指出，在交易过程中，由于经济主体和经济客体所具有的特性，交易成本无处不在，某些情况下，还有可能因为过高的交易成本使得市场失效。威廉姆森认为，导致交易成本过高的因素主要有以下几种。其一，经济主体的机会主义行为。威廉姆森认为，经济生活中的人总是为了自己的最大利益而不惜损害别人，虽然法律可以使这种行为受到一定的限制，但法律的作用毕竟有限。由于机会主义行为的存在，交易中每一方都不清楚对方是否诚实，都不敢以对方提供的信息为基础，而必须自己直接收集信息。在威廉姆森看来，经济人这种本性直接影响了以私人契约为基础的市场效率，使得交易成本提高。其二，交易过程中的不确定性。由于一项交易从发生到完成总要持续一段时期，在该时期中可能会发生许多影响交易双方权利和义务的事件，充满着不确定性，从而影响着契约执行。为了避免这种情况发生，交易双方将尽可能把契约写得完备一些，力图包括一切未来的可能性。但是，任何契约都不是完全的，交易本身越复杂，交易成本就越高。其三，垄断的存在。威廉姆森指出，如果市场是充分竞争的，交易的一方对另一方的依赖性就小，竞争的压力会较少地诱发机会主义行为。当市场处于垄断状况时，对于非垄断的一方，市场交易成本将非常高昂。其四，资产专用性。所谓资产专用性，在威廉姆森看来，是指资源在用于特定用途后，很难再移作他用的性质。这种性质在不同资源和不同用途中，有着不同程度。有些资源及其用途的资产专用性较弱，有些则较强。随着资产专用性增强，缔约后违约的风险就会加大，交易成本会增加。针对以上影响交易成本的各种不同情况，威廉姆森指出，当不同的治理结构与相应的合约关系相匹配时，就能降低交易成本；反之，不同的治理结构与相应的合约关系不相匹配时，就可能增加交易成本。因此，当交易成本过高使得市场失效时，就需要用纵向一体化或企业来代替市场。可见，威廉姆森进一步具体化、系统化了科斯的企业理论。

在上述认识的基础上，威廉姆森提出了三个解释现代企业演进的原则。第一，资产专用性原则。资产越是专用，其潜在交易成本就越大，企业组织就越容易取代市场。第二，外部性原则。交易的外部性越强，制止机会主义行为的交易成本就越高，用企业代替市场的可能性就越大。第三，等级制。为了减少企业组织内部的机会主义行为，将组织内部的决策问题分解为可管理的各个单位，以达到“激励相容”的目的。

其他的制度经济学

“主线”之外，还有很多从制度角度研究的经济学理论，主要有以下几种。

一、瑞典学派

缪尔达尔在研究发达国家和发展中国家的社会平等、发展等问题时引入制度因素，研究发达国家社会的不平等问题，强调要从结构和制度上进行跨学科分析，分析了发展中国家需要进行五个方面的社会改革：经济均等化、农业改革、节制生育、教育改革和权力关系改革。林德贝克的制度经济学主要体现在其比较制度分析中，他在批判新左派经济学的过程中形成了比较制度理论。

二、比较经济学、比较制度分析与新比较经济学

比较经济学（comparative economics）主要是对不同国家的经济体制进行比较研究，特别是比较社会主义经济体制和资本主义经济体制。20 世纪 90 年代之后，在传统比较经济学由于苏联和其他社会主义国家的转型而失去比较对象的时候，1990 年秋季美国斯坦福大学的一些学者如青木昌彦、保罗·米尔格罗姆、格雷夫等，在斯坦福大学开设了“比较制度分析”（comparative institutional analysis，CIA）这门课程，试图从新的视角分析经济体制和经济制度。比较制度分析强调制度的重要性、多样性、互补性、演化性。新比较经济学产生于 21 世纪初，主要的代表人物是詹科夫、格莱泽、拉·波塔、洛佩兹·德·西拉内斯和施莱佛等。正如施莱佛等所指出的，新比较经济学

侧重对各个国家所实行的不同资本主义制度进行比较分析。这些制度的功能包括选择政治领导人、维护法律和社会秩序、保护产权、重新分配财富、解决纠纷、治理公司及进行信贷配置等。

三、新政治经济学

新政治经济学包括公共选择理论、新制度经济学、宏观政治经济学、国际政治经济学及新比较经济学和比较制度分析等。这个外延界定与前面已经论及的一些部分有重叠或交叉。既然新政治经济学在研究经济增长等问题时考虑制度、法律、意识形态等，显然与制度经济学相关。公共选择理论就是用新古典经济学的方法去分析政治制度。

四、发展的制度经济学

前面在阐述瑞典学派的缪尔达尔的制度经济学时已经指出，缪尔达尔在对发展中国家贫困原因和解决对策的研究中，引入了制度分析。在 20 世纪 80 年代，对发展中国家贫困和落后问题的研究更加强调制度的重要性。这既包括原来研究发展经济学的学者引入制度经济学的思路和框架，如詹姆斯·道等编著的《发展经济学的革命》就特别强调了产权、制度与经济发展的关系，并以发展中国家为例进行研究，也包括许多新制度经济学家对发展中国家问题的研究。1998 年的诺贝尔经济学奖得主阿马蒂亚·森在研究发展、贫困、饥荒等问题时也涉及了制度经济学，特别是引入“自由”作为发展的目的和手段。在分析作为发展手段的自由时，他分析了政治自由、经济自由、社会机会、透明性担保、防护性保障五个方面的内容，但其核心是制度。

第2章 产权理论

引导案例

排队的价格

20世纪80年代末90年代初，在政府的号召下，全国范围内掀起了开发海南省的热潮。当时流传着这样一个有趣的故事。一位民工到海南某城市打工。第一天他没能找到工作，因为手里的钱有限，他就在城市的某街区找了一处空地铺下随身的铺盖睡在了那里。第二天一早醒来，他发现自己身后排了一支长长的队伍。原来，这个城市正在举行土地的公开售卖，价格已经确定，有意者要以排队的方式购买某块土地72年的使用权。而排队地点，恰好就安排在他睡觉的那个地方。一位“经理”主动过来跟他搭讪，私下里以1万元的价格请他将队伍中的位置让给自己——意外的排队经历使这位打工者一夜之间成了他的家乡当时所谓的“万元户”。而那位“经理”之所以愿意为一个队伍中的位置支付1万元，原因就在于：在他看来，通过排队所购得土地的使用权价值要超过已经确定好的价格，而且其差额在1万元以上。

近年来，我国很多大中型火车站的候车室中也出现了一种新现象：车站在原来的候车室中隔出一处小间作为有偿候车室，一般来说交5元的乘客不但可以享受小间候车室里的安静，还可以在大队乘客进站之前由车站工作人员提前引领登上火车。可见，5元价格所购买的是不必再排队的“优先权”。

要理解这种与排队相关的价格需要先了解一下关于乘坐火车的产权安排。每一个持有车票的乘客都购买了这样一项关于火车使用的产权：将他或她从某车站送到指定车站的权利。而除此之外还有一些其他权利处于公共领域：在客流较大的情况下，虽然有座车票的价格与无座票的价格相同，但是有座票的乘客具有排他享用指定座位的权利，而要获得这一权利需要提前排队买票。而除了售票大厅中的队伍之外，通常火车站的候车室中也会见到排起的长队，尤其在客流量较大的节假期间。仔细观察一下参与排队的乘客基本上可以分为两类：没有买到座位持有无座票的乘客、行李较多的乘客。而坐在一旁、只待检票开始才站起来的不急不忙的乘客，则多是一些已经买到有座车票而且没有带多少行李的人。其原因不难理解，愿意站起来排队的乘客，其目标必然通过排队来获得乘车期间的一些处于公共领域的权利：先上车的无座乘客，可以寻找暂时的闲置车座，或者占有车厢间隙较为舒适的空间；而行李较多的乘客希望能够先占据有限行李架上最为合适的位置。假定火车上所有空间都被确定了明确价格，并卖给了相应乘客，行李架上每处位置也已经提前售给了相应乘客，候车厅里就不会再有人排队了。可见排队所能获得的收益，就是乘车时尚未明确分配的处于“公共领域”中的一些产权。如果仔细观察一下，那些愿意为“优先权”支付 5 元的乘客，会发现他们基本也可以分为三类：一类是穿着讲究的高收入者；二类是没有买到座位的乘客；三类是行李较多的乘客。后两类乘客愿意购买“优先权”的原因很明确：以 5 元的支付来代替排队，购买上文中所提到的乘车期间那些处于公共领域的权利。而第一类乘客，其购买优先权除了以上原因之外，还有可能是因为高收入导致其对闲暇的珍视，不愿意让自己的宝贵时间在喧嚣、拥挤的排队过程中度过；或者说对于这些高收入者而言，能够在别人排队时相对安静一些，所带来效应的货币价值超过了 5 元。

“产权”是制度分析的关键概念。新制度经济学对制度的分析通常从“产权”概念开始，并以产权在经济主体之间的各种不同分配作为制度分析的出发点。当然，强调产权并不是什么新观点。许多社会科学家都很重视产权，马克思是公认的较早强调产权作用的理论家之一；弗兰克·奈特与康芒斯等在产权研究领域也有普遍公认的影响。

2.1　产权的基本概念

产权理论起源于马克思的所有权理论。19 世纪末 20 世纪初，制度学派站在资产阶级立场上研究了《资本论》以后，形成产权和制度理论，探讨解决资本主义的矛盾冲突和完善其制度的途径、方法。1960 年科斯发表《社会成本问题》，把产权理论向前推进了一步①。

2.1.1　产权的定义

对于产权的分析，我们可以从这样一个问题开始：某工厂的烟尘污染了附近居民晒在窗外的衣服，如何解决呢？在西方经济学的学习中，我们了解到，按照庇古在《福利经济学》中所使用的“外部性”原理：工厂对居民所造成的污染，是工厂生产行为所造成的“外部不经济”问题。要解决这一问题，传统办法就是要求工厂主就烟尘所引发的损害负责赔偿；或是以工厂排放的烟尘数量或烟尘所致损害程度为依据，向工厂主进行征税，甚至责令这家工厂迁出居民区②。

但是，科斯认为以上这种传统解决办法并不合适，应当看到问题具有相互性：允许工厂生产，将使居民遭受损害；限制工厂生产，又将使工厂主遭受损害。问题的关键是：应该让居民遭受损害还是让工厂主遭受损害。依照新古典经济学的效率原则，“两害相权取其轻”才是最好的制度安排：如果居民不受污染所带来效用的货币价值大于工厂生产所带来的产值，那么就应该限制工厂的生产；而如果工厂生产所带来的产值大于居民不受污染所带来效用的货币价值，就应该允许工厂生产。

这里，已经涉及财产权利的问题：在这个问题中，工厂主拥有工厂所有权，拥有从事生产的合法权利；而居民拥有其居所的所有权，拥有在工厂附近生活的权利。但是，

① 袁斌昌．1996．关于产权的含义和功能．湖北大学学报（哲学社会科学版），(5)：16-20．

② 胡乐明，刘刚．2009．新制度经济学．北京：中国经济出版社．

工厂是否拥有排放烟尘污染居民的权利，居民是否拥有不遭受污染的权利呢？显然，这样的权利并未明确界定。对此，科斯认为，正是因为没有明确界定这样的权利，才会出现以上纠纷，才会有所谓的外部性问题。如果明确界定了这一权利，允许双方对这一权利进行交易，那么通过双方交易，结果将符合“两害相权取其轻”的效率原则。

假设把权利赋予给了居民，即规定居民有不受污染的权利，相对于其所受到的污染，居民会有一个相应的价值补偿水平。假设要获得 C_1 水平的补偿才能弥补居民所受到的污染伤害，如果工厂治污费用 C_2 要高于 C_1，即 $C_2 > C_1$，那么理性的工厂主会选择给予居民补偿，而不是治理污染。如果 $C_2 < C_1$，工厂则会选择治理污染。通过工厂主利益最大化的决策，无论工厂主是否选择向居民购买排污权，其结果都会满足“两害相权取其轻”的效率原则。同理，如果赋予工厂排污权，居民也会权衡利弊。此时，居民所受到的污染伤害为 C_1，治污费用为 C_2，如果 $C_1 > C_2$，居民会支付一定费用来治污；如果 $C_1 < C_2$，居民将忍受污染，结果同样满足“两害相权取其轻”的效率原则。

在德姆塞茨看来，工厂和居民的上述权利是一种“使自己或他人受益或受损的权利”，这也正是他为产权所下的定义。按照其解释，产权就是界定人们如何获取利益或损害他人的权益，以及他们之间如何进行补偿的规则。它决定个人可以做什么和不可以做什么，能拥有什么和不能拥有什么。例如，在产权制度较为健全的现代社会里，通过生产更优质的产品而使竞争对手受损是允许的，诋毁对手则不被允许。显然，这类行为权利并非传统的“所有权”概念所包含，一般意义上的“所有权”（ownership）范畴已无力包容这类权利，因此，在经济学中，一个新的范畴——“产权”（property rights）便应运而生。

在这里，本书给出一种简明的产权概念：产权是由社会规则约束和保障，关于财产使用的一系列排他性权利的集合。产权包括所有权、占有权、收益权和处置权四种财产权。所有权是指财产的归属权。占有权是指人们实际掌握和具体管理财产的权利。收益权是指人们通过财产获取“果实”或“产出”的权利。处置权是指人们最终处置、安排、调度财产和决定其使用方向的权利。在全部产权中，所有权即财产的归属权具有决定性的意义，它决定产权的性质，也决定着其他权能的行使和运用。

1. 产权在本质上是一种社会关系

产权在本质上体现为一种社会关系，是调节人与人之间利益关系的根本制度。具体来说，产权的社会性体现在以下两个方面。

（1）产权由社会规则体系约束和保障，或者说，产权主体所能获得的财产权利不能超越社会规则约束，也只有那些得到了社会规则体系保障的产权才能得以实现。例如，我国农民拥有土地经营权，这些权利的实现，需要社会规则体系（如土地承包合同、国家的政策支持）保障。同时，这些产权也必须被限制在社会规则体系所允许的范围内。例如，超越土地经营权限，在没有政策支持的条件下，在农用耕地建房则不被允许。当然，这种社会规则体系的约束和保障可以是法律明文规定，也可以是道德规范和风俗习惯约定俗成。

(2) 产权是一项排他性权利，反映人与人之间的规则约束，其本质是人与人之间的权利关系。这里应当注意，并非只有私有产权才具有排他性特点，公有产权同样具有排他性。例如，国有的或公共财产，同样不允许其他组织和个人染指。完全没有任何排他属性的产权不存在。

2. 产权是关于财产使用的制度

由产权的社会性可知，财产所有者并不能无约束地使用其财产，所有权最终要体现为财产所有者在一定范围内自由选择如何使用其财产的权利。此外，产权能够带来的相关收益也需要通过财产的使用来获得；财产的出租或转让则是在一定的时间内或无限期地转让了某几项关于财产使用的权利；被转让的产权，其价值高低也取决于财产使用给权利主体带来收益的高低。产权是关于财产使用的制度，这并不是指产权只包括财产使用权，而是指在现实经济活动中，产权的实现必然要落实到财产使用上：只有把各项使用财产的权利界定清楚，财产所有者的权利才能落到实处，产权的转让才会具有明确对象，才会有确定产权价值高低的依据。

3. 产权是附着在财产上的一系列权利的集合

产权主体会根据其目的和能力，选择不同使用方式，即财产具有多种用途，因此，使用财产的权利，往往不是一项而是多项。某项财产到底有多少种使用方式，这些使用方式具体是什么，取决于使用者的目的和能力。如果自己无力开发，或自己开发财产使用潜力的能力低于其他经济主体，如果条件允许，产权所有者也会以一个比自己开发财产使用潜力要合算的价格，将财产使用的某些权利转让给其他权利主体。因此，物品属性的多样性及人们使用物品的目的和能力不同，必然会导致产权多重性，即同一件财产上附着有多项关于这一物品使用的权利。产权英文形式为 property rights，是以复数形式出现的，它是一束权利，是关于财产使用的各种权利的结构体系。此外，产权束的各项权利在一定条件下还有可能分离，归属于不同权利主体，这就是产权“可分性”的特点。

总之，产权作为一种排他性权利，是调节人与人之间利益关系的根本制度；在社会规范约束下，不存在至高无上的无限制地使用财产的权利，产权只能体现为在社会规范所确定范围内关于财产使用的权利；由于同一项财产往往具有多重属性，在可能范围内，根据权利主体的目的和能力，关于财产使用的权利往往不是一项而是多项，产权最终会表现为多项使用财产的权利所构成的权利束。

2.1.2 产权的类型

产权是一组权利束，将这些权利束界定给不同团体，就会得到不同类型的产权①②。

① 罗必良. 2005. 新制度经济学. 太原：山西经济出版社.

② 刘秀生. 2003. 新制度经济学. 北京：中国商业出版社.

1. 私有产权

所谓私有产权是指产权的归属主体是私人，并且对财产权利行使的决策权完全是由私人做出的一种产权的制度安排。在这种产权制度下，产权主体的产权界区十分明确，每个私人产权主体在做出行动之前，都会考虑未来的收益和成本，选择他认为收益最大而成本最小的经济行为方式来进行资源的配置，因此它是一种效率较高的产权制度。这种产权制度有如下特征。第一，私有产权行使的排他性，即只有拥有产权的主体才能行使各种权利，并且排斥非产权主体对财产行使同样的权利。第二，私有产权的可分割性，即产权的各项权能可以根据归属权主体的利益和意志在各个不同的产权主体之间进行分割，把各项权能分配给不同的主体行使，以实现专业化分工协作在产权运作中提高效率的作用。这就是说，私人产权制度并不是所有财产权利都属于一个私人主体，只要每个人拥有互不重合的不同权利，多个人对同一财产或资源行使的权利仍然是私有产权，即可以按照分工原则和效率原则分割财产的各项权能。例如，在房屋存在租赁关系的条件下，房屋的所有权和使用权就是由不同的产权主体行使的，但它仍然是典型的私人产权。这种产权的可分割性保证了私人产权的有效率运行。第三，私人产权的可交易性或可转让性，这是指产权可以在其主体双方同意的条件下以一定的价格进行交易或转让。这种产权的可交易性和可转让性使产权主体在无法自己行使或委托他人行使效率不高的情况下，可以把它有偿地转让出去，俗话说“卖个好价钱”。在市场经济条件下，这种产权的可转让性和可交易性特征使产权主体具有了财产的退出权，以回避交易费用高的组织对自己权益的损害。第四，私人产权还具有在运用中的竞争性的特点，它是指各项产权权能究竟归谁行使可以通过竞争来决定，即谁对获取此项权能提出的条件最佳，谁就拥有了此项权能的行使权。例如，在财产的归属权明确的条件下，财产的占有权、使用权和处置权可以分割给不同的主体来行使。而这些派生的产权究竟给谁，取决于谁能给所有者带来最大的利益回报。通过竞争，只有那些能力最强、能有效地降低交易费用的组织或个人可以获得相应的产权权能。这就可以使市场经济中的风险对财产归属权主体利益的侵害最大程度地降低。在经济生活中，私有产权制度通常通过个人业主企业和合伙企业等自然人企业的产权制度来体现。

2. 公有产权

所谓公有产权是指财产权利为全体社会成员共同拥有的一种产权制度安排。在这种产权制度下，公众全体一起成为产权主体，而单个的人或团体都不能对财产声明产权。这种产权具有如下特征。第一，产权的行使没有排他性。即对社会成员而言，使用公共财产的权利是没有边界的，任何人都可以平等地使用公有的财产来为自己谋利益，而且都无权排斥他人拥有同样的财产使用权利。第二，公共产权不具有私人产权可分割性的特点。第三，公共产权没有私人产权的可转让和可交易性的特征，即任何个人和团体都无权做出转让财产的决策。第四，公共产权通常具有外部性，即每一个成员在对公共财产行使权利时，会影响或损害别的成员的权益。由于公共财产向每个社会成员开放，允许他们自由地进入、平等分享，并获取平均的利益，因此，“搭便车”行为和产权拥挤现象就不可避免，从而导致这种产权制度的运行效率低下，尤其是和市场经济难于相容。

公有产权的上述弊端是否表明它是一种完全无效的制度安排？如果它是完全无效的，那么它为什么会存在？无论历史上还是现实生活中，公共产权制度的存在都是不容否认的事实。实际上，公共产权的上述特征只是表明它是不适合许多产品生产的产权制度，是不适合市场经济的产权制度。公共产权的存在却适合了一些特殊产品的生产和计划经济体制。满足人们生产和生活的产品非常多，在资源的配置上，很多产品的生产在私有产权制度下是有效率的，应当建立私有产权制度与之相适应。而公共产品的生产却会由于其非竞争性、非排他性不适合私有产权制度，公共产权制度在这个领域是有效率的。当然，关于哪些产品是公共产品却是经济学可以深入研究的问题。另外，公共产权制度在资源充裕的人类社会可能也是一种可行的产权制度。而且公共产权制度的特征决定了它要实际地进行运作，必须采用代理制，即把属于全体社会成员的产权按照一定的原则和方式委托给自然人或法人去行使。公有产权能否有效运行取决于是否找到相应的代理方式。政治生活通行的民主原则和现代公司制度中包含的委托代理制度为其提供了运行的可行方式。

3. 俱乐部产权

俱乐部或社团是一种组织，它仅对自己的成员分享俱乐部产品，并按照某种平等原则或有时以歧视性规则向俱乐部成员收取费用以支付俱乐部产品的成本，每个成员则按一定规则享用社团或俱乐部的产品。这种当某人对一种资源行使某项权利并不排斥同一团体内其他成员对该资源同样权利的产权安排就是俱乐部产权制度。它有以下特征。第一，俱乐部产权的排他性。即俱乐部产权是排斥俱乐部成员以外的其他人享有俱乐部产权的，而对俱乐部的内部成员则是共享产权的，或者说只有通过交费等方式加入社团成为其中一员，才能获得相应的产权。可见，与公共产权相比较，它存在排他性，但同私有产权比起来，它的排他性只是对外的，对内则不具有排他性。第二，俱乐部产权的不可分割性。即这种产权在内部成员之间是完全不可分割的，或者说是完全重合的，每个成员都可以用俱乐部的财产来为自己服务，但每一个成员都无权声称这份财产是属于他的。在这种产权形式中，每个社团成员都拥有社团财产的全部产权，但实际上这份财产并不属于每个成员。第三，俱乐部产权转让的限制性。即每个成员只有在取得其他成员或他们的代理人同意的条件下，才可能将社团组织的产权转让给他人。这样就使得产权的转让变得比较困难，所以转让的可能性不大，而且必须首先向社团内部的成员进行转让。由于俱乐部产权具有这样一些特征，在经济实际的运行中，俱乐部产权的有效性所依赖的条件是比较苛刻的，它只是适合特定条件的产权制度，在实践中可行的范围十分有限。

4. 公司产权

所谓公司产权又称为法人产权，即关于如何行使公司财产的各种权利不是由某个自然人做出，而是由公司的法人代表机构做出的一种产权制度安排。从这个关于公司产权的概念中可以看到，它是一种不同于前面分析的三种产权制度的另一种产权制度安排。同私有产权相比较，它也具有排他性、可分割性、可转让性和可竞争性的特点，因而可以成为和市场经济相适应的产权制度；但它又不同于私有产权，因为关于公司产权的行使不是由自然人承担的，法人的行为和自然人相比较，利益的刺激和约束都不够强烈和直接。因为公司法人不一定是财产归属权的拥有者，而是所有者的代理人，在出现委托代理关系的情况下，就有可能出现委托代理问题，影响公司产权的运行效率。因此，公司产权要有效率，必须建立健全的法人治理结构，构造有效的对代理人的激励与约束机制，或者说公司产权要像私有产权那样有效地运行需要比较复杂的条件。但是公司产权由于财产的规模较大，可以更好地发挥专业化分工协作带来的收益，因而在市场经济中它又可能成为比私有产权更具优越性的产权制度。

公司产权如果和公有产权相比较，它不像公有产权那样具有不排他性、不可分割性、不可转让性和外部性等特点，不具有和市场经济直接相融合的性质。但公有产权的规模巨大，完全可以借鉴公司产权的代理机制来减少和避免公有产权的天然缺陷，使其在特定的领域内成为有效率的产权制度，而且公有产权也可以通过公司制实现和市场经济体制的融合。

5. 国有产权

关于国有产权是否成为一种产权类型，理论界存在争论，不同的专家学者有不同的看法。有的人认为国有产权仅是公有产权的一种具体形式，不能成为一种产权类型，公有产权的所有特征都可以表明它不是一种能与市场经济相融合的产权形式。有的人认为，国有产权和公有产权存在明显的差别，是一种独特类型的产权制度。我们认为后一种观点更为符合经济生活的现实。

所谓国有产权是指政府依法享有财产的排他性权利的一种产权的制度安排。它具有与公有产权不完全相似的特征。第一，产权归属的唯一性。即国家是国有财产的唯一的所有权主体，任何组织和个人不能用任何手段侵占或损害国有的财产。第二，产权经营的代理性。由于国家这个产权主体不是一个具体的自然人或经济法人，而是笼统的国家机构，因此由各级政府机构代理国家行使国有产权是必然的选择。第三，权利配置遵循纵向等级规则。也就是说，既然国有产权由政府机构代理，行政的等级规则就将约束权利的配置和下一级代理人的行为。第四，国有财产使用权的排他性。这就是说，没有政府的授权，任何组织和个人使用或处置国有资产的行为都是非法的。第五，剩余索取权的不可转让性。因为剩余索取权一旦转让，就不再是国有财产了，产权的性质就变为非国有了。具有这样一些特征的产权当然不同于前面所讲的各种产权类型。它不同于私有产权，因为它不具有可分割性、可转让性和可竞争性的特点。它也不同于公有产权，因为它具有排他性和权利纵向配置的特征。它同俱乐部产权及公司产权也有相似之处和差别所在。俱乐部产权在对外的排他性上同国有产权有相似性，但在内部产权的行使上差别明显。国有产权行使中的纵向等级和代理制则是俱乐部产权所没有的特征，而且规模也远大于后者。

2.1.3　产权的基本属性

由于产权具有不同的形式或类型，因此，不同形式或类型的产权，其基本属性和特征自然也不同①。

1. 排他性与非排他性

新制度经济学家认为，私有产权的决定性特征是其具有较强的排他性。私有产权的决定性特征是，一项财产的所有者有权不让他人拥有和积极使用该财产，并有权独自占有在使用该财产所产生的效益，同时，所有者要承担该财产在运用中所发生的所有成本。私有产权的排他性意味着所有者有权选择用财产做什么、如何使用它和给谁使用它的权利。德姆塞茨指出："排他性是指决定谁在一个特定方式下使用一种稀缺资源的权利。排他性的概念是从以下意义中引申出来的，即除了'所有者'外没有其他任何人有使用资源的权利。"产权的排他性，实质上是产权主体的对外排斥性或对特定权利的垄断性。私有产权的排他性一方面把选择如何使用财产和承担这一选择后果之间紧密联系在一起，另一方面使所有者有很强的动力去寻求带来最高价值的资源使用方法。排他性是所有者自主权的前提条件，也是使私有产权得以发挥作用的激励机制所需的前提条件。只有当其他人不能分享产权所界定的效益和成本时，这些效益和成本才可能被"内部化"，才能对财产所有者预期和决策产生完全、直接影响。如此，才能将他人对该财产使用的估价传送给所有者，所有者也才有动力将其财产投于他人欢迎的用途。

在新制度经济学家看来，公有产权一般不具有排他性。私有产权的排他性是基于产权主体的唯一性。对于公有产权，其产权主体虽然也是由不同个人成员组成，但是这些成员并非彼此分开的独立的产权主体，他们只是公有产权的组成分子。也就是说，公有产权的组成成员作为一个整体分享公有产权。在公有范围内对财产的权利，是你的也是我的。正是在这个意义上，公有财产不具有排他性。当然，公有产权在其内部成员之间的共同分享上不具有排他性并不意味着它不具有任何意义上的排他性。实际上，公有产权也存在作为一个总体的对外排他性。在特定社会里，只要资源稀缺，资源的产权就不能归全社会统一拥有，即不可能是单一主体，而总是归于不同的个人或团体。只要存在多元的产权主体，不同主体间的物质利益就不可能等同，必然产生利益上的分立。这种分立就是相互间的排他性。因此，尽管公有产权内部不同构成分子间不具有排他性，但是不同公有主体之间、公有主体与私人主体之间肯定具有排他关系。

---

① 袁庆明．2005．新制度经济学．北京：中国发展出版社．

2. 可分割性与不可分割性

新制度经济学家认为，可分割性是私有产权的另一个重要特征。而公有产权作为一个整体，排斥任何一个内部成员侵占、分割公有产权，即公有产权具有不可分割性。

私有产权的可分割性，是指对特定财产的各项产权可以分属于不同主体的性质。可分割性意味着产权能被“拆开”，一项资产的所有权能与其各种具体用途上的权利相分离。由于产权由权能（由法律规定或授予的权利之职能）和利益组成，所以，产权可分解性包含两个方面意义，即权能行使的可分工性和利益的可分割性。产权的不同权能由同一主体行使转变为由不同主体分工行使就是权能分解，相应的利益分属于不同权能行使者，就是利益分割。有权能分解，就必然有利益分割，因为存在产权的社会条件下，任何一个行使产权职能的主体，都不愿意白白地放弃利益。

特定财产的产权可以区分为几个大项，每一大项又可以细分，因此，产权可分解性可以在不同层次上体现出来。首先，可以分解出所有权、占有权、收益权和处置权。其次，占有、收益和处置的各项产权又可以分成不同的子项。也许，在具体的权能行使过程中，这些子项还可以分解，由不同主体去行使。但是，需要指出以下两点。

第一，产权的可分解性不是无限度的。产权不是可以无限分解，分得越细越好，产权本身不具有这种无限可分解性，不能用自然界物质粒子理论上的无限思维方法来思考产权可分解性。因为物质粒子的不断细分还是物质粒子，基本性质没有变。而产权的实质是不同产权主体之间的经济关系，不同权项的划分必须在不同产权主体之间进行，产权主体不可无限细分，如果产权无限划分下去，就会超出“不同产权主体之间”这个范围，分出来的也就不是产权。

第二，不是任何一项产权都可以任意再次分解。所有权是特定财产的根本性产权，其主体的状况决定产权关系的性质。因此，它不具有任意可分解性。如果权能发生分解，就意味着主体状况在原有基础上发生了变化，产生了比原来更多的主体，从而产权关系的性质发生改变。

产权可分割性对产权有效使用具有重要意义。往往只有在产权能被分割的情况下，才能有效地利用大规模集中的财产。通过分立的个人和群体，财产各种要素常常能得到最有效利用。例如，如果制度性规定允许有些人拥有不动产，而其他人以支付租金的方式暂时使用该财产的某些效用，那么人们就会给这种财产定出最高价。又如，考虑林场财产，有的人可以为了进去玩而付费，而其他人可以用土地来植树或享受狩猎乐趣。这种可分割性使拥有该土地权利的所有者将不同权利分派给狩猎、散步和投资植树，这会增加财产的有用性。重要的制度创新扩大了现代股份公司的基础，一个大型公司的所有权可以被划分为可被较小投资者购买的股份，结果，重大工业项目和基础设施项目所需巨额资本得以积聚起来。

显然，只有当制度安排十分可靠，足以使分解财产的某些用处成为可能时，才能获得源于这种划分的效益。只有资产如约获得回报，债务如约得到偿还，才可能发生借贷活动。当对产权的制度保护趋于恶化时，如当因偿还意识不强而使贷款得不到全部偿还时，源于财产运用的获益就会丧失，而生活水平会普遍下降。这就是制度系统对于巩固产权可分割性必不可少的原因。

3. 可让渡性与不可让渡性

可让渡性（或称可交易性）也是私有产权的内在属性，它以产权排他性为基础。正因为产权具有排他性，即特定产权的主体是唯一和垄断的，产权主体才可能用产权去转让和交易。对于公有产权来说，它不具有可让渡性。正如德姆塞茨所说："可让渡性是指将所有制再安排给其他人的权利，它包括以任意价格进行销售的权利。当稀缺资源的所有制是公有时，排他性和可让渡性都不存在。没有人会节约使用一种公有资源，也没有人有权将资源的所有制安排给其他人。"

产权让渡是产权在不同主体之间的转手和交易，按让渡内容的多少可以分为全部产权让渡和部分产权让渡。特定财产的产权是由所有权、占有权、收益权和处置权组成的权利体系，它可以作为一个整体成为交易对象，四权中任何一项或任意几项的组合，都可以成为交易对象。作为整体交易时是对财产产权的全部让渡，而且是一次性的、永久的。例如，一套房屋被卖掉，就是一次性永久地让渡了房屋的全部产权。

按产权让渡的时限可以分为永久性让渡和有限期让渡。所有权让渡和特定财产产权作为整体让渡，必然是永久性让渡。即原有主体一旦让渡，就不可能再收回，如果收回，只能是另一次购买行为或其他获得方式。所有权以外的产权让渡可以采取有限期转让方式。例如，借贷资本就是资本所有者有限期让渡资本的占有、支配和使用权。租赁制条件下也是资本经营权的有限期让渡。有限期让渡的特点是，相应的产权只在契约期让渡，契约期满，又合法地回归原主体手里。产权的有限期让渡能够发生，显然离不开以下两个前提。

(1) 特定财产的权利体系发生分解，即不再属于同一主体或者可以不属于同一主体。

(2) 信用关系产生和信用制度达到一定的完备度。产权的有限期让渡，是一种信用或契约关系。之所以到期能收回，依靠的是人们的信用观念（非正式规则）和正式的信用规则做保证。

产权让渡和交易对资源的有效配置和利用具有极为重要的意义。正如张五常所说："所有制在市场上的竞争与可转让性执行两种主要的合约功能……竞争集中了来自所有潜在的所有者的知识——关于可供选择的合约安排和资源使用的知识，产权的可转让性（通过灵活的相对价格）确保了使用是最有价值的。"

虽然可让渡性是私有产权的内在属性，但这并不意味着私有产权在任何情况下都可让渡。私有产权可让渡性有时可能会受到限制，从而出现德姆塞茨所说的"所有权残缺"或埃格特森所说的"所有权弱化"情况。德姆塞茨指出："所有权残缺可以被理解为是对那些用来确定'完整的'所有制权利束中一些私有权的删除。"所有权残缺的原因在于一些代理者（如国家）获得了允许其他人改变所有制安排的权利，对废除部分私有权束的控制已被安排给了国家，或已由国家来承担。埃格特森所谓"产权弱化"是指政府对产权主体的独占权加以一定限制。“如果认为个人交换资产的权利，获取并使用交换所得收益的权利，都没有受任何限制，就可以认为产权没有被弱化。”

一个有趣的例子能说明这一点。有些不可转让产权的土地被授给了土生土长的美洲人和澳大利亚人群体。政府当局规定，这些土地的权利是不可转让的。因为政府要保护那些土著所有者，使他们免于“剥削”，免于按被认为不利于所有者的价格出售或出租这些土地。然而，这种“保护”却减少了这些财产对其所有者的价值。现在，这引起了年轻、有文化的土著人的强烈不满，他们想将土地出租给采矿公司，或出售它们以赚取收入并转入他们认为更适合的领域中。

4. 明晰性与模糊性

产权的明晰性与模糊性都是相对“权利束”边界的确定而言的，它与产权的排他性与非排他性是等价命题，排他性的产权（私有产权）通常明晰，而非排他性的产权（公有产权）往往模糊。

所谓产权明晰是指不同产权或不同主体的产权，其边界应尽量明确。任何产权形式，如果其所有者确定且唯一，那么这个产权就明晰。反之，如果其所有者不唯一，那么这个产权往往模糊。以公有产权来看，所有者尽管确定（可能是 100 人，也可能是 1000 人），但是并不唯一，这就容易产生产权模糊性。产权模糊有以下两种情况。

(1) 产权归属关系不清，即财产属于谁未明确界定，或者未通过法律程序予以肯定。

(2) 财产在使用过程中，权利归属不清。当产权出现分割、分离与转让等情况时，财产各种权利主体变得不明确。

产权明晰性就是为了建立所有权、激励与经济行为的内在联系。科斯第三定理（2.5.3 节将详细介绍）指出：在交易成本大于零的情况下，产权的清晰界定将有助于降低人们在交易过程中的成本，改进经济效率。

需要注意，产权明晰是有条件的：一是产权明晰需要费用，有些产权由于界定和实施所有权的费用太高而不得不采用模糊形式；二是产权明晰需要一定社会制度条件，如我国由于市场经济体制不完善和政府对经济过多干预，乡镇企业目前不得不采用模糊产权。但是从长远角度看，除了少数由国家控制的产权和一些公共品产权以外，其他产权应该明晰。产权明晰是市场经济的基本要求，也是市场机制有效运作的基本前提。

2.1.4 产权的功能

所谓产权的功能是指产权对于社会经济关系和经济运行的作用。

1. 产权的权利界区功能和支易功能

经济学的任务是教会人们进行经济选择，即选择最佳的经济活动方式和最佳的经济效益。而人们进行经济选择所面临的环境是复杂多变的，或者说充满了不确定性。这种不确定性会给人们的选择带来困难，增加人们经济活动中的交易成本和生产费用。而经济越发展，经济关系也就越复杂，不确定因素也就越多。虽然人类认识环境、预测环境的能力和技术也在不断提高，但是不确定性依然存在。不确定性会给人们的选择或决策带来困难，使人们不能合理地进行预期，增加了人们经济交往过程中的交易成本。人们总是力求减少这种不确定性和降低交易成本。设计出一些约束人们经济活动的规则和制度，就是减少不确定性和降低交易成本的重要途径。

产权能够减少不确定性和降低交易成本。产权制度属于重要的经济制度，无疑具有帮助人们形成合理预期、减少不确定性和降低交易成本的作用。正如德姆塞茨所说："产权是一种社会工具，其重要性就在于事实上它们能够帮助一个人形成他与其他人进行交易时的合理预期。这些预期通过社会的法律、习俗和道德得到表达。"

产权具有减少不确定性和降低交易成本的功能是相对于没有产权或没有明确划分产权两种情况而言的。人们确立或设置产权，或者把原来不明晰的产权明晰化，就可以使不同资产的不同产权之间边界确定，使不同主体对不同资产有不同的、确定的权利。这样就会使人们的经济交往环境变得比较确定，使人们更能够明白自己和别人的选择空间，这也就意味着人们从事经济活动的不确定性减少和交易成本得以降低。

2. 产权外部性内部化的功能

产权能够将外部性内部化。当存在正外部性时，经济主体从事某种经济活动的私人收益小于社会收益，他就没有动力去从事这种有利于社会的活动。之所以存在正外部性是因为缺乏产权制度保护，在确立了经济活动主体对资产的产权以后，情况就会完全不同。例如，一旦建立专利制度，发明创新者的知识产权得到保护，即将其外部性内部化，就会给发明创新者以极大激励作用。所以，诺思强调指出："付给数学家报酬和提供奖金是刺激努力出成果的人为办法，而一项专为包括新思想、发明和创新在内的知识所有权而制定的法律则可以提供更为经常的刺激。没有这种所有权，便没有人会为社会利益而拿私人财产冒险"。

产权关系归根到底是一种物质利益关系。不仅如此，产权关系作为一种利益关系，又是整个利益关系的核心或基础。迄今任何社会的利益关系，都受产权关系制约。可以说，有什么样的产权关系，就有什么样的利益关系。产权常常是利益分配的依据，无产权或产权模糊，经济活动主体均不能得到相应利益。当然，离开了利益关系，也无所谓产权关系。产权主体可以使用产权来谋求自身利益，并且使这种利益不断内在化。历史表明，如果经济主体活动的利益外部性太大（他人从中得到的不付费益处太多），经济主体的积极性就会受到影响。产权确立的最大意义就是使经济行为外部性内在化。产权具体规定了如何使人们受益、如何使之受损，以及为调整人们行为，谁必须对谁支付费用。在经济运行过程中，各当事人利益若通过明确产权得到肯定与维护，主体行为的内在动力也就有了保证，这时，产权的激励功能就通过利益机制而得到实现。相反，在具有复杂利益关系的市场经济社会，若不对各生产经营主体进行产权界定，明确产权利益，整个利益关系就会变得模糊，必然导致生产经营单位和个人失去动力，失去生产经营积极性。

3. 产权的激励与约束功能

产权之所以具有激励与约束功能，根源于产权的基本内容。正如我们前面分析的那样，产权包括权能和利益两个不可分割的方面。权能规定了产权主体能做什么和不能做什么的行为原则，而且可以解释它为什么这样做而不那样做的原因。因此，产权不仅说明了产权主体拥有了财产的各种权力职能，而且界定了他从运用这些权能中可以得到什么，即产权收益。也就是说，如果经济活动的主体有了明确的产权就有了它进行经济行为选择的明确范围，并且会形成对其经济行为收益的明确预期，这就是说它的经济行为有了利益的刺激或激励。激励也就是动力，有效的刺激能够充分调动经济行为主体的积极性和创造性，使其行为的收益或收益预期与其经济活动的努力程度相一致，这就是产权的激励功能。因而可以说，界定了产权就能使产权主体为了自己的利益而努力行使产权的权能。

约束和激励实际上是同一个问题的两个方面，即约束是一种反面的激励。正如我们前面讲到的，任何产权都是责、权、利关系的统一，任何经济行为主体在被赋予一定权力的同时，就承担了一定的责任，而且会获得相应的利益。这里的责任就是对行为主体的约束，而且这种约束是利益的约束，因而是硬约束。即行为失当，就难于对经济活动负起责任，就得不到相应的经济利益，实际上就是利益损失。这实际上就是规定了经济行为主体不能做什么，实现了对经济行为主体的约束功能。如果产权不明确，即每个经济行为主体都可以没有约束地按照个人利益最大化的原则对资源行使产权，就必然会产生产权拥挤现象和各种各样的产权纠纷，使产权的运行和资源配置的效率降低。可见，明确产权就等于为经济行为主体的经济活动建立了约束机制。

2.2 产权结构与产权制度

产权是主体对客体的排他性占有关系和权利，排他性占有、支配权在现实经济活动中有多方面的实现形式。产权不是一个抽象、空洞的概念，它总是表现为由各种权利组成的结构。产权制度是约束竞争的行为规则，产权制度的建立可以降低交易成本，维护交易秩序，保证资源得到有效配置①。

2.2.1 产权结构

“结构”是一个系统内各构成因素及其组织状况或相互联系的状况，包括构成因素的种类及相互间的数量比例，也包括不同构成因素的地位及相互关联。自然界、人类社会都由大大小小的系统组成。一般认为，“产权结构”是特定考察范围内，产权的构成因素及其相互关系和产权主体的构成状况。产权结构可以从不同角度加以考察，各种不同角度的考察有不同的理论和实践意义。本书将产权视为由所有权、占有权（使用权）、

---

① 罗必良 . 2005. 新制度经济学 . 太原：山西经济出版社 .

收益权和处置权所组成的结构。

1. 所有权

所有权是主体对客体的排他性最高支配权，它是产权的核心构造。对一个社会群体来说，产权问题首先是什么人拥有对稀缺性资源排他、最高、绝对的支配权。任何一个社会的产权构架，首先就是要形成与社会经济发展阶段相适应的所有权结构或财产基本制度。所有权是借助于约定俗成的习惯、力量或国家法律，从而使主体拥有稀缺资源的有效性占有权利。权利是一种社会关系，所有权也是一种社会存在的产物。在日常经济生活中，如果人们均自觉遵循所有权的要求行事，就会感觉不出所有权的存在。一旦人们违反社会现实财产制度所规定的性质和要求时，就会有某一主体从对象后面走到前台来，表明其主体身份和占有权利，而社会也将以纠正违规或非法占有的措施来维护其最高占有权利。可见，在产权世界中，所有权作为一种物背后的最高占有权和支配权，并不是虚构的，而是实实在在的产权。由于财产所有者的权利，决定使用财产的其他非所有者的权利，决定其他各种派生权利的性质和状况，因此所有权是最重要的产权，是产权的核心和基础。

2. 占有权

所有者不仅要宣称对财产拥有最高的排他性占有权、支配权，更重要的是要在经济上利用和实现其最高的排他性占有权和支配权。因而，在所有权与经营权相分离以前，要对财产的客观对象（物质形态及非物质形态）实行支配、使用和占有，使财产在使用（作为生产资料）和享用（作为消费资料）中体现主体的意志。例如，个体农民和手工业者按照其意志支配、使用其手工工具，这是对生产工具实行占有；资本家自身开办工厂和直接经营，是对生产设备和资金实行占有。这种对生产条件的最高占有权，确立了所有者生产主体的地位，使后者得以控制生产过程，按照其目的进行生产。不能把占有和使用混淆，工人虽然使用工具，但不具有占有权，不是独立自主的生产者，而只是听从和执行所有者的意志。

占有不仅表现在主体对生产资料的关系中，也表现在对消费资料中。例如，住自己的房屋是对房屋实行占有，开自己的汽车是对汽车实行占有。占有既表现对实物的占有，又表现对非实物的占有，如对货币、证券、股票的占有。可见，通过生产条件的占有权，才能保证和实现生产主体的地位；通过消费资料的占有权，才能保证对生产成果的享有和消费。占有使所有者支配权具体化，进一步落实于生产和消费活动中。

3. 收益权

人们对实物的占有，不是为了占有而占有，而是为了享有利益而占有，人们构建或拥有产权，总是为了维护其利益，更主要的是维护财产的经济利益。当然，人们占有财产也涉及所有者的政治、社会利益，但是人们对财产的占有毕竟从属于经济目的，是为了获取财产收益。

收益是指财产在使用中带来的经济利益。收益权是产权的外在表现，因为所有者或主体总会借助对某种资源的占有权，通过生产和交换来获取相应收益，满足自己的需要。因而，收益权是产权的重要内容。

4. 处置权

资本家对其拥有的企业资源可以变卖，也可以转让；消费者对其拥有的消费资料可以自己消费，也可以送给他人消费。换言之，所有者对财产的占有和支配，可以表现为由自己直接占有支配，也可以表现为交给他人占有、支配和使用。处置权是指主体将物或对象，以某种形式交给他人支配、占有和使用，从而带来财产主体的变换。这种变化表现在以下几个方面。

(1) 支配权主体的变换。所有者不是都需要对财产实行直接占有，他往往要将财产交给其他代理人去管理和经营。所有者对代理人拥有实行授权和取消授权的权利，这种权利就体现所有者对其财产的处置权，从而导致财产的支配者、占有者和使用者的分离。所有者将其财产租赁、承包给他人使用，也会带来支配权主体的变化。

(2) 所有权主体的变化。主体实行其处置权，将财产变卖或将财产交给子女继承或捐赠他人，这是财产转让，属于财产主体的变换。

综上所述，一个完整的产权结构，体现了主体对客体拥有一种法的、最高的、排他专属的占有关系（所有权），支配使用关系（占有权），收益占有关系（收益权）和任意处置关系（处置权）。完整的产权结构就是所有权、占有权、收益权和处置权统一的四维结构。

2.2.2 产权制度

市场交易是交易主体产权的交易，其前提是交易主体必须对所交易的物品拥有明确的产权，在此基础上，交易主体之间相互交换产权。如果所交易的物品或资源没有明确的所有权归属，想要获得该资源的个人就不会通过市场竞争的方式租赁或购买该资源，而是花费时间、精力甚至雇佣打手去抢。这样人们为了争夺该资源的所有权，就会耗费大量有价值的资源，直到所耗费的价值与争夺的资源价值相等时才会停止。此时要争夺的资源价值已等于耗费的资源价值，从整个社会来看，该资源的价值已经耗费殆尽（这就是租值耗散)。于是，为了减少在这种激烈竞争中的租值耗散，人们就会停止争夺，而进行合作，并通过契约形式界定相应权利。在国家出现前，这种权利界定依赖交易双方的谈判力，而且对这种权利的保护要耗费相当高的保护成本。随着国家出现，国家就会提供一种基础制度安排，在法律上清楚地界定资产所有权，并提供保护，以收取资产所有者部分税收作为回报。国家所提供的这种基础制度安排，就是约束竞争者行为的竞争规则，称为产权制度。

产权制度是一种基础性经济制度，不仅独自对经济效率有重要影响，而且构成了市场制度及其他许多制度安排的基础。产权制度的确立可以保护交易秩序，确定相应的竞争规则。当产权制度确定之后，交易的实质是人与人之间权利的交易，而这种交易通过契约形式加以表现，契约可以明确签订，也可以是隐含的。

在产权制度起源后，任何契约交易都是在既有交易环境下进行的。只有交易当事人知道了其基本权利之后或产权界定清楚之后，人们才知道哪些权利可以交易、哪些权利不可以交易，在交易过程中如何来协调当事人之间的相互利益关系。从这个意义上说，产权制度是契约交易的前提。因为，在法律层次上清楚地界定产权可以将成本和收益的外部效应内部化，使经济当事人承担其应该承担的成本，获得其应该获得的收益，而且可以减少谈判对象，降低谈判费用。因此，产权制度的建立和发展便利了人与人之间的交易，推动了经济发展。由此可见，交易只有在既有产权制度下才得以进行。既有产权制度是一切交易发生的基本前提。正如科斯所言："权利界定是市场交易的基本前提，一旦建立了当事人的法律权利，只要有迹象表明谈判所花费的成本有利于上述问题的解决，谈判就能够改变法律程序。人们谈判的成本不应该是事件妨害影响最小，而应该是使某种选择的产出结果最大。任何产权运行都有可能妨害资源的有效利用，问题是如何保证从妨害中获得的收益大于产生的危害。也就是说，法律的产权界定是市场运行的基本前提，但是产值最大化的终极结果与法律判决无关。"

然而，在产权制度起源前，在法律上界定产权及在竞争领域继续界定的产权则是契约交易的结果。虽然界定产权是一件极为重要的事，但并不是在任何情况下界定产权都是一件有利可图的事，因为，界定产权本身是要花费成本的，需要人们之间的谈判甚至争论。这一切都将花费较高费用，当界定产权的费用高于所带来的收益时，人们并不愿建立产权制度。产权制度从无到有并不是因为人们变得聪明了，而是由于情况发生了变化，使得产权制度的建立变得相对值得了。这种变化可能是由于使产权制度变化所带来的利益增加了；也可能是由于技术变化使界定产权的交易成本降低了。在真实世界里，由于人的有限理性、外界环境的不确定性，产权不可能完全界定，因为界定产权本身要花费成本。用巴泽尔的话说，任何产权的界定都会留下一个"公共领域"。如果这个公共领域中仍然有经济价值，契约当事人就会根据自己的知识结构对公共领域中的租进行评估。如果对租的评价超过其寻租成本，契约当事人就会付出努力去寻租。而这种寻租过程既是契约交易的过程，也是重新界定产权的过程。所以，科斯认为："权利是在经济活动中，在人们互相交往中产生的。由于在经济活动中更有效率，所以一些权利才被肯定。一组权利是社会过程的结果。"

综上所述，在竞争性市场环境下，市场交易是产权的交易，产权交易则表现为契约交易形式，产权制度是产权交易的前提。然而，从产权起源来看，产权本身也是人们之间相互交易的结果，当建立产权制度的收益大于产权制度运行的成本时，一项产权制度才会被建立。产权制度形成之后，围绕资产的使用和收益，产权的界定并没有结束，产权仍然要在竞争中继续界定，直到公共领域中的含租产权已最小化，没有人愿意再花费成本去寻租时为止。

2.2.3 产权结构与产权制度结构

产权制度结构与产权结构有密切联系，但不等同。产权制度是对产权结构或产权格局的制度化，是对产权加以划分、确认、界定、保护和管理的规则，包括正式的和非正式的规则。不同产权制度或规则及其数量比例关系、各自地位状况构成了产权制度结构，相应地，也有微观结构和宏观结构、静态结构和动态结构之分。

产权制度的微观结构可以从多层面考察，主要有以下几个方面。

其一，由对特定财产的不同产权加以划分、确认、行使或管理的制度或规则构成，包括所有权制度、占有权制度、收益权制度和处置权制度，甚至更具体的规则。对于经营性财产来说，后三者称为经营权制度。

其二，每一项产权制度具体形式的种类及其数量结构。无论是所有权还是经营权，都有不同的划分、界定、保护和管理的规则，这些不同规则及其组合形成不同制度结构。对所有权的不同规则构成所有权制度结构，对经营权的不同规则构成经营权制度结构。

其三，就单个产权主体而言，不同产权可能以不同的规则加以界定、确认、保护和行使，同样的产权，也可能分成不同的部分，以不同规则加以确认、界定、保护和管理，这也构成不同的微观制度结构。例如，所有者可以将自己的资产经营权以不同方式让渡出去，如入股、发包、出租等，从而使两权分离的规则不同，也使经营权制度不同。而产权制度的宏观结构是全社会范围内各种产权制度的种类及其数量比例和相对地位。对产权结构制度化的途径或手段是多方面、综合的，主要是法律化、契约化等途径。

产权制度的静态结构与动态结构也与产权的静态结构和动态结构相适应，考察层面和角度也一样。这里不再展开分析。综上所述，二者关系如下。

其一，产权制度结构是对产权结构的制度化或相对固定化，是把已有的产权关系格局上升为制度化格局。

其二，社会的产权关系总体上都以不同方式被制度化，一种产权关系能够存在，就是因为有某种规则支撑。在现代社会，产权制度及其结构主要表现为各种法律、契约及其结构。

其三，一种产权结构基本上对应着一种产权制度结构。一种产权制度结构同时代表一种产权结构，不同产权制度也就界定不同产权关系。

其四，从结构与功能的关系上说，产权制度结构的功能基本上等于产权结构的功能。

2.3　外部性问题

外部性概念由剑桥学派两位奠基者——西季威克和马歇尔率先提出。在经济学中，这个概念虽然出现较晚，但对分析产权模型具有十分重要的意义。

外部性又称外部成本、外部效应（externality）或溢出效应（spillover effect）。外部性概念的定义问题至今仍然是一个难题。经济学家把外部性概念看作经济学文献中最难捉摸的概念之一。所以，有的干脆就不提外部性定义，如斯蒂格利茨的《经济学》、范里安的《微观经济学：现代观点》等就是这样处理的。但是不下定义就来分析这一问题往往更困难，因此，经济学家总是企图明确界定这一定义。

2.3.1 外部性的含义及分类

1. 外部性的含义

不同经济学家对外部性给出了不同定义。归结起来不外乎两类定义：一类是从外部性产生主体角度来定义；另一类是从外部性接受主体来定义。前者如萨缪尔森和诺德豪斯的定义："外部性是指那些生产或消费对其他团体强征了不可补偿的成本或给予了无须补偿的收益的情形。"后者如兰德尔的定义：外部性是用来表示"当一个行动的某些效益或成本不在决策者考虑范围内时所产生的一些低效率现象，即某些效益被给予，或某些成本被强加给没有参加这一决策的人"。

用数学语言来表述，所谓外部性就是某经济主体福利函数自变量中包含了他人行为，而该经济主体又没有向他人提供报酬或索取补偿。即

$$F_j = F_j(X_{1j}, X_{2j}, \cdots, X_{nj}, X_{mk}), j \neq k$$

其中，j 和 k 表示不同的个人（或厂商）；F_j 表示 j 的福利函数；X_i（$i=1, 2\cdots n, m$）表示经济活动。

这函数表明，只要某个经济主体 j 的福利受到其控制经济活动 X_i 的影响，同时受到另外一个人 k 所控制经济活动 X_m 的影响，就存在外部性。

本书认为外部性是某个经济主体对另一个经济主体产生的一种外部影响，而这种外部影响又不能通过市场价格进行买卖。

2. 外部性的分类

根据外部性的表现形式，外部性可以从以下角度进行分类。

1）外部性影响效果

根据外部性影响效果可以将其划分为外部经济（或称正外部经济效应、正外部性）与外部不经济（或称负外部经济效应、负外部性）。

外部经济就是一些人的生产或消费使另一些人受益而又无法向后者收费的现象；外部不经济就是一些人的生产或消费使另一些人受损而后者无法向前者索赔的现象。例如，私人花园的美景给过路人带来美的享受，但他不必付费，这样，私人花园的主人就给过路人产生了外部经济效果；又如，隔壁邻居音响的音量开得太大影响了他人休眠，这时，隔壁邻居给他人带来了外部不经济效果。

2）外部性产生领域

根据外部性产生领域可以将其划分为生产外部性与消费外部性。

生产外部性就是由生产活动所导致的外部性，消费外部性就是由消费行为所带来的外部性。以往经济理论重视生产领域的外部性问题。20 世纪 70 年代以后，关于外部性理论的研究范围扩展至消费领域。从外部经济与外部不经济、生产外部性与消费外部性

两种分类出发，可以把外部性进一步细分成生产外部经济性、消费外部经济性、生产外部不经济性和消费外部不经济性四种类型。

进一步进行细分，外部效应又可以分成八种类型：生产者对生产者的外部经济，如水果园园主与养蜂场场主的关系；生产者对消费者的外部经济，如花园式厂房对周围居民区居民的影响；消费者对生产者的外部经济，如居住环境的改善大大增加生产性投资；消费者对消费者的外部经济，如私人花园对过路人的影响；生产者对生产者的外部不经济，如上游化工厂对下游渔场的污染；生产者对消费者的外部不经济，如建筑施工对夜间休息居民的影响；消费者对生产者的外部不经济，如空调的噪声对隔壁牙医看病带来的影响；消费者对消费者的外部不经济，如隔壁邻居放声高歌影响他人休息。

3）外部性产生的时空

从外部性产生的时空可将外部性分为代内外部性与代际外部性。

通常的外部性是一种空间概念，主要从即期考虑资源是否合理配置，即主要是指代内的外部性问题；而代际外部性问题主要解决人类代际之间行为的相互影响，尤其是要消除前代对后代、当代对后代的不利影响，可以把这种外部性称为“当前向未来延伸的外部性”。这种分类源于可持续发展理念。代际外部性同样可以分为代际外部经济和代际外部不经济。

现在的外部性问题已经不再局限于同一地区的企业与企业之间、企业与居民之间的纠纷，而是扩展到了区际之间、国际之间的大问题，即代内外部性的空间范围在扩大。同时，代际外部性问题日益突出，生态破坏、环境污染、资源枯竭、淡水短缺等，都已经危及到子孙后代的生存。

4）外部性产生的前提条件

根据外部性产生的前提条件，可以将外部性分为竞争条件下的外部性与垄断条件下的外部性。

鲍莫尔不仅对竞争条件下的外部性做了分析，还对垄断条件下的外部性做了考察，他认为竞争条件下的外部经济问题与垄断条件下的外部经济问题不一样。他举例道：“当一个厂商扩大规模会提高工业中一切厂商的运输效率时，这种扩大如果由一个厂商单独去做可能没有利益，但如果该工业为一个人所独占，那就仍然会获得利益。”这就是说，竞争性部门中一个厂商的外部经济（或外部不经济），不一定就是垄断者的外部经济（或外部不经济）。

米德在其1962年发表的《竞争状态下的外部经济与不经济》一文中全面分析了竞争条件下生产的外部经济和外部不经济。绝大多数的外部性理论都是在完全竞争假设下进行阐述的。

此外，可以根据外部性的稳定性将其分为稳定的外部性与不稳定的外部性；根据外部性的方向性将其分为单向的外部性与交互的外部性；根据外部性产生的根源将其分为制度外部性与科技外部性等。

2.3.2　外部性对资源配置的影响

在市场经济条件下，因经济的外部性不能为市场所涵盖，必然导致市场机制在资源配置上产生种种扭曲，其结果是整个经济资源配置不可能达到帕累托最优状态。

1. 正外部性与资源配置不足

存在正外部性情况下，某人采取某项行动的私人收益（以 V_p 表示）小于社会收益（以 V_s 表示），即 $V_p < V_s$。如果此人采取该行动所承担的私人成本（以 C_p 表示）大于私人收益而小于社会收益，即 $V_p < C_p < V_s$，则此人不会采取这项行动，尽管从社会角度看，该行动是有利的。在这种情况下，帕累托最优状态没有实现，还存在帕累托改进余地。如果此人采取这项行动，则他所受损失部分为 $C_p - V_p$，社会上其他人由此而得到的好处为 $V_s - V_p$。由于 $V_s - V_p$ 大于 $C_p - V_p$，故可以从社会上其他人所得到的好处中拿出一部分来补偿行动者的损失。结果是使社会上某些人的状况变好而没有任何人的状况变坏，这就是帕累托改进。

图 2-1 具体说明了完全竞争条件下，正外部性如何造成社会资源配置不足。图中水平直线 $d = MR_p$ 表示某竞争厂商的需求曲线和私人边际收益曲线，MC 表示边际成本曲线。由于存在正外部性，故社会的边际收益高于私人的边际收益，从而社会边际收益曲线位于私人边际收益曲线的上方，它由 $MR_p + ME$ 表示，$MR_p + ME$ 与私人边际收益曲线 MR_p 的垂直距离 ME 是所谓正外部性，即由于增加一单位生产给社会上其他成员带来的好处。显然，ME 随产量的增长而增长，即具有正的斜率。

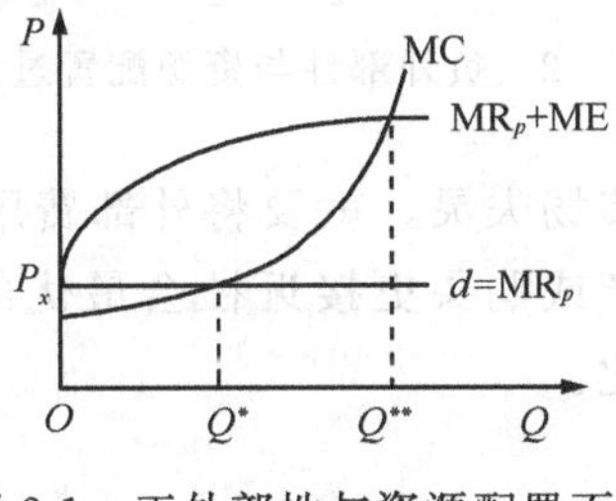

图 2-1　正外部性与资源配置不足

经济学原理告诉我们，竞争厂商为追求利润最大化，其产量应选择在边际成本等于私人边际收益处，即为 Q^*。但使社会利益达到最大的产量应当使社会边际成本（在无外部损害的情况下，私人边际成本就是社会边际成本）等于社会边际收益，即应当为 Q^{**}。因此，正外部性意味着生产不足、低于帕累托效率所要求的水平。即在正外部性情况下，私人活动的水平常常要低于社会所要求的最优水平。

2. 负外部性与资源配置过多

负外部性意味着某个人采取某项行动的私人成本小于社会成本。假定某个人采取某项活动的私人成本和社会成本分别为 C_p 和 C_s，且 $C_p < C_s$。如果这个人采取该行动所

得私人收益大于其私人成本而小于社会成本，即 $C_p < V_p < C_s$，则此人会采取该行动，尽管从社会观点看，该行动是不利的。在这种情况下，帕累托最优状态也没有得到实现，还存在改进余地。如果此人不采取这项行动，他的损失为 $V_p - C_p$，但社会其他人由此而避免的损失为 $C_s - C_p$。由于 $C_s - C_p$ 大于 $V_p - C_p$，故如果以某种方式重新分配损失，就可以使每个人的损失都减少，即使每个人的“福利”增加。

图 2-2 具体说明了在完全竞争条件下，负外部性是如何造成社会资源配置过多的。图中水平直线 $d = \mathrm{MR}$ 表示某竞争厂商的需求曲线和边际收益曲线，MC_p 则表示其边际成本曲线。由于存在负外部性，故社会边际成本高于私人边际成本，从而社会边际成本曲线位于私人边际成本曲线上方，以 $\mathrm{MC}_p + \mathrm{MD}$ 表示。$\mathrm{MC}_p + \mathrm{MD}$ 与私人边际成本曲线 MC_p 的垂直距离 MD 是所谓负外部性，即由于厂商增加一单位生产所引起的社会其他人所增加的成本。竞争厂商为追求利润最大化，其产量定在边际收益等于边际成本处，即为 Q^*，但使社会利益达到最大的产量应当使社会边际利益（即 MR 在无正外部性的情况下，私人边际收益就是社会边际收益）等于社会边际成本（$\mathrm{MC}_p + \mathrm{MD}$），即为 Q^{**}。因此，负外部性造成产品生产过多，超过了帕累托效率所要求的水平。即在负外部性情况下，私人活动的水平常常高于社会所要求的最优水平。

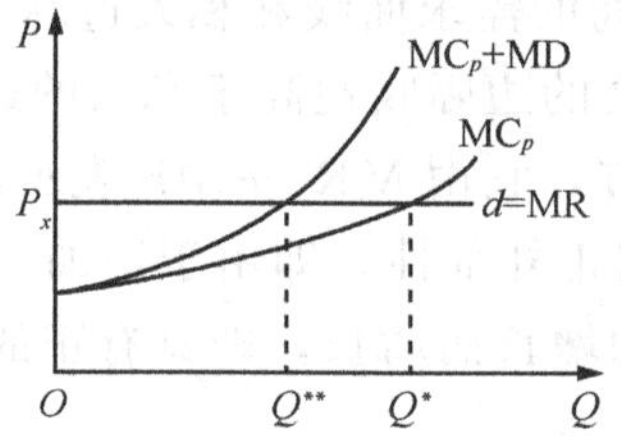

图 2-2　负外部性与资源配置过多

为了消除因外部性引起的市场失灵，就要将外部费用引进价格中，从而激励市场中的买卖双方改变理性选择，生产或购买更接近社会最优的量，纠正外部性的效率偏差，这种纠正过程称为外部性内在化。

2.3.3　外部性内在化

外部性理论认为，市场机制并非十全十美。外部性的产生在市场条件下（即使在完全竞争市场条件下）不可避免，靠市场自身的力量不可能克服市场的这个缺陷，而必须由外界力量予以干预或校正①。为了消除因外部性而引起的市场失灵，就要将外部费用引进价格中，从而激励市场中的买卖双方改变理性选择，生产或购买更接近社会最优的量，纠正外部性的效率偏差，这种纠正过程称为外部性的内在化。

帕累托最优的一个必要条件就是任何一对物品的边际替代率同其对任何两个生产者的产品转换率相等。也可以这样说，任何两种物品的价格比率对于生产这些物品的任何

① 郑秉文．1992. 外部性的内在化问题．管理世界，(5)：189-198.

生产者来说也必定等于边际转换率，否则，增加一种物品的生产同时减少另一种物品的生产将会有利可图。而且，利润极大化假设也保证所使用的生产方法有效率。还可以反过来解释：在完全竞争下，最优资源配置的条件是价格等于其边际成本，因此，价格比率实际上就是边际成本的比率，而边际成本的比率也就是边际转换率。但是，厂商的自利行为（self-interest）却使其仅仅考虑其私人边际成本（marginal private costs，MPC)，这样，在现实生活中就必然普遍存在外部性。即当生产者污染着环境时，由于存在外部性，帕累托最优就不存在了，因为这时生产者私人边际成本已经不等于社会边际成本（marginal social costs，MSC)，而是后者超过了前者，即 $P=\text{MPC}<\text{MSC}$，而有效率的资源配置要求 $P=\text{MPC}=\text{MSC}$，可是现在是 $P<\text{MSC}$，厂商占便宜了，从全社会的角度看，这种产品生产过剩，资源被不合理地分配。此外，外部性的存在还会导致生产要素的边际生产率在生产者之间存在差别，而且不同要素间的边际替代率也不相同，生产者之间的边际转换率也不相同。最后，生产者的边际转换率和消费者的边际替代率的偏离就必然发生。总而言之，不论在生产还是在消费方面，都不能获得静态的资源配置效率最优。

由于市机制运转不像古典理论所描述的那样完美无缺，加之经济人没有能力在采取决断时考虑其行动的某些非商业性后果，于是构成了某种社会“费用”，出现了外部性，给社会造成了浪费。在他们看来，市场机制的自由运转并不能医治外部性这种缺陷，市场的解决办法并不是“最好的”解决办法，“集体”或政府应该干预解决市场的外部性问题。与此同时，他们还对政府采取的各种外部性补救措施给予了评价，并积极地提供其政策理论主张。概括起来，西方国家校正外部性的措施可以归纳为五大类：法律、经济、行政、教育、协商等。

1. 法律措施：制定规则与信息结构

在一个法制社会，解决外部性问题最有效的常规办法之一是依靠法律手段。通过立法来定义产权以解决和处理现代社会产生的各类外部性有两个优点：一是不受利益集团压力的影响，二是可以通过审判过程得到恰当阐述。但是，一般来说，通过诉诸法律来解决外部性会受到以下五个方面的限制。

（1）诉讼的交易成本较大，而有些外部性的损失较小，不值得动用法律武器，况且，利用行政措施和经济措施处理外部性时，其交易成本主要由公共部门来负担，而在法律系统中由私人承担。

（2）由于诉讼费用昂贵，厂商会把外部性的影响削弱到接近但稍小于受损者诉讼的成本，这就意味着产生了较大的效率损失。

（3）诉讼的结果具有未来不确定性因素，如果诉讼成本很大，受损者就不太情愿运用法律手段来解决外部性。

（4）由于诉讼过程中存在着成本较高与未来结果不确定的因素，所以，这就意味着与公平、正义相冲突。

（5）存在较多外部性受损者的情况下，作为个人来讲，其损失价值如果较小不值得足以使他去起诉，就会出现“搭便车”的现象：每个人都想让别人去起诉，如果他人成功了，自己就可以坐享其成。

总而言之，虽然法律系统为我们提供了解决外部性的重要补救办法，但它难以解决各种不同类型的所有外部性，法律措施也有其局限性。有些学者对此曾做过一些调研，其结果表明：“很不幸，在那些污染地区较大但每个人造成的损害较小的地方，经验证明，向法院起诉并不起什么作用，因为没有一个人认为他所花费的时间和钞票是值得的。”

2. 经济措施：税收与津贴

与政府行政措施一样，政府利用经济手段解决外部性问题也是一种传统的方法。马歇尔在研究地方税的征税范围时曾建议向产业主“课以‘新鲜空气税’，以便由当地政府集中使用于上述目的”。后来，庇古提出了著名的修正性税（corrective taxes），即税收/津贴，其目的是促使私人成本与社会成本相一致。例如，如果对外部性的产生者征收相当于外部不经济性价值的消费税，他的私人成本就会与社会成本相等，这样，利润最大化原则就会迫使生产者将其产出水平限制在价格等于边际社会成本之处，这正好符合了资源有效配置的条件。相反，对产生外部经济性的生产者，政府应当给予相当于外部经济性价值的补贴，鼓励他们把产量扩大到社会最有效率的水平。在庇古看来，这样就可以达到资源配置的帕累托最优，同时这也是庇古认为政府干预经济的重要方面。庇古税的基本原则与现行有关国际组织、国家政府及大多数经济学家所认同并倡导的“污染者付钱原则”（polluter pays principle）相一致。可以这样说，征收污染税是目前被各国政府采纳的最普遍的控污措施之一，也是经济学家讨论最热烈的话题。

津贴和税收是一对孪生子。一般来说，有三种情况需要给予津贴。首先，对外部性中受损者要给予津贴。例如，庇古在其《福利经济学》中所举的受火车火花影响的车轨旁种田者应该得到政府补贴。如果外部性产生者不愿负这种赔偿责任，或者公共支出没有这样的安排，那么，被影响者或是诉请法律申诉赔偿，或是与火车所有者进行协商等通过其他途径索赔。其次，还有一种情况，那就是产生外部经济性的一些厂商或公共产品应当受到政府或社会给予的津贴，如考古队、博物馆、医院等。否则，这类厂商就不情愿进行生产，这类公共产品就会出现供不应求。政府给予津贴，且津贴数额与边际社会收益同边际私人收益的差值相等，使边际私人收益在受到补贴之后等于边际社会收益，这时，产生外部经济性的这些厂商或公共产品就会增加到社会有效水平。最后，还有一种情况是给外部性产生者予以津贴。有人把这种津贴称为向污染者行贿。利润最大化原则使公司不愿意并没有动力花钱去减少污染，因为这不能给公司带来多少直接利益，所以，从全社会观点来看，就会出现减少污染方面开支不足的问题。但许多经济学家认为，这种办法实施的结果并不能达到社会资源最优配置，因为厂商在决定其产出水平时所考虑的仅仅是私人边际成本，所以，厂商的社会边际总成本包括了政府对控污补助的津贴成本。就津贴与税收来说，厂商偏好前者，而不愿意交纳税金，道理很简单，获得津贴能够获得较高利润，而没有使厂商的股东们产生控污的压力，但在税收制度下，总产量减少，价格较高，产品消费者处境变坏。基于上述分析，当税收和津贴两种办法都可行时，从效果来说，税收比津贴更可取。

3. 行政措施：管制与指导

当采用法律和经济的手段不能纠正由外部性引起的资源配置不当时，就存在着国家行政调节的可能性。政府调节机构将确定资源的最优配置，从行政上指令生产者提供最优的产量组合。例如，调整电力和石化等高污染工业生产布局，严格限制厂址的选择，有时还可指令把产生外部性和受外部性影响的双方厂商联合起来，使外部性“内在化”(internalise)。以污水排泄工厂为例，如果它与下游的工厂合并，污水净化成本将变成联合企业的私人成本，这样，作为利润最大化的自然结果，外部性也将受到限制。有的学者还指出，从理论上讲，对导致外部性的厂商实行国有化也是使其内在化的一种措施。当然，这是一种极端做法。

日本在 20 世纪 70 年代以前的环境政策中更多采用行政官厅的指导与劝告手段。有时即使超出限定标准，也不急于罚款与限令停产，而是由主管省厅加以裁决。英国《经济学家》杂志将“行政指导”说成“日文中不成文的法令”，存在于日本各政府机构的组织法中，要求各政府机构具有对其所管辖的企业或行政对象发布各种“命令”、“要求”、“希望”、“警告”、“建议”及“奖励”的权限，限制很少，唯一的条件是受指导者必须在指导机构管辖范围内，不能与任何法律相违背。

在公共资源领域和市场上，有些发达国家正在建立含有行政计划因素的制度框架。例如，强行建立限制捕鱼区，规定渔网每平方米的孔数和制定其他一些规则以减缓这些公共资源过度使用造成的无效率现象。例如，在美国，石油资源可以归私人所有，但政府实行包括分配制、油田统一管理制在内的管理办法。政府还可以对某些生产过程进行管制，如不允许使用某些品种的煤，或者要求公司修建规定高度的大烟囱等。在个人消费领域和一些公共场合，政府行政机构也可以颁布一些禁令和规则，如把车厢、飞机场或某些场所划分成无烟区，设置吸烟室，强令私人小汽车安装消除污染的设备等。

4. 社会准则：良心效应与黄金律

良心效应（conscience effect）概念是由澳大利亚莫纳斯大学经济系教授、澳大利亚社会科学院院士黄有光提出来的。他认为，任何一件外部性事件的产生，都或大或小存在着良心效应，即“良心”发挥着一定的作用。一般说来，良心效应在下述两种情况下将产生两种不同作用。第一，当外部性产生者给他人福利带来不利影响，而且不给予补偿时，良心效应将会降低自身的整体福利水平。例如，某厂商产生污染时，对厂主来说虽然感到内疚，但他不在乎。对雇员来说也会由于生产污染而感到内疚，为了补偿其内心的创伤他们会要求厂主给予一定的附加工资。厂主真正受到内疚心理影响的正是雇员们的这种经济要求。此外，雇员们很可能加入工会纷争之中，或是要求增加工资，或是参与抗议污染的活动等。这样，良心效应的存在就降低了产生污染厂商的整体福利水平。第二，由于良心效应的缘故，庇古税实际上可能反而会提高产生外部性活动的水平。个人和厂商都有这样一种心理状态：既然交纳了"污染税"，那就不必再有顾虑了，可以心安理得地或更加放肆地我行我素了。但这种情况属于例外。黄有光认为，良心效应的存在，产权关系明确化就显得非常重要了。他还认为，良心效应使得外部效应问题比传统分析方法所认为的要重要。

斯蒂格里兹认为，进行社会准则（social sanctions）的教育是解决外部性的一种办法。这种教育的具体内容就是"黄金律"（golden rule）教育。他认为，用经济学的语言来解释黄金律的内容，那就是"要产生外部经济性，不要产生外部不经济性"。由于人们的行为是互相影响的（如餐桌上大声说话），所以人们要时时刻刻用社会准则来要求自己，并且，父母也应该总是引导自己的孩子按"社会可接受的方式"行事，那就是不产生外部性。这种黄金律在家庭中一般来说成功地避免了外部性，但就社会化过程来说却没有成功解决现代社会产生的各种各样的外部性问题。例如，乱扔东西被课以重罚，但还是有人在公共场所不能保持清洁的环境。

实际上，社会准则和黄金律无非是一种道德教育，即属于"精神文明"教育。运用这种"思想教育"方式来解决外部性问题在某种范围内可以发挥很大作用，东南亚一些儒家文化圈的国家（如新加坡）就经常进行全社会范围的国民文明礼貌运动，如遵守交通规则、不随地吐痰等。毫无疑问，精神文明运动在社会主义经济制度中更应该成为管理者普遍采用的应对外部性的重要手段之一。

此外，解决外部性问题还可以用协商方法。在20世纪60年代之前，经济理论界基本上是因袭庇古的传统，认为在处理外部性过程中应该引入政府干预力量，外部性产生者或被课税或给予津贴。这一传统被美国著名经济学家科斯所打破。科斯所要解决的重要问题之一就是"外部侵害"，即外部不经济性问题。本书将在2.5节中详细介绍科斯教授提出的著名的"科斯定理"。

2.4 三个层次的产权模型

人类选择产权形式不仅受产权变化的成本-收益制约，还要受利益集团及国家的制约。对所有群体（集团）有利的产权形式或制度并不存在，这也是多元产权形式存在的原因（马克思将此解释为生产力水平差异）之一。从长远来看，私有产权是运作成本较低的产权选择（原始模型），但是人类社会发展到私有产权却是极其艰难的过程，原因是不同利益集团对产权的需求不同，社会改变产权结构对不同利益集团的影响也不一样。此外，国家的偏好及取向对产权的形成及产权结构会有重要影响[①]。

2.4.1 产权的原始模型

探讨产权的起源是产权理论的核心问题之一。麦克罗斯基指出："在本世纪（指20世纪）初期美国制度经济学派和德国历史学派指责现代经济学缺乏有关财产起源的理

① 卢现祥．2004．新制度经济学．武汉：武汉大学出版社．

论，从而不能真正地理解长期的经济发展，在当时这种指责是正确的。但是从上个世纪（指19世纪）60年代后期开始，一批学者开始使用新古典主义的研究方法研究财产的起源问题，以弥补这一不足。”人们把这些早期理论称为原始产权理论，因为他们在研究排他性产权发展时，并没有建立有关社会制度和政治制度模型。该理论通过比较排他性权利的成本和收益，以及对于众人分享产权的内部控制成本来解释为什么排他性权利被确立或没有被确立。

原始产权理论中的经典之作是德姆塞茨1967年发表的《关于产权的理论》一文。其主要论点是："当内在化收益大于成本时，产权就会产生，将外部性内在化。内在化的动力主要源于经济价值的变化、技术革新、新市场的开辟和对不协调产权的调整……当社会偏好既定的条件下……（对于私人所有还是社会所有的偏好），新私有或国有产权的出现总是源于技术变革和相对价格的变化。”

德姆塞茨运用这一理论解释了加拿大北部印第安部落土地私有权的产生。在18世纪早期，这些印第安部落之间通过划分狩猎区的方式逐步确立了获取海狸毛皮的排他性权利。在此之前，印第安人猎取海狸获得肉和毛皮只为了自己消费，排他性权利并没有出现，因而土地使用的机会成本为零。随着毛皮贸易发展，需求增加大大刺激了狩猎活动，这就要求对狩猎者行为加以一定控制，增加保护资源的投资（如对野生动物的驯养）以实现财富价值最大化。因为排他性权利的确立可以提高社会净财富量，所以印第安人才有了确立这一权利的经济激励。德姆塞茨进一步指出，在美国西南部印第安部落之所以没有发展起相似的产权，是因为建立私有狩猎区对他们来说成本太高而收益较小，在那里没有具有重要商业价值的海狸，平原动物都是一些活动范围很广的食草类品种。

为了更好地理解产权起源中的一些问题，有必要概述一下利科克的那篇经典论文《关于山区的狩猎区域与皮革贸易》的内容。利科克明确地论证了土地私有权发展与商业性皮革贸易之间无论在历史上还是在地理上都存在着密切关系。在这篇论文中，他揭示了产权对动物过度狩猎所起的作用。

由于缺乏对其他人狩猎的控制，就没有人会对增加或维持动物存量投资感兴趣，从而会发生过于密集狩猎。在进行皮革贸易之前，狩猎主要是为了吃肉及狩猎者家庭所需少量皮毛，外部性显然存在。狩猎能自由进行，谁也不怕影响谁。猎人的有限需求并不会导致过度狩猎问题。

当皮革贸易出现以后，外部效应和产权就显得很重要了。皮革贸易的出现有两个直接结果：第一，印第安人的皮毛价值大大增加了；第二，狩猎活动范围明显扩大了。这两个结果都大大提高了与自由狩猎相联系的外部性的重要性，产权体制也开始变化。18世纪初，在魁北克附近出现了单个家庭的区域性狩猎与设陷阱的安排。他们将这一区域分成条带状，以便更有效地狩猎。他们的习惯是将土地分成两里格的地块以使各个团体能排他地狩猎。皮革贸易促进了更为经济地蓄养皮毛动物。蓄养要求有能力阻止偷猎，这反过来又促进了狩猎土地财产的社会变迁和产权界定。

有趣的是，当时地理位置的差异对产权界定产生了重要影响。森林地带（山区）比平原地带更有利于产权界定和保护。这是因为：第一，森林皮毛动物比平原动物更具有商业价值；第二，平原动物主要是食草动物，它们的习性是在一片广阔土地上奔跑。因此，为确立私有狩猎边界所获得的价值，由于要阻止动物跑到相邻土地的成本相对较高而降低了。而森林动物可以将它们限制在一个相对较小的区域范围，因而将蓄养这些动物的效应内在化成本大大降低了。这一降低了的成本，加上皮毛森林动物具有较高的商业价值，从而使得确立狩猎土地私有权更具有必要性。

上述分析表明：当内部化收益变得大于内部化成本时，产权的发展是为了使外部性内在化。内部化收益的增加主要是由于经济价值的变化，而经济价值的变化又是由于新技术的发展、新市场的开辟及原有界定不清的产权的变化。在一个社会里，拥有一定财产的公民总是期望产权得以保护；而没有财产的成员会更倾向于产权不清。经济学分析表明，产权不清会导致一个国家陷入"贫困陷阱"，而在贫困陷阱中的国家永远不可能达到高收入稳定状态。当产权保护有问题时，即使生产的边际生产率提高，投资仍然不会很旺盛；相反，投资能够获得产权保护的社会，经济增长便会符合新古典经济学模型。

在产权理论看来，产权的一个重要作用就在于，当存在外部性时，产权可以使外部性内在化。内在化动力有多方面，德姆塞茨列举了经济价值的变化、技术革新、新市场的开辟和对旧的不协调产权的调整等。这些因素的变化会导致产权安排的成本-收益变化，而成本-收益变化正是新产权形成或一种产权形式向另一种产权形式转换的基本原因。这是产权原始模型的基本特征之一。

在产权经济学家看来，新产权的形成是相互作用的人们对新收益-成本可能预期进行调整的回应。产权形成的内在机制在于：当内在化所得大于内在化成本时，产权的发展（或形成）是为了使外部性内在化。张五常和巴塞尔先后讨论过，经济学意义上的"产权"只有当界定权利的费用与权利带来的好处在边际上达到相等时（也就是均衡时）才会产生。这里之所以强调经济学意义上的"产权"，是因为在人类历史上有些产权及其制度的形成并不是经过成本-收益计算后的结果，而是国家暴力及其政治的产物。布坎南认为，产权从能够有效执行对盗窃惩罚的警察部门强有力和合法暴力中产生。

人类社会发展历史上，对产权的界定（实质上是建立产权排他性）经历了由"易"到"难"、由"简单"到"复杂"、由"外"到"内"的过程。从历史来看也是如此，产权演变首先是不准外来者享用资源，然后是制定规章制度限制内部人员开发资源的程度。人类社会的发展过程中产权及其制度的产生、演变、发展大体经历了三个阶段：一是建立排他性产权制度，人类社会的早期历史在某种程度上讲就是一个建立排他性产权制度的历史；二是建立可转让性产权制度，产权的交易、转让是与社会分工、市场经济制度发展联系在一起的；三是与各种组织形式创新联系在一起的产权制度，如股份公司制度的建立使产权的分割、转让、交易等更加容易，从而使产权制度效率不断提高。

产权的形成受许多因素影响，归纳起来主要有以下几点。

1. 技术

马克思认为，社会制度结构基本上以技术为条件。私有产权确立特别需要的条件是：产权所得者得自产权的收益要大于排除其他人使用这一产权的成本。当费用过高时，财产将成为共同所有。一些技术的发明降低了实行所有权的成本。例如，牧场由于围栏成本方面的原因可能属于共同所有。然而，用带铁蒺藜的铁丝做成低成本围栏的创新，使美国西部公共牧场中出现私人所有和牧场出租。人类社会技术因素是制约产权制度演变的一个重要因素。诺思在分析历史上为什么所有权并没能使个人收益和社会收益相等时，他发现了两个普遍原因。第一，可能缺乏技术阻止“搭便车”或强迫第三方承担他对交易成本的份额。为了使个人收益接近社会收益，保密、报酬、奖金、版权和专利法在不同时代被发明出来，但使局外人不得受益的技术至今仍代价很高和不完善。当今，世界各国对知识产权的保护程度远不及对财产产权的保护程度，这并不是人们不重视对知识产权保护，而是因为对知识产权的保护的技术要求更高。第二，对任何团体和个人来说，创造和实施所有权的成本可能超过收益，而这又或多或少与技术有关。

2. 人口变化

在人类社会早期，公共土地就像空气和水这类免费资源一样大量存在，那时候也就没有必要建立排他性产权。随着人口增长，一些资源也逐步开始变得稀缺起来。人口与资源的矛盾必然促使人们建立排他性产权。当动植物相对于人类需求还算丰盛时，就没有激励机制去承担建立对动植物的产权所产生的费用。人口变化还通过影响土地和劳动的相对价格，从而在改变经济组织产权中起着决定作用。在人类社会早期，离开了人口这个因素，就很难解释产权的起源。

历史上存在着两个重要的人口与资源比例的转折点。诺思称之为第一次革命和第二次经济革命。在影响制度和产权成本与收益的多种参数中，“那种最重要的参数变化就是人口的增长，它可以导致制度的创新，从而给西方世界产权的起源提供一种说明”。

3. 资源稀缺程度

资源稀缺程度是人口变化的函数。某一资源稀缺程度的增加必然伴随其价值上升，从而对其产权界定是划算的（产权界定收益大于产权界定成本）。稀缺性是正统经济学家分析经济问题的前提。在正统经济学家看来，成本核算、价格调节、市场分配能把稀缺资源配置到社会最需要、利润最高的地方，从而使稀缺资源得到最有效利用。但是正统经济学家忽视了一点，即离开了有效的产权制度，任何稀缺资源并不能得到有效利用。如阿尔钦所说，在本质上，经济学是对稀缺资源产权的研究。人类社会早期所建立的排他性产权就是从最稀缺资源开始的。因为只有在稀缺性增大的过渡时期内，才值得去承受建立和行使产权所必需的费用。

4. 要素和产品相对价格的长期变动

要素和产品相对价格的长期变动是历史上多次产权制度安排变迁的主要原因之一。某种要素价格上升，会使这种要素所有者相比其他要素所有者而言能获得相对更多的利益。某种产品价格上升，也会导致用来生产这种产品的要素的独占性（包括建立更明确的排他性产权）使用更具有吸引力。例如，土地价值上升导致人们为形成排他性所有制和可转让性的权利而努力，土地价值上升更加激发人们去变更产权，使得日益稀缺的资源能得到更有效利用。此外，相对价格的变动还会影响产权变迁方向、速度及其规模。例如，发生在中世纪欧洲从对人的产权到对土地产权的转变，按诺思和托马斯的观点这是人口和土地稀缺性增加导致土地相对价格提高的结果。又如，在英国，食品价格提高使得把开放地带和共同牧场圈为私人经营单位有利可图。据麦克罗斯基估计，尽管围栏费用很高，但圈地所产生年收益率达到17％。

正统经济学家忽略了在人类历史上，相对价格变动在提高资源配置效率方面往往伴随着产权及其制度变迁。换言之，一些价格变动如果不伴随产权及其制度变迁，不仅不能提高资源配置效率，反而可能导致资源更低效使用。例如，英国食品价格上涨如果不伴随圈地运动，那么可能会导致公共土地资源的过度使用。这是因为现存产权结构引导人类经济行为，一种产权制度下的行为不同于另一种产权制度。史前人类把劳动与自然资源结合起来进行谋生，自然资源不论是狩猎的动物还是采集的植物，开始都作为公有财产而被占有。这种类型的产权意味着所有人都能自由使用这些资源。经济学的一个基本常识是，无限制地使用一种资源会导致其无效率性。当对资源的需求增加时，这种无效率会导致资源枯竭。假设当年英国食品价格上涨，对食品的需求大增，当时若不进行圈地运动，那么土地过度使用及滥用将不可避免。目前世界上最大的“公共财产”要属公海，现在只有少数发达国家有技术、有能力到公海去捕鱼，一些国际组织与这些国家往往就捕捞数量、时间等达成协议。但是一旦能到公海去捕鱼的国家数量增加，那么，达成协议的交易成本将大大增加，过高的交易成本可能使任何协议都达不成。这可能是国际社会未来面临的难题之一。

原始产权模型的特点可以概括为以下几个方面。第一，原始模型是最符合产权效率的标准模型。在原始模型里，资源配置可以达到帕累托最优，类似于新古典经济学所描述的完全竞争市场。第二，参与者还没有形成相对固定的集团，参与者相互博弈，根据不断变化的外部力量来选择产权形式，所以原始模型主要分析人类社会初始产权界定或产权形式。第三，原始产权模型重点分析了排他性产权的建立过程。在建立排他性产权过程中，由于测量或其他方面的原因，一些产权界定费用太高就会成为公共产权。第四，在原始模型里不存在国家，因而政治、法律对产权形成的影响可以不被考虑。在原始产权理论中政府的作用不甚明了，模型假设政府会创造一个一般的产权框架，个人能够通过劳动分工和市场交易使社会净财富最大化。在存在较高交易成本的情况下，政府或者将产权直接分配给个人或者重新用其他方式界定产权使财富最大化。

2.4.2 存在利益集团的产权模型

产权的利益集团理论假设社会制度和政治制度是给定的，在此基础上解释在政治市场上各个利益集团相互作用所导致企业产权结构形成的原因。由于存在交易成本、“搭便车”和信息的非对称性，一些仅对特殊利益集团有利的产权建立给整个社会的产出造成了重大损失。

存在利益集团的产权理论涉及这样几个问题：一是利益集团的形成及利益目标；二是不同利益集团（包括大小、形成的历史等）对产权形成的影响；三是利益集团影响产权形成的途径和方式，如对规则的影响、行业进入的限制、与政府的协议及垄断地位、寻租等。利益集团对产权的影响表现为：不利于多元化及富有竞争力的产权结构形成；权利的垄断及不可交易；限制了该领域的投资；产业的产权结构因为利益集团追求垄断收益的最大化而固化等。

1. 有关利益集团形成的理论

以奥尔森为代表的集体选择理论与公共选择理论既有联系又有区别。在以非市场决策为研究领域方面，它们是一致的，但集体选择理论更偏重于集体行动或集团行为的分析。奥尔森把集体利益区分为两种：一种是相容性（inclusive）；另一种是排他性（exclusive）。前者指利益主体在追求这种利益时相互包容，如处在同一行业中的公司在向政府寻求更低税额及其他优惠政策时利益相容。用博弈论术语来说，这时利益主体之间是一种正和博弈。后者指利益主体在追求这种利益时相互排斥，如处于同一行业中的公司在通过限制产出而追求更高价格时就是排他的，即市场份额一定，你多生产了就意味着我要少生产。这时利益主体之间是一种零和博弈。与此相适应，奥尔森把集团分为相容性集团和排他性集团。在他看来，较之排他性集团，相容性集团就有可能实现集体共同利益。奥尔森集体行动理论的基本思想可简单概括为：个人理性不是实现集体理性的充分条件。按照奥尔森的分析，集体行动的形成取决于两个重要条件：组成集团的人数足够少，并且存在着某种迫使或诱使个人努力谋取集体利益的激励机制（他称之为“选择性刺激”）。

奥尔森在其《国家的兴衰》中扩展了其早期分析，用寻租理论分析经济制度。奥尔森认为，集体行动跟个人行动一样是自然的，一旦“公共品”被控制，特殊利益集团将发展起来。奥尔森用集体选择理论解释为什么不同社会的增长率不同。其主要观点是：寻租过程（人们为自己特殊利益进行疏通而组成集团）给社会带来了限制和约束，减慢了这个社会的增长率。他认为，如果一个国家不经历战争一类的突发性制度变化（有人把这种变化称之为“奥尔森振荡”），那就不能打破这些既得利益集团，会出现“制度优化”，经济增长将变得越来越缓慢，最终停滞。

公共选择理论学者论证说，许多制度都由独裁者、强势利益集团和政治上的多数派创立，他们建立这些制度的目的就是牺牲他人利益从而使自己获利。例如，公共选择理论就认为国家所有权就是在任政治家用来向庇护人分配职位和取得政治支持的一种手段。

2. 不同利益集团对产权形成的影响

加入不同集团以后，产权选择不一定是最优的了，对某一集团有利的产权安排不一定有利于其他集团。对于规模较小、组织较好的特殊利益集团，如果通过产权结构调整，集团成员都会有较大收益，而且集团可较容易地获得、控制和加工信息，那么这一集团对议员们的影响能力往往很强。在利益集团中失利的往往是那些从属于大集团的个人。例如，消费者作为一个整体——对他们来说一些产权结构的调整（如新的关税）往往对每个人影响很小——组织费用很高、“搭便车”也很容易，个人信息成本也过高。但越小的利益集团越容易达成一致意见，从而可以影响统治者。一些文献分析了少数团体成员怎样过度滥用其投票权，致使产权结构变得有利于他们，而使大多数选民付出了代价。为什么少数人能愚弄多数人？有人认为有两种相互联系的原因：产权结构的边际变化导致人们收益和成本的不公平分配，而在这些变化中，得益者和受损者之间的信息分布不对称。

个人既可以在既定的制度框架内专心于生产，也可以从规则制定者、立法者和政府机构中争取法律或规则的有利变动，以实现个人财富最大化，具体途径取决于改变权利结构的相对成本。当成本较低时，有影响的利益集团会制定一些使社会生产能力只部分实现的经济制度。

初始产权会形成一种路径依赖，按照科斯定理，如果交易成本为零，无论初始权利如何配置，市场的自由交易都可以使资源得到最佳配置。现在的问题是，在一个转型社会，产权改变和新产权结构建立的交易成本不可能为零。加入利益团体后，市场交易成本就更大了，大利益集团由于高昂的协调成本、组织成本及“搭便车”等方面原因，很难在产权形成中发挥有效作用。为什么多数人难以采取对自己有利的集体行动？这主要有三个方面原因：一是获得有关可靠信息的高额成本；二是“搭便车”问题；三是相对较小的人均受损额。这样人数少的利益集团很容易达成一致意见，从而在产权的形成中发挥重要作用，甚至左右产权演变。这往往导致社会产权安排并不是最佳选择，这种产权安排对于既得利益集团来讲是收益最大化，但是对于全社会来讲就不是收益最大化。

任何制度变迁都很难使所有人得到正的纯收益，并且往往还可能会使一些人的利益遭受损失（至少在短期内如此），人人皆大欢喜的制度不存在。因此，一种制度能否得以实行，就要看一个社会决定政策的权力掌握在什么人手中。如果一个社会决定政策的权力不是掌握在社会大多数人手中，而是掌握在少数人手中，那么，即使存在一种对社会大多数人来说是有效率的制度，但只要对少数决策者不利，就会使他们既得利益受到损失，这种有效率的制度也很难得到采纳和实行。并且，即使其他人试图对现存制度进行变革，他们也会竭力地予以压制，以维护既存制度。当然，如果一个社会决定政策的权力掌握在社会大多数人手中，便不会存在这种社会利益与统治者利益的矛盾。在这种情况下，社会对制度的选择，就仅仅受技术因素制约，而不会受到既得利益因素制约，从而制度选择也就会具有更大灵活性，制度变迁的路径依赖特征也就会较弱。

既得利益集团会如何阻止有效产权制度变迁？一是这些既得利益集团往往从舆论上打着国家利益的招牌进行活动，影响政府制定对自己有利的产业政策或保护政策；二是对新进入者设置障碍，即斯蒂格勒所说的一种管制需求，强调管制，以行政手段分配资源等；三是在这种有利益集团影响的行业或部门往往形成以行政垄断为支撑的产权结构，其他经济主体很难进入这些行业，产业缺乏竞争，从而导致低效。

下面，通过几个例子来看利益集团如何影响产权。

首先，利伯凯普描述了美国从 1933～1972 年对国内原油限制产量的制度，在这一时期，原油产量根据市场需求在各州、各油田和采掘单位中间按比例分配。得克萨斯州铁路委员会是这一制度的最初倡导者，而这种按比例分配制度的规则被设计成有利于生产成本较高和规模较小的公司。据利伯凯普报告，在得克萨斯州，低成本油田的产量被降至生产潜力的一半以下，1963 年的数据表明，高成本油井获得了得克萨斯州限额的 44%。由于有得克萨斯州铁路委员会这样一个公共机构负责分配，它必须服从得克萨斯州法律，这样，全国范围的分配系统就被州法律规定和行政机构所破坏。利伯凯普和威金斯还发现在怀俄明州，油田主要分布在联邦政府的土地上，联邦政府设计了一套产权制度以促进开采一体化，而在得克萨斯州和俄克拉何马州却没有制定任何制度来促进开采一体化。利伯凯普和威金斯在他们对于美国采油业的研究中，用大量的、高成本的政治影响来解释全国石油卡特尔的政策，以及得克萨斯州和俄克拉何马州有关油田的产权结构。

另一个是发展中国家秘鲁的例子。在秘鲁，政府管理规则占很重要的地位，而这些规则一般对经济增长与发展毫无积极意义。例如，秘鲁政府对于许多产业都建立了很高的进入壁垒，使合法进入成本极高。秘鲁拜占庭式的管理体制使人们不得不尽量在利马地区的非政府所有地段建造房屋，而大约有 2/3 的人居住在首都及其附近地区。这一机构发现，为了获得批准购买政府所有的土地，申请必须经过 200 个官僚机构，历时最少也得 7 年。秘鲁高昂的进入费用与无所不在的经济管制条例导致了大量非法和半合法的地下经济部门产生，据估计，大约有一半人口在这一部门工作。与正式市场相比，秘鲁的地下部门交易成本极高，所有权不确定且主要靠私人保护；经济组织一般规模较小，以便逃避政府的法律追究；不确定性的存在使长期投资很少进行。非法但事实上又被政府所认可的行为一般会受到重重管制，同样，在合法经济部门，政府也会对进入、经营和建立企业征收高额费用。在许多经济发展缓慢的社会都可以发现与秘鲁相似的权利结构，这一制度有时被称为“新重商主义”。

世界银行在对 130 多个国家和地区进行研究之后发表的一份研究报告显示，贫困国家对企业的限制最多，而富裕国家对企业的限制最少，因此，应当减少对企业的过多限制。报告认为，玻利维亚、布基纳法索、乍得、哥斯达黎加、危地马拉、菲律宾和委内瑞拉等比较贫困的国家，对企业的限制最多，而澳大利亚、加拿大、新西兰、新加坡、瑞典及英国等富裕得多的国家，对企业的限制最少。报告具体举例说，在澳大利亚注册一家企业只需要 2 天，而在海地需要 203 天；在突尼斯执行一份合同只要 7 天时间，而在危地马拉则要超过 4 年。

最后，是中国垄断行业产权结构形成中的利益集团问题。每个产业的利益集团都有从国家谋求保护或限制的欲望。保护和限制得越多的行业就越缺乏竞争力。在我国加入WTO的谈判过程中，谈判最艰难和问题最多的就是政府保护和限制最多的行业。当前我国垄断行业，如电信、电力、铁路、邮政、银行及供水等都属于基础设施领域。用现代经济学观点来看，基础设施领域是影响社会交易成本大小的一个重要因素。这些基础设施行业的垄断格局不仅增加了本行业成本，也增长了其他行业成本。美国联合太平洋铁路公司（UP公司）的2.8万人管理着3万公里铁路，平均每公里不到1人，中国国铁的340万人管理着5万多公里铁路，平均每公里68人；1992年UP公司利润为21亿美元，而中国国铁1994年亏损45亿元。我国邮政、电信、电力等行业都存在类似情况，通过自己的垄断地位，通过提价和乱收费来掩盖效率低下和亏损并追求收入最大化，是目前我国垄断行业普遍存在的问题。据统计，这些行业职工平均工资比全国企业平均水平高出50％～120％。

一些垄断行业为了追求本部门利益最大化，往往打着国家利益的招牌，也就是把部门利益等同于国家利益，拼命地限制其他企业进入，用垄断高价维持超额利润或隐盖亏损，这往往引起消费者投诉，从而引发社会矛盾。因此越来越多的人开始认识到，部门利益不等于国家利益。现在我国垄断行业改革存在一个问题，那就是自己对自己改革，而没有引入新的竞争对手，这种改革的收效不会太大。为了加快我国垄断行业的改革，必须要让国内民间资本进入这些领域。过去这些垄断行业为了维持垄断地位和经营上的特权，不断地游说或论证本部门只能由国有企业特许经营，从而防止非国有企业的进入和市场竞争。据报道，张家口市有人注册了一家阳光报业服务公司，结果被该市邮政管理部门以侵权为由加以封杀。

在我国大多数垄断行业，“政府管制”与“行业垄断”是两大顽症，或者说是行业垄断性决定了政府管制的持续性。我国国有经济在铁路、邮电通信、金融保险、城市公用事业等公共企业仍占垄断地位。对于国家来讲，“政府管制”与“行业垄断”已成为两难困境：从深化市场化改革和消费者角度讲，应该放松管制和行业垄断；但是从国有企业生存和国家财政收入的角度讲，国家又不能立刻放松管制和行业垄断。中国的渐进式改革，决定了国家决策者要不断地在这两者之间寻找均衡点。

在管制下，市场竞争已失去作用，谁获得了管制的特许权和经营权，谁就获得了垄断地位，同时谁就获得了丰厚利润。在这种情况下，谁还会去进行残酷竞争呢？产业管制的最大受害者是消费者。当消费者面对管制带来负效用（如高价低质服务等）忍无可忍的时候，国家不得不逐步放松管制。此时，国家放松管制的最大障碍是受管制部门。因为受管制部门在受管制过程中已经形成了既得利益。这种既得利益主要表现在以下几个方面。第一，受管制企业是在管制条件下形成的，其生产体系、营销体系、人力资源体系等都是为了适应管制要求建立起来的。因此，一旦国家放松管制，那么这些受管制企业的整个体系都必须重构或重组。这个重组过程不仅需要成本，而且痛苦。第二，国家一旦放松管制，受管制企业面对激烈的市场竞争就有一个重新学习的过程。在受管制时期形成的“路径依赖”很难一下子改变，这就存在一个不断重新学习的问题。这些既得利益就是一些受管制企业不愿放松管制的根源。打破垄断的过程也是一个放松管制的过程。第三，既得利益集团会不断地强化现有产权安排，不允许其他投资主体进入该行业。

显然，上面所举的例子与原始产权理论是相矛盾的，对于经济制度的演变历史和现状的粗浅了解就可以让我们认识到原始模型不能作为一个一般化的理论，所以更一般化的理论应该包括利益集团的产权模型及国家理论的产权模型。

2.4.3 存在国家的产权模型

按照新制度经济学的定义，国家是一种在某个特定地区内对合法使用强制性手段具有垄断权的制度安排，其主要功能是提供法律和秩序。国家作为一种具有垄断权的制度安排，在许多方面不同于一些竞争性制度安排（如市场、企业等）。国家独特的地位决定了在任何长期变迁的分析中，国家模型都将占据显要一席。

科斯等的企业理论对新制度经济学国家理论的建立做出了重大贡献。在此基础上，诺思、奥尔森等进一步发展了新制度经济学的国家理论。

新制度经济学国家理论的特色主要表现在以下几个方面。

1. 将国家视为一种组织

如诺思把国家定义为："国家可视为在暴力方面具有比较优势的组织，在扩大地理范围时，国家界限要受其对选民征税权力的限制。"既然国家可视为一种组织，那么关于企业的理论也就可以用来分析国家问题。过去尽管政治学、社会学和人类学等学科对国家问题进行了一系列理论分析，但对国家行为进行深层次分析必然要依赖经济学（国家与政府尽管有区别，但在本章中不考虑这些区别，把它们当作同等概念交替使用）。将经济学用于政治学的公共选择理论至多在解释政治决策上取得了初步成功。新制度经济学将国家视为一种组织和制度安排，无疑为国家问题的研究提供了一个新视角。

2. 揭示了国家与产权的内在联系

在众多揭示国家起源的理论中，都未能把国家与产权确立联系起来，新制度经济学填补了这方面理论空白。新制度经济学认为，离开产权，人们很难对国家做出有效分析。因为产权本质是一种排他性权利，在暴力方面具有比较优势的组织处于界定和行使产权的地位。正如诺思所指出，国家理论"关键问题是解释由国家界定和行使的产权类型及行使的有效性。最富有意义的挑战是，解释历史上产权结构及其行使的变迁"。诺思说："我研究的重点放在制度理论上，这一理论的基石是：①描述一个体制中激励个人和集团的产权理论；②界定实施产权的国家理论；③影响人们对'客观'存在变化不同反应的意识形态理论，这种理论解释为何人们对现实有不同理解。"

在诺思的理论中，离开了国家理论，就很难对产权及其演变做出分析。

3. 揭示了国家的内在矛盾

在当今世界上，对国家问题的研究远没有对企业、消费者问题的研究那么成熟，国家还有不少神秘“面纱”。公共选择理论在用经济学解释国家上尽管取得了初步成功，但还有不少深层次问题尚未涉及。新制度经济学在对历史的研究中发现，“国家是经济增长的关键，然而国家又是人为经济衰退的根源”。这一悖论使得那些主张国家干预论者与自由主义经济学家们不得不重新“审视”自己的理论。国家行为比企业、消费者和其他经济主体的行为更复杂。意识形态上的一些“禁区”限制了理论家对国家问题的研究。此外，在国家问题上还有不少理论上的难点，如国家目标问题、公共决策的一致性问题、国家增长现象的原因及国家职能问题等。新制度经济学把国家置于一种“矛盾状态”中来分析国家在制度变迁及社会经济发展中的作用。

国家或文明为什么会有兴衰成败？这是许多理论家都特别关注的问题。在奥尔森看来，影响国家命运的要素就是“分利联盟”（distributional coalitions）。所谓“分利联盟”是指由一批希望采取集体行动来增加自身收入份额的个人所形成的组织。分利联盟建立的前提是成功运用“选择性刺激”和“人数控制”的方法克服“搭便车”和“理性的无知”这两个阻碍集体行动的主要因素。分利联盟活动不可避免会损害经济增长。这主要是因为，对分利联盟而言，既可以通过促进整个社会生产率的提高来改善本利益集团福利，也可以通过为其成员争得社会生产总额中更大份额的方式，分利联盟一般选择后者。按奥尔森的“集体行动理论”，由于“搭便车”存在，选择前者不划算，结果分利联盟就只求获得更大份额而置社会总收益下降或“公共损失”于不顾。一些新制度经济学家认为，在奥尔森集体行动理论基础上，可以构造新制度经济学的国家理论。

政府的利益集团理论提供了许多重要结论，但它的一些弱点也很明显，特别表现在一些关于寻租行为的研究中。这一理论没有给政府一个明确定义，只是将政府视为一种相互竞争的利益集团通过一定方式达到均衡的政治市场。但许多有关寻租理论的文献，常常假设当利益集团受到控制时，政府会提供使产出最大化的产权结构。这两点在寻租理论的代表著作——奥尔森的《国家兴衰探源》中表现得很明显。奥尔森还用他在《集体行为的逻辑》中的理论证明，特殊利益集团需要长期的社会稳定才能克服“搭便车”问题以形成一个分利联盟，只有在分利联盟形成以后，他们才能够寻求那些阻碍经济增长的特权；另外，大变动往往会摧毁这一集团并使经济迅速增长成为可能。例如，第二次世界大战后的德国就是一个典型例子。换言之，当分利联盟力量较弱时，政府会提供一个与原始产权理论相近的产权结构，反之，政府就不可能提供一个与原始产权模型相近的产权结构。这就可以解释为什么历史上人类社会不是总能选择有利于经济发展的产权。

在斯蒂格勒看来，国家是某一社会中每个产业潜在的资源或潜在的威胁。国家可以而且确实通过禁止或强制、取走或给予资金等方式有选择地帮助或损害了许多产业。国家具有强制权，可以通过税收获取金钱，还可以决定物质资源的运动，影响家庭和厂商的经济决策。这些权力就为某一产业利用国家提高赢利提供了可能性。国家能给一个产业带来的利益实际上为一个产业的寻租提供了可能。在前面所分析的一些案例说明，在有利益集团存在的情况下，国家的产权安排很难达到最优。

有关寻租理论和产权理论的相关关系是一个经常被研究的问题，布坎南将寻租理论视为产权理论的一个扩展。本森证明了二者可以得出完全相同的结论，但他又指出，产权理论范例提供了更深入的见解。寻租被定义为个人为增加个人财富所做出的对社会净财富不利影响的努力。这一研究思路和前面讨论的产权利益集团理论基本相似，二者都源于立法和政府活动中的利益集团理论。

国家选择产权的制约因素有以下五点。

1）意识形态及宪政秩序

诺思指出，意识形态的变更是制度变革的主要因素，没有意识形态理论，新制度经济学将不全面。从长远来看，对法律、公民权利、政府和统治者权威的尊重，是任何社会得以保持的基础。统一的意识形态可以大大地降低社会交易成本。每个国家都有自己的意识形态，在这种意识形态中产权偏好及产权制度占有相当大比例，国家偏好什么样的产权制度，将决定一国产权结构的选择。例如，在我国，根据解决和发展生产力的要求，应坚持和完善以公有制为主体、多种所有制经济共同发展的基本经济制度。第一，必须毫不动摇地巩固和发展公有制经济。第二，必须毫不动摇地鼓励、支持和引导非公有制经济发展。第三，坚持以公有制为主体，促进非公有制经济发展，将二者统一于社会主义现代化建设过程中，不能把这两者对立起来。这种对基本经济制度的规定将决定我国产权结构的选择及其发展。宪法及相关的法律体系对财产权的规定将决定一国产权结构及其选择。

2）产权选择中的路径依赖

过去的产权选择将在相当程度上影响着现在及将来的产权选择。产权体现了在基于物的人与人间的利益关系，任何产权的选择及其变更并不像一般物的交易，只要有利就可以交易或变更，它需要相应的条件及其环境的变化。人类社会从原始公共产权到私有产权经历了相当缓慢的过程，这涉及从一种产权安排转向另一种产权安排的转换成本、不同利益主体在产权调整中利益及其补偿、产权转换中公平与效率的矛盾等。原始产权模型可以解释初始产权的起源，但如果在更长的历史长河中来考察产权演化，其局限性就显现出来了。原始产权模型只是考虑了某一项资源产权界定的成本-收益随着市场变化而发生了变化，同时这些资源还没有确定主体，并且新产权安排有利，这时新产权安排就会产生。但是既有产权安排尽管有一种新产权可以替代它，并且净收益很大，然而，这种既有产权安排背后的利益主体会因为新产权安排而会有所损失，他们会阻止新产权安排。这就会产生产权选择中的路径依赖。

3）国家双重目标及其冲突对产权选择的影响

按照诺思的分析，国家有双重目标：一是界定形成产权结构竞争与合作的基本规则（在要素和产品市场上界定所有权结构），这能使统治者租金最大化；二是在第一个目标框架中降低交易成本以使社会产出最大，从而使国家税收增加。换言之，国家有两个方面的目标，既要使统治者租金最大化，又要降低交易成本以便全社会总产出最大化，从而增加国家税收。然而，这两个目标相互冲突。正是因为存在着这样冲突并导致相互矛盾，乃至对抗行为的出现，国家由此兴衰交替。国家的双重目标为既得利益集团追求利益最大化留下了活动空间，如政府官员的设租与相关利益集团的寻租就会产生。在界定形成产权结构竞争与合作的基本规则过程中，相关利益集团之间为了争取利益最大化就会不断地博弈。布坎南及公共选择学派把经济人引入对政府官员的分析中，我们要把诺思的国家双重目标与布坎南的政府官员也是经济人的分析结合起来，国家目标不等于政府官员目标，同时官员的级别（如中央官员与地方官员）对于国家双重目标的理解和实现也有较大差异。这些问题已经在经济学界受到了一些学者关注，如地方之间的竞争及分权让利对我国产权制度的改革产生了重要影响。什么样的产权安排有利于地方经济发展，成为地方官员选择产权的一种激励。

4）财政约束

国家选择什么样的产权结构及其制度，财政约束是其中的一个重要因素。从总体上看，如果一种产权结构（如产权 B）比另一种产权结构（如产权 A）更有利于财政收入增加，那么国家就会偏向于选择产权结构 B。这种财政约束往往是“硬”约束。无论是从历史还是从现实来看，财政约束都是产权选择的一个重要制约因素。诺思和托马斯说：“如果产权使社会生产行为更有价值，那么就会出现经济增长，对于这种产权的创立、提出和制定是有成本的……如果私人的潜在收益超过交易成本，就会有人试图建立这种产权。政府一般会保护和建立产权，因为他们能以比私人自发团体更低的成本做到这一点。但是，政府的财政动机也许会引导建立对于增长有害而不是有益的产权，因此，不能保证有效率的制度安排总会出现。”

5）不同利益集团力量的对比及对政府的影响

不同利益集团的形成及其力量的对比会影响政府对产权的选择。按照奥尔森的理论，如果分利联盟力量较强，那么一个国家的产权选择就会受分利联盟偏好及其利益的影响。国家在某种程度上讲是不同集团的集合体，统治者就是这些不同集团利益的“均衡者”。正如舒尔茨所指出，处于统治地位的个人在政治上依赖特定群体集团的支持，这些集团使政体生存下去。经济政策在这个意义上讲是维持政治支持的手段。制度安排（包括产权制度）的变迁经常在不同选民中重新分配财富、权力和收入。如果变迁中受损者得不到补偿，他们将明确地反对这一变迁。一个强有力的集团可能促进那些有利于这个集团收入再分配但损害经济增长的新制度安排。显然，包括产权在内的各种制度安排并不完全取决于效率（或经济）原则，还取决于不同利益集团的规模、地位及与统治者的关系。人类历史上无效率产权之所以成为“常态”的根源也在于此。离开产权，人们很难对国家做出有效分析；同样，离开国家，人们也无法对产权进行有效分析。

2.5 科斯定理

科斯定理由科斯在 1959 年发表的《联邦通讯委员会》和 1960 年的《社会成本问题》这两篇文章中提出。它是由三个定义构成的一个定理组，科斯定理深刻地揭示了产权安排与资源配置之间的联系。

2.5.1 科斯第一定理

科斯第一定理由科斯在1959年发表的《联邦通讯委员会》一文中首先提出。文中提到："一个被新发现的山洞是属于发现山洞的人，还是属于山洞入口处的土地所有者，抑或是属于山洞顶上的土地所有者，无疑取决于财产法。但是，法律只确定谁是必须与之签约才能获得山洞使用权的人。至于山洞是用于储藏银行的账簿，还是作为天然气贮存库，或种植蘑菇，并不取决于财产法，而取决于银行、天然气公司和蘑菇企业哪一个能够付出最高费用以获得山洞使用权。"这一观点适用于发射无线电波（或排放烟尘），而且以"斯特奇斯诉布里奇曼案"（该案涉及一位医生受到一台制糖机工作时所发噪声和震动的影响）来说明这一观点。科斯运用人们已很熟悉的论证方法指出，无论制糖商是否有产生噪声或振动的权利，实际上这一权利将由认为此权利最有价值的人取得。科斯总结道："权利的界定是市场交易的基本前提……最终结果（促进产值最大化）与法律判决无关。"这是科斯定理的实质。

在1960年的《社会成本问题》一文中，科斯又对上述思想进行了更清楚的表述。他说："没有权利的初始界定，就不存在权利转让和重新组合的市场交易。但是，如果定价制度的运行毫无成本，最终结果（指产值最大化）不受法律状况影响。"这就是被斯蒂格勒称为"科斯定理"的科斯第一定理。

这里有必要对科斯第一定理中的几个基本概念做些说明。

(1)"定价制度"是指市场制度。

(2)"定价制度的运行毫无成本"是指市场交易成本为零。即市场当事人全部讨价还价过程完全不考虑成本，包括谈判前双方的准备、缔约后的履约过程。

(3)"最终结果"是指经过产权重新配置后的结果。这个结果——"产值最大化"则是指资源的优化配置，即帕累托最优状态。

科斯第一定理的含义是：在市场交易成本为零的情况下，产权制度安排对资源配置没有什么影响。因为，只要重新安排产权能够使产值最大化，就可能通过市场交易或人们之间的讨价还价改变最初的权利界定，使资源实现优化配置，换言之，如果市场交易成本为零，权利的初始安排向新安排转变（人们交易产权）不存在代价和阻力，即使初始安排对于实现资源配置的帕累托最优来说不合理（如存在外部性），市场机制也会无代价地改变这种安排，将资源配置到需要的领域和最有用的人手里，以解决外部性，实现资源最优配置。正如科斯所说："如果市场交易无成本，若某种安排会导致产值增加，则这种权利的重新安排就会出现。"

1. 科斯第一定理的证明举例一

下面以科斯"养牛者走失的牛损害邻近土地的谷物生长"的例子说明科斯第一定理。假设一个农夫和一位养牛者在两块相邻的土地上经营，两块土地之间没有栅栏相隔，结果，养牛者所养的牛群常跑到农夫麦地里去吃麦苗。养牛者得利，而农夫遭受损失，这就是负外部性。表 2-1 列举了养牛者的牛群数目与农夫的谷物年损失和养牛者每增加一头牛给农夫所造成谷物损失之间的关系，表中还包括养牛者每增加一头牛的边际成本。由于交易成本为零，农夫和养牛者都处于完全竞争市场，他们是谷物价格和牛肉价格的接受者。

表 2-1　牛群数与谷物年损失之间的关系

牛群数目/头	谷物年损失/元	每增加一头牛给农夫造成的谷物损失/元	养牛者每增加一头牛的边际成本/元
1	40	40	60
2	90	50	70
3	150	60	80
4	220	70	90
5	300	80	100
6	390	90	110
7	490	100	120
8	600	110	130
9	720	120	140

下面分别考察在交易成本为零的情况下，产权初始界定给农夫（养牛者对牛给农夫造成损失承担责任）和界定给养牛者（养牛者对牛给农夫造成损失不承担责任），这两种不同产权初始界定情况下的资源配置情况。

1）养牛者承担赔偿责任的情况

在此情况下，养牛者没有权利让牛群损害农夫的谷物，如发生损害，则养牛者必须向农夫赔偿谷物损失。这种产权的初始界定使谷物损失内化为养牛者生产成本，由此使养牛者私人边际成本与社会边际成本相一致。这时，养牛者私人决策的结果与社会最优完全一致。根据表 2-1 的数字，如果牛的市场价格为每头 140 元（MR），养牛者会将牛群数目增加到 3 头，因为第 3 头牛的私人边际成本 80 元加上外部损害 60 元正好是 140 元。当然，如果牛的市场价格高于 140 元，养牛者还会扩大牛群规模。对于农夫来说，牛群造成的谷物损失得到全部补偿（3 头牛的补偿是 150 元），种植谷物的边际收益和边际成本并未因此发生变化，所以，他仍然停留在最优生产状态，与不存在外部性的情况完全一样。

2）养牛者不承担赔偿责任的情况

在此情况下，由于不负损害的赔偿责任，牛群对谷物的损害外在于养牛者，养牛者私人决策的最优养牛数量一定会达到 9 头。因为，第 9 头牛的私人边际成本和边际收益都是 140 元。由此给农夫的谷物造成 720 元的损失。从表 2-1 可以看出，养牛者将牛群数从 8 头增加到 9 头时，所增加的私人边际成本是 140 元，增加这头牛给农夫所造成的谷物损失（负外部性）是 120 元，社会边际成本是 260 元，养牛者所赚的钱才 10 元，在交易成本为零的情况下，农夫可以付给养牛者 10 元，要求养牛者不要养第 9 头牛。

如此，养牛者养不养第9头牛得到的利润一样，而农夫却因此减少了120元的谷物损失，扣去给养牛者的10元，仍然有110元净收益。显然，农夫还可以用同样办法让养牛者减少养牛数目。例如，付给养牛者20元，使养牛者不养第8头牛，农夫因此可净增收益90元。这一过程会在养牛者将牛群数目减少到只有3头时，农夫才会停止向养牛者支付以劝其继续减少牛群数量。因为，当只有3头牛时，第3头牛给农夫造成的损失是60元，农夫要使养牛者不养第3头牛的条件是至少付给养牛者60元。对农夫而言，付不付给养牛者这笔钱以使其养或不养这头牛无差别。因而，养牛者会至少养3头牛。此时的产值情况与养牛者对牛给农夫造成损失承担责任时的情况完全一致。即在两种情况下，养牛者都只养3头牛，农夫的谷物产量也一样。这就证明了科斯第一定理。

2. 科斯第一定理的证明举例二

科斯第一定理可以借助前面关于负外部性的图形来描述和证明。下面也分两种情况来论述。

1）养牛者承担赔偿责任的情况

这种情况与图2-2负外部性情况相似。当养牛者承担牛给农夫造成的损失时，养牛者对农夫的谷物损失已经内化到养牛者成本中，养牛者一定会在边际收益等于社会边际成本（MC_p+MD）处生产，即图中Q^{**}处生产，与帕累托最优产量一致。

2）养牛者不承担赔偿责任的情况

这种情况可以用图2-3来说明。

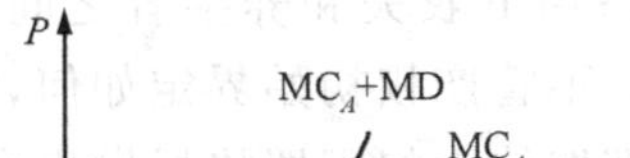

图2-3　养牛者不承担赔偿责任时的策略

由于养牛者对牛给农夫造成损失不承担责任，养牛者私人决策的最优点为图2-3中的F点，这一点养牛者的私人边际成本等于边际收益$MC_A=MR_a$，牛群规模为Q^*。在这一点上，养牛者实现了收益最大化，但从社会福利角度看，由于这一规模造成了很大的外部性，因而太大。如果在保证养牛人私人收益最大化不变的前提下，使牛群规模减小，显然是一种帕累托改进。那么，这种过程能否发生？

在养牛者不承担赔偿责任时，农夫是外部损害的直接承担者。农夫遭受的谷物损失随牛群规模的增大而增大，如图2-3中MD曲线所示。养牛人的边际收益不变，仍为$MR_A(=P_A)$，养牛的边际成本（MC_A）是递增的，所以养牛的边际净收益$NMR_A(=MR_A-MC_A)$将随牛群规模的增大而降低，如图中曲线NMR_A所示。在Q^*点，养牛的净收益为零，所以Q^*是牛群规模的最高点，也是养牛者不承担赔偿责任时，养牛人决策的最优生产规模。

由图 2-3 可以看出，农夫的边际损失 MD 与 NMR_A 相交于 E 点，该点对应的牛群规模为 Q^{**}。在（$Q^{**} \sim Q^{*}$）区间，牛群对农夫的谷物造成的损失大于养牛者的边际净收益，故此时存在着帕累托改进的可能。对承担损失的农夫来说，只要支付一笔货币可以减少他所承担的损失，且货币额 $M <$ MD，农夫是很乐意的，因为他能因此得到一个正的剩余（MD$-M>0$）。同样，如果养牛人能因为放弃养牛而获得一笔等于或大于其养牛净收益的货币额，他也乐于放弃养牛。在该区间，上述两个条件可以同时满足，因此，农夫可以通过向养牛人支付一笔货币来购买让养牛人减少养牛进而减少谷物损失的权利，使两方福利得到同时改进。货币额的大小是农夫和养牛人讨价还价的结果，它的变化轨迹和水平由两方的竞价地位所决定。不过，这无关紧要，因为在交易成本为零的完全竞争条件下，双方交易、竞价的最终结果都落在 E 点。在（$0 \sim Q^{**}$）区间，MD$<NMR_A$，上述交易条件不存在，所以，交易不会发生，但由于养牛者可以通过扩大牛群规模来增加自己的净收益（$NMR_A>0$），他会自发地扩大牛群规模至 E 点。

分析表明，在交易成本为零的条件下，农夫和养牛人私人生产决策所决定的牛群规模的均衡点为 E。可以证明，E 点的牛群规模 Q^{**} 与社会边际成本和社会边际收益所决定的牛群规模完全相同。上述过程，实质上是围绕“牛群损害谷物”这一权利的交易行为，MD 表示农夫为获得这一权利所愿意承担的支付，代表了“权利”的需求方；NMR_A 则表示养牛者让渡这一权利的机会成本，反映了“权利”的供给方。供求共同决定了权利交易的均衡价格 M 和均衡的牛群规模 Q^{**}。

结合第一种权利初始界定格局下农夫和养牛者之间的交易行为，可以得出如下推论：在交易成本为零的情况下，不管产权初始界定如何，即不管养牛者是否承担赔偿责任，农夫和养牛者之间的交易都能使产权配置格局发生变化，并最终实现帕累托最优配置，换句话说，产权初始界定与效率结果无关，科斯第一定理由此得证。

3. 科斯第一定理的证明举例三

科斯第一定理还可以用数理方法来描述和证明。

为便于分析，先做如下设定：令 $C_1=C_1(Q_1, Q_2)$，$C_2=C_2(Q_2)$ 分别表示农夫和养牛者的成本函数，其中，Q_1、Q_2 分别表示谷物和牛的产量。在农夫的成本函数 $C_1(Q_1, Q_2)$ 中包含了养牛者的变量 Q_2，这说明存在生产的外部性即牛群规模扩大会损害谷物的事实，另外用 P_1、P_2 分别表示两种产出的价格。这样农夫和养牛者的利润函数便可表示为

$$\pi_1=P_1Q_1-C_1(Q_1, Q_2)$$
$$\pi_2=P_2Q_2-C_2(Q_2)$$

下面分别看养牛者承担责任和不承担责任时的资源配置情况。

1）养牛者承担赔偿责任的情况

在此情况下，虽然牛群可以损害谷物，但养牛者必须向农夫支付赔偿。用线性齐次函数 $q(Q_2)$ 表示牛群规模在 Q_2 时相应的损害价值。如果按价赔偿，那么赔偿费 $q(Q_2)$

就成为养牛者的一部分成本，对农夫则表现为收益。这样，农夫和养牛者的利润函数就变为

$$\pi_1 = P_1Q_1 - C_1(Q_1, Q_2) + q(Q_2)$$
$$\pi_2 = P_2Q_2 - C_2(Q_2) - q(Q_2)$$

农夫和养牛者通过市场交易的结果就可表示为求解如下数学模型：

$$\max_{Q_1, Q_2} \left| \begin{array}{l} \pi_1 = P_1Q_1 - C_1(Q_1, Q_2) + q(Q_2) \\ \pi_2 = P_2Q_2 - C_2(Q_2) - q(Q_2) \end{array} \right. \tag{2-1}$$

式（2-1）的一阶条件为

$$\frac{\partial \pi_1}{\partial Q_1} = P_1 - \frac{\partial C_1(Q_1, Q_2)}{\partial Q_1} = 0$$
$$\frac{\partial \pi_1}{\partial Q_2} = \frac{-\partial C_1(Q_1, Q_2)}{\partial Q_2} + \frac{\partial q(Q_2)}{\partial Q_2} = 0$$
$$\frac{\partial \pi_2}{\partial Q_2} = P_2 - \frac{\partial C_2(Q_2)}{\partial Q_2} - \frac{\partial q(Q_2)}{\partial Q_2} = 0$$

二阶条件总是满足的，整理以上得到：

$$P_1 = \frac{\partial C_1(Q_1^*, Q_2^*)}{\partial Q_1} \tag{2-2}$$

$$P_2 = \frac{\partial C_1(Q_1^*, Q_2^*)}{\partial Q_2} + \frac{\partial C_2(Q_2^*)}{\partial Q_2} \tag{2-3}$$

由式（2-2）和式（2-3）决定了产值最大化的资源配置结果（Q_1^*，Q_2^*）。式（2-2）反映了农夫耕种谷物的边际收益等于其边际成本，这正符合利润最大化的原则。式（2-3）也反映了这一原则，不过式（2-3）等号右边的边际成本包括两部分。其中，$\partial C_1(Q_1^*, Q_2^*)/\partial Q_2$ 表示养牛者给农夫带来的成本，即养牛者每增加一头牛给农夫带来的谷物损害价值（边际外部成本）；$\partial C_2(Q_2^*)/\partial Q_2$ 表示养牛者自身的边际（内部）成本。可见，在养牛者对损害负有责任的情况下，他只能将牛群规模确定在其边际收益等于边际内外部成本之和的条件下，才能使产值最大化。

2）养牛者不承担赔偿责任的情况

在此情况下，养牛者拥有牛群损害谷物的权利，农夫想要避免损害，就必须向养牛者支付赔偿，我们用线性齐次函数 $r(Q_2)$ 表示养牛者把牛群规模维持在 Q_2 时从农夫那里得到的赔偿，那么农夫和养牛者的利润函数分别为

$$\pi_1 = P_1Q_1 - C_1(Q_1, Q_2) - r(Q_2)$$
$$\pi_2 = P_2Q_2 - C_2(Q_2) + r(Q_2)$$

农夫和养牛者通过市场交易的结果可表示为

$$\max_{Q_1, Q_2} \left| \begin{array}{l} \pi_1 = P_1Q_1 - C_1(Q_1, Q_2) - r(Q_2) \\ \pi_2 = P_2Q_2 - C_2(Q_2) + r(Q_2) \end{array} \right. \tag{2-4}$$

式（2-4）的一阶条件为

$$\frac{\partial \pi_1}{\partial Q_1} = P_1 - \frac{\partial C_1(Q_1, Q_2)}{\partial Q_1} = 0$$

$$\frac{\partial \pi_1}{\partial Q_2}=\frac{-\partial C_1(Q_1, Q_2)}{\partial Q_2}-\frac{\partial r(Q_2)}{\partial Q_2}=0$$

$$\frac{\partial \pi_2}{\partial Q_2}=P_2-\frac{\partial C_2(Q_2)}{\partial Q_2}+\frac{\partial r(Q_2)}{\partial Q_2}=0$$

二阶条件总是满足的，整理上式得到：

$$P_1=\frac{\partial C_1(Q_1^*, Q_2^*)}{\partial Q_1} \tag{2-5}$$

$$P_2=\frac{\partial C_1(Q_1^*, Q_2^*)}{\partial Q_2}-\frac{\partial C_2(Q_2^*)}{\partial Q_2}=0 \tag{2-6}$$

比较式（2-5）和式（2-6）与式（2-2）和式（2-3）可知，二者完全相同。这说明在对损害负有责任和不负责任的产权界定下，产值最大化的资源配置结果完全相同：产出 Q_1^*、Q_2^*。这再次证明了科斯第一定理的结论。

2.5.2 科斯第二定理

科斯第一定理以零交易成本假设为基础，指出在零交易成本的理想世界，产权制度安排对资源配置效率没有影响。这深刻揭示了为什么新古典经济学会忽视对国家（或地区）经济绩效如此重要的制度安排问题，因为新古典经济学建立在零交易成本假设基础上。在科斯看来，交易成本不是为零而是为正，因而自然可以得出如下推论："一旦考虑进行市场交易的成本……合法权利的初始界定会对经济制度运行效率产生影响。"这就是科斯第二定理。

科斯第二定理有以下两层含义。

（1）在交易成本大于零的现实世界，产权初始分配状态不能通过无成本的交易向最优状态变化，因而产权初始界定会对经济效率产生影响。

（2）权利的调整只有在有利于总产值增长时才会发生，而且必须在调整引起产值增长大于调整所支出交易成本时才会发生。

从一定意义上看，科斯第二定理比科斯第一定理更重要。首先，科斯对正统（新古典）经济学的挑战正是从"市场零交易成本"的假设开始（交易成本是科斯全部理论的分析主线）。他认为："我带给美国解决难题的办法十分简单。所需要的全部内容就是必须认识到市场交易中存在的费用，并将这些费用结合到经济学家过去未能进行的分析中去。"他还说："我倾向于把科斯定理（第一定理）当作对交易成本为正进行分析的垫脚石，以便进一步分析有正交易成本的经济。"其次，在科斯的《社会成本问题》中可以看到，他不是要说明交易成本为零会怎么样，而是要说明交易成本为正会怎么样。对交易成本为正世界的产权安排与资源配置关系的揭示，才构成科斯定理的核心内容。因此，第一定理只是科斯的铺垫，证明第二定理才是其目的。科斯在《社会成本问题》中明确指出："我运用交易成本概念来证实法律体系可以影响经济体系运转的方式，除此之外，别无他求。"

1. 科斯第二定理的第一层含义

科斯第二定理的第一层含义是："在交易成本大于零的现实世界，产权初始分配状态不能通过无成本的交易向最优状态变化。"这是否正确？仍以养牛者的牛对农夫的谷物造成的损害为例。

1）养牛者承担赔偿责任的情况

在这种情况下，如发生牛群对谷物损害，养牛者必须向农夫赔偿谷物损失。如果交易成本为零，养牛者显然会向农夫赔偿谷物损失，但在交易成本大于零的情况下，就不一定了。关键问题是，要得到在每一种牛群规模下牛群造成谷物损失的准确数字非常困难。如果要得到这一数字，双方要对牛每次吃掉、踩坏的禾苗进行统计，然后根据每棵禾苗的平均产量进行加总，统计出牛群损害谷物的数字。如果牛群对谷物的损害不是成片发生，而是很小且不显眼，并且连续几个月，那么，要准确统计牛群损害谷物的数字就需要双方付出很高的代价。如果统计牛群造成谷物损失的费用比牛群造成的谷物损失还高，那么，对此进行统计就不合算，就不会进行统计。而没有牛群损害农夫谷物的准确数字，要养牛者完全赔偿农夫的谷物损失就不可能。这就必然使养牛者私人最优决策产量无法趋向考虑社会成本的最优产量，体现在图 2-2 中就是产量 Q^* 无法趋向 Q^{**}。

2）养牛者不承担赔偿责任的情况

在这种情况下，要使养牛者自动减少牛的头数，农夫必须向养牛者进行补偿。要使补偿交易达成，无论是农夫还是养牛者都必须对每头牛的边际损害有完全准确的了解，否则，农夫不会清楚地知道到底应该给养牛者以多大的补偿，养牛者也不会清楚自己到底应该向农夫要求多大的补偿。显然，要做到这一点费用高昂，甚至不可能，这就必然会使初始产权安排很难向有利于双方产值最大化的产权安排转变，帕累托最优产量难以实现。

下面再用数理方法对科斯第二定理进行证明。

由于正交易成本的存在，农夫和养牛者的成本状况就会有新的变化。设 $t(Q_2)$ 表示交易成本函数，这也是一个线性齐次函数，并且进一步假定交易成本由赔偿者/补偿者承担。

1）养牛者承担赔偿责任的情况

在这种情况下，养牛者不仅要赔偿损害，而且要承担交易成本 $t_2(Q_2)$。所以，农夫和养牛者的利润函数分别为

$$\pi_1 = P_1Q_1 - C_1(Q_1, Q_2) + q(Q_2)$$
$$\pi_2 = P_2Q_2 - C_2(Q_2) - q(Q_2) - t_2(Q_2)$$

这时农夫和养牛者通过市场交易的结果就可表示为求解如下数学模型：

$$\max_{Q_1,\ Q_2} \left| \begin{aligned} \pi_1 &= P_1Q_1 - C_1(Q_1, Q_2) + q(Q_2) \\ \pi_2 &= P_2Q_2 - C_2(Q_2) - q(Q_2) - t(Q_2) \end{aligned} \right. \tag{2-7}$$

式（2-7）的一阶条件为

$$\frac{\partial \pi_1}{\partial Q_1}=P_1-\frac{\partial C_1(Q_1,\ Q_2)}{\partial Q_1}=0$$

$$\frac{\partial \pi_1}{\partial Q_2}=\frac{-\partial C_1(Q_1,\ Q_2)}{\partial Q_2}+\frac{\partial q(Q_2)}{\partial Q_2}=0$$

$$\frac{\partial \pi_2}{\partial Q_2}=P_2-\frac{\partial C_2(Q_2)}{\partial Q_2}-\frac{\partial q(Q_2)}{\partial Q_2}-\frac{\partial t_2(Q_2)}{\partial Q_2}=0$$

二阶条件总是满足的，整理以上得到：

$$P_1=\frac{\partial C_1(Q_1^{*1},\ Q_2^{*2})}{\partial Q_1} \tag{2-8}$$

$$P_2=\frac{\partial C_1(Q_1^{*1},\ Q_2^{*2})}{\partial Q_2}+\frac{\partial C_2(Q_2^{*1})}{\partial Q_2}+\frac{\partial t_2(Q_2^{*1})}{\partial Q_2} \tag{2-9}$$

2）养牛者不承担赔偿责任的情况

在这种情况下，由农夫进行补偿并承担交易成本 $t_1(Q_2)$。这时，农夫和养牛者的利润函数变为

$$\pi_1=P_1Q_1-C_1(Q_1,\ Q_2)-r(Q_2)-t_1(Q_2)$$

$$\pi_2=P_2Q_2-C_2(Q_2)+r(Q_2)$$

农夫和养牛者通过市场交易的结果可表示为求解如下数学模型：

$$\max_{Q_1,\ Q_2}\left|\begin{array}{l}\pi_1=P_1Q_1-C_1(Q_1,\ Q_2)-r(Q_2)-t(Q_2)\\ \pi_2=P_2Q_2-C_2(Q_2)+r(Q_2)\end{array}\right. \tag{2-10}$$

式（2-10）的一阶条件为

$$\frac{\partial \pi_1}{\partial Q_1}=P_1-\frac{\partial C_1(Q_1,\ Q_2)}{\partial Q_1}=0$$

$$\frac{\partial \pi_1}{\partial Q_2}=\frac{-\partial C_1(Q_1,\ Q_2)}{\partial Q_2}-\frac{\partial r(Q_2)}{\partial Q_2}-\frac{\partial t_1(Q_2)}{\partial Q_2}=0$$

$$\frac{\partial \pi_2}{\partial Q_2}=P_2-\frac{\partial C_2(Q_2)}{\partial Q_2}+\frac{\partial r(Q_2)}{\partial Q_2}=0$$

二阶条件总是满足的，整理上式得到：

$$P_1=\frac{\partial C_1(Q_1^{*2},\ Q_2^{*2})}{\partial Q_1} \tag{2-11}$$

$$P_2=\frac{\partial C_1(Q_1^{*2},\ Q_2^{*2})}{\partial Q_2}+\frac{\partial C_2(Q_2^{*2})}{\partial Q_2}+\frac{\partial t_1(Q_2^{*2})}{\partial Q_2} \tag{2-12}$$

可以发现，在交易成本大于零的情况下，两种产权界定方式所产生的资源最优配置条件已不再相同，主要体现在式（2-9）与式（2-12）的不同上。由于农夫和养牛者之间的信息不对称，其交易成本分布情况也不相同，$t_1(Q_2)\neq t_2(Q_2)$，由线性齐次假定，$\partial t_2(Q_2^{*1})/\partial Q_2\neq\partial t_1(Q_2^{*2})/\partial Q_2$，所以，两种产权界定下的资源配置结果不同。$(Q_1^{*1},\ Q_2^{*1})$ 不等于 $(Q_1^{*2},\ Q_2^{*2})$。这就证明在交易成本大于零的情况下，初始产权安排会对资源配置效率产生影响。科斯第二定理得证。

2. 科斯第二定理的第二层含义

科斯第二定理的第二层含义是："权利的调整只有在有利于总产值增长时才会发生，而且必须在调整引起的产值增长大于调整所支出交易成本时才会发生。"科斯提出了两种权利调整的方式——用组织企业或政府管制代替市场交易方式。科斯认为，这两种权利调整方式同样有成本，只有在调整带来的收益大于成本时，企业或政府管制方式才会替代市场交易方式。

1）组织企业

科斯指出，当交易成本太高，市场的自发交易无法解决上述外部性问题时，组织企业或企业一体化是一种替代方式。正如他所说："显而易见，采用一种替代性的经济组织形式能以低于利用市场时的成本而达到同样结果，这将使产值增加。正如我多年前所指出，企业就是作为通过市场交易来组织生产的替代物而出现。在企业内部，生产要素不同组合中的讨价还价被取消，行政指令替代市场交易，如此，无须通过生产要素所有者之间的讨价还价，就可以对生产进行重新安排。"举例来说，考虑各种活动之间的相关性将对土地纯收益产生影响，一个拥有大片土地的地主可以将其土地投入各种用途，因此省去发生在不同活动之间不必要的讨价还价。换言之，在上例中，当养牛者和农夫的土地属于同一所有者时，外部性问题就不存在了。这意味着，组织成企业后，企业所有者获得了所有各方面的合法权利，活动重新安排不是用契约对权利进行调整的结果，而是作为如何使用权利的行政决定结果。当然，这并不意味着通过企业组织交易的行政成本必定低于被取代的市场交易成本。但是只要企业的行政成本低于其所替代的市场交易成本，企业活动调整所获收益多于企业组织成本，人们就会采用这种方式。

2）政府管制

显然，企业并不是解决外部性问题的唯一可能方式。在企业内部组织交易的行政成本也许很高，尤其是当许多不同活动集中在单个组织控制之下时更是如此。以烟尘污染为例，其行政成本可能高到无法在单个企业范围内解决这个问题。一种替代办法是政府的直接管制，政府不是建立一套各种通过市场交易进行调整权利的法律制度，而是强制性地规定人们必须做什么或不得做什么，并要求人们必须服从。因此，政府（依靠成文法或更可能通过行政机关）在解决烟尘污染时，可能颁布允许采用或不许采用的生产方法（如应安置防烟尘设备或不得燃烧某种煤或油等），或者明确规定特定区域的特定经营范围（如区域管制）。

企业的经营通常会受到种种制约，因为在与其他企业竞争时，其他企业可能以较低成本进行同样活动。此外，如果行政成本过高，市场交易通常就会代替企业内部组织。如有必要，政府可以完全避开市场，而企业却做不到，企业必须与其所使用各种生产要素的所有者达成市场协定。正如政府可以征兵或征用财产一样，它可以强制规定各种生产要素应如何使用，这种权威性方法可以省去许多麻烦。此外，政府可以依靠警察和其他法律执行机构以确保其管制的实施。

显然，政府有能力以低于私人组织的成本进行某些活动。但政府行政机制本身并非不要成本。实际上，有时它的成本大得惊人。此外，政府在政治压力影响下产生的不受任何竞争机制调节的有缺陷限制性或区域性管制，不太可能提高经济制度的运行效率，而且这种适用于许多情况的一般管制会在一些不适宜的环境实施。基于这些考虑，直接的政府管制未必会带来比由市场和企业更好的解决结果；反之，也不能认为这种政府行政管制不会导致经济效率的提高，尤其是在烟尘污染这类案例中，由于涉及许多人，因而通过市场和企业解决问题的成本可能很高。

当然，若由政府通过行政机制进行管制来解决问题的成本很高，管制有害效应行为的收益将少于政府管制所包含的成本，还可以进行另一种选择，就是对问题不做任何处理。总之，科斯认为，在存在交易成本的情况下，对于外部性问题，并非只有庇古等所说的政府干预这一种办法。正如科斯所说："问题在于如何选择合适的社会安排来解决有害效应。所有的解决办法都需要一定成本，没有理由认为由于市场和企业不能很好地解决问题，因此政府管制就有必要。"他还说："我们必须考虑各种社会格局的运行成本（不论它是市场机制还是政府管制机制），以及转成一种新制度的成本。在设计和选择社会格局时，我们应考虑总的效果。这就是我所提倡的方法改变。"

2.5.3　科斯第三定理

在科斯的《社会成本问题》一文中，科斯还提出了一个重要的思想，即在交易成本大于零的情况下，产权的清晰界定将有助于降低人们在交易过程中的成本，改进经济效率。换言之，如果存在交易成本，没有产权的界定与保护等规则（没有产权制度），产权的交易与经济效率的改进就难以展开。这就是人们常说的科斯第三定理。

在科斯的著作中虽然没有对第三定理的直接表述，但它很容易从科斯第一、第二定理中推导出来。科斯第一、第二定理的分析完全建立在产权初始界定清晰假设之上。例如，在阐述第一定理时，科斯首先说到，没有权利的初始界定，就不存在权利转让和重新组合的市场交易；然后才说，如果定价制度的运行毫无成本，最终结果（指产值最大化）不受法律状况影响。在《联邦通讯委员会》一文中，科斯阐述第一定理时，也强调了这一观点。他说，权利的界定是市场交易的基本前提，最终结果（促进产值最大化）与法律判决无关。

本章小结

本章首先给出了产权的基本概念，包括产权的定义、基本属性、功能及类别；接着介绍了产权结构与产权制度，分析了产权制度结构与产权结构的区别与联系；随后针对产权理论中的一个重要概念即外部性问题进行了说明，给出了外部性的含义和分类，分析了外部性对资源配置的影响，以及如何将外部性内部化的一些常规方法；之后从产权的起源开始说起，分析了三个层次的产权模型；最后介绍了科斯三定理。

思考题

1. 请举例说明产权和财产的联系与区别。
2. 产权的基本属性有哪些？请分析其各自的含义。
3. 产权有几种分类方式？各种分类方式是如何将产权分类的？
4. 产权结构与产权制度结构有何区别与联系？
5. 外部性是如何影响资源配置的？
6. 将外部性内部化的方式有哪些？
7. 三个层次的产权模型有何区别与联系？
8. 科斯三定理分别说明什么？对产权理论有什么突出贡献？

延伸阅读　康芒斯的产权思想①

美国经济学家康芒斯是近代制度经济学派的早期代表人物之一。其代表作《制度经济学》(1934) 中的许多产权思想精华对后来的现代产权经济学产生了极为深远的影响。

一、交易的产权实质

康芒斯提出了“交易”这一独特的概念，认为交易才是经济活动的最基本形态，才能作为经济学的基本范畴。“交易是所有权的转移”，它是个人与个人之间对物质所有权的让与和取得。康芒斯之所以如此重视所有权的转移问题，是由于他认为所有权是经济活动的基础，不先取得合法的控制权，生产和消费就不能进行。财产本来的真正意义不是指物质的东西，而是指使用和处理某物的绝对权利。不论形式如何，财产总是与占有、保留、让与、取得和不受干涉的权利相联系。最基本的财产权利是所有权，在法律上，即排斥他人未经所有人或占有人同意就进入或使用财产的权利；在经济上，它们包括一切所有权的转移，具有物质上和法律上的双重意义。

康芒斯认为，交易分为买卖、管理和配额三种交易类型，三种交易都离不开所有权。买卖交易是所有权的转移；管理交易是“创造财富”，实际上是财产权利的“所有权”与经营权的关系问题；而配额交易是“分派财富创造的负担和利益”，也就是财产权利的处置权和权、责、利对应关系的强调。

在论述管理交易时，康芒斯还深入分析了现代企业中所有权与经营权分离及其引起的有关委托代理关系。康芒斯发现，在企业所有权与经营权问题上，存在着分离与委托代理关系。例如，监工作为代理人只是受雇主委托管理与经营，他在一定场合的行为使雇主有责任承担一种债务，并且存在企业主与监工（管理者）的委托代理关系。

二、货币交易中的产权问题

康芒斯认为，“交换”的实质是交换双方一种财产权利让与和另一种财产权利取得。进入现代社会，“交换”通常以货币为媒介和支付手段，而货币实际是一种

① 张鹏，王丹．2012．康芒斯的产权思想评析．经济研究导刊，(147)：112-113.

财产权利，货币充当媒介或支付手段时，本质上也是所有权发生了转移，由持币一方让渡给拥有产品所有权的一方，货币所有权发生改变，因此交换也是货币所有权转移。

康芒斯认为，所有权可以度量，而所有权的度量正是通过货币的计量功能来完成，它是计量标准。“货币的重要作用之一就是从错综复杂的关系中，形成统一的计量标准。”康芒斯解释说，由于所有权的存在，需要一种能够度量因稀缺性而产生的所有权交易制度安排。买卖交易涉及货币与商品两个方面，其实质也就是所有权转移，而具有计量特性的货币可以度量收入对支出的比率。“在买卖交易里，计量单位是元。它量度支出对收入的比率。支出是所有权让与，收入是所有权取得。那么，元是买卖交易里相对稀缺性的计量单位，工时是管理交易里相对效率的计量单位。”

三、财产的权利性质及其保护

康芒斯认为，在经济学上意义极为重要的，不是物质本身，而是法律上的占有权和财产权利的转让性，除此而外，任何其他一种形式的持有或转移是侵占、掠夺和偷窃。从而把财产引到了财产权利分析路径上，并将与财产相关的一系列权利进行了扩展，包括占有权、使用权、处置权和自由让渡的权利（可转让性）及受到法律保护而神圣不可侵犯的权利。

康芒斯的财产权概念中也包含着对财产权的法律保护思想。康芒斯指出，财产权的意义在州级或联邦中央法律上体现为如下规定。

（1）私有财产，不给予公道的报酬，不得收归公用。

（2）各州不得制定任何损害契约义务的法律。

（3）不经合法程序，不得剥夺任何人的生命、自由或财产。这些规定，实际上支持了私人财产神圣不可侵犯的原则，以及财产权利中关于占有、处置和受国家保护的意见与主张。

康芒斯在分析了有形的物质财产权基础上，还把财产权含义扩展到了无形财产。“无形财产是完全不同的各种预期……它们的现在价值决定于在合法行动控制下，预期可以从未来交易中获得的数量和价格。”他进一步指出，“无形”并不是“无形体”的含义，而是指它们的稀缺性和未来性，这两样东西的预期是财产，因此，不管是有形体的财产、无形体的财产或者是无形财产，财产的意义有四重：有用性、稀缺性、未来性及法律上的权利、义务、自由和暴露等关系。它意味着占有、保留、让与、取得和不受干涉的权利。从这个角度分析买卖交易，就是所有权关系的全部或一部分转移。这样，就把财产权利的内涵丰富为占有、保留、让与、取得、处置、不受干涉等一组权利，并适用于有形或无形的财产形式。

四、信用与财产权利

“未来性”是理解康芒斯信用理论的核心。未来性客观存在于一种现在的“经济量”里，这个经济量就是“信用”，它的意义和债务相等。未来性直接关系到物资与所有权、财产与财产权利之区别。物资只是从过去到现在的物质积累，只有从现在的时间点开始赋予其未来性之后，才作为所有权而存在。因为物资作为纯粹物质的存在总是在过去，它们本身没有未来性，而所有权总是对物资的未来使用或出卖的现在权利。可见，权利与义务、债权与债务都是预期的，它们不仅存在于精神上，而更存在于目前的行动与计划调节中。在“未来性”概念基础上，康芒斯指出，“信用”是一组或一束权利，是对财产未来使用的一切权利，是占有权、使用权、转让权等财产权利的交换，这种权利“全世界不得侵犯”。

第3章　交易成本理论

引导案例

按斤卖的国宝级金锭

我国的古币收藏鉴赏领域的资深专家陈林林，讲述过这样一段收藏经历："有一天我接到一个郑州打来的电话，说发现一个金枕头问我们收不收。以多年的经验，我判断它一定是个金锭，因为它长得和金锭比较相似，所以人们就叫它金枕头，我就马上问他，我说这个金枕头有没有刻字，他说'有'。更证明了我的判断——一枚金锭！"陈林林隐瞒住自己的这一判断，只告诉对方将东西送过来再说。这是一枚明朝的金锭，上面刻着"永乐十七年四月西洋等处买到九成色金壹锭五十两重"。这些文字让陈林林感到这是一枚很有历史意义的国宝级文物。"就问他这个枕头什么价，当时（对方）说现在黄金要是卖到银行里面能卖到70元1克，这是个古代枕头怎么也得给他加一点。"一听到对方要将这枚国宝级文物以与普通黄金类似的价格按斤两出售，陈林林内心的兴奋一时无法自制。"当时听了以后非常激动，我说：'你先坐，我给你倒一杯水。'然后出去冷静一下，如果让别人看出来你内心一种变化，可能会坏事。""然后说：'你这枕头是不是贵了，但你这要真卖给别人还没有多少人能掏得起这个价钱。'"在讨价还价的同时，陈林林抓紧时间让人准备现金，以17万元的价格买下了这枚金锭。

在这个故事中，陈林林采取了合理隐瞒相关信息的机会主义行为，从交易中获得了巨额收益。而从机会成本的角度来看，金锭出售者的损失是相当巨大的——可见信息不对称的情况下处于劣势的一方可能会付出沉重代价。要尽量避免这种类似的损失，则需要花费相关费用来搜集信息聘请专家。在故事里，看上去只是只言片语的谈判过程则凝聚了陈林林多年经验所凝结的鉴赏和谈判智慧。

此外，在交易过程中金锭出售者之所以处于被动的另一原因也在于交易的"小数目问题"——古币收藏鉴赏中相关专家与收藏者数目相对较少，找到真正识货的人并不容易，而要通过这些"内行"之间的相互竞争来降低交易成本也相对较难。要克服这种"小数目问题"，公开的拍卖会是比较有效的方法——这也正是拍卖机构得以在收藏界兴盛的重要原因。专业的拍卖机构可以通过拍卖会的出售方式来联系相关专家与资深买家，最大程度地传播交易信息，从而通过收藏者之间的公平竞价来完成交易。通过这个故事，相信我们也会理解为什么收藏界愿意在拍卖会上支付那么高的交易成本了。

可能还有一种原因使得金锭出售者急于出手而等不及搜集相关信息或求助于专门的拍卖会：我们可以猜测，这枚金锭也是这位出售者通过筹集大量现金从别人手中"套换"得来的——这种投资一旦形成，只有通过下一步交易的实现才能得以回收。为了不至于把货“砸”在自己手里，交易者往往要在看完货后先找好下家，然后付款提货，从而防止专用性投资给自己带来被动。此外，收藏界还有这样一条隐性契约：交易参与者无论在交易中获利或损失多大，只要自己当面认可了产品及其卖价就绝对不容反悔。显然，这一隐性契约也是节约交易成本的有效方式，从而不至于在交易完成之后再出现纠纷，同时警示交易者必须在交易前做好充足的准备，运用一切可能的手段来“验货”。

交易成本理论发端于罗纳德·科斯1937年发表于《经济学》杂志上的“企业的性质”。20世纪70年代以来，经威廉姆森等的传播与发展，该学说已经成为新制度经济学中极富扩张力的分析框架，被广泛运用于企业理论、组织行为学、跨国公司理论等多方面的研究。

3.1 交易的基本概念

说到交易成本就必须了解“交易”的含义，交易是经济学中一个非常重要的概念，与生产相对应。在日常生活中人们所理解的交易比较简单，通常指买卖活动，“你买我卖”、“你交钱我付货”，这就是交易，但在经济学中交易并不是这么简单。

3.1.1 交易概述

最早使用交易概念并对其功能及分类加以分析的人是古希腊的亚里士多德。他在其《政治学》中将“交易”视为三种“致富技术”（畜牧业、交易和矿冶、木材采伐）之一。“交易”又可以分为三种：商业交易（包括海上贸易、陆上贸易和当地贸易）；贷款取利，即金融交易或货币交易；雇佣制度或劳动力交易。显然，亚里士多德的“交易”概念与现代经济学使用的“交易”概念相去甚远，但是，他事实上已经指出了“交易”是人与人之间的经济活动。

1. 康芒斯对“交易”的贡献

美国制度经济学家康芒斯在1934年出版的《制度经济学》中把“交易”作为经济学范畴，做了明确界定和分类，提出了有关“交易”的许多重要论点。其一，“交易”是人类经济活动的基本单位，也是制度经济学的基本分析单位。在他看来，交易是经济活动中人与人之间关系最为基本和一般的形式，因而，对协调经济活动中人与人之间关系的组织制度的研究，必然要求把“交易”作为基本的分析单位。其二，“交易”是人与人之间的关系，是所有权的转移，是个人与个人之间对物的所有权的让渡和取得，而不是人类与自然的关系。也就是说，在康芒斯那里，“交易”概念是与以往经济学中的“生产”概念相对应的。“生产”是人与自然的关系，“交易”是人与人之间的关系，“生产”活动与“交易”活动共同构成了人类的全部经济活动。其三，“交易”与古典经济学和新古典经济学的“交换”不同。“交换”是一种移交与接收物品的劳动过程，是一种物品的供给与需求的平衡或伸缩关系，传统经济学就是对这种供求平衡关系的描述。

而“交易”不以实际物质为对象，而以财产权利为对象，是人与人之间对自然物的权利的让渡和取得关系，是依法转移法律上的控制。其四，“交易”这种人类基本的活动单位，是使法律、经济学和伦理学发生相互关系的基本单位。因而，康芒斯是从法律、经济学和伦理学相关关系的意义上研究“交易”这种人类经济活动的基本单位的。其五，不同的具体交易合在一起便构成了经济研究上的较大单位——“运行的机构”或制度，即“制度”不过是元数次交易活动的结果。因此，康芒斯认为，“交易”是制度经济学的基本分析单位。

2. 科斯的“交易”①

科斯也以“交易”作为分析基本单位，然而，科斯的“交易”的含义及其研究的思路与康芒斯有着较大的不同。科斯的“交易”，在多数场合是指较狭义的市场交换或市场交易。例如，科斯认为，在企业之外，价格变动决定生产，这是通过一系列市场交易来协调的；在企业之内，市场交易被取消，伴随着交易的复杂的市场结构被企业家所替代，企业家指挥生产。尽管他也常常提到“在企业内部组织交易”、“由企业家组织的交易”、“被组织的交易”等，但所指的都是在企业内部通过管理职能进行的资源配置过程，企业在实现生产要素的配置这一含义上被作为市场交易的替代途径，企业配置资源的活动在替代了市场交易的层面上才被称为“被组织的交易”。因而，科斯的“交易”与康芒斯的广义的交易存在很大差别。也许正是因为科斯遵循着一般商学院重视经济现实的传统，把交易理解为市场交易（换），他才会亲自带领中国的访问学者参观芝加哥期货交易所，并提醒注意什么是现实中活生生的市场和交易。

20 世纪 30 年代，或许正是凭借这种简单但现实的理解，科斯为经济学的发展做出了“如此重要”的贡献。交易是稀缺性的、可计量的，交易的成本和收益也是可以计量和比较的，因而可以运用新古典经济学方法进行分析并将其纳入正统经济学的分析框架。相比之下，康芒斯准确地定义了“交易”，看到了权利在人与人之间转让的实质，却没有将它与资源配置联系起来。传统微观经济学虽然一直以资源配置为研究主题，也使用过“交易”概念，却没有认识到交易本身的稀缺性，甚至将其视为可以在市场中自动完成的，从而在研究资源配置效率时，把交易本身排除在“影响因素”之外。科斯的上述贡献，为将制度分析与资源配置联系起来、将制度经济学与传统微观经济学融合起来架起了桥梁。此外，尽管科斯的交易概念不够一般化，但是却为深入研究介于市场交易与一体化组织之间的中间性组织类型，为契约关系规制理论的发展，提供了另一个必要的理论视角。

3. 威廉姆森的贡献：“交易”的细化

循着康芒斯的理论传统和科斯的理论思路，威廉姆森从交易的维度分析了交易的特性，对“交易”做了进一步的细化和一般化，使交易的经济分析更具可操作性。他在

① 卢现祥 . 2004. 新制度经济学 . 武汉：武汉大学出版社 .

《资本主义经济制度》(1985) 一书的序言中写到:“交易之发生，源于某种产品或服务从一种技术边界向另一种技术边界转移，由此宣告一个行为阶段结束，另一个行为阶段开始。”技术边界指技术上不可分实体之间发生联系的区域。这一界定是指，完成一项活动的总过程（如生产一种产品或提供一项服务等），从技术上可分解为一系列独立活动过程，即技术上不能分开的操作阶段，每个独立活动过程都可看作完成该项生产或服务提供总过程中的一个阶段，一个活动过程完成后就进入另一个活动过程。一项活动从一个活动过程向下一个活动过程的转移，也就是由上一阶段向下一阶段移交的过程就是交易。按照这样一种理解，可以说，企业之间、车间之间及同一车间的操作工序之间，都普遍存在着交易关系。正是基于这样的理解，威廉姆森在《资本主义经济制度》一书中建立起了交易成本理论的基本分析框架。威廉姆森对“交易”的具体细化将在“3.1.2 交易的维度”中详细介绍。

4. 交易的含义

本书这样界定交易的概念：交易是经济主体之间所发生的产权转让。对于这一概念需要做如下解释。

(1) 交易以产权为对象，这是新制度经济学与新古典经济学的根本区别之一。在新古典经济学分析框架中，分析有形或无形物品的最优配置问题，而新制度经济学将最优配置原则应用于这些物品使用的财产权利，即产权。如果说物品交换及其交换关系所构成的市场是新古典经济学分析资源最优配置问题的基本范围，那么新制度经济学分析则要细致到以产权为对象的交易行为，从而以更细致的分析来弥补和修正新古典经济学分析框架。

(2) 作为交易对象的产权，可以是附着于同一物品上的整束权利，也可以是一部分产权构成的一束权利，甚至是某一项产权。举例来说，经济主体既可以转让自己一块土地的私有权，也可以只转让土地的耕种权，或在土地上建筑房屋的权利，甚至是在一定时期内经营这片土地的权利。本书所举关于工厂烟尘污染的例子中，提出明确界定工厂排污权或者居民不受污染权利的做法，之所以能够使得结果满足“两害相权取其轻”的效率原则，也正是因为居民与工厂主之间可以就自己所拥有的或者希望拥有的某一项产权进行交易。

(3) 产权交易可以是以货币为媒介，也可以采取以产权换产权的直接贸易形式。例如，企业为了扩大规模可以从土地所有者手中以明确的货币价格购买土地，也可以吸收土地所有者以土地使用权入股，即以工厂的部分产权换取土地使用权。再如，一般而言，工人可以将其劳动力使用权以明确报酬卖给工厂，而在我国股份合作制企业中，工人除了获得明确固定工资之外，还可以根据自己所拥有的股份获得一定分红，即股份合作制企业中工人劳动力使用权的转让，一部分以货币为媒介，获得相应工资；一部分则采取了产权换产权的直接交换方式，以劳动力使用权直接换得工厂的一部分企业产权。如果说货币制度的发展使得直接以物换物的市场交换减少了，那么从新制度经济学角度来看，货币媒介并没有占据产权交换的所有阵地，以产权换产权的直接交易形式在现代社会中依然比比皆是。

(4) 交易的过程比较复杂。首先，作为交易对象的产权往往不再满足新古典经济学的同质性假设。例如，企业往往各不相同，且差异巨大，两个企业的股权往往很难明确比较其价格高低。即使是同一个企业，在企业产权交易中要计算清楚其市场价值也是一件比较困难的事，股市上股票价格风云变幻就充分说明了这一点。其次，产权转让过程也相对复杂。既然产权往往不满足新古典经济学的同质性假设，那么，产权转让过程中交易双方需要对产权价值进行仔细分析，产权交易时间跨度也相对较大，这些都会增加交易难度。正是由于这些原因，产权转让过程，往往要通过达成相应契约来进行。而无论是契约的设计、谈判、签订还是维护，都是比较复杂且具体的问题。也正是由于产权转让过程非常复杂，才不得不关注交易过程中所发生的一系列交易成本。

新古典经济学所讨论的物品交换，其实质也是产权转让，只不过是被用于交易的产权满足了一些同质性假设而已，就其实质来说只是新制度经济学“交易”的一种特例。在这种简单交易过程中无论是契约的设计、谈判、签订还是维护都相对容易得多，甚至瞬间完成。新古典经济学对交易过程的理想化、简单化抽象可以适用于这些特例，但是当要讨论产权的转让问题时，就不可能再拘泥于这种特例了。

显然，本书所讲的交易概念与一般的市场交易概念不同，这一概念是对新制度经济学基本观点的综合。这样一个明确的交易概念，将产权概念对新古典经济学的修正，进一步扩展到了经济主体之间互动的交易领域，为进一步分析经济主体之间的制度问题提供了方法论基础。

3.1.2 交易的维度

以产权为对象的交易比起简单商品交易要复杂得多，可见，交易过程的复杂程度视交易具体特征不同而各有差异。那么，影响交易复杂程度的变量又是哪些呢？为了进一步回答这一问题，有必要介绍威廉姆森的交易维度理论。

威廉姆森为了区分具体各项交易之间的差异，以交易中的资产专用性、不确定性程度和交易频率为维度对交易进行比较，以区分不同的交易。这一区分有利于更为细致地把握不同交易的复杂程度，也为进一步深入分析交易成本问题提供了基础。

交易的第一个维度是资产专用性。资产专用性是指为支持某项特殊交易而进行长期投资所形成的资产，一旦形成便很难转移到其他用途上。如果交易过早终止，所投入的资产可能无法补偿。因而，资产专用性越强，越需要维持一个长期稳定的交易关系，越需要交易双方建立一种稳定、持久的契约关系。威廉姆森认为，造成资产专用性的因素可分为三类：一类是资产本身的专用性，如特殊设计只能加工某种原料的设备；二类是资产地理区位的专用性，如为了节省运输费用，加工设备一般坐落在原料产地附近，一旦建成难以转移；三类是人力资本专用性，如果工作只需要低技术劳动力不需专门训练，这些人力资本就无专用性可言，但是如果一个雇员在某一企业工作积累了对该企业运行的丰富经验，他的技术经验是特定于该企业或该行业的，其人力资本专用性就会很高。对于企业来说，重新训练一个这样的雇员可能要花费很多时间和费用；对于雇员个人来说，他的经验也未必适合于其他企业。因而维持长期雇佣关系对于企业和雇员均有好处。资产专用性实际上是衡量某一资产对交易的依赖程度。

交易的第二个维度是交易不确定性。“不确定性”是社会经济生活的一个重要特点，它从多方面对现实经济运行发生影响。不确定性根据不同研究需要可做不同分类。一般认为，在交易过程中交易双方既要面临来自环境的不确定性，还要面临来自交易对方行为的不确定性。环境或市场的不确定性是指市场未来状况不确定。例如，人们难以准确预测产品未来的价格、数量、质量等情况。威廉姆森更强调“行为上的不确定性”，即由于策略性地隐瞒、掩盖或扭曲信息等机会主义行为而引起的不确定性。在不同交易中不确定性所起的作用和约束交易程度不同。一般来说，短期的一次性交易，不确定性影响相对较小，而就长期交易而言，不确定性影响则比较大。交易不确定性的存在意味着交易决策应具备适应性、连续性，需要设计相应的治理结构以弱化这种不确定性影响。例如，甲乙双方签订一个执行期为一年的契约，在这一年中各种情况都可能发生（不确定性），契约执行人可能突然死亡或者破产，法律或政府法令可能改变，相关市场价格可能变化，可能发生战争等。此外，当市场条件变化对交易一方不利时，他可能会借口合同的约定条件改变而停止执行合同，在不违反法律的情况下给对方造成损失。为了避免各种不确定性给交易双方造成损失，交易双方一般会尽可能地把契约写详细，把一切可以预想发生的事情及甲乙双方在各种情况下的责任都做最详细的规定。

交易的第三个维度是交易的频率，它在时间的连续性上表现了交易的状况。交易频率可分为一次、数次和经常三类。交易发生的频率是影响交易的成本和收益的一个重要因素，因而它对组织制度的选择也有重要影响。主要体现在设立某种交易的规制结构的费用能否得到补偿，频率越高，交易的规制结构的费用越能得到补偿。

在威廉姆森看来，现实世界中的交易，不可能在新古典经济学所假设的完全竞争环境中进行，资产专用性程度、不确定性程度及交易发生的频率，会独立地或组合地影响交易行为。在不同交易维度下所发生的交易各不相同，相应的契约行为和治理结构也会千差万别。

3.1.3　交易的分类

依照不同标准可以对交易进行不同分类，很多学者提出了各自不同的分类标准。下面介绍几类常见的分类标准，这些分类标准对于相关理论学习也有一定基础性意义。

1. 康芒斯的分类

康芒斯把交易分成三种类型，即“买卖交易”、“管理交易”和“配额交易”，康芒斯认为，这三种交易类型几乎涵盖了所有人与人之间的经济活动，并且，三种交易各种程度的组合形成了变化多端的制度形态。

(1)“买卖交易”(bargaining transaction)，又叫作平等交易，即法律上平等的人们之间自愿交换的关系，主要表现为市场上人们之间平等的竞争性买卖关系，即市场交易。

由于在市场中所有主体都是平等的，他们之间所进行的交易就是法律上平等、具有竞争性的交易，在这种交易中，价格由买卖双方四个当事人（两个买者和两个卖者，这是对买卖双方多数和非垄断状况的简化）竞争决定。康芒斯指出："在通常的买卖交易中……当一个人从另一个人那里取得商品或货币时，他并不意图盗窃和欺骗，而是准备付给代价，或者给对方一种商品或服务作为交换。他无意于用经济压力或者暴力强迫，在关于所有权转移的条件上压倒对方意志，而是准备付出公平合理的代价或者履行公平合理的义务。"康芒斯认识到买卖交易过程中必然存在谈判和交易后可能发生争执的问题。他说："买卖交易是法律认为平等和自由的人们之间进行包含劝说或逼迫意志的谈判，结果相互交换商品和货币的合法控制权，一切根据现行法律进行，并且预料到万一发生争执时法庭会怎样处理。"康芒斯认为，买卖交易的目的是财富分配，以及诱导人们生产和移交财富，买卖交易的一般原则是稀缺性。

（2）"管理交易"（managerial transaction），"上级（一个人或是一种少数个人的特权组织）发号施令，下级必须服从"的交易，即长期合约规定的上下级间不平等交易，主要表现为企业内上下级间的命令与服从关系，即企业交易。

管理交易是不平等的，交易双方是一种上级和下级关系，一个人是法律上的上级，有合法权利发出命令，另一个是法律上的下级，他在法律上有服从义务，一方占有主动地位，另一方处于被动地位，处于被动一方要听从处于主动一方的命令，管理交易双方都只有一个"当事人"（包括个人或组织），没有竞争性。另外，管理交易和买卖交易一样，含有一定成分的谈判，虽然在法律上完全以上级意志为根据。这种谈判成分的产生主要是由于现代劳动自由，工人可以自由离开，不必说出理由。在这样的制度下，管理交易里当然不免要出现一些类似买卖的情况。

（3）"配额交易"（rationing transaction），又称限额交易，指"一个集体的上级或者其正式代表人"的交易，这也是一种上级对下级的关系，只是上级是一个集体的上级或其正式代表如政府、董事会，主要表现为政府对个人的关系，即政府交易。

由于这种交易是在政府与公共之间进行的，每个公民个人只能得到相同数量的产品，所以叫配额或限额交易。配额交易也是一种上级对下级的关系，不过，与管理交易不同，在管理交易里，上级是单个个人或是一种少数个人的特权组织，可是在配额交易里，上级是一个集体的上级或者其正式代表人。配额交易是有权力的几个参加者之间达成协议的谈判，这几个人把联合企业的利益和负担分派给企业各个成员。例如，经济纠纷中的司法判决，把一定数量的国民财富或者等值的购买力，强制地从一个人手里拿过来，分派给另一个人。就这种情况来说，没有买卖，没有管理，只有叫作"政策体现"或者"公道"的东西。可是这种东西具体成经济数量时，就是财富或购买力的限额配给，不是由人们认为平等的当事人自己决定，而是取决于一个在法律上比他们高的权威。

2. 诺思的分类

诺思认为，交易主要有两种形式：人格化交易与非人格化交易。人格化交易是建立在个人之间相互了解基础上的交易。在这种交易形式中，专业化分工处于较低水平，交易在彼此熟悉的当事人之间重复进行，买和卖几乎同时发生，当事人之间拥有对方的完全信息，彼此之间的利益也依赖于这种稳定的伙伴关系。因此，不需要建立正式制度规则来约束这种交易行为，道德准则、价值观念等非正式规则是交易双方的主要约束形式，信守合约的收益大于成本。而在非人格化交易形式中，由于专业化分工的发展，交易对象有着广泛的选择范围，当事人之间信息不完全、不对称，交易也往往是一次性的，交易过程中各种机会主义行为必然出现。为避免专业化分工的发展所带来的好处被过高交易成本所抵销，在一个非人格化交易世界里必须建立正式制度规则来约束人们的交易行为。

3. 威廉姆森的分类

依据交易的三个维度，威廉姆森对交易进行了不同于康芒斯和诺思的分类。为了便于分析，他首先假定影响交易的不确定性程度适中，从而先着重考察交易的另外两个维度——资产专用性和交易频率。根据交易的频率，他将交易分为偶然的交易（包括一次性交易和数次交易）和经常的交易（重复发生的交易）两种。根据资产的专用性，他又将交易分为非专用性交易、混合的即中等专用性的交易及高度专用性的交易。这样，威廉姆森把根据频率划分的两种交易和根据资产专用性划分的三种交易进行组合，形成六种交易类型，即偶然进行的非专用性交易、重复进行的非专用性交易、偶然进行的混合性交易、重复进行的混合性交易、偶然进行的高度专用性交易和重复进行的高度专用性交易。这六种类型的例子如表 3-1 所示。

表 3-1　交易的六种类型

分类标准		资产专用性程度		
		非专用	混合	高度专用
交易频率	偶尔	购买标准设备	购买定做设备	建厂
	经常	购买标准原材料	购买定做原材料	中间产品要经过各个不相同的车间

4. 内部交易与外部交易

要了解内部交易与外部交易的区别，首先要了解组织概念。组织是由成员构成，遵守一定规则运行，并以一个整体来参与相关规则的机构。内部交易是指组织内部成员间依照组织内规则进行的交易；外部交易是指除内部交易外的其他交易，包括组织以一个整体参加的与其他组织或个人的交易，或组织内成员与组织外的组织或成员间的交易，或组织内成员间进行的与组织内规则无关的交易。应该注意的是，并不是所有组织内成员间的交易都可以断定为内部交易。例如，同一家汽车工厂中工人之间进行的与工厂内部规则无关的文物收藏交易，对于工厂这个组织来讲，就不是内部交易。而工厂中各车间之间出现的一些车间为另一些车间提供零部件的交易则是典型的组织内部交易。而如果这些零部件从其他企业中购买，则属于外部交易。显然，企业纵向一体化具有将外部交易内部化的特点，而企业分拆会导致原有的内部交易变成外部交易。内部交易与外部交易的关键区别在于两者所适用的规则不同。

5. 产品交易与要素交易

依照新古典经济学中产品市场与要素市场的划分，以劳动力、土地和资本为交易对象的交易是要素交易。同样以工厂中各车间之间中间商品交易为例，有学者认为，这种交易的实质是要素交易替代了产品交易。各车间之所以会依照工厂内部规章，安排零部件的使用流程，从而代替市场上中间产品的买卖，正是由于各车间的工作人员及管理者已经将自己的劳动力在劳动力市场上销售给了企业，因此必须服从企业的行政管理。

3.2 交易成本的基本概念

交易成本（transaction costs）又称交易费用，成本和费用两个词的含义基本一致，因此，在新制度经济学中，交易费用和交易成本两个词可以等价使用。交易成本理论的根本论点在于对企业本质加以解释。由于使用市场价格机能的成本相对偏高，因而形成了企业机制，它是人类追求经济效率所形成的组织体。由于交易成本泛指所有为促成交易发生而形成的成本，因此很难进行明确界定和列举，不同交易往往涉及不同种类的交易成本。

3.2.1 交易成本的内涵和外延

科斯提出了交易成本概念，威廉姆森则将其系统化，最先把新制度经济学定义为交易成本经济学。他广泛考察和研究了资本主义各种主要经济制度，包括市场组织、市场限制、工作组织、工会、现代公司（包括联合企业与跨国公司）、公司治理结构、垄断与反垄断和政府监管等，并开创性地将交易成本概念应用到对各种经济制度的比较和分析中，建立了一个全新分析体系。可以说，他是科斯思想的集大成者。

把握交易成本的含义，需要从内涵和外延两个方面来进行。

1. 交易成本的内涵

每位经济学家在使用交易成本这一概念时，都有自己特定的分析对象和角度，因而对交易成本的解释也不尽相同。

科斯在 1937 年提出交易成本这个概念之后，并没有进行深入分析，也没有给出清晰的界定和可操作性的概念，将交易成本解释为“利用价格机制的成本”。他同时认为，企业组织作为市场的替代同样存在内部“管理费用”。随后，斯蒂格勒考察了“搜寻成本”，即买卖双方寻找对自己最有利价格所要耗费的资源。阿罗在 1969 年一篇文章中认为，交易成本在通常情况下妨碍了市场形成，在特殊情况下阻止了市场形成，因此可以将交易成本定义为“经济制度运行的成本”。作为阿罗学生的威廉姆森继承了老师衣钵，形象地将交易成本比喻为“经济世界中的摩擦力”，认为交易成本是“经济系统运转所要付出的代价或费用”。可见，威廉姆森超越了科斯对交易费的理解，将研究领域扩展到所有市场经济组织及各种经济组织中不同形态的交易关系。由于新制度经济学将经济组织问题作为一个合约问题而提出，交易成本在威廉姆森看来也就是从合约角度定义的运用不同组织、不同制度的成本，因而，交易成本是运用经济制度的成本，是由于制度摩擦（特别是由于产权不清所导致的摩擦）所导致的成本。巴泽尔把交易成本界定为“与转移、获取和保护权利相关的费用”。张五常则定义为“交易成本包括一切不直接发生在物质生产过程中的成本”。

本书认为交易成本进行交易活动所需的费用，即经济主体之间为实现产权的转让所需的费用。

2. 交易成本的外延

所谓交易成本的外延，就是指它包括的具体项目。科斯作为交易成本概念的提出者，最早对其外延进行了分析。在《企业的性质》一文中，他认为交易成本至少包括以下三个项目。

(1) 发现相对价格的成本。进行市场交易并不是如完全竞争理论所假定的那样，价格信息既定并为所有当事人所掌握。相反，价格是不确定、未知的，要将其转化为已知，进行市场交易的当事人必须付出代价。

(2) 谈判和签约的成本。市场交易过程不一定顺利，因为交易人之间常会发生纠纷、冲突，这就需要讨价还价，签订和履行合约，甚至诉诸法律，这些都要花费一定费用。

(3) 其他方面不利因素（或成本）。对这一点，科斯没有详细论述，只是列了签订长期契约虽然可能节省较多短期合同需要的部分费用，但是可能出现更多未来不确定性或预测困难，契约期越长，对未来进行预期的费用越高，因而长期契约只可能是粗略的“一般条款”，将来需要解决交易的细节问题，从而要花费成本。

阿罗将交易成本归结为利用经济制度的成本，这是对交易成本的最高概括，使交易成本概念的外延迅速扩展。威廉姆森对交易成本外延的研究，是从交易过程本身所包含不同阶段对交易成本所包含项目的影响进行揭示的。威廉姆森在其 1985 年出版的名著《资本主义经济制度》中区分了合同签订之前的“事前”交易成本和签订合同之后的“事后”交易成本。

“事前”交易成本是指草拟合同、就合同内容进行谈判及确保合同得以履行所付出的成本。事前交易成本之所以存在，是因为在签订契约时，交易双方对未来不确定性都没有把握，因而需要事先规定双方的权利、责任和义务。而要事先明确这些权利、责任和义务需要花费成本，这种成本的大小取决于某种产权结构的事先清晰度。

“事后”交易成本包括四种形式。

(1) 不适应成本，即交易行为逐渐偏离了合作方向，造成交易双方不适应的成本。

(2) 讨价还价成本，即如果双方想纠正事后不合作现象，需要讨价还价所造成的成本。

（3）建立及运转成本，即为了解决合同纠纷而建立治理结构（往往不是法庭）并保持其运转，需要付出的成本。

（4）保证成本，即为了确保各种承诺得以兑现所付出的成本。

应该值得注意的是，交易成本的事前部分和事后部分相互关联，这两部分交易成本不能说是先后决定的，而应该说是同时决定的，并且彼此之间相互影响。在进行经济分析时，尤其是在进行交易合约问题研究时，新制度经济学更注重事后成本的影响。

3.2.2 交易成本的决定因素

自交易成本这个概念诞生以来，新制度经济学家们形成了一种共识，那就是只要不是鲁滨逊世界，就可能发生交易成本。斯蒂格勒曾形象地比喻说，一个没有交易成本的世界，宛如自然界没有摩擦力一样不现实。既然交易成本可以说是无处不在的事实，那么它产生的原因及其决定因素就很值得思考，很多经济学家对此给出了自己的解释，威廉姆森也对此做出了自己独到的分析。

对交易成本的决定因素，威廉姆森主要从人的因素、与特定交易有关的因素及市场环境因素三个方面来分析。其中，人的因素是指他对人的行为的两个基本假设：有限理性和机会主义。与特定交易有关的因素则指他提出的决定交易性质的三个维度：资产专用性、交易不确定性和交易频率。市场环境因素是指潜在交易对手的数量。

1. 人的因素

交易成本经济学是在新经济人假设的基础上来研究合约行为问题的。在威廉姆森看来，现实的经济生活中的人并不是古典经济学所研究的“经济人”，而是“契约人”，“契约人”都处于交易之中，并用或明或暗的合约来协调他们的交易活动。所谓“契约人”就是指在有限理性的前提下，为减小机会主义的风险，保障与实施契约的执行，而最小化交易成本的行为人。“契约人”的行为特征不同于“经济人”的理性行为，而具体表现为有限理性和机会主义行为。

1）有限理性

有限理性是指主观上追求理性，但客观上只能有限地做到这一点的行为特征。也就是说，通常人们经济活动的动机是有目的、有理性的，但仅是有限条件下的理性行为。威廉姆森认为有限理性这一定义的两个部分（主观理性和客观理性）都应得到重视，其中的主观理性部分导出了最小化交易成本的动机，对认知能力有限的认识则鼓励了对制度的研究。主观理性支持交易各方努力抓住每一次机会以实现效率的假设，而对有限理性的重视加深了对各种非标准形式的组织的理解。既然人们的理性是有限的，交易当事人既不能完全搜集事前合约安排相关的信息，也不能预测未来各种可能发生的变化，从而在事前把这些变化一一讨论清楚写入合约的条款中，因此，合约总是不完全的。在这种情况下，交易当事人也许就要消耗资源选择某种仲裁方式，以便发生不测事件、双方出现分歧时合理地加以解决，而这必然增加交易成本。正如威廉姆森所说：“理性有限是一个无法回避的现实问题，因此就需要正视为此所付出的各种成本，包括计划成本、适应成本，以及对交易实施监督所付出的成本。”在现实的经济生活中，人们建立不同的经济组织、选择不同的合约形式，都是为了弥补个人在外界事物不确定性、复杂性时的理性的不足。

2）机会主义

威廉姆森明确指出，机会主义行为是交易成本研究的核心概念，它对于涉及交易专用性的人力资本和物质资本的经济活动尤为重要。所谓机会主义行为是指人们在交易过程中，不仅追求个人利益的最大化，而且通过不正当的手段来谋求自身的利益。例如，随机应变、投机取巧、有目的和有策略地提供不确实的信息，利用别人的不利处境施加压力等。机会主义与谋求私利者的不同点在于：后者虽然也最大限度地追求自己的利益，但是不会食言或有意歪曲他掌握的信息；而机会主义者在有可能增加自己的利益时却会违背任何戒条。例如，他会不守信用，并会有意发出误导他人的信息，或者拒绝向别人透露他持有的而别人需要却又缺少的信息。威廉姆森对机会主义的理解可以从这句话看出：“我说的投机指的是损人利己；包括那种典型的损人利己，如撒谎、偷窃和欺骗，但往往还包括其他形式。在多数情况下，投机都是一种机敏的欺骗，既包括主动去骗人，也包括不得已去骗人，还有事前及事后骗人。”

机会主义行为又分为事前的机会主义行为和事后的机会主义行为。前者以保险中的逆向选择为典型，投保人尤其是风险较大的投保人不愿意坦率地披露与自己的真实风险条件有关的信息，还会制造虚假的或模糊的信息。事后的机会主义行为以保险中的道德风险、代理成本为典型，出现的是契约的执行问题，即已经取得保险的投保人不以完全负责的态度行事，不采取应当采取的缩减风险的行为。同时，正是这些机会主义的行为表现直接或间接地导致了信息不对称问题，从而使经济组织中的问题极大地复杂化了，其导致的一个直接结果就是合同风险。如果契约人只有自利行为而没有机会主义行为，那么人们可以相信缔约人将会忠实地履行他的承诺。但是，如果契约人采取机会主义行为，那么他不仅不一定守约，而且会见机行事，使事后的实际结果不是按合同而是按有利于他的方向发展。此时，怎样采取措施遏止机会主义也就有了经济意义，当然也带来了新的成本。

人的有限理性和机会主义行为的存在，导致了交易活动的复杂性，交易成本增加。也正因为人的有限理性与人的机会主义行为，合约风险问题才会产生，从而使交易方式的选择成为必要。但是，这两种行为特征对交易活动的影响，还要看交易过程的特点。

2. 与特定交易有关的因素

威廉姆森认为，某些交易要按这种方式来组织，而其他交易要按那种方式来组织，其中必有经济上的合理原因，因此有必要找出是什么原因使得各种交易彼此不同。威廉姆森通过对与交易有关的因素，即他所谓交易的三个维度——资产专用性、不确定性和交易频率——对这个问题进行了解释。不同的维度与交易成本有关，三者中，资产专用性是最重要、最独特的，也最能把交易成本经济学与其他经济组织理论区分开来。当然，不确定性和交易频率也起着重要作用。

1）资产专用性

按照威廉姆森的解释，资产专用性是指“在不牺牲生产价值的条件下，资产可用于不同用途和由不同使用者利用的程度。它与沉入成本概念有关”。资产专用性的全部细节只有在不完全合约的背景下才会清晰地表现出来，而在人们谈论交易成本之前是不容易发现的。并且，威廉姆森认为，只有在与有限理性和机会主义一起，同时存在着不确定性的情况下，资产专用性才具有重要性。在威廉姆森之前，已有一些学者认识到资产专用性问题。例如，马歇尔和贝克尔都曾谈到过劳动过程中会产生特有的人力资本，马尔沙克则明确提到了员工、机关、工厂与港口不可替代的独特性，波兰依则通过对“个人性知识”的著名讨论进一步证明了专用知识和工作关系的重要性。威廉姆森的研究在以下三个方面推进了上述观点。

（1）资产专用性可以有很多形式，人力资产专用性知识只是其中一种。

（2）资产专用性不仅引起复杂的事前激励反应，而且，更重要的是，它还引起复杂的事后治理结构反应。

（3）对所有形式的经济组织进行的研究，成为交易成本经济学的主要研究内容。

威廉姆森进一步将资产专用性分为六种独特类型：场地专用性、物质资产专用性、在边干边学过程中出现的人力资产专用性、专项资产、品牌资产的专用性和临时专用性。

在交易一方或双方投入了专用性资产的情况下，契约关系的连续性的意义就很重大了，一旦交易提前终止就会造成一方或者双方资产净价值的极大损失。用克莱因的术语来表述，由资产专用性特征而产生的一系列订立合约的问题，起因于“潜在的可占用的准租金”。因此，契约的或组织的保障可以大大降低交易成本，这就是经济联系紧密的上下游企业间追逐纵向一体化的内在动力。

2）交易的不确定性

哈耶克曾经说过：“只有和不确定性相联系，有趣的组织问题才会出现，社会组织的问题主要是一个如何适应时间、地点的特定情况的变化的问题。”这里的不确定性是广义的，它既包括事前只能大致甚至不能推测的偶然事件的不确定性和交易双方信息不对称的不确定性，而且包括可以事先预料，但预测成本或在契约中制定处理措施的成本太高的不确定性。不确定性的意义在于使人们的选择成为必要。当交易受到不同的不确定性的影响时，人们就会在交易成本尽量低的情况下对不同的合约安排进行选择。对不确定性，库普曼斯把它分为两类。

（1）原发的不确定性，即由于自然无序行为和无法预测的消费者偏好的变化造成的不确定性。

（2）继发的不确定性，即由于缺乏信息沟通，使一个人在做出决策时，无从了解其他人同时也在做的那些决策和计划所带来的不确定性。

威廉姆森则进一步强调了行为的不确定性对理解交易成本经济学问题有特殊的重要性。行为的不确定性即由于人的机会主义行为，以及这些行为的千差万别（人们往往无法预见）而产生的不确定性。不确定性在不同的交易协调方式中所起的作用和约束交易的程度是不同的。因此，这也给交易的合约安排与协调方式的选择留下广阔的空间。而且它和有限理性密不可分，如果没有有限理性，也不会存在不确定性。同样，如果没有机会主义，不确定性问题也可以根据有关协议加以调整。因此，当交易过程中的不确定性很高时，交易双方对未来可能发生的事件就无法预期到，因而也就很难把未来的可能事件写入合约中。在这种情况下，就必须设计一种交易当事人双方都能接受的合约安排，以便在事后可能的事件发生时保证双方能够平等地进行谈判，做出新的合约安排，这样就必然会增加交易成本。

3）交易频率

交易的频率是指交易发生的次数，它并不会影响交易成本的绝对值，而只影响各种交易方式的相对成本。一种治理结构的确立和运转是有成本的，这些成本在多大程度上能被带来的利益抵销，取决于在这种治理结构中所发生的交易的频率。多次发生的交易较之于一次发生的交易，更容易使治理结构的成本被抵销。这里的道理与亚当·斯密所说的劳动分工受到市场规模限制的定理是相同的。交易成本与交易频率的关系可用图 3-1 来表示。图中，C 表示交易成本，N 表示交易的频率。曲线由左上方向右下方倾斜，表明重复性交易中，交易成本随交易频率的增加而递减。C_E 是交易成本降低的极限，它意味着，交易成本不能随交易频率的增加而无限地减少，或者说，在重复性的 N 次交易中，交易成本也不会趋近于零，而是趋近于一个较低的常量 C_E。

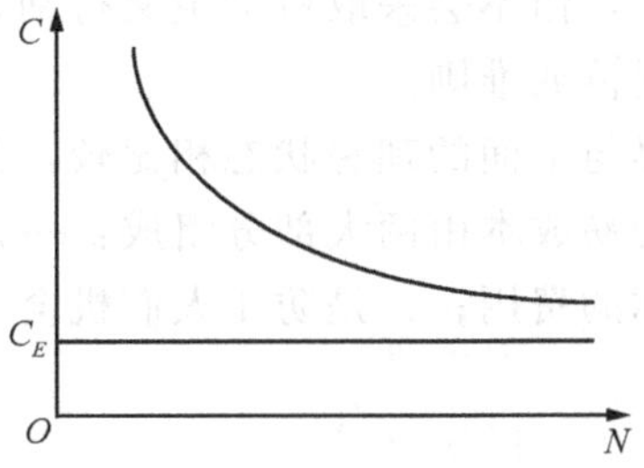

图 3-1　交易成本与交易频率的关系

3. 市场环境因素

市场环境因素是指潜在交易对手的数量。威廉姆森指出，交易开始时有大量的供应商参加竞标的条件，并不意味着此后这种条件还会存在。事后竞争是否充分，依赖所涉及的货物或服务是否受到专用性人力或物质资产投资的支持。如果没有这样的专用性投资，最初的赢家就不能实现对非赢家的优势。尽管它也许会继续供应相当长的一段时间，这只不过是因为它一直在应对来自合格对手的竞争性叫价。相反，一旦存在了专用性投资，就不能假定竞争对手还处于同一起跑线上了。在这种情况下，最初的完全竞争市场就被垄断市场所代替，最初的大数目竞争条件就让位于事后的“小数目条件”，而这一个过程被威廉姆森称为“根本性转变”。这样如果持续交易关系终止就会造成经济价值的损失，并且使交易处于垄断一方的机会主义行为的可能性大增，非垄断一方将为此交易的继续维持付出相当大的成本代价。

最后，需要指出的是，在威廉姆森看来，对交易成本起决定作用的六种因素并不具有完全相同的重要性。其中，他特别强调了有限理性、机会主义和资产专用性三种因素对交易成本的决定性作用，其中又以机会主义最为根本。按照威廉姆森的解释，倘若上述三个因素不是同时出现，交易成本就不会存在。可以试想一下：在完全理性的情况下，一开始就可以无须耗费地签订极为详尽的合同，签订长期合同也是有可能的；在不存在机会主义的情况下，任何由于受到有限理性而在合同中造成的疏忽欠妥之处，不会引起对方在执行合同中钻空子的危险，因为双方都不想从对方捞取便宜，因而签订短期而连续的合同是可能的；当资产专用性因素不存在时，将没有必要保持持续不断的经济关系，因而市场将是充分竞争性的。

3.2.3 交易成本的分类①

根据张五常的观点，鲁滨逊世界里不存在的成本就是交易成本。但鲁滨逊是一个人的世界，为了更准确地把握交易成本的概念，可以在鲁滨逊的世界和现实生活之间，加上一个纯粹想象的多人社会，这个社会里有分工，即人们利用专业化方式创造财富之后，也要经过交易等活动才能消费。但是，这个社会具备两个重要条件。

（1）任意两人之间，信息可以迅速地、无成本地传递。

（2）人们虽然有利己之心，但不会采取机会主义行动，即“君子爱财，取之有道”，所有行为都符合人们公认的规范或准则。

将有外部约束的现实世界与上面的理想状态相比较，其中资源损失的部分就是交易成本。根据以上两个条件，交易成本由两大部分组成：一是人们之间传递信息和取得共识的费用，即消除信息不对称的费用；二是防止人们机会主义行为的费用，即用于平衡人们成本收益预期的费用。

1. 外生交易成本和内生交易成本

新古典经济学假定个体决策者都具有“完全理性”，其前提是“完全信息”。但现实情况并不这样美好，最大化是人类经济行为意愿不断趋近而永远不能实现的目标。“有限理性”概念表示，人类通常不可能想象出决策所面临的全部备选方案，也不可能具备关于未来各种可能性及其后果的完备知识；为了做出尽可能科学的决策，必须花费时间和精力去搜集信息、掌握更多知识。

外生交易成本是因人类“有限理性”而需支出、克服交易不确定性的费用。外生交易成本是在交易决策前可预测到、在交易过程中实际发生的各种直接或间接费用，不因交易主体间直接利益冲突导致经济扭曲。

内生交易成本是交易主体之间因机会主义行为引起的经济损失。由于现实中人的“有限理性”，因此存在着“不完全信息”和“非对称信息”，为机会主义的出现创造了

① 张计划．2007．论交易费用的含义、功能与理论启示．当代财经，(3)：12-16.

条件。机会主义行为是内生交易成本产生的根源，包括有目的、有策略地利用信息，按个人目标对信息加以筛选和扭曲，如说谎、欺骗、违背承诺等。内生交易成本是人们机会主义自利决策间交往的结果，即人们在交易中争夺分工的好处，每人都希望分得更多，而不惜减少他人从分工中得到的好处，以致人们不能得到分工的所有收益，使资源分配背离帕累托最优状态。内生交易成本可以通过制度创新及改进、习惯形成等来降低，是非常值得研究的领域。

2. 必要的交易成本与不必要的交易成本

威廉姆森将交易成本比喻为物理学中的摩擦力，但这种说法是相对于无交易成本的理想社会而言的。在信息不完善、存在机会主义可能性的现实社会中，必要的交易成本不仅不是摩擦力，而且是交易发生、经济发展的润滑剂。只有不必要的交易成本在现实世界才会构成经济运行的摩擦力。必要的交易成本是指在给定科技发展水平下，对应于给定分工水平所必需的最低交易成本，是为生产和消费服务，是人类为达到更富裕状态而必须支付的代价。不必要的交易成本是指超过这一数额的交易成本，是由人类失误造成、原本可节约的那部分交易成本。研究经济的目的就在于找出不必要的交易成本，并采取有效措施降低该费用，以便留下更多的净财富。

张五常认为，专业化利益巨大，能弥补各种交换造成的巨大交易成本，将交易成本作为专业化利益的一个比例，该比例之外的盈余可在很大程度上解释各国财富的差别。不同体制下，交易成本占专业化利益的比例不同，比例稍微下降一点，就会使财富大大增加。当然，可下降的是那部分不必要的交易成本。

3.3　交易成本的测量①

交易成本的定义大致可分为两类，一类是制度或体制运行的交易成本，如阿罗的定义“经济系统的运行费用”；另一类是在既定制度下测量商品或劳务标准及技术变化引起的交易成本，如巴泽尔的定义——与转移、获取和保护权利相关的费用。前者从宏观层面上对交易成本进行了定义，后者则从微观层面对其进行了定义。据此，可以将交易成本测量问题分为两类，一类是宏观层面测量，另一类是微观层面测量。

3.3.1　宏观层面交易成本测量

宏观层面上对国家（或地区）的交易成本测量，最具代表性的是瓦里斯和诺思 1986 年提出的方法，包括以下几个方面。

（1）在人类行为理论基础上对交易成本和转型成本进行定义。交易成本是执行交易功能的成本，转型成本是执行转型功能的成本，是为改变物资属性而消耗的资源总和。

（2）对测量任务进行调整。只测量通过市场发生的各种交易成本，并将形成这些交

① 黎溢明，钟明聪．2008. 交易费用的测量研究．商场现代化，(10)：162-163.

易成本的活动定义为交易服务，因此测量任务就是加总各种交易服务并计量其价值。

(3) 加总交易产业价值。交易产业就是在公开市场上为产权交换提供交易服务的各种部门，包括金融业、房地产业、各种咨询业等。

(4) 在非交易产业中，划分企业职员的职业：一是提供交易服务的职业；二是提供转型服务的职业。提供交易服务的职业收入就是交易成本。这些职业包括业主、经理、主管、监视员、营销员等。

(5) 加总除转移性支付外的国家公共部门为国防、教育等活动而支付的各种成本。

(6) 将以上各项对应于国家经济核算账户，加总交易成本，就得到该社会制度的运行成本。瓦里斯和诺思用以上方法对美国 1870～1970 年的交易成本进行了测算，结果发现，1970 年美国国民收入的 45%以上被用于交易，这一比例比 1870 年增加了近 25%。

运用瓦里斯和诺思的测量方法，对澳大利亚的交易成本进行计量发现，澳大利亚的交易成本占 GNP 的比例从 1911 年的 32%上升至 1998 年的 60%。

显然，上述计量交易成本的方法存在一定的不足。首先，把社会活动划分为转型活动和交易活动，进而把社会运行成本划分为交易成本和物资转型费用。其目的是想利用社会转型活动和物资转型费用的明确性来确定交易和交易成本的界限。这种区分在理论上有一定的意义，但是在计量中却不具有操作性。因为社会活动在交易活动与转型活动之间的划分并不是泾渭分明的。当某些活动既具有交易功能也具有转型功能时（这种活动在社会中广泛存在）会使交易成本的计量产生困难。其次，他们所谓交易成本总额在实质上是市场上可计价的各种交易性产业的价值加总，而没有将各种非市场化的资源损失包括在内。因而，他们对交易费用的计量显然是不全面的。对于这一点，诺思也是承认的。正如他所说："交易成本是作为交换制约的基础的制度框架中最能观察到的部分的度量，它们包括两部分：一部分是经由市场的可能度量的成本；一部分是一些难以度量的成本，如获取信息、排队等候的时间、贿赂，以及由不完全监督和实施所导致的损失。这些难以度量的成本部分使得要准确地评价由一种具体的制度所导致的总交易成本是多少更为困难。不过，我们在这方面所做的程度有多大，我们就在衡量制度的有效性方面取得了多大进展。"

3.3.2　微观层面交易成本测量

微观层面交易成本所涉及领域颇多，既有企业管理领域又有政府管理领域，既有环境领域又有金融领域等。本书将微观交易成本分为市场型交易成本、管理型交易成本和政策型交易成本，并介绍其中具有代表性的交易成本测量方法。

1. 市场型交易成本

市场型交易成本的典型场所就是金融领域。在金融领域，交易成本一般指在金融市场上投资的成本，主要包括经纪人费用和买卖差价。斯托尔和威利用价差加上佣金的方法来测量交易成本。他们发现在纽约证券交易所，交易成本占到市场价值的 2%，而在

小型证券交易所该比例则达到 9%。柯林斯和法博齐提出了一个比较复杂的测量方法，具体计算公式为

交易成本＝固定成本＋变动成本

固定成本＝佣金＋手续费＋税费

变动成本＝执行成本＋机会成本

执行成本＝市场影响成本＋市场时机选择成本

机会成本＝预期的收益实际的收益－执行成本－固定成本

其中，市场影响成本是指由于买卖价差和券商让步所导致的资产价格变动；市场时机选择成本是指由于市场其他参与者的影响导致交易时资产价格变动；执行成本是由于要求合同立即执行所产生的成本，既反映了对流动性的需求，也反映了对交易活动的需求。

戴维、约瑟夫和查尔斯通过建立一个证券收益模型，提出了一种新的测量交易成本方法。在该模型中，交易成本不仅包括佣金和价差，而且包括预期的价格影响和机会成本。利用该模型，他们计算出从 1963～1990 年，大证券交易所和小证券交易所平均交易成本占其市值的比例分别为 1.2%和 10.3%。

2. 管理型交易成本

威廉姆森从微观企业层面提出的管理型交易成本测量方法最为经典，他认为，尽管直接计量“事前”和“事后”交易成本困难，但可通过对制度比较来对交易成本做出测算。以 G_1 和 G_2 表示一组可供选择的制度安排，G^* 表示被选中的安排，C_1 和 C_2 表示制度安排方案所对应的交易成本，则有，若 $C_1 < C_2$，$G^* = G_1$；若 $C_1 > C_2$，$G^* = G_2$。

那么，如何计量每种制度安排方案下的交易成本？首先要揭示各类组织（制度）属性如何影响与组织相关的成本，然后以差别化方式将上述成本的发生与交易的各个可观察纬度相联系。因此可得如下关系式：

$$C_1 = \beta_1 X + \lambda_1$$
$$C_2 = \beta_2 X + \lambda_2$$

其中，X 表示影响组织制度成本的可观察特征向量；β_1 和 β_2 表示参数向量；λ_1 和 λ_2 表示未被观察到的因素。

虽然无法观察交易成本，但仍可通过分析交易如何导致各组织形式的效率差别来设计可检验假设，并根据 β_1 和 β_2 的相对量建模预测。在实证分析中，观察到制度 G_1 的概率为 $P_r(C_1 < C_2) = P_r[(\lambda_1 - \lambda_2) < (\beta_2 - \beta_1)X]$，$X$ 取决于 $\beta_1 - \beta_2$ 的符号。以上假设很容易用定性选择模型（如 PROBIT 模型和 LOGIT 模型）加以检验。威廉姆森的比较选择逻辑还可用于任何一个由离散制度或组织（安排）所构成集合间的选择。

3. 政策型交易成本

柯比在对水资源从农业领域转向其他用途的研究中，提出了“政策诱致型交易成本”的概念。顾名思义，这种交易成本指一项政策实施所产生的交易成本，它包括律师费、工程和水文研究费、法院诉讼费及支付给政府机构的费用，但不包括水资源使用

费。柯比研究表明，完成每英亩一英尺水的转让平均所需政策诱致型交易成本 91 美元。另外一种测量政策诱致型交易成本的方法是计算等待政府机构审批所需的时间，在科罗拉多、新墨西哥和犹他州该时间分别为 29 个月、4.3 个月和 5 个月。

麦肯、柯比和伊斯特尔等以环境政策为例，分析了在政策选择和政策设计中，交易成本对政策效率和可持续性的影响。在实证研究中，他们将交易成本定义为用于界定、建立、维护和转让产权的成本，并将其分为七类。

（1）在界定产权过程中，信息收集、分析与研究的成本。

（2）颁布授权法的成本。

（3）政策设计和执行成本。

（4）项目维护和管理成本。

（5）签订契约的成本。

（6）检测成本。

（7）解决矛盾的成本。

同时，将政策生命周期分为五个阶段：第一阶段为基期，人们开始认识到有必要制定政策，但是还没有提出来，该阶段交易成本主要是第一类交易成本；第二阶段为发展阶段，在这个阶段，政策已经被提出，该阶段交易成本主要包括第一～三类交易成本；第三阶段为早期执行阶段，该阶段交易成本主要包括第一～四类交易成本；第四阶段为全面实施阶段，此时政策已经产生了效用，所包括交易成本为所有七类交易成本；最后一个阶段为项目完成阶段，此时政策工具已经得到了全面实施，所涉及交易成本为除第三类交易成本外的所有交易成本。

在测量政策交易成本时，应根据不同类型交易成本采用不同方法，有时还需把几种不同的方法结合起来。有些交易成本是显性的，有些是隐性的；有些是事前估计的，有些是事后计量的。测量政策型交易成本的方法不是千篇一律的，而是因不同政策阶段、不同交易成本类型而有所不同。

3.4　交易成本分析范式

3.4.1　作为分析范式的交易成本理论

范式是指一套公认的信念、标准、思想方法、统率知觉的条理化规则等。库恩认为，在历史上那些具有重要意义的科学著作，“都在一定时期里为以后几代的工作者暗暗地规定了在某一领域中应当研究些什么问题，采用什么方法”。据此，库恩把范式看作一种科学成就，这种成就具有两个特点：第一，将一批持久的拥护者从与之竞争的科学活动方式中吸引过来；第二，为一批重新组合起来的科学工作者留下各种有待解决的问题。交易成本理论完全具有了这两个特点。交易成本理论这个范式为人们研究制度安排变化引起的效果提供了基础，并且为人们在这一领域的研究指出了方向，说明在这一领域中什么最重要、什么是迫切需要解决的问题，这就为科学研究指明了研究方向。

科斯指出，如果没有理论使人们明白不同制度安排能获得什么，就不可能对不同制度进行明智的选择，因此，需要一个理论体系来分析制度安排变化引起的效果。这样做并不是要抛弃标准经济理论，但确实要求将交易成本引入分析中，因为经济生活中发生的很多事情要么是为减少成本而创造出来，要么是使以前受过高交易成本阻碍而不可能实现的东西变成可能，但如果现在不进一步了解经济活动实际上怎样进行，就难以提高分析水平。

无论能否准确测度，交易成本都有很大的启发意义。事实上，交易成本概念是关于资本主义市场经济实际运行方式解释得到接受的关键。威廉姆森认为，资本主义各种经济制度的主要目标和作用都在于节省交易成本。为了理解这一论断的合理性，需要考虑一个交易成本（包括获得和处理信息的成本）为零的世界。在这样一个“无摩擦”世界中，甚至基本的制度如货币、企业和公共管制等都已无关紧要。抽象的新古典模型虽然有它的用途，但是，忽略了交易成本，也就忽略了一个根本的现实特征。所以说，如果不重视交易成本，无论是经济行为还是制度安排都无法得到正确理解。

科斯在其 1937 年的著名论文《企业的性质》中提出了两个很有价值的思想。

(1) 企业如何确定自己的边界。即企业应该把哪些经济活动划入内部活动范围，把哪些经济活动划到外部。科斯认为，企业边界可变，可以收缩也可以扩展。经济学的一个重要任务就是找出并明确划分企业边界的决定性因素。

(2) 应该研究限制企业扩张范围的因素。即如果用企业体制来组织经济活动比用市场体制来组织更好，那么为什么不把所有经济活动都组织到一个企业中去？可见与市场比较而言，企业体制也有局限性。为了解释这些问题，科斯提出了“交易成本”的概念。

交易成本是新制度经济学的核心范畴。交易成本理论提出了一个不同于新古典研究模式的新范式。市场和价格竞争能有效解决资源配置问题是新古典经济学的基本看法，但是现实并不是这样理想。干扰价格竞争效率的最常见因素是正交易成本、私有产权残缺和非货币收入。在新古典经济学的完全竞争世界里，交易成本为零，私有产权健全，非货币收入可以忽略不计，因此，亚当·斯密的“看不见的手”能够使资源配置达到帕累托最优。在交易成本为零的世界里，制度、产权、法律、规范等可有可无，一旦交易成本为正，那么这些变量在经济运行中就至关重要。新制度经济学中包括三个关键概念：技术方面（资产专用性）、人员方面（有限理性）和行为特性方面（机会主义）。交易成本从根本上影响着经济体系运行，影响着市场上生产什么和什么样的交换会发生，影响着何种组织得以生存及何种游戏规则能够持续。在经济学中，关于交易成本的各种特定假设构成了大多数模型（无论是古典、凯恩斯、新凯恩斯或新古典）的基础。那些涉及垄断、纵向一体化、外部效应、战略行为、工资和价格粘性及不完美市场的各种模型都要求关于这些成本的特定假设。

交易成本理论的提出大大地拓展了新古典经济学的研究领域。正是在新古典经济学框架中加入了正交易成本，才使新制度经济学与新古典经济学相区别并改变了研究方向，交易成本使所有权分配成为首要因素，提出了经济组织问题，并使政治制度结构成为理解经济增长的关键。

经济学实际上就是研究稀缺性资源如何达到最佳配置的问题。没有稀缺性问题，也就没有经济学。交易及制度诸问题能否作为经济学研究对象，首先就在于其是否具有稀缺性。新制度经济学的产生实际上就从这些问题开始。在正统经济学或新古典经济学那里，企业被视为生产函数，市场关系由供求曲线来表示。在新古典经济学世界里，交易活动不稀缺，交易成本为零。新制度经济学对这些假设做了典范性突破，回答了人们没有注意到的一个问题，企业的起源或纵向一体化的原因。既然经济个体之间可以通过市场交易实现生产合作，为什么还要存在企业？是什么因素决定了企业规模？为了解释这些问题，科斯提出了“交易成本”这一概念。这一概念无疑已经成为新制度经济学的理论基石之一。科斯的分析表明，交易活动是稀缺的、可计量的，也是可比较的，因而可以被纳入经济学分析的范围。由此，科斯解决了为什么存在企业及企业如何确定自己的边界等问题。企业的存在是为了节约市场交易成本，即用成本较低的企业内交易替代费用较高的市场交易；企业的规模被决定在企业内交易边际费用等于市场交易边际费用或等于其他企业内部交易边际费用那一点上。

任何经济学流派的产生都与概念革命有关。新制度经济学的产生就是始于科斯进行的概念革命。这里的概念革命并不仅仅是指提出某些新概念，而更主要的是这类概念是否具有一般化意义。科斯用以解释企业存在的交易成本概念，将前人用以解释同样问题的各种因素，如风险、信息、垄断和政府管制等因素包括了进来，而且还有更宽的含义。以后新制度经济学家将交易成本概念用于许多领域，这样交易成本概念就被逐渐地一般化了。在某种程度上讲，这个一般化过程就是新制度经济学体系的形成过程。

3.4.2 交易成本分析范式的基本思路

交易成本范式把注意力集中在约束条件的变化上。这个范式虽说简单，但也有困难之处。困难在于需要进行详尽的经验调查，从这种经验调查中，有望洞悉现实世界中交易成本的性质和种类。张五常认为，交易成本范式中有三个基本的经济命题：第一个是约束条件下极大化的假定；第二个是向下倾斜的需求曲线（由于不必区分消费和投资活动)，这也包括边际生产率递减；第三个是机会成本，即成本是所放弃的价值最高的选择。

交易成本经济学的目的在于探讨企业与市场之间的关系、企业产生和变化的根本原因，以及企业和市场作为一种管理机制的局限性和互补性等被新古典经济学所忽略的重大命题。它提出并论证了市场交易成本是组织结构和组织行为产生与变化的决定性因素，是理解上述问题的关键。

交易成本理论基本论点有以下几种。

(1) 市场和企业是相互替代而不是相同的交易机制，因而企业可以取代市场实现交易。

(2) 企业取代市场实现交易有可能减少交易的费用。

(3) 因此，市场交易成本的存在决定了企业存在。

(4) 企业在“内化”(internalization) 市场交易的同时产生额外管理费用。当管理费用的增加与交易成本节省的数量相等时，企业边界趋于平衡（不再增长扩大）。

(5) 交易成本的存在及企业节省交易成本的努力是资本主义企业结构演变的唯一动力。

与研究经济组织的其他方法相比，交易成本经济学有以下特点。

(1) 更注重微观分析。

(2) 在做出行为假定时更为慎重。

(3) 首次提出资产专用性对经济的重要意义并用以解释实际问题。

(4) 更加依靠对制度的比较分析。

(5) 把工商企业看作一种治理结构，而不是一个生产函数。

(6) 特别强调私下解决（而不是法庭裁决）的作用，重点研究合同签订以后的制度问题。

经济组织问题的比较研究强调以下基本观点，根据不同治理结构（治理能力及有关成本的不同）选择不同（具有不同属性的）交易方式，可以节省交易成本。

交易成本经济学的基本方法如下：设想一些预先给定的在技术上可以分开的单位，必须对这些单位之间的交换加以组织和管理，这些活动需要实际的资源（交易成本），我们或多或少可以把它看成犹如物质世界中存在着摩擦一样。由此也就引申出：倘若我们要采取节约行为，经济机构就将设法使组织资源分配的这些成本最小，但是制度的安排的演变还要涉及其他一些因素，而不仅仅是使交易成本最小。或者说交易成本经济学研究的一般思路是：在指出交易的特性之后，从交易成本最小化的能力方面探讨可能采用的治理结构。在简化形成的假设基础上，建立交易与治理结构的匹配，并通过实证研究予以确认。

由此，可将交易成本范式的总体思路概述如下。

(1) 交易是分析的基本单元。

(2) 造成各交易存在成本差异的关键是交易频率、不确定性及资产专用性。

(3) 各种一般治理模式（市场、混合型组织、私有机构、公有机构）都由一系列属性所界定，每一模式都表现为成本、竞争力上离散结构性差异。

(4) 每种一般治理模式都适用不同的合同法。

(5) 预测内容表明，交易与治理结构的对应方式各不相同，但都主要以交易成本最小化为目标。

(6) 将制度环境视为位移轨迹参数，其变化将导致治理成本（特别是比较成本）变化，可以提出额外预测内容。

(7) 制度经济学是对可行的备选方案做出比较制度分析，假想的理想方案与操作问题无关，对方案的无效率检验则是一种补救和纠正。

3.5 交易成本的应用

交易成本不仅作为一个范畴，而且作为一种新经济学分析方法，得到了广泛应用。

很多经济和经济学问题以交易成本方法去研究，都获得了令人耳目一新的成果。

3.5.1 交易成本与纵向联合理论①

以威廉姆森为代表的纵向一体化理论，揭示了契约不完全可能带来的后果，将企业视为用于节约交易成本的一种交易模式。

纵向联合是指企业将许多纵向生产阶段（如原料、加工、组装成品到市场销售的各个阶段）之中的某些阶段内化成企业一部分，也就是通常所说的纵向一体化。这些阶段是通过市场交易进行还是内化为企业中一部分，主要取决于现有和潜在交易成本的大小。

当契约不可能完全时，资产专用性、不对称信息和机会主义行为相结合会造成效率损失，纵向一体化之所以发生，是因为它能够消除或者减少这种效率损失。其中，纵向一体化的关键在于资产专用性，资产专用性越高，市场交易的潜在费用就越大，就会阻止企业继续依赖市场，就越有可能发生纵向联合。由于资产存在着专用性，即使产品供给方和需求方在投资前都可以在竞争性的大量供给方和需求方中进行选择，但是在专用性资产投资后就不得不在双方之间进行交易，这使供需双方在事后形成了双边垄断。在这种事后双边垄断下，每方都想尽可能多地得到剩余价值，这时的讨价还价既可能使事后产品交易量偏离经济效率最高的数量，也可能使事前的专用性投资量偏离经济效率最高的数量。产生这些无效率的原因就在于，在需要进行专用性投资的场合存在着信息不对称和机会主义行为。

信息不对称更多地表现在事后交易中，一般来说，产品对于买方的益处是买方私人信息，买方比卖方更清楚；而产品生产成本是卖方私人信息，卖方比买方更清楚。在信息不对称情况下，如果由不掌握私人信息的一方来规定产品交易价格，该价格下的交易量会偏离社会福利最大化的产品交易量。之所以会有这个价格，是因为定价者不清楚对方不能接受的价格限度，为了使自己的剩余价值期望值最大化，宁可规定一个可能使交易无法达成的价格。解决这一问题的办法是通过事先签订契约将事后决定价格的权利给予有私人信息一方，这样可以消除信息不对称带来的效率问题。在这种情况下，规定价格一方利用私人信息所决定价格，会使自己的剩余价值最大化的同时使得社会福利也最大化。但是，这要求交易双方在事先就签订有关事后产品交易的契约，从而使双方契约关系长期化。

机会主义行为的影响更多表现在对事前决定投资量的影响上。这里的机会主义是指，一旦产品供需双方中有一方对有专用性资产做了投资，另一方就可以利用其垄断地位，以不交易相威胁来获得其专用性投资所产生的部分好处。这种机会主义行为使得专用性投资者不能得到投资所产生的全部好处，因为在事后产品市场的双边垄断下，双方讨价还价所导致的博弈均衡会使双方各分得一部分投资所产生的好处。换言之，如果供需双方只在投资以后进行产品交易，事后的双边垄断和讨价还价就会产生机会主义行

① 刘秀生．2003．新制度经济学．北京：中国商业出版社．

为，使专用性资产投资不足。

总之，在一方的产品被另一方用作投入的连续生产过程中，如果双方分别是该产品的交易双方，则资产具有专用性、信息不对称和机会主义行为会使专用性资产投资不足，从而事后的产品交易量偏离经济效率最高的数量，而这些又会使市场交易所带来的交易成本过高。因此，这种情况下，将该产品的生产者和将其作为投入的使用者合并在一个企业中，通过企业实现纵向一体化，就很有可能降低交易成本，提高经济效率。

纵向一体化理论还能用来说明为什么雇员会长期受雇于同一个企业。企业雇员可以对自己的人力资本做专用性投资，掌握该企业特殊生产技能，这时，雇员就与该企业雇主间形成了一种劳动市场上的双边垄断，雇主可以用不与其续订劳动契约相威胁来分取雇员人力资本投资的好处，这又会使雇员减少对专用技能的培训投资。雇员与企业之间的长期雇佣关系则可以弱化这一问题。

纵向一体化指出了，在由不同经营者来从事连续生产过程前后相连的两道工序时，资产专用性、信息不对称和机会主义行为相结合会造成效率损失。由企业对它们实行纵向一体化虽然消除了市场交易的机会主义行为，但是会增加企业内的机会主义行为，因此，通过在进行专用性投资之前签订有关未来产品交易价格与数量的长期契约更有利于解决上述三者带来的种种问题。

3.5.2　交易成本与技术转让理论

蒂斯 1976 年发表的博士论文《跨国公司及国际技术转让的资源成本》，为运用交易成本研究技术转让做出了巨大贡献。

在蒂斯之前，技术一直被认为是像灯塔一样的公共物品，用户增加不会减少另一个用户的价值；而且认为，技术是同质的，转让费用几乎为零，转让形式并不直接影响转让者的价值。但是，蒂斯经过大量而翔实的统计实证分析后否定了上述观点。他认为，技术分为两种，物化技术（如设备）和非物化技术（如操作方法），非物化技术又分为可用文字表述的技术与不可用文字表述的技术。显然，技术并不同质，技术转让费用必然也不相同。技术转让费（交易成本）的高低取决于公司转让技术的组织方式。技术越复杂，越难文字化，技术价值的考核和估价难度也就越大，转让费用越高，公司就越有可能以直接投资设厂的方式转让技术。相反，技术越简单，越易文字化，技术价值的考核和估价也就越容易，转让费用也就越低，公司也就越有可能通过市场交易进行，即以出让技术使用权的方式将技术“出售”给其他企业。因此，技术转让采取何种组织形式，利用市场交易还是企业内部转移，由技术转让的交易成本高低所决定。

3.5.3　交易成本与跨国公司理论①

跨国公司理论要回答一个基本问题：为什么企业采用对外直接投资的方式来利用其特定优势？在过去二十年的时间里，交易成本学说在跨国公司领域得到了较成功的应

① 陈舜．1995．论跨国公司内部化理论的交易成本基础．世界经济文汇，(10)：25-30.

用。北美和西欧的学者们利用这一分析工具，相对独立地对以上问题做出了回答。

在新古典的市场完全竞争的理想状态下，价格等于以经济人的效用度量的机会成本，体现了供给和需要的全部信息，以市场（价格）来配置资源就能保证帕累托最优的实现。但现实中，受到各种因素干扰的市场价格不能准确反应供求的全部信息，致使市场失效。这些因素至少包括三种：有限理性、机会主义动机和资产专用性。有限理性指个人不能尽知经济系统的全部信息；机会主义动机指损害他人利益来增进自身效用的企图；资本专用性指某些资本具有专门用途，一旦投资后，如果停止生产或交易，投入资本的价值会被大大低估，投资者被置于不利的交易地位。这三者加上外部环境的不确定性，使得在市场交易中，为寻找交易对象要付出寻找（信息）成本，为达成合理的交易条件要付出谈判成本，为保证合同的执行（避免机会主义行为）要付出监督成本。这三者都是交易成本。正如生产成本降低生产收益一样，交易成本降低市场交换的效率，从而阻止商品和要素在市场上充分流动。

要增进效率，就要找到一种组织形式，完成被交易成本阻止的交易，实现资源配置的功能，弥补失效的市场。企业作为一种层级组织，用内部调配代替市场交换，用行政指令代替交易谈判，可以有效地降低交易成本。因为组织较个人能更有效地处理和收集信息，降低了信息成本；组织中的个体按指令而不是按价格行事，基本消除了谈判成本；个体的收益取决于执行指令的状况和共同的经营效果，减少了机会主义动机。但用组织管理代替市场交易，虽然在一定程度上避免了交易成本，由于企业规模的扩大，内部管理成本随之增加。二者（交易成本的减少和管理成本的增加）的均衡，决定着企业的边界，决定着企业用内部调配代替外部交换以实现资源配置的程度。

同样，实现国际资源配置的方式也大体可分为两种：一种是通过贸易—市场交换—实现比较优势；另一种是通过对外直接投资建立跨国公司，在企业内部实现资源国际配置的效率。对外直接投资的动机在于避免国际市场上的交易成本，跨国公司的规模决定于管理成本与交易成本的比较。

3.5.4 交易成本与民主

许多经济学家，如熊彼特、奈特、哈耶克、阿罗、道斯及布坎南等，都曾在民主及投票的问题上进行过研究。但由于当时交易成本理论还处于初始阶段，所以虽然交易成本理论与民主问题密不可分，但论述者寥寥无几。张五常成功运用交易成本理论就民主及独裁做了最简单的经济推论。

市场交易往往有高昂费用，所以在某些情况下，市价难以决定。因此，即使在私有产权制度下，资源运用往往不仅靠市价指引。定价成本是交易成本中的一个大项，包括量度费用、讯息费用、讨价还价及保障承诺的各种费用。当交易成本大而难定市价时，公司便会代替市场。在公司机构中，经理或监督者指导资源运用，免却了很多种市价决定。公司形成就是因为要节省交易成本。

同理，没有市价指引而转靠监督者做决策，民主问题必定较容易产生，这是因为监督者可能独裁和滥用权力。而与之相反，市场永远不会滥用权力，换言之，市场永远代表了民意。

在新制度经济学中，公司与政府大同小异，而有些公司的结构也往往与政府结构相同，因此，可以用私人机构为例说明因交易成本而产生的民主及独裁政治。

在香港，大厦分层出售后，都有业主及租客共同组成的联会。这种联会有法例，有被公选出来的委员及会长，与政府一样。大厦联会的任务，就是要在清洁、保安及某些有关公众利益活动上做决策。各住户的喜好不同，保养外墙等公共事务议价的交易成本太大，所以这些公共事务便须使用民主投票方式。该方式并不一定能带来理想效果，但对比议价的高额交易成本，投票引起的浪费就不算什么。

民主投票也有交易成本。联会的组成、信息的传达、票式的设计、印刷等都有不可忽略的费用。根据需求定律，若大厦住户会员投票的交易成本低于“公众”共同议定，那么投票的方式便会被采用。委员投票要比所有住户投票的交易成本低，但也比较独裁；更琐碎的事，就授权会长会做独裁决策。

由此，可以得出结论：在私有产权制度下，市场、民主投票及独裁决策，都可因市民的自由选择而共存。民主投票因交易成本而起，而独裁也因交易成本而起。单在做决策的问题上，因为市场要先定价，所以它的交易成本最高；独裁做决策的交易成本最低，但独裁者可能滥用权力。市场不只是永远不会滥用权力，其反映民意的准确性，因为是基于市价的指引，远较民主投票或独裁高。

此外，在民主与产权的关系中，政府在节省两种交易成本上起着重要作用。政府可以界定及保障私产，也可以武力或其他办法削弱或废除私产。民主投票或独裁决策的产生，可分为两大类。第一类的出发点在于节省交易成本，是私产拥有者所选择的结果。第二类的出发点在于改变财富分配，与私产制度相冲突。

在私有产权制度下，决定市价的费用可能引起非市场决策，但交易成本不单限于定价的困难，界定及保障产权的费用也是交易成本的一种。若因这些费用无可避免而使产权难以界定，非市场决策也会因节省费用而起。因为费用大而产生的私产界定及保障问题，与以武力或压力削弱或废除私产的性质不同。

“政府”的形成是要节省定市价或界定产权的交易成本。投票或独裁决策虽会导致某种程度上财富分配的转变，但因为这种决策不是以改变分配为目的，分配转变不会大，而这些无可避免的转变与私产的定义没有冲突。

事实上，私有产权的界定及保障越清楚，非市场决策就越难引起重大的分配转变。在私产保障下，独裁者很难从损人利己的行为得益，所以他的权力就无足轻重。

第二类非市场决策的成因，是基于改变财富分配。压力团体赞成以投票方式决定租管或其他价格管制，或增加劳工利益，其目的是要改变财富分配，不是要节省交易成本。这些改变分配的行为违反了私产的原则，因为私产保障一定要包括产权收入的保障。另外，政府也可利用权力或武力将私产改为公产，或将私营企业收归国有。

3.5.5　交易成本与土地契约选择[①]

在1969年出版的《佃农理论》一书中，张五常从交易成本、风险规避两个方面对农业土地契约选择进行了研究，这也是交易成本理论的一个经典应用。

在资源所有者所拥有私有财产给定的条件下，所有者可以选择不同资源组合的契约安排。其中主要有两个因素影响他们对不同类型契约安排的选择。

1. 自然风险

在风险规避条件下，缔约方会寻求规避风险的成本低于从中所获得收益的办法。规避风险的办法主要有搜寻有关未来信息、选择风险较小的方案，以及选择那些能将其风险负担分摊给其他人的安排。

2. 交易成本

对于每一种契约选择，都会有相应交易成本。由于投入产出的物质属性不同、制度安排的不同，以及不同契约规定所付出的谈判与执行努力不同，各种契约选择所发生的交易成本也有很大差异。交易成本的存在会有三个可预知的效应，即减少交易量、影响资源使用的边际等式（帕累托最优条件）和使用的密集度、影响契约安排的选择。

由此可以得出，契约安排是为了在交易成本约束下，使得从风险分散中所获得的收益最大化。以农业契约安排为例，可以说明这个观点。

农业中有三种主要契约形式，即定额租约、分成契约和工资契约。虽然私有产权所有者可以自由选择这些形式，但经验观察表明，契约的选择类型在各地不一样。

假定自然风险不存在，而只考察交易成本。契约安排的成本不仅有谈判成本，还包括根据契约条件来控制投入与分配产出的执行成本。分成契约从整体上比定额租约或工资契约包含更多的谈判费用和执行费用。一个分成契约条款包括租金率、非土地投入对土地投入比率及所种植的作物种类等，这些需由土地所有者和佃农共同决定。而且，由于产出分成基于实际产量，土地所有者还要核实作物的实际收获量，因此分成契约的谈判和执行较复杂。而定额租约或工资契约较为简单，单独一方就可以决定他要使用对方多少资源及种植何种作物，因此交易成本比分成契约要低。但是定额租约或工资契约的交易成本排序是不确定的。如果交易成本是唯一的决定因素，分成契约就不会被采用。显然，这与事实不符，因此一定还有其他决定因素。

假定交易成本为零或所有形式契约的交易成本相同，但存在自然风险。假定一个人有风险规避行为，即在相同的收入期望值上，他会选择收入波动较小的契约形式。众所周知，农业生产容易受一些难以预测因素（如气候条件）的影响，产出值的变化较大。在定额租约条件下，佃农不管收成如何，都要按契约规定交纳固定的租金或产品，因此他承担了绝大部分甚至全部风险。同样，在工资契约下，土地所有者承担了全部风险。

---

① 袁庆明．2005．新制度经济学．北京：中国发展出版社．

而在分成契约条件下，收成的变化在缔约各方间分配，因此分成契约是一种分担风险的契约。既然交易成本不起作用，而且分成契约能更好地分散风险，那么现实中为什么会存在定额租约和工资契约？

通过以上分析可知，交易成本和风险规避对土地契约的选择产生重大影响。一方面，在既定的与某一产出相联系的风险状态下，交易成本的存在导致了生产性资产的收益降低。另一方面，在交易成本给定时，风险规避则意味着资产价值与收益波动程度负相关。就分成契约来说，风险分散导致了参与契约的资源价格提高，较高的交易成本则降低了它们的价值，因此契约的选择由风险分散所带来的收益与不同契约的交易成本加权决定。两个因素在解释不同地域为什么会选择不同契约类型时尤其重要。

本章小结

本章首先介绍了科斯在交易成本领域所做出的贡献；接着对交易的相关概念及交易成本的基本概念进行了讲解，包括交易的含义、维度、分类，交易成本的含义、决定因素、分类；然后从宏观和微观两个层面介绍了如何对交易成本进行测量；之后分析了交易成本的范式；最后给出了交易成本在现实中的几个领域的应用。

思考题

1. 交易的内涵是什么？它包括几个维度？
2. 交易成本的决定因素有哪些？请举例说明。
3. 如何测量交易成本？
4. 交易成本理论是由哪几部分构成的？
5. 民主中是如何体现交易成本作用的？

延伸阅读　科斯的原创性贡献

在新古典经济学中，价格机制如此完美，将社会结成高效运行的有机体。在这个有机体中，任何混乱都不会出现，或者更准确地说，混乱一旦出现，价格机制通过市场可以自动、迅速、无成本地把混乱状态调整到应有秩序。这个理念在新古典经济学教科书里存在了相当长时间，20 世纪 30 年代科斯的发难才使局面开始发生变化。科斯提出的问题是，既然价格机制如此完美无缺，为什么现实经济中还存在企业这样不同于市场的经济组织？

经济学家们早就观察到："货币在本质上是方便交易的工具，充当货币的商品，也是朝着方便交易的方向演进；交易过程中的损耗不可避免，交易各方总需要克服摩擦，商业范围扩张和商业设施发展，使摩擦在减少；商人的专门业务从产业资本家活动中分离出来，这些业务节约了用于商品买卖的资本，但商人还是会产生流通费用。"用现在的眼光来看，先哲们诸如此类的论述已与交易成本建立了某种联系。但学术界一般公认科斯是第一个使用交易成本分析方法的人。

在科斯看来，之所以如此，是因为价格机制的运行并非没有成本。他说："通过价格机制组织生产，最明显的成本是了解清楚各种与之有关的价格……市场上发生的每笔交易的谈判和签约费用也必须加以考虑。"在现实世界里，这种成本只可能减少（如通过制度选择、契约数量减少、电话电报技术进步等），没有办法完全消除。正是从上述简单但现实的观点出发，科斯在价格机制协调与企业家指挥协调之间架起一座桥梁，把"企业的显著特征是作为价格机制的替代物"这种假设说得"圆满顺畅"。但科斯既没有使用"交易成本"这个词，又没有把交易成本内涵说明白，只是提出了一个深邃的见解，即率先将交易成本引入经济分析。

此后，科斯从另一个角度对交易成本概念进行了补充。他说："为了进行市场交易，有必要发现谁希望进行交易，有必要告诉人们交易的愿望和方式，以及通过讨价还价的谈判缔结契约，督促契约条款的严格履行等。这些工作常常需要花费成本，而任何一定比率的成本都足以使许多无须成本的定价制度中可以进行的交易化为泡影。"在1991年接受诺贝尔经济学奖的演讲中，科斯进一步补充说："谈判要进行，契约要签订，监督要实行，解决纠纷的安排要设立等。"这些成本后来被称为交易成本。这些补充显然使交易成本概念的内涵比最初说明更具体了。

尽管如此，科斯也不得不接受这样一个事实，他所说的交易成本在可操作性上存在重大缺陷。更为重要的是，后来的学者对交易成本所做的种种说明，也未能很好地弥补此缺陷。从后面的分析可以知道，这个缺陷是致命的。它使新制度经济学的交易成本分析方法，一方面难以整合到正式的经济分析之中，迅速融入主流；另一方面屡屡被滥用，把不易说明的因素都归结到交易成本名下。

第4章 契约理论

引导案例

零负团费旅游①②

近几年来，在我国旅游行业先后出现了导游徐敏超砍人事件、桂林“7·26”导游事件、香港导游阿珍辱骂游客事件、海南导游训示游客事件等一系列恶性事件，对我国旅游业产生了极其恶劣的影响。在这些看似偶然的事件背后，存在着某种必然，那就是“零负团费”（zero and negative tour expense）这种经营模式在操纵着某些旅行社欺诈游客，非法牟利，从而导致旅行社或导游与游客关系紧张甚至发生冲突。零负团费是旅游商发明的一种经营方式，近年来在我国旅游市场快速蔓延。所谓零负团费，就是旅行社在接游客团队时，分文不赚只收成本价，甚至低于成本价收客。在此运行模式下，旅行社和导游的收入以购物及自费活动佣金为主，“回扣”项目颇多。“零负团费”旅游并不是对消费者的让利，而是充分利用消费者贪利的心理而实施的一种骗术。

由于对“零负团费”地接导游购物抽成早有耳闻，在与旅行社联系时，苏女士明白地说：“我们只是纯粹去玩，不购物，费用高一点无所谓。”之后，双方以大人3080元/人、小孩3280元/人的价格达成港澳6天游的协议（共14人，其中大人8人、小孩6人）。

☞ 首日暴晒6小时后被迫交3000元

5月1日上午8:30，该旅游团通关后，待在原地等待香港地接团导游接车。导游到场后，发现6个小孩，马上露出失望的神色。导游说：“苏女士这个团被泉州的旅行社转给福州的旅行社又被福州转给深圳的旅行社，从深圳的旅行社转到香港旅行社时，已经变成了购物团。如果不购买珠宝，正团游客必须补交9000元的费用。”

“我们在泉州交的费用属于纯游玩的，怎么突然变成购物团了？”苏女士一行人都很生气，拒绝交钱。香港地接团导游见状，转身离开。就这样，在当时路面温度超出30°C的情况下，苏女士一行人一直被晾在马路上，6个小孩忍不住直掉眼泪。直到下午1:30，经交涉，交给导游3000元后，苏女士一行人才被安排吃饭、上车。游览两个景点后，第一天的行程匆匆结束了。

---

① 易婷婷，梁子应．2011. 旅行社“零负团费”现象及对策分析——香港“购物门”事件引发的思考．重庆科技学院学报（社会科学版），(1)：104-105.

② 苏鹏，陈扬乐．2009. 基于“逆向选择”分析零负团费问题．经济研究导刊，(31)：160-161.

☞ 随后6日行程安排购物12回

5月2日大清早，导游在车上就要求该团合起来去购买10 000元的珠宝。“她威胁道，如果不购买，当晚不安排住宿，接下来的行程也不进行。”举目无亲、人生地不熟的苏女士等人只好交给导游2000元。

5月3日下午游玩迪斯尼乐园后，在高速公路上，导游再次威胁必须交钱，否则要把他们赶下车。这次，一行人只好又交了1800元。好不容易挨到酒店，导游以交的钱太少为由，居然关紧车门，不让苏女士等人下车。苏女士在以报警为威胁的情况下，导游才让他们下车。

接下来的3天，每天上午都是匆匆游览一下景点，下午被安排到免税购物街、珠宝店等购物场所。短短6天的行程，竟然被安排购物12回。

苏女士的遭遇也是很多“零负团费”游客的共同遭遇。

“零负团费”旅游实质是降低旅行社产品直观价格吸引旅游者，再用一种不透明的方式从旅游者身上赚取利润的一种价格策略，是信息不对称下的欺诈。由此可见一份透明清晰的合同（契约）很重要。

4.1 契约理论的基本概念

基于前面三章的分析，本章将通过对契约签订和执行过程的深入探讨，对“交易过程”进行具体分析，剖析影响交易成本水平的各类因素，研究不同契约设计和交易架构对于节约交易成本和提高资源配置效率的作用。

4.1.1 契约的含义

契约又称合同、合约，是法学、社会学、政治学和经济学中一个普遍使用的概念。在制度经济学中，契约与交易是一对共生概念，契约理论讨论的也是交易架构及影响交易成本的各类组织和制度问题。

1. 法律中的契约

人们使用较多的是契约在法律中的概念，换言之，契约通常是一个法律概念。在新制度经济学中，对契约的界定，也是基于法律中的契约概念，再进一步将这一范畴应用于制度分析范式之中。

对契约的内涵，法学中存在不少的界定。例如，最早以法律形式固定下来的契约概念首先是在罗马法中出现的。在罗马法中，契约是指由双方意愿一致而产生相互间法律关系的一种约定。《法国民法典》对契约做了如下规定，契约为一种合意，依此合意，一人或数人对于其他人或数人负担给付、作为或不作为的债务。在德国民法中，契约是指一种法律行为，通常包含意愿的两种申明。美国《第二次契约法重述》则将契约界定为一个或一组承诺，法律对契约的不履行给予补偿或者在一定的意义上承认的履约义务。显然，法学对契约的理解是在许诺的法律效力的意义上来使用这个词的。

2. 新制度经济学中的契约

新制度经济学对契约问题的研究，其目的并不是重构契约的概念和定义，而是将契约视为一个方法论工具，这个工具的意义在于分析交易过程中各类因素，从而对相关制度问题进行深入剖析。或者说，在新制度经济学中，契约总是与交易相关联，对契约的分析也是为了进一步解释交易和制度问题。为此，新制度经济学家对契约给出了各自的定义。

平乔维奇认为，"契约是人们用以寻找、辨别和商讨交易机会的工具。在所有权激励人们去寻找对其资产最具生产力使用方法的同时，缔约自由降低了辨别成本"。

克莱因认为，"契约是通过允许合作双方从事可信赖的联合生产的努力，以减少在一个长期商业关系中出现行为风险或'敲竹杠'风险的设计装置"。

菲吕博腾等认为，契约可以简单地理解为一个合法的双边交易中双方就某些相互义务达成的协议。

张五常认为，契约就是当事人在自愿情况下的某些承诺，它是交易过程中的产权流转形式。

基于法律和制度分析中人们对契约所做的界定，要理解契约的内涵比较容易。本书本着制度分析的"工具论"特点把契约界定为：在自愿基础上，交易双方为了进行交易而达成的协议，对双方承担的义务和交易标的物具体产权进行规定。

4.1.2　契约与交易的关系

新制度经济学对资源配置问题的探讨围绕"交易"展开。契约作为一个方法论工具，对于讨论交易的过程非常重要。

1. 契约使交易过程的分析变得更为具体，也更具操作性

交易可分为三个阶段，签订契约前的准备阶段、谈判和签订契约的阶段，以及签订契约后执行契约的阶段。换言之，交易过程就是契约的准备、签订和执行过程。由此可以看出，加入了"契约"这个方法论工具，原来略显笼统和简单的"交易过程"，分析起来变得更为具体且更具操作性了。

2. 契约是交易的架构

契约对交易中的相关问题进行了具体规定，因此，契约也被理解为交易双方为了实现交易而进行的制度性安排，从这个意义上讲，契约是交易的架构。

3. 交易的差异体现在契约上

不同交易，其过程的复杂程度和影响因素往往各有差异，与此相应，这些交易所需要的制度约束也各不相同，这些差异体现在契约的各项具体规定上。

从实质来看，契约实际上就是交易双方达成的一种规制双方交易的制度安排，因而它可以提供线索以探讨交易双方如何组成更复杂的组织形式和制度安排。契约不仅是从事交易的方式，而且通过契约可以创造不同形式的经济组织和权利结构。因而，契约是新制度经济学的一个核心概念，大量新制度主义文献也集中于契约问题研究。

既然契约被理解为交易的架构，那么，有什么样的交易就有什么样的契约。如第三章所述，在新制度经济学中，交易是经济活动的基本单位；与此相应，契约可被理解为界定人与人之间利益关系的基本制度，或者说是基本经济活动的微观制度。

4.1.3 契约的类型

从不同角度可以将契约进行无限种分类。一种影响较大、较为普遍的分类方法是将契约分为古典契约、新古典契约和关系契约。

1. 古典契约

古典契约无论在法律意义上还是在经济学意义上都是一种理想化契约关系，意味着契约条件在缔约时就得到明确、详细的界定，并且界定的当事人各种权利和义务都能被准确地度量，即对于未来所可能出现的任何一种事件，以及相应的双方权利、义务、风险分摊、契约执行和结果，都能够以毫无争议的文字写入契约条款，不会有模糊和不详细之处；契约各方不关心契约关系的长期维持，只关心违约的惩罚和索赔，交易往往是一次性的，交易完成后各方没有任何关系；不考虑第三方参与，强调法规、正式文件及交易自行清算。

2. 新古典契约

新古典契约是一种长期契约关系。新古典长期契约主要有两个重要特征：一是在契约筹划时即留有余地；二是无论是留有余地还是力求严格筹划，契约筹划者所使用的程序和技术本身可变范围很大，导致契约具有灵活性。这意味着当事人关心契约关系的持续，并且认识到契约的不完全和日后调整的必要。如果发生纠纷，当事人首先谋求内部协商解决，如果解决不了再诉诸法律，因而，强调建立一种包括第三方裁决在内的规制结构。

3. 关系契约

关系契约也是一种长期契约关系，强调专业化合作和长期契约关系的维持。意味着交易双方为了在交易中获得最大的预期收益，只在经济原则下根据目前情况部分规定交易的属性和条件，对那些虽涉及双方利益但在契约签定时需要花费巨大成本或根本不可能做出明确规定的条款，留待将来由交易双方进行过程性、相机处理。此外，初始明确的契约条款，一旦交易双方认为不再适宜时，也可做相应修改。因此，关系契约与新古典契约关系的区别是，尽管二者都强调契约关系的长期维持和适应性调整，但新古典契约的调整始终以初始契约条件为参照物，关系契约的调整可能参照也可能不参照初始协议，即使参照也并非一定坚持，而是根据现实需要做适应性调整，即关系缔约活动贯穿契约始终，并且，关系契约一般不需要第三方加入。

4.1.4 治理结构

契约关系的治理结构是指在降低交易成本或使交易成本为零的条件下，缔结的契约对交易效率没有影响，或者存在交易成本的条件下，人们可选择不同的契约来减少交易成本，提高交易的效率。威廉姆森认为传统上对于契约治理问题的认识，存在明显的局限，必须对各类契约所对应的多种治理结构进行分析。威廉姆森把“治理结构”分为四类：市场治理（market governance）、三方治理（trilateral governance）、双方治理（bilateral governance）、统一治理（unified governance）。

1. 市场治理

市场治理是依据市场上业已形成的组织安排和交易规范，对标准化交易行为直接进行治理。市场治理的作用主要体现在市场上经常进行的交易行为上，这些交易中所涉及的是一些标准化商品和服务，市场规则对这种交易也形成了稳定的标准化契约，市场上业已形成的治理结构，已经涵盖了交易双方所涉及的所有问题，交易双方无须在这个标准化合同之外，再另行订立一个具体交易合同，也无须对这种交易进行更多的治理安排。

对于高度标准化的交易而言，市场是最主要的治理结构，尤其当交易重复进行时，市场最为有效。因为双方仅凭已有经验就可以确定是继续保持交易关系还是以极小的转移费用去寻找新交易伙伴：由于是标准化交易，寻找另一种交易安排也不成问题。因此，即使是持久的交易关系，也可以通过一系列短期契约来维持。至于偶然进行的非专用性交易，交易双方虽然难以根据以往经验来防止交易中的机会主义行为，但也可以参考商业信誉或同一商品其他买主的经验。而且，如果交易商品或劳务是标准化的，那么这种经验或评价就能够激励当事人对自己的行为负责，以避免其不良行为对所有商品或劳务造成的损失。

2. 三方治理

三方治理是依据交易双方所签订的契约，借助第三方（通常指法院和仲裁机构）潜在的管理作用来维护交易进行，保证契约执行，这是由交易双方和受邀仲裁人共同组成的一种治理结构。

重复进行的混合性交易和重复进行的高度专用性交易，需要三方治理结构。在这类交易中，交易主体一旦缔约，就有很强的动机维持交易直到完成。这是因为交易过程中有专用性投资的发生，这些投资转到其他用途或为其他人使用，经济价值损失就会很大；而且由于在转移过程中的资产评估方面还存在很多困难，这就进一步增大了其价值损失，因而双方更愿意维持较稳定的关系。在这种情况下，市场调节不能令人满意。但是交易次数太少又使得建立一个交易专用性治理结构的成本得不到补偿，因此交易双方需要的是一种介于市场治理和专用性资产交易（双方）治理之间的中间形式。新古典契约就符合这种要求，它不是直接诉诸法律来保持或断绝交易关系，而是借助第三方（仲裁者）来帮助解决争端和评价绩效。例如，建筑契约的内容，可以请建筑师以相对独立的专家身份加以确认。

能够进行这种治理的一个重要前提是，契约中的相关内容可以在现实中进行“证实”和“评价”，也就是说，双方所签订的契约，能够为第三方的仲裁、调节提供契约规定上的“依据”，当然，三方的行为也必须符合相关法律规范。相应的，能够进行三方治理，其契约应该是新古典契约。

3. 双方治理

双方治理所指的治理结构由交易双方共同组织来管理交易行为，交易双方保持各自的独立地位，自主行事。他们主要通过相互持股、购买方在供应方做专用性投资等方式，增加双方的共同利益，均衡双方的交易风险，使双方的交易关系保持较高稳定性和持续性。

重复进行的混合性交易适合该种治理结构。由于是混合性交易，资产专用性不高，因此，出于规模经济考虑，买方可能会倾向于从外部购置零件。而且与一体化相比，外部采购还能对持续供货进行成本控制，在保持了一定市场激励的同时又避免了内部的行政扭曲。但是考虑到可适应性和契约费用，外购也存在一些问题。因为内部适应通过行政命令实现，而外购只能采取通过市场协调的自发性适应。由于一开始就考虑到并在契约中明确规定适应性问题，常常是做不到的或成本太高，因此，外购的适应性问题只能以双方补充协议的形式出现。适应性问题的存在造成了一种两难局面：一方面，双方愿意维持交易关系，以避免牺牲专用性资产的价值；另一方面，双方为了各自的利益，又不可能顺利地调整契约。这样，交易当事人通过订立双方都信赖的条款，来保证契约在一定程度上可以做出适当调整。在双方治理条件下，各方进行“自治”，且能够保证契约可以及时进行相应“适用性”调整，而不至于形成太多的纠纷，是双方对交易稳定性的依赖。

4. 统一治理

统一治理就是所谓一体化的办法，交易双方通过兼并或重组成为同一个经济决策主体，相关问题在这个一体化经济主体内部解决，即内部行政管理的治理也就是企业体制，它是一种外部交易内部化的治理方式。

交易越专门化，人们进行交易的意愿越小。因为随着人力和实物资产专用性的加强，它们向其他用途转移的可能性减小；而且专用性投资也有利于购买者和外部供应商实现规模经济。在这种情况下，一体化将被采用，即由一方来买断另一方，完全控制整个交易并承担全部责任。一体化的优势在于，不再需要商谈和修正交易主体之间的契约，而是用一种连贯的方式随时调整以适应环境变化，因而联合利润最大化可在一定程度上得到保证。与双边治理相比，纵向一体化的企业能够对价格和数量做出更加彻底的调整，以实现交易总收益最大化。由此也可以看出，高度专用性交易的特征是交易者不变，而价格和数量具有广泛的适应性。随着资产专用性的加深，市场让位于双方治理，又让位于一体化。纵向一体化的优点在于它适应一系列连续的变化，无须不断地寻找、设计或修改临时性协议。只要双方的所有权统一起来，就能保证双方都得到最大的利益。

双方治理和统一治理又被统称为专用性治理。专用性治理结构适用于重复进行的混合性交易和重复进行的高度专用性交易：由于交易的非标准化特征，交易双方需要维持稳定持久的关系；而且，交易的重复也能保证交易带来的收益弥补建立专用性治理结构的成本。交易与契约和治理结构的关系如表 4-1 所示。

表 4-1　交易与契约和治理结构的匹配

分类标准		资产专用性程度		
		非专用	混合	高度专用
交易频率	偶尔	市场治理	三方治理（新古典契约）	
	经常	（古典契约）	双方治理（关系契约）	统一治理（关系契约）

4.2　契约理论的分支

契约理论主要包括完全契约理论、不完全契约理论及交易成本理论三个理论分支。这三个分支都是解释公司治理的重要理论工具，它们之间不存在相互取代的关系，而是相互补充的关系。

4.2.1　完全契约理论

1. 完全契约

完全契约是指缔约双方都能完全预见契约期内可能发生的重要事件，愿意遵守双方所签订的契约条款，当缔约方对契约条款产生争议时，第三方劝说法院能够强制其执行。完全契约以完全竞争市场假设条件为前提。持有这种观念的学者在其契约理论中，精力集中在如何设计一个“合理、全面”的契约，而认为契约的执行不成问题。

在将信息不对称问题引入经济学之前，学者们假定契约都是完全契约。在新古典契约的完全理性和完全信息条件下，“完全契约”对交易中的所有问题进行了全面界定，相应的契约执行也非常容易，这类新古典契约，也有人称之为“阿罗-德布鲁”契约。

在引入了信息不对称问题之后，在“完全理性”条件下，虽然交易双方在信息方面存在信息不对称的状况，但是通过订立一个条款相对全面的契约，对交易中的相关问题进行规范，也是可行的。只要契约设计合理，对相关内容的界定足够清楚和准确，这种契约的执行依然不是问题。

当然，学者们对于这种完全契约的分析主要集中于信息不对称情况下的契约问题，信息不对称情况下，容易出现相应的“委托-代理”问题，所以这些契约理论很多时候也被称为委托-代理的契约理论，一些学者认为委托-代理理论和不完全契约理论这两部分理论形成了契约理论的主体。当然，应该注意到，这种习惯的称法，已经忽略了完全信息条件下的契约理论。

2. 可证实

所谓可证实是指契约中对相关权利及义务问题进行判定和衡量的标准与变量，在执行中是可以由“第三方”来证实的。契约中进行相关规定的时候，使用的判定和衡量标准在现实中有据可依，不仅契约双方可以获得这方面的可信赖信息，就连法庭这样的第三方也可以获得这些方面的可信赖信息，用以对相关问题进行裁决。

可证实，对于完全契约具有两个方面的重要意义。

第一，有了可证实的判定和衡量标准的保障，契约在执行中所遇到的问题，可以通过第三方来解决，这种潜在或现实的“第三方治理”，可以保障契约在执行中不出现问题，相应的，完全契约理论的注意力，也就集中于契约设计上。

第二，要保障可证实条件的有效性。契约的各类条款，必须本着可证实的原则对相关的判定和衡量标准进行选择，要以那些第三方可以证实的信息作为契约相关权利及义务的衡量和判定标准，这也是完全契约设计中最重要的原则。

当然，完全契约的可证实特点，也表明他们可以掌握关于契约执行的全部信息，或者至少可以有把握在一个有效设计中囊括契约执行中所有可能出现的情况。

也有学者反对把可证实作为划定契约“完全”与否的标准。一些学者认为即使某些内容第三者不能证实，只要契约双方知道双方的预期成本和收益，就不需把不可证实的内容写进契约，他们可以设计出一份完全契约，即“不可证实”不能成为契约不完全的原因。其实，双方都能知道对方的预期成本和收益，这样的交易已经接近“信息完全”和“信息对称”的条件了。而对于“可证实”与否，也不应理解为交易的全部内容是否“可证实”，而是指那些写进契约作为执行判定标准的内容是否“可证实”。从这个意义上讲，可以将完全契约理解为，写进契约作为执行判定标准的相关内容可以由第三方证实的那些契约，而不论这些交易是否信息完全、信息对称的。

其实，完全契约理论也正是试图传达这样一种观念：即使交易中存在着某些难以证实、难以明确的“模糊区域”，但是，只要能够巧妙地把握交易中的关键问题，通过那些“可证实”的内容设计出最优契约条款，仍然可以缓解交易双方的利益冲突，防范机会主义行为，减少纠纷，从而将交易成本限定在最低水平，保证交易双方的最大福利。

3. 委托与代理问题

委托代理理论的基本思路是，在委托代理关系中，由于交易的一方拥有更多信息，要保障交易顺利进行，维护自己的利润，委托人需要设计一份足以激励、约束其代理人的完全契约。

1）委托代理关系与信息不对称

当交易一方将需要完成的某项任务交给另一方，并给对方以相应报酬时，双方就形成了委托代理关系。将相关任务委托给别人去完成的一方，被称为委托方，而为别人完成相关任务，以获得相应报酬的另一方，则被称为代理方。委托代理关系较为普遍的如病人与医生之间、股东与企业经理人之间、地主与佃农之间等。

一般来说，在委托代理关系中，具体执行相关任务的代理方会拥有或掌握关于交易的更多信息。例如，医生会比病人更了解病人身体状况和最优治疗方案，缺乏专业知识的病人则可能无法依据自己所拥有的信息，判定出医生是否已经尽职尽责；企业经理人可能借工作之便进行了不必要的“在职消费”，而企业股东们往往难以判断哪些在职消费是不必要的。

所以，在处理带有信息不对称问题的委托代理关系时，通常习惯把拥有信息优势的一方称为代理方，而把另一方称为委托方。

2）激励约束问题

在信息不对称条件下，如果代理方利益和委托方利益出现了不一致，那么，代理方就有可能实施机会主义行为。显然，这会损伤到委托人利益。因此，委托方必须尽可能排除防范这种情况的出现，同时，现实中这种可能给委托人造成的“担心”也会给代理人的工作造成压力，因此，签订一份可以防范代理人机会主义行为的契约，对于执行交易和节约交易成本都具有至关重要的意义。所以，在委托关系中，委托人必然通过相关契约来约束代理人的机会主义行为，激励代理人能够最大限度地为委托人利益工作。在信息不对称条件下，会出现机会主义行为的可能性，以及双方在这个问题上所进行的努力，被称为激励约束问题。

4. 委托-代理问题的类型

基于上面介绍可以理解，信息不对称下如果委托人和代理人之间出现利益冲突，就有可能形成代理人机会主义行为造成对委托人利益的损害，委托代理关系下的交易就容易出问题。在现实中，委托代理问题非常广泛多样。委托代理问题可区分为以下两种基本类型。

1）道德风险

道德风险（moral hazard）也称为败德行为，一般指代理人借事后信息的非对称性、不确定性及契约不完全性而采取的不利于委托人的行为。简单来说，就是代理人借委托人观测监督困难而采取的不利于委托人的机会主义行动。在契约签订之后，委托人往往不能直接观测到代理人选择了什么样的行动，委托人所能观测的只是这样一些变量，这些变量由代理人的行动和其他外生随机因素共同决定，因而充其量只是代理人的不完全信息，这种情况下，代理人就可能做出偏离委托人利益的行动而不被发现。这在日常的各类保险，如火灾保险中表现得最为明显。由于保险公司难以观察和监督投保人行为，在许多场合无法确定火灾事故在多大程度上与投保人的疏忽等行为有关，因而火灾投保人一般会因为有了保险而变得懈怠，缺乏动力采取投保前那样的提防行动，结果增大了失火概率，给保险公司利益带来损害。在保险业务中此类问题被称为道德风险，阿罗将它引入经济分析，专指契约实施阶段的机会主义行为，如工人的偷懒行为、经理人员的疏忽与浪费等。

一般认为，对于道德风险问题，关键是设计一个最优的激励契约使代理人选择委托人所希望的行动，使代理人在追求自身利益最大化的同时，实现委托人的效用最大化。

需要注意的是，不仅代理人存在道德风险问题，委托人往往也存在道德风险问题。例如，根据契约，当观测到的产出高时，委托人应支付给代理人高报酬，但委托人可能谎称产出不高而逃避履约责任，将本应支付给代理人的报酬据为己有。

2）逆向选择

逆向选择（adverse selection）一般是指代理人利用事前信息的非对称性等所进行的不利于委托人的决策选择。逆向选择也是阿罗从保险业务中借用过来，专门描述契约签订阶段机会主义行为的一个重要概念。一般来说，投保人与承保人对保险业务的信息总是处于非对称状态，即投保人较为了解自己的类型与倾向，而承保人难以区分投保人的风险类型。因此，保险公司不能对不同风险的投保人给出不同保险费率，只能给出以风险平均概率为基础的保险费率。这种情况下，在保险费率给定的价格水平上，高风险者将购买更多保险，而低风险者将购买更少保险，从而导致风险承担均衡分配的无效率。

一个分权的经济中存在较多逆向选择问题。例如，关于企业生产率的信息只有企业自身最为清楚，计划当局充其量只掌握部分情况，企业会借此隐瞒其真正能够达到的产量水平而故意上报一个低产量计划，以谋求低利税负担。现实中，这种情况在信贷市场上也很常见。

对于逆向选择问题，由于委托人在签约时不知道代理人类型，所以对委托人来说其核心问题是选择什么样的合同与机制来获得代理人的私人信息，对代理人进行甄别；而对于代理人即有信息优势的一方来说，则可以通过信号传递等行动来避免逆向选择风险。

道德风险与逆向选择是委托代理问题的两种基本类型。从具体形式上说，在现实中，委托代理问题有多种具体表现形式。例如，工人合伙对付经理、工人和经理合伙对付股东；子公司的销售经理有子公司经理和总公司主管销售的副总裁两个上级，二者目标往往不同，甚至相互冲突，从而导致管理的效率降低。

值得注意的是，在新兴市场中还有另一类委托代理问题，即发生在公司里居控制地位的大股东与小股东之间的委托代理问题。其具体表现是大股东通过各种安排攫取小股东的财富，如中国股市上市公司的圈钱行为，即钱从小股民手中流向上市公司，继而进一步流向大股东手中。哈佛大学经济学家安德雷·谢莱佛将之形象地称为“隧道行为”，即上市公司或者控制上市公司的大股东用种种手段，将财富从小股东钱包里偷走。

5. 委托代理理论的基本模型

得益于信息经济学和博弈论在制度分析领域的应用，关于委托代理问题已经形成了一整套相对完善的模型体系。

1）模型基本函数、目标与约束条件

（1）效用函数。假定委托人效用函数为$V(\cdot)$，代理人效用函数为$U(\cdot)$，代理人工作中付出的努力为α，工作效果为x，形成货币收益π，x、π都与α呈正相关关系，即代理人越努力，最终的效果越好，货币收益越高，但是，也存在外生的代理人无法控制的其他偶然因素影响这个效果，这个偶然因素记为θ。即x、π都是α和θ的函数：$x=x(\alpha, \theta)$，$\pi=\pi(\alpha, \theta)$，$x'>0$，$\pi'>0$。根据工作所形成货币收益π，委托人支付代理人相应报酬w，这个报酬与工作所形成货币收益呈正相关关系：$w=w(\pi)$，$w'>0$（这是激励代理人努力工作的首要原则）。因为$\pi=\pi(\alpha, \theta)$，所以，$w=w(\pi)=w[\pi(\alpha, \theta)]$。相应的，可以得出表示委托人和代理人利益的效用函数，委托人获得的收益为$\pi-w$，委托人的效用函数为$V=V[\pi-w(\pi)]$；代理人获得收益为w，付出努力为α，则代理人的效用为$U=U(w, \alpha)=u[w(\pi)]-c(\alpha)$。

（2）随机因素与相关变量的状态分布。上述表述中有一个随机变量θ，它引入了现实的不确定性因素，也就使得模型分析需要注意随机变量的分布问题。θ不是一个确定数值，而是在各种可能的水平θ_i上，都只对应着一个相应的概率密度$p(\theta_i)$。记θ的密度函数为$g(\theta)$，$g(\theta_i)=p(\theta_i)$，分布函数为$G(\theta)$。以θ为自变量的其他变量，也无法直接获得确定的具体数值，而只能对应着相应变量值得出的概率水平。例如，当$\theta=\theta_i$时，$x=x_i=x(\alpha_i, \theta_i)$，而$x$处于$x_i$水平上的概率密度$p(x_i)=p[x(\alpha_i, \theta_i)]=p(\theta_i)=g(\theta_i)$。

同理，$p(\pi_i)=p[\pi(\alpha_i, \theta_i)]=g(\theta_i)$，而依据$\pi=\pi(\alpha, \theta)$，可以通过反函数关系得出$\theta=\pi^{-1}(\pi, \alpha)$，可得出，$\theta_i=\pi^{-1}(\pi_i, \alpha_i)$。因此，$p(\pi_i)=g(\theta_i)=g[\pi^{-1}(\pi_i, \alpha_i)]$。由此可得，$\pi$的密度函数为$g[\pi^{-1}(\pi, \alpha)]$，显然这是一个以$\pi$和$\alpha$为自变量的函数关系，可以记$\pi$的密度函数为$f(\pi, \alpha)$；以此为基础，可以得出$\pi$的分布函数，记为$F(\pi, \alpha)$。如此，就可以将$\theta$的密度函数和分布函数作为参数包含在$\pi$的密度函数和分布函数中，从而有助于委托代理模型的求解，这种方法被称为分布函数参数化（parameterized distribution formulation）方法。

明确了上述基本原理，其他变量的概率密度与状态分布问题，也就比较明确了，分别有

$$p(w_i)=p[w(\pi_i)]=f(\pi_i, \alpha_i)$$
$$p(V_i)=p[V(\pi_i-w_i)]=p(w_i)=f(\pi_i, \alpha_i)$$
$$p(U_i)=p[U(w_i, \alpha_i)]=f(\pi_i, \alpha_i)$$

因此，委托人和代理人的效用最大化问题所针对的不是一个具体效用值，而是各种可能效用值的数学期望，即$V=V[\pi-w(\pi)]=\int V[\pi-w(\pi)]\cdot f(\pi, \alpha)\mathrm{d}\pi$；$U=U[w(\pi)\alpha]=\int u[w(\pi)]\cdot f(\pi, \alpha)\mathrm{d}\pi-c(\alpha)$。

（3）最大化与约束条件。委托-代理理论一般认定，委托人具有制定相应委托代理契约的权利，而代理人可以选择是否接受这一契约。委托-代理模型的这种处理，是假

定委托人具有完全谈判能力，而代理人只能选择是否接受。因此，对于委托人来说，要最大化自身效用，就必须在契约中最大限度地激励代理人为委托人利益服务。为此，模型分析一般概括为如下最大化目标与约束条件。

最大化目标，即委托人要实现自身效用最大化：

$$\mathrm{Max}\int V[\pi - w(\pi)] \cdot f(\pi, \alpha)\mathrm{d}\pi$$

约束条件则来自代理人，一般来说，分为以下两个约束条件。

第一，参与约束（participation constraint），又称代理人的个人理性约束（individual rationality constraint）：

$$\int u[w(\pi)] \cdot f(\pi, \alpha)\mathrm{d}\pi - c(\alpha) \geqslant \bar{u}$$

其中，$\bar{u}$ 表示代理人的保留效用，是指代理人不接受委托人契约，在其他市场机会中可以获得的最高效用。显然，只有当代理人效用水平至少不低于这个保留效用时，代理人才有可能参与这项交易，这是代理人个人理性的必然要求。

第二，激励相容约束（incentive compatibility constraint）：

$$\int u(w(\pi(\alpha, \theta))) \cdot f(\pi, \alpha)\mathrm{d}\pi - c(\alpha) \geqslant \int u(w(\pi(\alpha', \theta))) \cdot g(\theta)\mathrm{d}\theta - c(\alpha'),\ \forall \alpha' \in A$$

其中，A 表示所有可能努力程度 α 所组成的集合。这一公式所表示的是，代理人会选择一个令自身效用最大化的 α 作为其最终努力程度，即代理人努力程度要符合代理人效用最大化的约束。换言之，α 要使 $\int u(w) \cdot f(\pi, \alpha)\mathrm{d}\pi - c(\alpha)$ 取得最大值。

综上所述，委托人作为契约制定者，其目的是自身效用最大化，但代理人可以选择是否参与这契约及付出多大努力程度。因此，委托人要最大化自身效用，还需要考虑来自代理人的约束条件。由此可得，委托代理模型的问题可概括为

$$\mathrm{Max}\int V[\pi - w(\pi)] \cdot f(\pi, \alpha)\mathrm{d}\pi$$

$$\text{s. t. (PC)}\int u[w(\pi)] \cdot f(\pi, \alpha)\mathrm{d}\pi - c(\alpha) \geqslant \bar{u}$$

$$\text{(IC)}\int u(w(\pi(\alpha, \theta))) \cdot f(\pi, \alpha)\mathrm{d}\pi - c(\alpha)$$

$$\geqslant \int u(w(\pi(\alpha', \theta))) \cdot f(\pi, \alpha)\mathrm{d}\pi - c(\alpha'),\ \forall \alpha' \in A$$

2）信息对称条件下的求解

在委托代理模型中的信息对称或者完全信息条件，通常是指委托人可以明确了解代理人努力程度 α 的水平。在这种条件下，委托人完全可以要求代理人按最优努力程度进行工作，并且在契约中威胁代理人，只要努力程度低于这个水平，代理人收入 w 将非常低。在这种条件下，激励相容约束就显得没有必要了，这种契约一般被称为强制契约（forcing contract）。

在没有激励相容约束（IC）的情况下，委托代理决策问题就变得相对简单了，可以直接确定最优支付方案，即 w 求解：

$$\text{Max}\int V[\pi - w(\pi)] \cdot f(\pi, \alpha)\mathrm{d}\pi$$

$$\text{s. t. (PC)}\int u[w(\pi)] \cdot f(\pi, \alpha)\mathrm{d}\pi - c(\alpha) - \overline{u} \geqslant 0$$

在任意收入水平 π_i 上，根据库恩—塔克定理，关于 w 求解，可以得出最优解 w^* 应满足：

$$-V'[\pi_i - w^*(\pi_i)] \cdot f(\pi_i, \alpha) + \lambda u'[w^*(\pi_i)] \cdot f(\pi_i, \alpha) = 0$$

$$\lambda \geqslant 0$$

$$u[w^*(\pi_i)] \cdot f(\pi_i, \alpha) - c(\alpha) - \overline{u} \geqslant 0$$

$$\lambda \cdot [u(w^*(\pi_i)) \cdot f(\pi_i, \alpha) - c(\alpha) - \overline{u}] = 0$$

一般来说，可以直接认定 $u(w^*(\pi_i)) \cdot f(\pi_i, \alpha) - c(\alpha) - \overline{u} = 0$，即出于最大化自己利益的考虑，委托人会尽可能降低支付给代理人的报酬 w，在委托人看来，最优支付方案中，代理人效用恰好达到保留效用水平，在此基础上多支付一点报酬都不合算。由此，也就排除了 $\lambda = 0$ 的情况，从而得出，必然有 $\lambda > 0$，最终解可以总结为

$$-V'[\pi_i - w^*(\pi_i)] \cdot f(\pi_i, \alpha) + \lambda \cdot u'[w^*(\pi_i)] \cdot f(\pi_i, \alpha) = 0$$

即

$$V'[\pi_i - w^*(\pi_i)] \cdot f(\pi_i, \alpha) = \lambda \cdot u'[w^*(\pi_i)] \cdot f(\pi_i, \alpha)$$

即

$$V'[\pi_i - w^*(\pi_i)] = \lambda \cdot u'[w^*(\pi_i)]$$

也就是

$$\frac{V'[\pi_i - w^*(\pi_i)]}{u'[w^*(\pi_i)]} = \lambda, \ \lambda > 0$$

一般认为，上述结论包含了信息对称条件下委托代理模型的主要结论。当然，更多有现实意义的结论，需要在上述结论基础上，进一步进行相应的比较静态分析。

对上述结论中的 $V'[\pi_i - w^*(\pi_i)] = \lambda \cdot u'[w^*(\pi_i)]$ 关于货币收益 π_i 求导可得

$$V'' \cdot \left(1 - \frac{\mathrm{d}w^*}{\mathrm{d}\pi_i}\right) = \lambda \cdot u'' \cdot \frac{\mathrm{d}w^*}{\mathrm{d}\pi_i} \Rightarrow \frac{V''}{u''} \cdot \left(\frac{1 - \frac{\mathrm{d}w^*}{\mathrm{d}\pi_i}}{\frac{\mathrm{d}w^*}{\mathrm{d}\pi_i}}\right) = \lambda \Rightarrow \frac{V''}{u''} \cdot \left(\frac{\mathrm{d}\pi_i}{\mathrm{d}w^*} - 1\right) = \lambda$$

将 $\frac{V'}{u'} = \lambda$ 代入，可得

$$\frac{V''}{u''} \cdot \left(\frac{\mathrm{d}\pi_i}{\mathrm{d}w^*} - 1\right) = \frac{V'}{u'} \Rightarrow \frac{V''}{u''} \cdot \frac{u'}{V'} \cdot \left(\frac{\mathrm{d}\pi_i}{\mathrm{d}w^*} - 1\right) = 1$$

不妨设 $\gamma_p = -\frac{V''}{V'}$，$\gamma_A = -\frac{U''}{U'} = -\frac{u''}{u'}$，并代入上述结果可得

$$\frac{\gamma_P}{\gamma_A} \cdot \left(\frac{\mathrm{d}\pi_i}{\mathrm{d}w^*} - 1\right) = 1 \Rightarrow \frac{\mathrm{d}\pi_i}{\mathrm{d}w^*} - 1 = \frac{\gamma_A}{\gamma_P} \Rightarrow \frac{\mathrm{d}\pi_i}{\mathrm{d}w^*} = \frac{\gamma_a + \gamma_p}{\gamma_p} \Rightarrow \frac{\mathrm{d}w^*}{\mathrm{d}\pi_i} = \frac{\gamma_P}{\gamma_A + \gamma_P}$$

上述结论中的 $\gamma_P = -V''/V'$，$\gamma_A = -U''/U'$ 依次是委托人和代理人的阿罗—普拉特风险规避度（Arrow-Pratt measure of absolute risk aversion），风险规避度 $\gamma = 0$，说明

经济主体是风险中性者；$\gamma>0$，则表明经济主体是风险厌恶者；$\gamma<0$，则表明经济主体是风险偏好者。

结论 $dw^*/d\pi_i=\gamma_P/(\gamma_A+\gamma_P)$ 表明，委托人与代理人之间的风险分摊问题及关于 π 的分配方案，取决于两者的风险规避度。

如果委托人是风险中性者，$\gamma=0$，那么，$dw^*/d\pi_i=0$，这表明，无论收益如何变化，代理人工资都不会发生变化，即代理人获得的是固定收益。

如果委托人是风险中性者，$\gamma=0$，那么，$dw^*/d\pi_i=1$，这表明，货币收益 π_i 增加多少，代理人的支付 w^* 就增加多少，即最优支付方案是，收益增量都归代理人，委托人不再从收益增量中获得任何收益，相当于委托人将自己的相应资源以一个固定收益水平“租借”给了代理人。

如果委托人和代理人都是风险厌恶者，那么，收益增量中支付给代理人的那部分比例满足 $0<dw^*/d\pi_i<1$，而且，代理人的风险回避度 γ_A 越大，收益中归代理人的收益所占比例 $dw^*/d\pi_i$ 就越少，代理人承担的风险就越少，与之相应，委托人所获得的那部分收益就越多，承担的风险就越大；反之，若委托人的 γ_p 越大，则 $dw^*/d\pi_i$ 就越大，代理人所获得收益增量中的比例就越多，代理人所承担风险就越大，委托人所获得收益增量中的比例就越少，委托人所承担的风险就越少。总之，风险回避度越大，承担风险就越少，相应的，在收益增量中所占比例也就越少，收益也就越稳定。

3）信息不对称条件下的求解

信息对称条件下的求解之所以相对简单，是因为委托人可以明确知道代理人努力程度的真实水平，因此，可以直接指定代理人按最优努力程度来工作，剩下的只是考虑参与约束和收益分配方案。但是，在信息不对称条件下，问题就不一样了，委托人无法明确知道代理人努力程度的水平，这会导致代理人不付出其应尽努力，即前面所说的契约签订之后，代理人不按契约规定尽最大努力工作，出现道德风险。在这种条件下，代理人的努力程度要取决于代理人的效用最大化决策，即代理人会按对自己最有利的努力程度来进行工作，而委托人只有在这个 α 水平上，设计最优契约安排。总之，在信息不对称条件下，激励相容约束变成了实际约束，将代理人努力程度 α 限定在了能够让代理人效用最大化的水平上。

$$(IC)\int u(w(\pi(\alpha,\theta)))\cdot f(\pi,\alpha)d\pi-c(\alpha)$$

$$\geqslant\int u(w(\pi(\alpha',\theta)))\cdot f(\pi,\alpha)d\pi-c(\alpha')\quad\forall\alpha'\in A$$

也就是要求 α 使 $\int u(w(\pi(\alpha,\theta)))\cdot f(\pi,\alpha)d\pi-c(\alpha)$ 取得最大值。可用莫里斯和霍姆斯特姆的“一阶条件法”（the first-order approach）来处理这个问题，即求 α 使代理人效用 $U=\int u(w(\pi(\alpha,\theta)))\cdot f(\pi,\alpha)d\pi-c(\alpha)$ 关于 α 的一阶导数等于零：

$$U'_\alpha=\int u[w(\pi)]\cdot f'_\alpha(\pi,\alpha)d\pi-c'(\alpha)=0$$

相应的，最优化问题就变为

$$\mathrm{Max}\int V[\pi - w(\pi) \cdot f(\pi, \alpha)\mathrm{d}\pi$$

$$\text{s.t. (PC)}\int u[w(\pi)] \cdot f(\pi, \alpha)\mathrm{d}\pi - c(\alpha) \geqslant \overline{u}$$

$$\text{(IC)}\int u[w(\pi)] \cdot f'_\alpha(\pi, \alpha)\mathrm{d}\pi - c'(\alpha) = 0$$

如前所述，参与约束 PC 要取边界值，即 $u(w^*(\pi_i)) \cdot f(\pi_i, \alpha) - c(\alpha) - \overline{u} = 0$。这样就可以直接对上述问题设置拉格朗日方程求解，将参与约束与激励相容约束的拉格朗日乘子依次设为 λ 和 μ，可以解出上述最优化问题关于 w 的一阶条件是，对于任意一个货币收益水平 π_i，最优支付方案 w^* 要满足：

$$-V'[\pi_i - w^*(\pi_i) \cdot f(\pi_i, \alpha) + \lambda \cdot u'(w^*(\pi_i))] \cdot f(\pi_i, \alpha)$$
$$+ \mu \cdot u'[w^*(\pi_i) \cdot f'_\alpha(\pi_i, \alpha)] = 0$$

整理可得

$$\frac{V'[\pi_i - w^*(\pi_i)]}{u'[w^*(\pi_i)]} = \lambda + \mu \frac{f'_\alpha(\pi_i, \alpha)}{f(\pi_i, \alpha)}$$

为了易于理解，我们可进一步将该公式整理为

$$\frac{V'[\pi_i - w^*(\pi_i)]}{u'[w^*(\pi_i)]} = \lambda + \mu \cdot \left[1 - \frac{f(\pi_i, \alpha) - f'_\alpha(\pi_i, \alpha)}{f(\pi_i, \alpha)}\right]$$

其中，$[f(\pi_i, \alpha) - f'_\alpha(\pi_i, \alpha)]/f(\pi_i, \alpha)$ 一般被称为莫里斯和霍姆斯特姆的似然率(likelihood rate)，表示在低于 α 的努力程度下，π_i 出现概率除以 α 努力程度下的 π_i 出现概率（也可以理解为获得 π_i 收益时，代理人的偷懒可能性）。

由于，$f'_\alpha(\pi_i, \alpha) = \Delta f(\pi_i, \alpha)]/\Delta\alpha$，若 $\Delta\alpha = 1$，则 $f(\pi_i, \alpha) - f'_\alpha(\pi_i, \alpha)$ 可近似于 $f(\pi_i, \alpha - 1)$。更一般的，可以认为 $f(\pi_i, \alpha) - f'_\alpha(\pi_i, \alpha)$ 是低于 α 的某个努力程度 α^- 下的 π_i 出现概率 $f(\lambda_i, \alpha^-)$，$\alpha^- < \alpha$。这样一来，似然率 $[f(\pi_i, \alpha) - f'_\alpha(\pi_i, \alpha)]/f(\pi_i, \alpha) = f(\pi_i, \alpha^-)/f(\pi_i, \alpha)$ 越大，即货币收益 π_i 越有可能由代理人以低于 α 的努力程度取得。

这一结果与信息对称条件下的最终结果明显不同：在信息对称条件下，代表现实随机因素的分布函数在整理中被替换掉，没有出现在最终结果中；而在信息不对称条件下，可以明确地看出，最终结果中存在着现实随机因素的变量“似然率”。这个结果就是委托代理模型中著名的“莫里斯-霍姆斯特姆条件”（Mirrlees-Holmstrom condition）。

显然，这个结果是一般形式，在 $\mu = 0$ 的特殊情况下，激励相容约束不再处于边界水平上，得出的结果与信息对称条件下的结果一致。值得注意的是，在信息不对称条件下，$\mu > 0$，所带来的影响正是现实中随机因素对结果的影响。换言之，$\mu > 0$ 使得似然率影响着最优分配方案的调整。

似然率越大，$V'[\pi_i - w^*(\pi_i)]/u'[(w^*(\pi_i)]$ 越小，由于 $V'' \leqslant 0$，$u'' \leqslant 0$，因此，只要委托代理双方不同时都是风险中性者，V'' 和 u'' 中至少有一个严格小于零，那么，$V'[\pi_i - w^*(\pi_i)]/u'[(w^*(\pi_i)]$ 越小，就要求分配方案中付给代理人的报酬 $w^*(\pi_i)$ 越

少。由此可得，如果代理人越有可能在偷懒情况下获得 π_i 货币收益，按最优契约原则，委托人在 π_i 货币收益下所提供给代理人的报酬 $w^*(\pi_i)$ 也就越少。反之亦然。

这一结论对于现实的指导意义非常明显。由于无法明确得知代理人的努力程度，因此，委托人只能通过客观现实条件和随机因素对结果的影响，来判断代理人的努力程度，从而确定最优支付方案。如果市场条件变得越好，也就是说，现实随机因素使得似然率变得高，代理人越有可能在不努力情况下获得较高收益，那么，相同工资效果和货币收益下，按照最优契约原则，委托人提供给代理人的收益应该降低。相反，如果市场条件非常差，即使最终货币收益没有提高，但是，可以认定，代理人有更大可能付出了更多努力，委托人在最佳契约原则下所支付报酬应随着似然率的降低而提高。

如果考虑完全契约的可证实要求，可以明确，在努力程度变量 α 不满足可证实要求的情况下，信息不对称条件下的求解结果说明，最优契约需要从似然率所代表的其他外部随机因素中选取可以证实的相关变量，作为契约执行中的重要参照变量，用这些可证实的变量来衡量似然率，从而间接从概率分布的意义上确定代理人的努力程度从而确定最佳契约安排。

当然，委托代理理论的相关模型非常多，本书只介绍其基本分析思路和相对成熟的代表性基本模型。

4.2.2 不完全契约理论

不完全契约理论由格罗斯曼、哈特和莫尔等共同创立，因而这一理论又被称为 GHM（格罗斯曼-哈特-莫尔）理论或 GHM 模型。国内学者一般将其称为不完全合约理论或不完全契约理论。因为该理论的分析框架是，以合约的不完全性为研究起点，以财产权或（剩余）控制权的最佳配置为研究目的。不完全契约理论是分析企业理论和公司治理结构中控制权的配置对激励及信息获得影响的最重要分析工具。

1. 不可证实与不完全契约

委托代理理论虽然可以讨论信息不对称性的情况，认为交易双方之间存在“你知道、我不知道”的信息，但是，却没有关注另一部分对于契约条件有着重要意义的信息，就是虽然交易双方可以获知，但是第三方却无法去证实的信息。

委托代理理论所讨论的契约之所以属于完全契约范畴，是因为那些写进契约作为执行判定标准的相关内容是可证实的。正是这一可证实的条件，保证了契约可以在第三方力量的监督和裁判下，进行三方治理。与之相应，不完全契约理论所关注的则是那些第三方无法证实的信息，而由于相关条款无法在可证实基础上，借助第三方力量规范治理双方的交易行为，不完全契约所对应的交易行为，往往要突破三方治理的治理结构，过渡到双方治理和一体化治理模式。

当然，契约理论从古典契约到委托代理理论，再到不完全契约，经历了一个较长的发展过程，其中，不同学派不同分析范式之间进行了非常多的对话，相应的理论体系尚未完全成熟。

新制度经济学之前，经济学使用的是古典契约假设，其深层理论基础是，理性人具有无限知识和准确预见能力及交易成本为零。显然，在完全契约假设下讨论问题只是为了理论上的方便。现实经济生活中的契约往往是不完全的，其原因在于人们的行为和决策要受到有限理性、信息不完全或不对称、交易成本等制约。人们理性的有限性，使得他们不可能完全预期到未来所可能发生的各种情况，不可能确切地知道将来哪种情况会发生，不可能清楚各种情况下当事双方利益关系的变化，因而合同不可能是详尽无遗的。同时，合同条款也没有必要完备无遗。交易成本的存在，使人们根据经济理性原则，可能人为将契约设计得不完善，将那些耗费颇大及根本不可能进行界定的维度暂时排除在契约之外，留待契约双方相机处理；除了协商解决，对于风险事件和不确定性事件，以及契约双方信息不对称所导致的机会主义行为，契约双方还可借助法律或习惯约束来处理。因此，新制度经济学关于契约问题研究的重点放在了不完全契约或关系契约上。

2. 不完全契约的交易成本理论

在威廉姆森的交易成本理论中，不完全契约理论占了非常大的比例，威廉姆森的这些理论已经成为新制度经济学契约理论重要的理论基础。在这里，从不完全契约的角度再进一步介绍交易成本理论的分析。

1）交易成本大于零与契约不完全

在交易成本理论中，契约不完全由有限理性、交易成本大于零和机会主义行为引发。专用性资产的投资、交易频率低及交易中的不确定性等因素，使得市场上的交易中有着明显的正交易成本特点；交易双方也并非绝对的君子，在交易成本大于零的条件下，一方可能凭借自己在交易中所占的有优势地位，通过机会主义行为损人利己；而由于交易双方都只是有限理性，所以，在这种条件下签订一个完全契约是不可能的。

在现实中，契约安排除了在条款的完备程度上存在差异，更为重要的是，它们的事后执行也存在很大差异。事实上，契约的执行环节或事后支持制度是新制度经济学的核心问题之一。

在人们的印象里，如果合同在执行过程中出现纠纷和争端，合同方一般会诉诸法院来解决，即由政府或其他外部机构通过法律来实施合同。其实，在现实的大多数合同履行中，人们往往不是依赖法院根据合同条款所施加的裁决和强制履行，而是依赖合同方自我实施的履行机制来解决不完全合同问题和纠纷，并且，被视为履行不完全合同的有效工具，即合同的实施机制有两种：一是由政府或其他外部机构通过法律实施的明确契约保证；二是由市场机制自我实施的默认契约保证。

在现实经济生活中，由于合同不完全性，合同执行过程中出现争议不可避免。尽管不少合同行为的争端最后可能通过诉诸法院来解决，但是，大多数合同行为的争端往往依赖习惯、诚信、信誉等因素作用来解决。换言之，合同各方尽量依靠他们自己的力量与方式来解决合同争端，而不是诉诸法律。这就产生了自我实施合同或默认契约的观念。因为，在当事人看来，利用法律程序要花费成本，甚至是高昂的成本。将包括了遗漏条款和模糊不清陈述的不完全合同的纠纷交付法院，由法官和陪审团裁决，无异于一场代价昂贵的赌博，因为他们未必具备合同所涉及的专业知识和信息。因此，自我实施的合同更为常见。

比较而言，通过法院实施的明确契约，能够较有效地解决或抑制机会主义问题，但实施成本高昂；自我实施的默认契约成本较低，但很难解决机会主义问题。因此，默认契约或合同的自我实施的重点在于如何克服机会主义问题。

2）默认契约与准租金

有关市场交易的传统经济学观点认为，应由政府作为第三者来界定产权和实施契约。这种观点背后的基础是，如果没有政府这个第三者来判定和制裁违约行为，市场交易将不可能。但在一些自由主义经济学家如哈耶克和马歇尔看来，在没有任何第三方参与的情况下，只要交易重复进行，当事人的信誉和名声可以成为激励他们确保契约绩效的因素。

克莱因、克劳福德和阿尔钦在其经典论文《纵向一体化、可占用租金与竞争性缔约过程》（1978）一文中，也强调了默认契约的重要性。他们指出，产生毁约危险的原因在于存在可被有关当事人占用的专用性准租金，这种准租金使机会主义行为有可能变为现实。

所谓准租金是指某项资产最优使用者超过次优使用者的价值，它产生于专用性投资。在现实中，有关当事人（契约双方）都想尽可能占用这部分准租金。例如，当没有出价次高的次优者加入竞价时，最优使用者会出次高价而不是最高价来使用某项资产，从而占用全部准租金。为达到占用准租金的目的，会出现种种不道德或机会主义行为。针对机会主义行为，具体的契约解决主要有明确契约和默认契约两种。在现实中，相对非正式的、不涉及法律的契约实施占支配地位，真正依靠法律明确裁决的合同实施极为罕见。

在理论上，默认契约更符合竞争性缔约过程的要求（强调的是市场力量、契约自由、缔约自愿），因此，自我实施契约的运行方式之一就是给潜在欺诈者提供一种未来的贴水（premium），并且使它超过从欺诈中获得的潜在收益。这种贴水实际上就是为防止欺诈活动而支付的保险费用。只要交易双方对由欺诈而获得的潜在短期收益有相同估计，这种保险的数额就会达到供求均衡，可以预料的机会主义行为就不会发生。如果预料到缔约后毁约行为会发生，那么支付一定的贴水是最佳的阻止办法。如果这种贴水过于昂贵，那么特定的交易就不会发生。

以工资契约为例，当劳动力供过于求或企业对劳动力的需求减少时，如果资方以削减工资适应劳动力的需求减少，企业支付的工资水平正好等于出清劳动力市场的价格，将导致企业最好的、效率最高的劳动者离开企业；如果资方保持工资水平不变而以相对减少雇佣量来适应劳动力需求的减少，就可能将那些最好的、效率最高的劳动者留下来，此时资方支付的工资水平将比出清劳动力市场的价格高一些。资方这样做的原因在于寻求长期合作关系所必不可少的忠诚。

这种情况可以推广到几乎所有市场的缔约活动：支付高于完全竞争水平的价格，即给予交易方以价格贴水，能够对供给质量起保证作用，即保证契约的实现或绩效。

此外，交易的一方通过违约往往可以获得一个数额巨大的一次性收益，但是，将招致两个方面的损失：一是专用性投资的损失；二是在将来的交易中，必须花费更高的代价才能使交易水平恢复到没有招致信誉损失时的水平。因此，若给予交易对方一种未来的贴水，即把价格定得高于完全竞争水平，保证交易对方足够的收益流量，交易对方一般不会违约，契约绩效能够得到保证。总之，价格贴水和专用性投资是保证契约绩效的有效方法。

3. 不完全契约的新产权理论

哈特等在契约的不完全性及由此引发的权利和控制的有效配置问题中，试图用较为清晰和标准的模型语言，将不完全契约下的权利和控制问题进行更深入的分析，这些理论被称为新产权理论。

一般认为，不完全契约的产权理论是在交易成本理论基础上发展而来的，从契约理论的模型分析角度来看，这一理论的发展，出于弥补委托代理模型在契约理论方面所表现的明显不足。当然，新产权理论也并非仅仅将不完全契约的交易成本理论进行模型化的数理表述。从某些方面来看，新产权理论还试图比交易成本理论更为深入地探讨不完全契约中的权利配置等相关问题。尤其是当交易双方合并为同一家企业时，新产权理论试图更为深入地讨论在一体化治理下，同一个企业内部契约安排和权利配置问题，而这恰好是交易成本理论讨论较少的一个领域。正如哈特指出："如果两家企业合并成为一家单独的企业，这些成本会有怎样的变化？在这一点上，交易成本理论似乎变得更加模糊了。它时常指出，争论问题与套牢行为在单个企业内将会减少。但是，这种情况赖以发生的确切的机制通常却弄不清楚。"

1）契约不完全的原因

其实，本节对完全契约和不完全契约的区分，就来自于新产权理论。契约不完全是由于未来的不确定性、交易双方缺乏统一语言规定契约或然条款，以及第三方的不可证实问题。具体来说，就是指交易双方无法明确知道未来可能发生的一切可能情况，即使知道了这些或然情况，交易双方也难以找到双方都认可的没有歧义的统一语言来规定这些或然情况；而即使规定了这些情况，作为执行参照标准的相关变量，也可能是第三方所无法证实的，即契约难以获得来自第三方力量的强有力监督、裁决以保证其执行。因此，新产权学派的特点就是强调在交易过程中，在契约执行中的调整与再谈判。

正如哈特指出："第一，在复杂的、十分不可预测的世界中，人们很难想得太远，并为可能发生的各种情况都做出计划。第二，即使能够做出单个计划，缔约各方也很难就这些计划达成协议，因为他们很难找到一种共同的语言来描述各种情况和行为……第三，即使各方可以对将来进行计划和协商，他们也很难将计划写下来，以使得在出现纠纷的时候，外部权威如法院，能够明确这些计划是什么意思，并强制加以执行。"

2）再谈判条款

认为签订一个完全契约是不可能的，就等于承认在交易过程中，事前签订下的契约存在各种漏洞，靠这个契约来规范交易就难免会出现纠纷。对此，新产权理论和交易成本理论都提出通过交易过程中的再谈判来解决交易中出现的各种情况，出现了新问题之后，交易双方再针对这一新问题和情况，重新进行协调和谈判，对交易进行调整。更进一步讲，不完全契约的新产权理论，其基本理念就是在契约执行过程中，通过事后的再谈判来调整契约内容，安排契约执行。

当然，这种再谈判也并非没有任何问题，这种再谈判也存在各种成本，对于交易的进行和调整有着非常明显的影响。契约双方会就如何修改相关条款，尤其是调整对相关收益的分配而争论不休。争论中，由于交易双方信息不对称，对于同样的事物，双方判断会不一致，这也可能导致最佳契约安排无法进行。任何一方进行了专用性资产投资，都有可能在再谈判中被对方敲竹杠，即侵夺其专用性资产的准租金，这会导致交易各方都回避进行专用性资产投资，转而选择次优的通用性资产。这种通用性资产，从效率角度看并不是最优的，但是，由于增加了自己选择的余地，提高了对方所面对的竞争，可以在很大程度上节约交易成本。这类决策牺牲了某些专业化的效率利益，但是在不完全契约世界里，通用投资为各方提供的安全保障要大于这些效率损失。

要节约再谈判的交易成本，不完全契约还需要就契约执行过程中如何进行再谈判、如何修改契约进行明确规定，这些条款被称为再谈判设计（renegotiation design）条款。虽然契约忽略了这些规则，但它们却普遍存在。例如，合资合约一般要求进行专用性投资，通常会设计一套程序，以便母公司之一退出合资可以有章可循。建筑合约一般规定，如果在规定的完工时期仍未完工，就要按日进行处罚。对办公楼的建筑合约来说，只有建筑师可以制定新的价格方案。当棒球员在合同期满之前离开球队时，必须遵守谈判规则，虽没有成文的规定，但照样要执行。最后，中断惩罚和非罢工条款通常都会影响劳动合约的重谈结果。

3）剩余权利

新产权理论在不完全契约理论上的关键性特点就在于对产权配置的深入研究。而这些研究，主要集中于新产权理论关于剩余权利的分析。

在新产权理论看来，契约性权利有两类：一类是特定权利，另一类是剩余权利。前者指那些能在事前通过契约加以明确界定的权利，后者指那些不能事前明确界定的权利。对于不完全契约，剩余权利的归属是一个关键性的重要问题。因此，比较将剩余权利配置给一方当事人的契约与将剩余权利配置给另一方的契约具有重要意义。例如，在雇主与雇员关系中，雇员工作岗位的许多细节都由雇主独自决定，即雇主拥有许多剩余权利或剩余控制权；在发包人与承包人关系中，权利规定一般较为详细，而且，承包人一般拥有未明确规定的许多权利。

不完全契约或关系交易理论，抛弃了建立于静态确定性之上的理论模型而关心跨期优化。分析方法的这一变化对于经济学的发展无疑极为重要。关系交易框架将注意力转向了被标准微观经济学所忽略的许多问题上。它也指出，在许多情况中，经济学家们一般面对的静态最优问题的重要性被高估了。为了追求其关系目标，关系双方愿意承担大量明显的静态无效率。但是，在一个存在不对称信息、大量不确定性和频繁外部冲击的世界中，为了形成对契约关系和制度安排影响力量的更全面理解，经济学家们的注意力不应该仅仅局限于交易成本和交易的特征，扩展制度经济学的契约理论需要更广阔的视角。

4.3 契约理论各分支的争论

契约理论在特定交易环境下，分析不同合同人之间的经济行为与结果，往往需要通过假定条件在一定程度上简化交易属性，建立模型来分析并得出理论观点。而现实交易的复杂性，很难由统一的模型来概括，因而形成了从不同侧重点来分析特定交易的契约理论学派。

4.3.1 不完全契约理论对其他分支的批评

哈特从代理理论中道德风险和逆向选择导致契约方冲突的观点开始着手批判。他指出，按照这个观点，由于信息不对称的引入导致所有权与签订完全契约无关，因为它使得阿罗—德布鲁状态依存契约产生偏离，契约随之成为次优状态，进而无效率将成为信息不对称函数的因素，这种函数关系取代了所有权，因此在一个交易成本巨大且契约不完全的世界中，代理理论显然不能提供一个关于企业所有权概念的合理解释。

哈特还认为完全契约理论由于把所有的签约成本都归结于观察可变量的成本，若该变量可被双方观察到，即可无成本地纳入契约之中。因为存在努力水平这种只能被一方观察到的变量，最优契约不是最佳的，但是完全契约理论在最大程度上明确规定未来所有状态下的各方责任，在这个意义上契约是完全的，这就使得将来各方不需要对契约修正或重新协商，如果要修改或重新协商就应该已经被预期到并已纳入最初契约之中。换言之，给定一个在均衡路径中重新协商的契约，都存在一个无须重新协商的等价契约。这与现实不相符，在现实中契约是不完全的，并且始终处于修改或重新协商之中。梯若尔指出，委托人在完全契约条件下可能面临着一定的福利损失（相比较不完全契约条件）。

哈特也对交易成本理论提出了批评。交易成本理论认为争论问题与套牢行为在单个企业内将会减少，但是缺乏对此种情况赖以发生的确切的机制解释。假定代理者会自动减少机会主义行为也难以理解，因为机会主义在企业内部并不总是减少的，否则，在一家大型企业内进行所有经济活动必定是最优的。交易成本理论目前没有对合并企业内争论与套牢行为会减少的机制给出一个清晰的解释。

4.3.2 交易成本理论对其他分支的批评

威廉姆森指出，交易成本理论与代理理论的根本区别在于代理理论忽略了机会主义与有限理性，结果导致在代理理论中交易成本成为“无水之源”，因而产生了所谓的代理成本。更主要的是，因为代理理论迷失了有限理性，使得完全契约缺乏逻辑上及实证上的支持。

有意思的是，交易成本理论的学者经常将不完全契约理论称为产权学派，以示与之的区别。威廉姆森对不完全契约理论也提出了质疑。质疑之一，不完全契约理论是否建立在交易成本基础上；质疑之二，交易成本理论是否如哈特批评的那样，“若两家企业合并成一家企业，成本如何变化？在这一点上交易成本理论似乎变得更加模糊了”。威廉姆森认为，不完全契约理论建立在交易成本基础上只是部分正确，它在支付的共同知识及讨价还价的无成本假设方面存在着较大问题。另外，交易成本理论一直在努力实证企业与市场的区别，产生了许多不可驳倒的结论及许多实证的成功案例；相反，哈特等不完全契约学者仍然停留在用案例阐述那些不可驳倒的结论，遗憾的是结论太少且缺乏实证检验的支持。

卢梭和法雷斯也否认了不完全契约理论是模型化了的新制度经济学（交易成本理论）的观点，他们认为不完全契约理论中契约不完全性来自特定的有限理性，即只有仲裁人是有限理性的，交易成本理论中契约不完全性则根源于在不同经济体系下每个人的有限理性。

米格罗姆和罗伯茨认为，如果无费用的短期契约存在，那么长期契约的不完全性就不应该成为无效率的原因，因为市场交易成本归根结底不是由契约的不完全性造成的，而是由短期契约的费用（包括议价费用与影响费用）造成的。

马斯滕和索西耶认为代理理论（含完全契约理论与不完全契约理论）与交易成本理论在契约期、契约设计、契约过程与垂直一体化三个方面存在重大差异，并批评了代理理论在这三个方面的不足。

1. 在契约期方面

完全契约理论由于假定契约是完全的，因此它考虑了所有的或然性，换言之，根本不需要事后修正，结合其法庭验证无成本的假定，导致完全契约理论将契约期概念剔除出其理论框架；不完全契约由于风险分担及激励安排使得不完全契约认定契约期正相关于不确定性程度、努力程度及支付的信息完整性，而交易成本理论认为，签订契约的预期收益将增加专用性投资的价值，因此增加契约签订的可能性并延长契约期长度。

2. 在契约设计方面

完全契约理论制订最优激励计划的潜在复杂性及他们对信息变化的过分敏感性，导致契约形式设计一般化过程明显不足；至于不完全契约理论，表面上打着契约的招牌，其实是讨论产权理论。交易成本真正准确定位了契约设计：契约的环境不确定性程度越大，契约双方越可能不追求契约中措辞的准确性和易读性，而去选择比较烦琐但弹性的准确性稍差的契约措辞，并在契约内容中创建再谈判的调整机制。

3. 在契约过程与垂直一体化方面

完全契约理论由于不能区分契约与其他组织形式，因此无法从中获知一体化与契约的选择；不完全契约理论发展了专用性投资理论并解释了企业的存在，进而能从中获知一体化与契约的选择，但是一体化与契约在不完全契约理论中并不是可以相互替代的选择，不完全契约理论仅仅是在思考契约的双方或多方谁应该拥有专用性资产。在交易成本理论中，实证研究结果表明，当专用性投资增加时，总存在着一体化替代契约的偏好；此外，不确定性和复杂性也降低了契约（相对于一体化）的吸引力。

应该强调的是，上述不同分支理论之间的争论都建立在建设性的基础上，绝不能相互割裂，否则只能陷入为批评而批评的局面。

4.4 契约理论各分支的融合

4.4.1 契约理论的联系与统一

萨拉尼耶指出，不完全契约理论是建立在以科斯和威廉姆森创立的交易成本理论上，是模型化了的交易成本理论。哈特及其作者的重要贡献在于解释了交易成本从哪里产生，什么东西决定了交易成本。哈特明确提出交易成本的来源就是契约的不完全性，并且在完善交易成本理论的基础上提出了著名的产权观点，基于产权观点解释契约的不完全性。交易成本理论的创始人威廉姆森也将格罗斯曼和哈特等创立的所有权概念融入交易成本的理论核心，如威廉姆森认可了不完全契约理论对交易成本理论中垂直一体化做出的贡献。

马斯金和蒂罗伊提出了不相关定理，其内容实质是发现了在不完全契约条件下也可以设计完全契约，使得完全契约与不完全契约的对立开始趋于缓和。与此同时，拉丰和马丁诺里指出激励理论框架的第一部分以委托代理理论模型为基础分析了三种类型的激励问题：逆向选择、道德风险及不可验证性。第三部分是研究在不完全契约的动态框架下，引入完备贝叶斯均衡分析不完全契约下的资源配置问题。

如前所述，契约理论的三个分支分别解释了契约的不同领域，不存在孰优孰劣的问题，更不存在谁代替谁的问题。契约理论的研究人员在比较不同分支时十分注意这个问题。例如，威廉姆森指出，虽然不同契约分支之间存在明显不同，但可以将之看作是相互补充的。再如，布鲁索和法雷斯在比较交易成本理论与不完全契约时特别指出："我们应该表明这两种理论之间的兼容性和不兼容性，并不是说它们之间存在优劣。"蒂罗伊在比较分析完全契约理论和不完全契约理论时，也强调完全契约理论虽不能解释权威和产权，但不能说不完全契约理论就代替了完全契约理论，因为完全契约理论在解释控制权分配及共同决策过程等方面具有很强的解释力。

正因如此，契约理论三个分支的研究学者开始结合不同契约理论来研究具体的经济实践活动。例如，霍姆斯特姆和米格罗姆在探讨企业的内部治理时，就结合运用了激励理论、不完全契约理论和交易成本理论来解释现实现象。威廉姆森在统一契约理论上做出了重要的贡献，提出了统一这些新契约研究方法的设想，并设想会产生一个统一的企业、市场和混合组织形式的组织理论，不过他的这一提法还有待时间证明。

威廉姆森还将完全契约理论、不完全契约理论及交易成本理论划入私人秩序（private ordering）的稍小一点的范围内，完全契约理论（机制设计理论）和不完全契约理论主要讨论前端激励安排问题，而交易成本理论主要研究契约的实施问题（后端问题）。

4.4.2　契约理论分支不断趋于融合

虽然契约理论不同分支之间在一些主要观点上还存在着较大差异，但是在一些领域，契约理论分支已经表现出相当明显的融合趋势。

1. 公司治理领域

公司治理的问题最早由伯利和米恩斯在 1932 年提出。由于所有权高度分散，以至于公司的这些管理者并不真正对公司的股东负责，这些管理者实际上已成为公司的实际控制者。1976 年，詹森和迈克林用委托代理理论对伯利和米恩斯问题重新展开了分析，发现了所有者与管理者在目标不一致情况下存在代理冲突，如管理者在职消费等。此后，陆续有学者验证了詹森和迈克林结论的正确性，即外部股权的增加与基于管理者的代理成本成正比关系，如安科尔和林发现了外部股权比例与代理成本成正比关系（相对于内部人管理企业）；施莱佛和维什尼、拉布尔塔等发现美国以外国家与发展中国家的股权是集中的，并且在形成控股股东后，所有者与管理者出现重合化趋势，公司治理最主要冲突已由所有者与管理者之间的代理冲突演化为所有者之间，即控股股东与外部中小股东之间的代理冲突。控股股东主要利用契约的不完全性，通过将一部分公司资源转移到己方手中对契约的其他方进行剥削。马勒和瓦内鲁德指出，若企业内契约不完全，管理者会花费企业资源去扩大其在剩余分配中的比例，从而导致企业出现福利损失，而外部股权不但扩大这一损失，形成代理问题，甚至还会形成其他的代理冲突。

2. 实证研究领域

交易成本理论注重借助实证研究的工具。例如，莱昂斯通过对英国制造业制造程序契约的调查，发现契约方对不确定性的反应既不是签订更烦琐的契约（代理理论与机制设计理论），也不是风险中立地选择使用一个特定质量与专用性作为再谈判基础（不完全契约理论），而是签订很少内容的契约。其原因是不完全契约主要是一次性契约，而没有考虑企业间因为存在长期合作关系而导致专用性投资的形成。针对交易成本理论对不完全契约理论的提醒式批评，不完全契约学者也意识到了，仅仅依靠数学公式的严格推导与逻辑证明，难以准确解释充满复杂性的不完全现实。因而部分不完全契约学者也开始逐步转向实证研究，如拉赫曼开始运用不完全契约理论实证检验了不完全的财务契约是公司治理（包括信息披露）的重要决定因素。博尔顿和罗森塔尔以美国 1819 年经济恐慌（该次恐慌导致了棉花价格的大幅下降）为实证研究基础，指出政府对不完全债务契约的干预（允许对土地相关债务的延期支付），具有效率提升的作用。不完全契约理论若得到更多的实证研究的结果支持，对契约理论分支的整合无疑将起到巨大促进作用。

4.5 契约理论的应用

4.5.1 基于契约理论的政策性税收筹划[①]

1. 税收筹划的契约属性

公共力量必须有一个适当的代理人来将它结合在一起，并使它按照公益指示活动，这就是国家之所以要有政府的理由。社会契约的存在是政府存在的理由，而政府的存在需要一定费用支出。这是税收契约最初存在的理由。

(1) 政策性税收筹划源自契约关系。税收契约既是公众之间签订的契约，也是个人与个人通过社会契约所形成的公共人格（国家）之间签订的契约。个人与国家之间的税收契约内容包含着众多契约要素，人们向国家纳税（让渡其自然财产权利的一部分），是为了能够更好地享有其别的自然权利，以及在其自然权利受到侵犯时可以寻求国家的公力救济；国家征税是为了能够有效地、最大限度地满足人们对国家的要求，政府的征税权来源于公众授权。因此，没有契约关系的存在，税收筹划就没有其存在的必要性。

(2) 政策性税收筹划受制于法定税收契约的约束。税收筹划是纳税人在法定税制框架下通过对经营、投资、理财活动的事先安排，以达到减轻税负的一种经济行为。税收筹划出现的原因在于纳税人与政府之间的法定税收契约。政府为筹集提供公共服务所需的财政资金，又考虑到契约成本因素，不可能与纳税人逐一谈判协调，单独签订税收契约，而是强制性地与所有企业一次性签订法定税收契约，即通过税法的颁布实施向纳税人强制征收税费，以此保证财政收入。如果税收契约不具强制性，只是企业的一种自愿行为，税收筹划就无从谈起。

(3) 税收契约的不完备性及各利益主体追求目标的多重性为政策性税收筹划提供了实施空间。由于存在个人有限理性、外在环境复杂性、信息不对称和不完全性，契约当事人或契约仲裁者无法证实或观察一切，就造成契约条款不完全，不可能在契约条款中对每种可能发生的情况都做出规定，在现实生活中要制定一份面面俱到、完美无缺的完全契约的概率很小。同样，政府制定的税收政策也不可能是完全契约，总会存在不完善之处。

2. 基于法定税收契约的政策性税收筹划

如前所述，税收契约是政府与纳税人间的一种公共契约关系，但它是一种特殊的法定税收契约，即税法。政策性税收筹划是指企业在不违背税收立法精神的前提下，通过与政府的税务、财政等部门协商，达到改变现有对企业（或行业）不适用的法定税收契约内容，以实现企业利益最大化的筹划活动。

---

① 范国权．2011. 基于契约理论的政策性税收筹划研究．中国总会计师，(12)：208-209.

1）政策性税收筹划的特征

从经济学角度分析，政策性税收筹划是一种基于税收制度创新的筹划活动，改变了原来的法定税收契约关系，本质上是一种契约变革性质的税收筹划模式。政策性税收筹划具有一般性税收筹划的特点，但作为一种特殊的税收筹划，它又具有一般性税收筹划不具备的特征。主要表现在以下几个方面。

第一，筹划重点不同。一般性税收筹划是纳税人在投资及其生产经营过程中，在不违反税法的前提下，充分利用税法所提供的包括减免税在内的一切优惠，对企业经营、投资、理财等事项中的纳税活动进行事先安排和筹划的一项会计工作。而政策性税收筹划的重点是对国家税法或国家税收政策的筹划，即在对自身生产特点和产业特征充分理解的基础上，提出对能够维持国家和企业双方利益格局的原有税收政策的修正和改进方向，从而实现自身利益和国家利益的最大化。

第二，筹划目标不同。一般性税收筹划以最大限度减少自身纳税支出为目标，在法律许可范围内，通过负税相对最小化，实现企业税后利润最大化或股东权益最大化。与此不同的是，政策性税收筹划的目标是在对国家税法或税收政策合理筹划的基础上，探索更为合理的法定税收契约，同时推进国家税收体制不断完善和发展。

第三，筹划层次不同。一般性税收筹划是一种技术层面上的税收筹划，是在现有的或不改变税收制度前提下，通过对经营、投资、理财活动的事先筹划和安排，尽可能地税收收益。而政策性税收筹划是高层次的筹划，要改变现行不合理的税收契约，推动国家税制的改革与创新。

需要指出的是，政策性税收筹划作为一种高层次的契约变革性质的税收筹划模式，它只适应于特大型企业集团，不适用于一般企业。

2）政策性税收筹划的逻辑路径

根据新制度经济学的基本理论，政策性税收筹划的过程是税收制度由非均衡走向均衡的过程。税收制度均衡是指税收行为主体对既有制度安排和制度结构的一种满意状态，从供求关系看，它是指在制度需求和制度供给的影响因素一定时，制度供给能够适应制度需求。与此相对应，税收制度的非均衡则可理解为税收博弈的参与人对现行税制不满意状态。政策性税收筹划的起点就是税收制度非均衡。

从政策性税收筹划的实践看，我国税收制度的非均衡主要表现为税收制度的需求缺口，即对新税收制度需求的产生先于该制度实际供给的形成，从而造成税收制度有效供给不足。税收制度的这种非均衡主要是源于税收政策实施中的统一性与行业执行特殊性的矛盾。

税收制度的非均衡表明了潜在收益的存在。当企业发现税收制度处于非均衡时，就会产生税收制度创新的需求，政府根据这一需求对税收制度的供给进行调整，以实现税收制度均衡。

3. 政策性税收筹划方案的制定

由于政策性税收筹划是对国家税法制度的筹划，要改变现行不合理的税收政策，与一般性税收筹划相比，政策性税收筹划要艰难得多，任何一种税收筹划方案都不可能永远是最优的，都具有一定的针对性和时效性。随着税收法律环境条件的不断变化，企业一定要因时、因地制宜设计具体筹划方案。

（1）全面了解国家宏观经济环境及税收理论与税收制度。政策性税收筹划取决于纳税人追逐自身利益最大化的内在动机和国家税收制度、政策等外部环境，应该说能够使税收筹划得以真正实现的决定性因素是外部税收制度及国家其他政策和制度（如投资、外汇管制等）等外部环境，这也是政策性税收筹划的独特之处。另外，进行政策性税收筹划的企业首先要深入研究税收理论和税收制度，准确把握税收理论的前沿和税收制度的演进规律。国家税收政策代表着国家利益取向，税收制度改革方向，在一定程度上代表了国家经济体制改革方向。只有准确把握税制完善方向，才能为政策性税收筹划营建一个成功平台。

（2）深入研究国家现有税收制度的非均衡性，与时俱进地更新税收筹划方案。随着经济高速发展，税收政策作为国家一项重要的宏观经济政策，必须与经济发展同步以便解决经济发展中的各种问题。所以要求纳税人在利用某项税收政策进行税收筹划时，应对政策变化可能产生的影响进行预测。另外，国家税收制度的设计均是从全局和宏观角度出发，这是由政府所处地位决定的。而国民经济各行业却是具体、特殊的。这种国家宏观税收制度全局性与行业需求特殊性的张力直接导致了税收制度非均衡。必须指出，在税收的计税差异、政策差异和税制设计缺陷给予的税收空间中，不同纳税人的选择环境都相同，关键在于能否及时发现并利用空间。

（3）加强与国家税务机关的交流与沟通，形成税制改革基本意见。企业要向国家税务机关如实地反映情况，强调现行税收契约的不适应性，最终会损害国家利益，从而提出兼顾企业和国家双方利益格局的税收制度改革方向。企业要坚持以诚实态度寻求国家利益与企业利益的最佳结合点，坚持以认真负责的态度分析统一的税收政策与行业生产的差异，并找出客观原因，在此基础上再进行严密的方案设计。

（4）形成具体的国家税收修正政策实施细则。作为政策性税收筹划的最后一个环节，就是在国家和企业共同努力下，形成既体现国家利益，又反映行业特殊性的具体的国家税收修正政策实施细则。实施细则的制定和颁布标志着政策性税收筹划的完成。

4.5.2　基于契约理论的家族企业公司治理模式①

1. 家族企业公司治理机制的特殊性

家族企业是家族与企业两类组织的融合，这种融合从根本上决定了家族企业的一系列特殊性，这些特殊性进而决定了家族企业公司治理机制与传统公司治理理论的不同，如表4-2所示。

① 徐鹏，宁向东．2011．家族企业的公司治理模式——基于契约理论的研究．学术月刊，43（10）：91-96.

表 4-2　家族参与导致的家族企业特殊性

企业类型	家族企业	非家族民营企业
组织目标	家族利益最大化、企业经济利益最大化	企业经济利益最大化
代理人类型	家族成员、职业经理人	职业经理人
基本假设	利他主义、管家理论、理性人假设	理性人假设
治理模式	关系治理与契约治理	契约治理

家族企业的特殊性表现在：首先，家族企业存在两大目标，除了与其他类型企业一样关注企业经济利益最大化外，家族企业还有一个重要目标，即家族利益最大化，家族通过实现家族成员效用的满足和企业长期价值增长来实现这一目标；其次，家族企业组织内存在两种类型的代理人，即家族成员和职业经理人；最后，家族委托人对职业经理人常采用正式的契约治理（contractual governance），即通过签订明晰的基于企业业绩的激励契约治理委托代理问题；家族委托人对家族成员往往采用以关系治理（relational governance）为主、契约治理为辅的治理模式。家族内部往往并不签订明晰的契约，而是通过一系列隐性契约达到治理目的。关系治理概念源于美国法学家麦克内尔的关系契约理论，是指通过一些关系性规则即非正式契约来治理交易。家族企业公司治理的实质就是：家族委托人、家族代理人和非家族代理人这三类博弈参与者在家族关系治理与契约治理相混合的治理模式下的互动博弈。

2. 家族企业公司治理的理论基础：委托代理理论

委托代理理论解决的问题是由委托人和代理之间的利益冲突、有限理性和不对称信息而带来的代理人机会主义行为。

基于委托代理理论的家族企业公司治理研究形成了观点差异分明的两派，迄今为止仍存在争论。一方观点认为，家族企业所有权集中、企业所有权与经营权都在家族内部，因此委托代理成本低于非家族企业，而且家族企业在监督和约束家族代理人方面具有天然优势。该理论假设经克里斯曼等的计量经济学方法得到了证实；随后菲利陶柴夫等学者进一步提出，家族参与企业管理会使企业内部委托人与代理人的利益趋向一致，双方信息不对称程度降低、委托代理成本和交易成本降低，进而使得企业内部的监督、激励等管理活动变得更有效率。安德森与里德的实证研究证明，由家族成员做首席执行官的家族企业业绩高于雇佣职业经理人做首席执行官的家族企业业绩。在此基础上，他们提出了家族企业委托代理成本较低的两个理由：一是家族企业所有权较为集中，为了自身利益，他们有较强动力去降低委托代理成本；二是家族对于企业运营和内部特异性知识的理解、掌握使他们能更有效率地监督代理人。综上所述，在传统委托代理理论视角下，家族企业的公司治理机制是成功有效的。

另一些学者则认为，家族企业所特有的公司治理机制是落后和无效率的，这派观点主要以舒尔策等为代表。他们认为家族企业依旧存在严重的委托代理问题。首先，家族企业所有权的集中和两权合一增加了企业经营者自我控制（self-control）的风险。自我控制是指一些非经济偏好所导致的个体采取一些不仅危害自己还会危害周围人的行为。在缺乏外部监督的情况下，经营者非理性的个人行为会给企业和家族带来损失。其次，由于血缘关系的存在，家族企业内部管理中存在着严重的裙带主义，这会导致企业内部人力资源管理扭曲，甚至会出现家族成员“搭便车”、纵容、偷懒等损害企业绩效的行为。最后，家族治理模式会导致外部市场的公司治理机制失效，缺少了资本市场、公司控制市场、产品市场和经理人市场的外部治理机制，家族企业将会面对严重的道德风险和逆向选择等问题。舒尔策等的研究结论向经典的詹森—麦克林思想提出了强有力的挑战，他们有效证明了即使在企业所有权和管理权均属于家族的情况下，家族企业内部仍然会存在着严重的委托代理问题。他们的研究为家族企业公司治理理论打开一个全新的理论研究视角。

委托代理理论讨论了家族企业公司治理的基本问题，是基础性的理论依据，但是已有研究成果并没有完美揭示家族企业公司治理的核心问题。此外，目前家族企业公司治理领域的研究方法主要以实证研究和事理分析为主，很多研究依然是抽象化的，通过这些研究方法和结论仍然无法了解家族企业治理行为的背后逻辑与机理。基于委托代理理论构建契约理论模型，既能够对该问题做出深入解析，也有利于建立新的理论思想。

3. 家族企业公司治理：激励系统的观点

霍姆斯特姆和米尔格鲁曼提出，企业中的治理机制是一套激励系统。一种公司治理模式如果是有效的，其内部各类契约激励体系间的配置就必须满足一致性和互补性。张维迎也指出，企业治理结构由一系列契约所规定，所有契约可以划分为两大类，即正式契约和非正式契约。契约治理是指委托人与代理人之间签订基于业绩的显性正式契约，关系治理是指委托人与代理人之间“签订”的隐性非正式契约。家族委托人既是家族长辈，又是企业领导者，这使得家族委托人既可以采用族规家训等家族关系治理机制激励约束家族代理人，也可以使用正式的契约治理机制，通过薪酬、奖金及股权来治理家族代理人。因此，家族代理人同时参与了两个博弈——家族内博弈和企业内博弈。伯恩海姆和温士顿提出，如果博弈参与人同时参与两个博弈，那么，关联博弈的同时进行可以使参与人的激励约束更容易满足。根据这一理论，家族关系治理的收益放松了契约治理的激励约束，从而节省了企业内激励家族代理人的成本，也就是说，家族委托人可以通过提高隐性关系激励来降低正式契约中的激励强度。家族代理人的激励不再是简单满足激励相容约束和参与约束的“经理人式”契约治理激励，也不仅仅是基于家族内部地位、声望及继承预期的家族治理激励，而是两者结合的关联式激励。

本章小结

本章首先介绍了契约理论的一些相关基本概念，包括契约的含义、契约与交易的关系、契约的类型及治理结构，接着针对契约理论的三个主要分支中的两个，即完全契约理论、不完全契约理论进行了分析，随后介绍了当前契约理论各分支的争论与融合情况，最后对契约理论的两个典型应用进行了说明。

思考题

1. 从法律上和经济学上对契约的认识有何区别和联系？
2. 契约与交易存在怎样的联系？这对理解契约有何帮助？
3. 有哪几种契约？这些契约各自有什么特点？
4. 有哪几种治理结构？它们各自适用于什么样的契约？
5. 完全契约和不完全契约有什么差别？
6. 不完全契约与完全契约理论在交易成本上的看法有什么差别？

第5章 企业理论

引导案例

谷歌收购摩托罗拉

2011年8月15日晚间，谷歌突然宣布已经与摩托罗拉移动公司签署收购协议。根据双方的协议，谷歌将以每股40美元的价格收购摩托罗拉移动，总价约为125亿美元，谷歌将全部以现金形式支付。

对于这项突如其来的收购案，人们不禁要问：谷歌为什么选择了摩托罗拉？这项收购，对于借助Android智能手机重振市场的摩托罗拉意味着什么？谷歌是否会失去HTC、三星等合作伙伴？这项收购对产业链会产生怎样的影响？

谷歌为什么选择摩托罗拉？

对于此项收购的动因，谷歌CEO拉里·佩奇解释称，谷歌一直在寻求"以新的方式"为Android操作系统提供支持。而之所以相中摩托罗拉，是因为后者在押宝于Android操作系统之后，其移动业务快速进入了上升轨道，并将获得爆发性增长。

另外，也是更为关键的一个方面，即摩托罗拉庞大的移动专利技术。拉里·佩奇称，谷歌收购摩托罗拉移动之后，双方专利的组合将提高竞争力，并将有助于应对来自微软、苹果及其他公司的威胁。

据摩托罗拉移动首席执行官桑杰·贾介绍，目前摩托罗拉移动有1.7万项专利，另外还有7500项专利申请正处于审批程序。业内人士普遍认为，谷歌以125亿美元的价格收购摩托罗拉移动并不算贵，对于此前饱受专利诉讼困扰的Android而言，摩托罗拉的这些专利将大幅增加谷歌在专利之争中的筹码。

这项收购对摩托罗拉意味着什么？

对于一度陷入低谷的全球老牌手机生产厂商摩托罗拉来说，押宝Android也许是其重振市场的必然之路。实际上，借助Android智能手机，摩托罗拉已经走出了公司发展最困难的时期，其手机业务也已逐步进入上升期。

摩托罗拉移动技术公司资深副总裁兼大中华区总裁孟樸认为，谷歌的收购，说明在采用Android系统的手机厂商中，摩托罗拉移动较其他厂商具备相对明显的优势。

需要注意的是，在此次资本层面的收购完成之后，摩托罗拉移动将作为一个独立的业务部门运行。这意味着，至少在短期内摩托罗拉的手机品牌名称将不会有变化。

此外，谷歌在平台、地图、应用等方面的雄厚积累，将为摩托罗拉手机的研发、生产甚至渠道产生较大促进作用。

如果生产是由价格变动来调节的，生产就可以在没有任何组织机构存在的情况下进行，那么为什么还会存在企业？到底应该建立多大的企业，即企业的边界在哪里？像谷歌这样一家以搜索引擎、移动操作系统为主要业务的“软服务”提供商，为何要收购一家硬件制造企业？企业是不是实力强大了、有钱了，就可以肆无忌惮地收购？这些都是企业理论所要解决的问题。

5.1 企业理论的产生与发展

5.1.1 社会分工的发展和企业的起源

社会分工起源于满足人类提高生产效率的要求。按出现顺序，迄今为止，社会分工经历了六种不同形态：部门专业化、工艺专业化、产品专业化、零部件专业化、生产服务专业化、业务及职能专业化。一方面，人口压力迫使人们通过分工提高劳动生产率，从而导致了剩余产品，使交换成为可能，同时，分工造成的相互依赖，使交换成为必要。另一方面，交换促进分工的发展。分工的范围受到交换能力的限制，即受到市场范围的限制。市场扩大使大量销售成为可能，从而刺激生产效率的提高，使分工进一步发展。分工效率来源于个人劳动能力的充分发挥及人们一起合作所产生的协作力，协作力的形成直接导致了交易成本降低。因此，企业起源的交易成本决定论认为，若市场运行不存在交易成本，则不管分工多么复杂，任何一个想要生产最终产品的经济主体，都可以放手让他人生产自己最擅长的中间产品，再借助市场以完全契约形式将这些中间产品组合起来，并且这种生产方式是最优、无法加以改进的。因此，在交易成本为零的新古典世界里，企业没有出现的必要。为什么企业出现了？该理论解释道，企业出现的必要条件是现实世界中交易成本不为零，企业作为一种配置资源的方式，当它比市场更能节约交易成本时，便取代了市场。

以美国为例，1840 年以前的美国，之所以还不存在现代工商企业，而是“单一单位企业”一统天下，是因为当时经济活动的规模尚未大到足以使管理协调比市场协调具有更高生产率，从而达到更有利可图的程度，建立多单位企业的必要和机会并不存在。只有到了煤能提供廉价和方便的能源，铁路能提供迅速和有规律的全天候运输服务时，才结束了管理生产和分配过程的传统方法。为什么铁路与电报企业成为最早出现的现代企业？因为对列车运行和运输流量进行管理协调，对于旅客安全及横贯全境的铁路上高效率运输各种各样货物而言必不可少。要在电报线路上传递数以千计的讯息，这种协调也极为必要。在其他形式的运输和通信中，如果运输量变化不大，或者运行速度较慢，则协调必要性就较低，大企业出现也较慢。将新的复杂工艺用于生产，需要现代经理人员对多个生产单位进行广泛的组织协调。由此，可以这样认为：在生产上，最早的一批现代经理人员是出现在这样一些工业和企业中，它们的工艺性质允许把几个生产过程置于一个单一工厂内来进行（又称内部化）。最早的现代经理人员也出现在这样的工业中，一旦它们更集约使用能源或者当机器、工厂设计和官僚主义程序得到改进时，它们的产量会猛增。当生产一定数量的产品所需工人数减少时，从事监督这些流程所需的经理人数却在增加。大量生产的工厂于是变成经理密集型企业。

企业主要是在适应技术变迁的过程中调整组织结构以节约交易成本的。原因在于以下几个方面。

(1) 现代工商企业将原来独立运行的经营单位内部化，使得交易规范化，交易成本及获得市场和供应来源的信息成本降低，商品流量在单位之间可以进行管理和协调，能够更好地利用设备和人员、提高生产率、降低成本。

(2) 许多营业单位的活动内部化到一个企业，管理层级制变得必不可少并成为现代企业的一个标志。这种管理层级制与独立自主的营业单位联合体相比较，能提供管理上的方便，更好地发挥协调功能。

(3) 各级支薪经理越来越职业化，其工作的技术性含量越来越高，企业也变成了企业家式企业，企业家的选拔和晋升越来越依靠培训、经验和表现。现代企业中所有权越来越分散，股东不具备参与企业高层管理的影响力、知识、经验和义务，若所有者或金融机构不委派代表成为企业专职经理，它们与企业的关系与一般的股东并无差别，虽然它们拥有否决权。

(4) 企业获得了“自己的生命”，企业家的决策目标也改变了，他们并不贪图眼前利益，宁愿选择使企业长期稳定和成长的决策。

19世纪最后几十年里，当新的改进了的生产工艺发展起来，人类在历史上第一次获得了大量的规模经济和范围经济。建立现代工商企业的一般步骤是：先对大得足以实现规模和范围成本利益的生产设施进行投资，再对特殊产品的销售、批发和采购网进行投资，最后征聘和组织必要的管理人员，以监督属于产品生产和批发的职能活动，协调和监测货物通过各个工序的流量，并在现时业绩和预期需求基础上为未来的生产和经销分配资源。另外，节约交易成本也是导致企业形态变化的重要因素，交易成本是把货物和服务从一个经营单位转移到另一个经营单位时所发生的成本，它与规模经济和范围经济密切相关。生产技术的变革和市场规模的变化不断改变着企业制度出现和发展的经济环境，现代工商企业从一开始就集中于具有相似特点的产业，它们在19世纪最后25年中几乎是突然出现，它们都以大致相同的方式产生和发展。由于借助充分利用规模、范围和交易成本经济能够很好地解释现代工商企业这些历史特征，因此，可以认为，正是新技术的发展和新市场的开放，导致规模经济和范围经济并使交易成本减少，从而使大的多种单位工业企业在那个时候、那个地方并以那种方式产生。

通过以上分析，可以得出如下结论。

(1) 生产技术变革，部分是为了克服交易困难而产生；生产技术变革，又使协调生产的方式或组织生产的制度结构发生相应变革，它在19世纪末使单一单位企业演变为现代工商企业。

(2) 生产技术条件与组织生产制度结构之间总是存在着交互作用，作为技术条件与制度结构综合体的企业，其目的在于提高生产率、节约各种费用。

(3) 随着专业化分工和技术发展，需要受过专门教育、拥有专门知识和经验的人员来完成生产与分配过程中复杂的组织与协调工作。

当然，在现实经济世界里将节约交易成本当作企业出现唯一原因的观点较为片面，即使将交易成本不为零视为企业出现的必要条件也不完全，因为在企业起源上，还需要另外一个必要条件，即生产要素的社会结合能带来因分工合作而产生的种种额外好处。事实上，若不存在分工，则交易没有必要，合作没有基础，市场不会出现，企业不知为何物。因此，有必要将企业视为在利用分工合作，使利益与节约交易成本上达到均衡的经济组织。

5.1.2 新古典企业理论

新古典企业理论的基础是新古典经济学。新古典经济学是西方近一个多世纪以来的主流经济学，现代企业理论的产生和发展就是以新古典经济学有关企业的理论解释为逻辑起点的。在新古典经济学体系的大家中，马歇尔可谓对企业理论研究的集大成者，在1890年出版的《经济学原理》中他用大部分篇幅对于企业理论加以论述，分别从技术进步、知识、决策等多方面探讨了企业的相关问题，还重点研究了企业家的作用及企业的组织形式、市场竞争的结构和企业规模等问题。该研究成为现代企业理论的起点。

1. 新古典企业理论的核心

新古典企业理论的核心是把企业视作一个生产函数，在给定资源和技术水平的前提下，考察企业如何追求利润最大化。在新古典经济学的分析框架中对企业的基本假设是：能力无限（拥有解决问题的全部知识）、完全理性（可准确地预测所有经济变量未来的变数），在一个信息充分（得到各种生产要素的信息准确、即时）、零交易成本（契约完备，任何交易都没有成本耗费）的环境中，追求利润最大化。一个以追求最大利润为目标的生产者必将以最低成本的生产要素组合，即以最优的生产要素组合来进行生产。因此，企业被简化成生产函数，即在可行技术条件下任何一组投入所能生产的最高产出的一种关系。企业选择生产函数上的最佳点，进行必要的投入，根据生产函数将投入转换为产出，然后将产出销售出去。该分析框架遵循无成本信息的隐含假定，特别是生产函数本身、价格及投入与产出属性已知的隐含假定。可见，新古典的所谓企业理论其实是在给定企业存在时关于企业生产决策的理论，似乎并没有认识到强调企业存在的必要性，仅涉及一个假设的高度竞争经济中利润存在问题。在这种经济中，一种要素的边际生产力决定了它在市场上的价格。

2. 利润极大化问题的探讨

新古典经济学家们进一步讨论了企业是否利润极大化实体的问题。他们（以古诺为代表）认为：首先，利润极大化是一个很好的关于企业如何行为的模型，假如企业不是以利润最大化为目标，将无法分析企业行为；其次，利润极大化将通过一个自然选择过程把不是利润极大化的企业淘汰出局；再次，如果企业经理不是以利润最大化为目标就会使入侵者接管企业，或者经理将被解雇，因此，经理将以利润最大化为目标；最后，利润极大化符合投资者利益，股东将制订激励计划迫使经理以利润最大化为目标。总之，新古典经济学家从应然层面和完美逻辑角度认为企业是利润极大化的实体。在这一结论的基础上，新古典经济学家们分析了企业利润最大化时的产量和价格确定，即一般均衡理论。他们认为利润等于收益减去成本，而收益是产量和价格的函数，成本是产量的函数，根据在边际成本等于边际收益时利润最大化，将这个问题简化为一个求极大值的数学问题，从而再一次体现出新古典经济学家运用一般均衡理论和严格的假设条件，将企业行为模型化的研究思路。最后，进一步提出了在完全竞争市场、完全垄断市场、垄断竞争市场、寡头垄断市场的条件下企业行为（产量和定价）模型。分别提出在完全竞争、市场出清的条件下，企业将长期获得平均利润；垄断竞争条件下，由于不同消费群体的价格弹性不同，企业实行差别定价的原则和模型，并且再一次运用数学方法加以公式化。此外，还描绘了寡头垄断市场企业合谋行为的模型。

3. 新古典企业理论的范式

新古典企业理论范式源于应然逻辑思维的起点，其基础是一系列严格而苛刻的假设：完全理性的经济人、稳定的偏好序、效用最大化的追求、完全而对称的信息集、市场是完备的、厂商规模很小而且不存在规模效应、不存在外部性等。他们甚至将理性运用数学的方法定义为完备性和可传递性，进而从边际分析到局部均衡，再到一般均衡的完美推演，把企业相关因素作为自变量纳入公式中，进而得出变量之间稳定而有序的变化关系，推导出整个社会资源配置实现帕累托最优的结果。当这些假设都得到满足时，市场实现均衡。但是由于完全理性的经济人、市场完全竞争、信息完全对称等假设具有太强的约束性，导致这些假设离现实差距太远，如果假设得不到满足，这一理论体系的有效性就难以验证。

另外，新古典企业理论并没有给企业下一个定义。也没有认识到，企业所有者的利润最大化行为并不是由于他们的心理，而是由于一种没有说出来的前提，即他们所拥有的企业只是为外部人消费而生产。同时更没能提出企业的边界和内部组织的相关理论，“黑箱”成为新古典经济学中企业的代名词。为什么新古典经济学家没能解开“黑箱之谜”？是因为他们始终把制度因素视为外生变量，不仅不把其纳入模型内，甚至不作为研究对象；在研究方法上，固守着完美假设条件下求解最优的理论范式，导致的直接结果就是，任何思想的创新最终都会被纳入完美模型中求解均衡，这就是新古典企业理论没能取得突破的关键。20世纪70年代后，萨缪尔森等竭力推进其发展，但只能依靠数学、物理学等前沿方法的引入，建立起越来越复杂的模型，而经济学理论创新的火花却被扼杀在完美模型的均衡之中。

因此，新古典企业理论仅仅是古典环境中的生产函数，以进入市场的企业和消费者作为最小分析单元，按照科斯的说法，新古典企业理论的假设前提尽管易于处理，但却不真实。新古典企业理论与其说是一种企业理论，不如说仍然是一种市场理论，因为在新古典企业那里，“科斯世界”里的价格机制起着独一无二的作用，不研究企业内部，企业只是一个“黑箱”，生产要素的配置和产出的分配在其中无摩擦地按照业已明确规定好的法则进行，并且假定资本雇佣劳动。

5.1.3 新制度经济学企业理论

经济理论深入企业内部、将企业作为一个有机组织的研究始于 20 世纪 30 年代。它与企业本身的发展紧密相关。这一时期正是古典企业向现代企业转变的时期，企业内部组织结构和运行方式更加复杂，企业运行效率与企业效益息息相关，从而引发经济学深入企业内部的理论研究。一般认为，新制度经济学的企业理论开创于科斯的《企业的性质》一文。科斯的企业理论，首次提出了交易成本的概念，并且认为这是唯一重要的因素，从而系统回答了企业的本质（市场和价格机制的替代物）、企业的规模和边界，“一个企业扩大的一笔额外内部交易成本，等于在市场上进行这笔交易的成本时，企业的边界确定”。

此后，沿着科斯开创的企业是以一种契约替代了另一种契约的思路，契约理论成为企业理论的主要框架，以德姆塞茨、阿尔钦、张五常等为代表的一批新制度经济学家极大地发展了契约理论。其中，基于契约理论的委托代理关系对企业内部组织进行分析，并且建立了道德风险模型和逆向选择模型。至此企业内部行为的模型首次建立起来，比较新古典契约理论有了较大的进步。同时，基于契约理论，阿尔钦和德姆塞茨对企业的本质又有了全新认识，提出了“团队生产理论”。他们认为企业的本质特征并不是控制和雇佣关系，而是以独立个体签约组成的生产团队而存在。这也丰富了对企业本质的再认识。

由于以上研究本质上仍然坚持新古典的完全理性假设和契约完整的理论，因此与现实差距较大。因此，一些经济学家基于信息不对称和契约不完整的前提，对企业理论进行了发展。

威廉姆森等仍然沿袭科斯原始的思路，基于有限理性、机会主义、资产专用性等假设，运用资产专用性、交易频率和不确定性三个维度指标，深刻刻画了企业交易成本的内涵和原理，得到了广泛认同，被称为交易成本学派。

以哈特为代表的经济学家则发展了科斯的产权理论，主要探讨了特定交易成本导致契约不完整的条件下，如何确保当事人的激励问题。与科斯、阿尔钦等创立的产权理论不同，他们提出了用剩余控制权来定义所有权的理论，因此被称为新产权学派，被广泛应用于企业理论分析之中。

这里仅仅列举了一些主要的有代表性的理论，由于经济学家对企业概念的认识不同，划分的方法也不尽相同。总之，可以将各个学派划分为两大类，即交易成本学派（科斯、威廉姆森、克莱因、克拉普斯等）和契约学派（张五常、阿尔钦、德姆塞茨、杨小凯、哈特等）。前者将企业看作以科层组织替代市场，它之所以可以产生是因为它能节省市场交易成本。至于为何可以节省交易成本，则各有各的解释。后者将企业视为一种契约组织，它在本质上同市场没有什么差别。企业之所以能够出现是由于团队生产效率高于单个生产，或者由于风险的重新分配，或者由于管理劳动交易的特殊性等。

新制度经济学企业理论尽管学派林立，各有不同的观点，但是与新古典企业理论相对比，则有明显的进步和不同。其核心是：首先，认识到作为原来模型中外生变量的制度、契约和环境的存在和对经济分析及现实经济的重要影响；其次，把这些制度、契约和环境因素本身作为研究对象，从理论上再认识这些因素，进而加以定性分析和定量考核；最后，把制度、契约和环境因素等外生变量纳入模型内部进行定量分析。结果是开拓了企业理论分析的视野，扩展了企业理论研究的对象，更好地解释了企业理论的难题。

（1）新制度经济学企业理论将产权制度和资源配置问题引入人们的视野。新古典经济学中市场存在资源配置失灵的问题，对此，新古典经济学家的解释是市场存在失灵的领域，需要用“看得见的手”加以调节，进而产生税收和补贴政策，从而使外部效应内化。科斯对此提出了质疑，他认为这样做需要付出巨大成本，如果付出的成本不足以弥补得到的收益，整个社会的福利将会下降。科斯认为外部性的关键问题是产权制度界定不清晰，进而提出了著名的科斯定理。德姆塞茨进一步认为，“产权是一种社会工具，其重要性就在于事实上他们帮助一个人形成他与其他人交易时的合理预期，诱导经济主体的行为，从而优化资源配置和提高经济效率”。将产权制度因素纳入后，新古典企业理论的分析范围更加广泛。新制度经济学企业理论还指出，新古典企业理论极大化的不仅仅是利润，还应该有效率，所受的也不仅仅是预算约束，还应受产权等制度因素的约束和安排，进而推进了企业理论的发展。

（2）新制度经济学企业理论深入研究了交易成本和企业组织。新古典企业理论建立在一系列严格假设上的模型绝大部分无法与现实结合。科斯创造性地提出了交易成本理论，为这一研究打开了视野；威廉姆森提出了契约人概念与新古典企业理论中的经济人相对应，经济人具有完全理性，而契约人具有有限理性和机会主义倾向。进而威廉姆森提出，各种经济组织应运而生，就是因为他们具有节约交易成本的目的和效果。接着，威廉姆森用资产专用性、交易不确定性和交易频率来刻画交易成本的存在。同时，以阿尔钦和德姆塞茨提出的团队生产理论为基础，深入企业的组织内部进行研究，深入考察了企业内的委托代理及运转机制的设计等。这又极大扩展了企业理论研究的领域，使新古典企业理论的“黑箱”由静止、呆板变得生动起来，成为节约交易成本的组织。同时，开拓了思路，认识到现代经理型企业普遍存在的委托代理关系使企业目标发生偏离，并且设计了相关的纠偏机制。

（3）新制度经济学企业理论分析信息不对称问题，以及相应的机制设计。新古典企业理论认为，存在完美的信息集，信息是完全对称的。即便后来随着奥地利学派的冲击，在经济学中引入了不确定条件下的选择相关内容，但实质上是认为，只要愿意付出成本是可以实现信息完全对称的，本质上是将不确定性转化为确定的概率事件。因此本质上并未走出信息完全可知的假设，并且不考虑搜集成本。以阿克洛夫、斯蒂格利茨为代表的信息经济学家则考虑信息不对称的存在，深入分析了企业理论中的委托代理问题。阿罗在《代理权经济学》一文中将代理问题分为两类，即隐藏信息和隐藏行动，进而产生道德风险和逆向选择问题。他们基于信息不对称和契约理论建立相关计量和数学模型加以深入分析，并且提出了激励和约束的相关安排。这就再一次超越新古典企业理论深入内部分析企业存在的问题，进而提出了相关机制设计。

(4) 新制度经济学企业理论深入分析和研究了企业制度发展问题。新古典企业理论认为，企业是一个既有的实体，但他们不知道企业的本质及为何存在，也就无法解释企业如何发展和向何处去的问题。新制度学派代表人物诺思则从制度分析开始，回答了这一问题。诺思指出所谓制度“提供了人类相互影响的框架，建立了一个构成社会，或者更确切地说一种经济秩序的合作和竞争关系”。进而诺思深入分析了诱发企业制度变迁的四种因素，即规模经济、外部性、风险和交易成本，它们导致潜在的“外部利润形成”，而这些潜在的利润又无法在企业制度内实现，因此一种新的企业制度安排将产生，将这些外部利润转化为内部利润。同时，诺思指出，企业制度的变化和发展存在着规模报酬递增和路径依赖现象，即企业由一种制度变成另一种制度时，存在利益不断增加和路径的自我强化现象。这也扩展了人们对企业生长衰亡机制和机理的进一步认识。

5.2 企业性质理论

5.2.1 科斯的企业性质理论

科斯在《企业的性质》一文中，提出了一个被新古典经济学所忽视的、简单而又非常重要的问题，“考虑到如果生产是由价格变动来调节的，那么生产就可以在没有任何组织机构存在的情况下进行，我们便要问：为什么还会存在任何组织机构?”。科斯认为，在一个典型的组织（企业）当中，资源配置不是通过价格机制来调节，而是通过人为的协调和控制进行，当工人从 Y 车间走到 X 车间时，并不是因为相对价格变动促使他这样做，而是因为他被命令这样做。因此，在科斯看来，在经济系统中，有两种不同的协调经济活动的方式。在企业之外，价格变动引导生产，生产通过市场上的一系列交易而得到调节。在企业内部，这些市场交易被取消，指挥生产的企业家（协调者）取代了从事交易的复杂市场结构。显然，两者是相互替代的协调生产的方式。

科斯进一步指出：“我认为，可以假设企业的显著特征是作为价格机制的替代物。”那么，为什么会产生这种替代，或者说，为什么会存在企业？科斯认为，之所以会出现企业是因为运用市场价格机制配置资源是有成本的。这些成本主要包括发现相对价格的成本、谈判和签订交易合约的成本。当市场的这些成本大到一定程度时，人们便会转而寻求一种替代，用企业来完成原本由市场所进行的资源配置活动。因为通过建立企业，一种生产要素（或其所有者）无须与那些同在企业内部并与之进行合作的生产要素签订一系列合约，如果这种合约由价格机制运作直接完成，则有必要签订这一系列合约。这一系列合约被一个合约所替代，从而节约了交易成本。

在这里，科斯表明了一个重要的观点，企业虽然替代了市场，但是并没有消除合约，只是大大减少了通过市场进行交易时的合约数量，企业仍然是一个合约，一个生产要素之间的合约。那么这个企业合约有哪些特征？科斯的解答是，“通过这个合约，生产要素为了获得一定的报酬同意在一定限度内服从一个企业家的指挥。这个合约的本质在于它只须规定企业家的权力范围。在此范围内，他可以指挥其他生产要素”。这就是说，与市场相比，企业的显著特征是在企业内部存在着一种权威关系，即企业家在一定范围内对其他生产要素所有者行为的指挥和命令。然而，科斯意识到企业内部的这种权威关系并不是绝对的，“当然，不可能划出一条严格和可靠的界限，以确定是否存在一个企业。指挥可能多一些，也可能少一些”。也就是说，企业和市场只有程度不同，而没有本质区别。

在阐述了企业产生原因及企业特征之后，科斯又研究了企业边界如何确定的问题。如果通过组织企业可以消除某些费用（如减少生产的费用），那么为什么还会存在市场交易？为什么所有的生产活动不能由一个大企业来独自完成？科斯的解释是，因为“企业家能力的收益递减”，即超过某一点之后，随着企业内交易的增加，组织交易的成本开始上升；另外，随着企业内交易的增加，企业家可能会出现失误，不能最有效地配置生产要素。因此，企业将趋于扩张，直到在企业内组织一项额外交易的费用，等于在市场上通过交换完成同样交易所需的费用，或在另外一个企业内组织这一交易的费用时为止。关于决定企业规模的原则，科斯在许多地方概括为交易成本与组织费用的对比关系决定企业的规模。科斯认为，决定企业规模的是企业自己经营某项活动所耗成本与企业从市场上（或别的企业）购买这种产品所必须支付费用之间的关系。影响企业自己经营某一产品所付成本的重要因素是企业规模扩大而必须付出的递增组织成本；影响购得这种产品费用的主要变量是交易成本。换言之，交易成本和组织费用分别是影响以上两种支出的重要变量。但科斯把交易成本和组织费用抽出来单独比较，并把它们看作决定企业规模的全部因素是不全面的，因为只有当本企业扣除了组织费用的制造成本与其他企业的制造成本相等时，交易成本和组织费用的大小才决定着企业规模。但这种情况仅仅是特例。而且从理论分析角度看，这一条件也不合理。当然，与科斯的思想相比，这仅仅是一个疏忽，并不妨碍交易成本理论在解释企业性质和规模时的重大意义。

总结科斯在《企业的本质》中提出为什么在一个专业化交换的经济中会出现企业，什么决定了企业的边界，答案是由于“使用价格机制是有成本的”，即存在“交易成本”，因此将某些原本靠市场协调的交易一体化于某个统一权威之下就可节约这些成本；企业趋于扩张，直到在企业内组织一项额外交易的费用，等于在市场上通过交换实施同样交易所需费用，或在另外一个企业内组织这一交易的费用时为止。

5.2.2 团队生产理论

合作性生产活动即团队生产，阿尔钦和德姆塞茨 1972 年在《美国经济评论》发表的论文《生产、信息费用与经济组织》成为“团队生产理论”的经典文献。团队生产理论认为，企业是一种通过内部合作进行生产的经济组织，这种组织之所以存在是因为通过内部组织形成的团队生产比通过市场进行合作生产具有更高效率。企业目的在于通过投入所有者之间的合作，更好利用他们的比较优势，同时在一定程度上促进报酬的支付与生产率相一致。阿尔钦和德姆塞茨将企业成员合作的性质看成一种团队生产，认为企业不是雇主与雇员的长期合约，在所有的投入合约中，处于集权位置的团体充当代理人，统一使用所有投入，这种团队生产由于利用了专业化分工的优势和规模经济等因素而具有高效率。为了便于分析，他们设计了团队生产模型。假定：①团队生产中使用多种资源联合投入生产；②几个投入所有者；③生产产出大于每种资源分别产出之和；④用于生产的每种资源并不是团队生产成员个人的。他们发现虽然团队生产能够产生高效率，但是对生产效率与成员的报酬进行定量很困难，会导致"搭便车"现象，因此对团队成员的监督，减少成员偷懒行为变得十分关键。市场竞争可以对监督者起到部分监督作用，但不完全有效。当存在联合的团队生产时，企业就成了一种特殊的监察装置，这种装置可以减少监察成本，但如果由此引起了其他方面更高的监察成本，就会采用一些其他形式的合约安排。企业一方面具有增加收益的优势，另一方面产生了监督成员努力工作的成本。只有增加的收益大于由此产生的监督成本时，团队生产才有效率。

阿尔钦和德姆塞茨认为必须在团队内部设立监管层，使某些人代替投入的所有者专门从事对团队成员的监督活动。但是监督者同样是团队成员，他们也有偷懒倾向，那么他们由谁来监督？为此，阿尔钦和德姆塞茨提出让团队监督者拥有团队的部分剩余索取权，以激励方式约束他们的行为。如果合作投入的所有者同意监控者可以获得剩余，那么后者就获得了不偷懒的追加激励，他越是努力，其他成员也就越难偷懒，团队生产率就越高，要素报酬和监控者的剩余也就越大，监控者出于追求尽可能多剩余的愿望，他们就会努力做出好的决策和实施有效管理。于是，监督者就有了一系列权利，包括：第一，享有剩余的权利；第二，观察成员行为的权利；第三，成为所有投入合约的中心方；第四，改变团队成员资格的权利；第五，出售上述这些权利的权利。这些权利结合起来，解决了团队生产中由于信息不对称而产生的偷懒问题。在这种情况下，每个成员与企业所有者之间是一种简单的报酬合约。这样，团队生产理论就将企业内部的权利结构纳入了经济学分析框架，为企业委托代理理论的研究开辟了道路。

阿尔钦和德姆塞茨对企业性质的理解要比科斯的理解更为贴近现实。因为他们认识到了企业是一种合作行为，并将企业成员合作的性质界定为团队生产；发现了缺乏监控机制的企业中会存在成员偷懒现象，解决办法是让一部分成员从生产活动中脱离出来专门从事监管；提出了企业内部的权力配置问题，指出企业内部的剩余控制权与剩余索取权必须相匹配。这三个方面都是科斯没有涉及的，是对科斯企业理论的发展。

但是团队理论也有缺陷。团队理论假定所有团队成员同质，即每位成员都能胜任各项工作，企业经营者只需加强对团队成员的监督和激励就够了，而团队成员和工作岗位的匹配无关紧要，因而无法解释企业的异质性。阿尔钦和德姆塞茨试图纠正科斯把企业和市场分开甚至对立的观点，认为企业并没有比市场更具优势的权利，其本质仍是一种契约形式，企业权威与市场权威并无二致，而他们反对科斯关于企业具有权威的观点则不为经济学家所接受。

5.2.3 资产专用性理论

资产专用性理论（详见 3.1.2 节）的主要代表人物是威廉姆森、克莱因、罗伯茨等。威廉姆森修正了传统经济人假设，引入了西蒙的有限理性假说，认为人的认识是在主观上追求理性，但只能有限地做到这一点，人不仅是自私的，而且只要能够利己，就不惜去损人，并把人的这种本性称为机会主义，正是这种机会主义导致了交易成本的存在。他指出，在有限理性及机会主义行为存在的条件下，交易的专用性程度、交易次数、不确定性一起决定交易的治理结构是市场、关系合同还是企业。威廉姆森将企业看作连续生产过程之间不完全合约所导致的纵向一体化实体，认为企业之所以会出现，是因为当合约不可能完全时，纵向一体化能够消除或至少减少资产专用性使用过程中的机会主义，以及由此产生的不确定性问题。威廉姆森接受了科斯的交易成本概念和交易成本差异导致企业取代市场这一观点。他认为企业（内部科层）之所以取代市场，是因为节省了交易成本，这主要源于：①与市场制度相比，内部交易者通过机会主义倾向以牺牲企业的整体利益来增加自己收益的能力被削弱，机会主义动机也因此削弱；②与内部组织相关的各种活动能够得到有效监督和审核；③内部组织拥有处理争端或纠纷的优势；④内部组织还可以从各个方面减轻信息不对称的影响。

威廉姆森企业理论的显著成果不仅在于关于企业产生原因的阐述，还在于关于企业规模扩大的论述。

第一，资产专用性程度会诱使交易发生机会主义行为。一般来说，资产专用性越强，机会主义发生的可能性就越大。对专用性资产投入者来说，如果专用性资产被投入其他用途中，供应商将无法实现相同价值；对合同供应关系的买方来说，如果要另换供应商，还必须诱使潜在的供应商进行相同的专用性投资，而这是有机会成本的。因而双方将努力维持而不是终止交易关系。在这种情况下，就会在交易双方之上形成维持合同供应关系的治理结构，使得双方都能够规避机会主义风险同时获得持续的经济价值。

第二，将大量的同质交易放在一个专门的治理结构中会有更多好处。一方面，在专门的治理结构内，交易双方属于一个整体，交易发生不再是市场价格协调，减少了由于签订协约产生的各种费用；另一方面，对于大量的、重复发生的交易来说，专门治理结构的成本更容易收回。因此，从交易次数角度讲，合理结构的目的并不仅仅是节约交易成本，还有新古典企业中的生产成本。

第三，威廉姆森认为由于合同双方的有限理性与机会主义的存在，会引起行为上的不确定性，而这种不确定性只有通过合同才能够予以准确认识，如果没有其他外生扰动，行为上的不确定性不会对治理合同产生影响，一旦发生了外生扰动，需要调整合同，那么企业将面临对调整与否进行价值与成本的衡量，所以一般交易双方都会坚持不改动合同。

根据威廉姆森的解释，纵向一体化是为了应对资产专用性提高后由机会主义行为所引致的交易不稳定性而形成。涉及高度专用性资产且经常重复发生的交易，适合于在企业内部进行。因为高度专用性资产的交易意味着交易双方具有很强的依赖性，若采用市场机制，处在不利地位的一方就要面临很大的被“要挟”而遭受损失的风险。选择企业机制就可能避免这些缺陷。随着资产专用程度的提高，资产挪作他用的难度加大，即使能挪作他用，也会引起巨大损失。因为若企业预期到这种前景，为减少产生损失的可能性，就可能进行纵向一体化。

5.2.4　间接定价理论

间接定价理论的主要代表人物有张五常、杨小凯、理查德森等。其理论要旨是企业的功能在于节省市场中的直接定价成本（或市场交易成本）。在间接定价论者看来，企业所有权的内部结构与定价成本有关，管理者之所以取得剩余索取权，是由于管理劳动或管理服务难于由市场直接定价，或者说由市场直接定价成本太高，由其获得剩余索取权体现了管理服务的间接定价。因此，间接定价论认为，企业的出现是由于这种方式或安排能够节约市场直接定价的成本。1983 年 4 月，张五常在《法律与经济学杂志》上刊登了《企业的契约性质》一文。在该文中，张五常重点从契约角度回答了企业是什么和要素所有者为何选择企业这种契约安排，企业这种契约取代市场这种契约的可能性或程度等问题。

关于企业，张五常认为，在合理的制度安排下，一位投入要素的所有者拥有三种处置要素的权力，即使用要素的排他权力、由于使用要素而从中获得收益的权力、交易要素的权力（出让、出租、转让等）。按照他的解释，一个要素的所有者可以自由地对他所拥有的权力进行出售，即产权交易。当他认为转让财产全部的权力比拥有要素时更有利可图时，他就会将要素的全部权力出售，自己不再拥有该种要素；但是当他认为将要素的一部分权力转让，让代理人拥有这部分权利为其实现收益是更佳选择时，便形成了企业。很明显，企业在张五常这里变成了一种契约，一种要素所有者与代理人签订的一份契约。所以张五常得出结论，并不是企业取代了市场，而是企业这种契约形式取代了另一种契约形式，即市场。企业和市场是同质的，只是形式和机制不同。

张五常否定了企业是因为能够提高决策的正确程度、规模经济与分工协作和规避偷懒、欺骗和机会主义行为而产生的，根本原因仍然在于节约了大量交易成本：①可以减少交易过程中签订协约的数量；②能够降低对一件产品了解的信息费用；③减少了对交易特征进行考核的费用；④减少了计算报酬的费用。他指出，偷懒实际上只是关于发现相对贡献的价格中存在费用的一个间接表达方式，并认为这类问题可以通过代理人取得的支配权加以克服。

从张五常的推理中可以得出一个结论，企业和市场都是契约，企业取代市场是一种契约取代另一种契约形式，即要素市场取代产品市场，那么存在于市场契约内部的机会主义，在企业内部不一定能够消除，因为机会主义很可能会随着两种市场的取代而发生转移，进入企业内部。企业的出现在于其能够节约市场直接定价的成本，由企业管理者获得剩余索取权体现了管理服务的间接定价。

5.3　企业治理机制

5.3.1　现代企业中的委托代理关系

在现代企业组织理论中，委托代理问题很早就被经济学家们提出来了。米恩斯与伯利在 1932 年就指出，企业的股票持有者与企业经理的角色不同，后者经营企业并做出决策，前者则是在下列意义上拥有企业，即对企业具有残缺的拥有权，而这种残缺的拥有权会产生残缺的控制权。伯利与米恩斯明确指出，剩余索取权实质上指当契约签订并生效后，所有者所拥有的最终控制权。现代企业制度建立在企业所有者与企业经营者之间相对分离的基础上。由于企业经营者的行为可能偏离利润最大化目标，企业经营者与所有者之间信息不对称，从而使企业所有者不能完全观察经理人员行为，这就产生了委托代理问题。企业中委托人及代理人的权利和义务均在双方认可的契约中加以明确。这里的契约包括报酬的形式与数量、信息系统、责任与权利、分工、所有权分配等。在这一契约中，能主动设计契约形式的当事人称为委托人，而被动地接受契约形式的当事人称为代理人。委托代理关系是一种经济利益关系，双方都追求自身利益的最大化。在现代企业中，资本所有权与经营权在股东与董事会、董事会与经理人之间产生了分离，股东大会选举董事组成董事会负责公司决策，但董事会并不具体管理公司的日常经营，而是聘任专业经理人员来执行这一职能，这样，在股东、董事会和经理人员之间就产生了两级委托代理关系。

构成委托代理关系的基本条件有两个。第一，市场中存在两个相互独立的个体，且双方都是在约束条件下的效用最大化者。在这两个个体中，代理人必须在许多可供选择的行为中选择一项预定行为，该行为既影响其自身的收益，也影响委托人的收益。委托人具有付酬能力并拥有规定付酬方式和数量的权力，即委托人在代理人选择行为之前就能与代理人确定某种合同，该合同明确规定代理人的报酬是委托人观察代理行为结果的函数。第二，代理人与委托人都面临市场不确定性和风险，且两者之间掌握的信息处于非对称状态。首先，委托人不能直接观察代理人的具体操作行为；其次，代理人不能完全控制选择行为后的最终结果，因为代理人选择行为的最终结果是一种随机变量，其分布状况取决于代理人的行为。由于存在该项条件，委托人不能完全根据对代理行为的观察结果来判断代理人的成绩。

在股东（投资人）与经理（经营者）的关系中，股东委托经理管理企业，股东想着低成本、高绩效，经理想着钱多事少，两者都想谋求自身利益最大化。于是，股东与经理就签订合同，规定经理工资取决于公司绩效。但是，在经营过程中，股东无法整天跟在经理后面进行监督，也无法直接判断经理是否真正在用心办事。而且，公司绩效也不完全取决于经理的水平和努力程度，经营环境对企业绩效也有重要影响。即使经理在经营中偷懒或以权谋私，股东单凭结果也很难判断是否真的存在这种行为。在对称信息条件下，代理人行为可以被观察到，委托人可以根据观测到的代理人行为对其实行奖惩，此时，可以达到帕累托最优风险分担和帕累托最优努力水平。在非对称信息条件下，委托人不能观测到代理人行为，只能观测到相关变量，这些变量由代理人的行动和其他外生随机因素共同决定。因此，委托人不能使用强制合同来迫使代理人选择委托人希望的行动，在这点上，激励相容约束起着作用。于是，委托人的问题是选择满足代理人参与约束和激励相容的激励合同以最大化自己的期望效用。

5.3.2 委托代理的均衡合同

委托人与代理人之间通过讨价还价和相互退让，最后达成双方可接受的合同，以及在这个合同约束下的行动，都可以看成居于信息优势与处于信息劣势的局中人之间展开博弈的结果。如果任何一个局中人在其他局中人不改变战略情况下都不能通过单独改变自身战略而提高其效用，则这个战略组合就称为均衡点，委托人与代理人之间达成的合同称为均衡合同。那么，如何才会形成委托代理的均衡合同？

现假定市场上资本家 A 希望聘请企业管理者 B 为其管理企业，B 对生产成本、市场需求和劳动力供给等市场信息的掌握要比 A 详尽和全面，A 与 B 之间构成委托代理关系，A 为委托人，B 为代理人。从 A 方观察，A 了解 B 的行为原则是使其自身效用最大化，这样，A 必须设计一种 B 能够接受的合同，在该合同约束下，A 必须根据 B 的某些行为或操作结果给 B 收益，这个收益额是双方事前约定的。结果，由于 A 根据 B 的结果向 B 支付合同规定的收益，这就刺激了 B 对经济最大化的追求，这样，在 B 追求自身效用最大化的约束条件下，A 的效用达到了最大化。

但是，A 在建立和维持委托代理关系过程中存在许多困难。首先，在选择代理人方面，A 不知道在所有应聘管理者中哪个管理者是最适合的人选，他只能按照某些普遍承认的市场信号（如教育）来甄别雇员的能力，或者根据某些人为的标准（如根据雇员的经历和经验）来分析雇员的生产率。其次，A 难以轻松设计在各种复杂条件下都能够对 B 产生最大化刺激的合同，因为 A 不可能在合同中确切地规定 B 的具体行为和努力程度，即使能够做出规定，A 也难以对 B 进行有效的观察。再次，由于企业利润的获得与许多因素相关，也就是说，A 难以或不可能从企业利润中明确划出由于B的努力带来的利润额，于是，A 也就无法准确判断企业利润的上升或下降与 B 的努力程度有何种关系，因此，A 不能完全按照企业所获利润来支付 B 的工资。如果完全凭借企业的利润状况来确定 B 的收益，事实上就是无形中将企业经营中的部分风险转移到 B 的身上，这样，B 所承担的风险就超过了他所能承受的水平，从而无法达成委托代理合同。最后，如果 A 与 B 建立某种合同，但是，该合同不能刺激 B 实现自身效用最大化，甚至使 B 的努力对他来讲是一种负效用，在这种情况下，B 将设法利用其信息优势降低努力程度，从而损害 A 的利益。可见，在 A 建立和维护委托代理关系过程中，如何确定对 A 和 B 都有利的合同，成为委托代理关系的核心问题之一。

委托代理理论将达成委托代理均衡合同（图 5-1）的条件概括为参与约束和激励相容。所谓参与约束是指在具有自然干涉的情况下，代理人履行合同责任后所获收益不能低于某个预定收益额。参与约束条件说明代理人接受委托人合同的预期收益不能低于他在相等成本条件下从其他委托人处获得的收益水平。有一则西方幽默直观地说明了该原则。某日，母亲对儿子小汤姆说："你如果每天练钢琴，我每天给你 1 美元。" 然而，小汤姆却说："妈妈，我不如不练钢琴。邻居阿姨说，我如果每天不练钢琴，她每天给我 2 美元。" 按照参与约束条件，如果母亲希望小汤姆自觉练钢琴，她每天必须至少支付 2

美元给小汤姆。所谓激励相容是指代理人获得预期效用最大化的同时，也保证使委托人预期收益最大化。只有同时满足参与约束和激励相容两个条件，委托代理双方才能达成均衡合同。此时，双方都在既定的规则之下达到了帕累托最优，并消除了由私人信息所带来的欺诈行为。

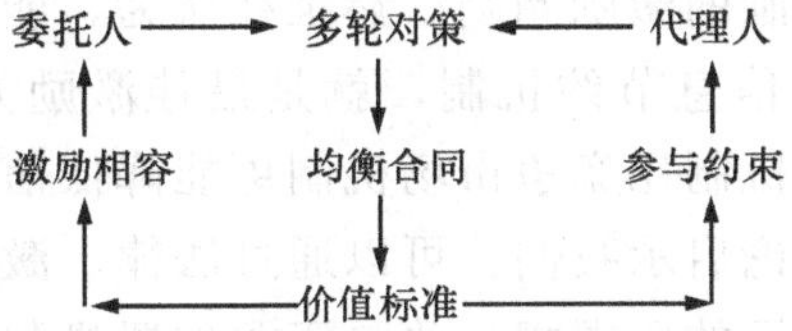

图 5-1　委托代理的均衡合同

5.3.3　激励理论

自 20 世纪初以来，西方的研究者从不同角度研究了企业激励问题。按照研究激励问题侧重点的不同及其与行为的关系不同，可以把各种激励理论归纳并划分为内容型激励理论、行为改造型激励理论和过程型激励理论三类。

（1）内容型激励理论是从激发行为动机的因素角度来研究激励问题，从研究激励的起点和基础出发，分析研究员工内在需要的内容、结构及它们如何推动行为。该理论认为，员工积极性和受激励程度主要取决于需要的满足程度。由于这类理论所研究的内容都围绕着需要这一核心因素，故又被称为需求理论。

（2）行为改造型激励理论是从分析外部环境入手，着重研究如何转化和改造员工的消极行为及如何巩固和发展员工的积极行为，以强化理论为代表。强化理论是由哈佛大学心理学家斯金纳根据巴甫洛夫的条件反射说，并对人们的动机强化机能做了大量研究的基础上提出来的一种激励理论。它着重研究个体行为的结果对其以后行为的反作用，认为人们的行为在很大程度上取决于行为所产生的后果，只要创造和改变外部条件，人的行为就会改变。

（3）过程型激励理论着重研究从行为动机的产生到行为的产生、发展、变化这一过程中人的心理活动规律，阐明如何通过心理激励使人的行为积极性维持在一个较高的水平上。这类理论试图弄清楚员工面对奖酬时，怎样决定付出努力的程度，它涉及员工如何对奖酬进行评价、如何选择自己的行为、如何决定行为的方向等。代表性理论有弗鲁姆的期望理论、亚当斯的公平理论和洛克的目标设置理论。期望理论指出人们对物质激励的期望是激励的主要因素；公平理论则认为公平合理的物质激励至关重要，有意义的工作与合理的物质激励都能有效地激励员工，并指出有时精神激励能起到物质激励所达不到的效果；目标设置理论指出人的任何行为都受某种目标的驱使，因此，通过给员工设定合适的目标，可以激励员工。目标难度、目标的具体性、员工对目标的接受度、员工对目标的承诺这四个因素共同决定了员工向着目标的努力程度。而员工向着目标的努力程度、组织的支持及其个人能力与特点则会共同影响员工的绩效，组织根据绩效给员工相应的内在和外在奖励，从而最终决定了员工满意度。

但在经济人假设下，激励问题在古典微观经济理论中并没有得到重视。直到1937年科斯提出了交易成本理论，企业的组织与激励问题才引起了经济学家们的注意。美国经济学家利奥·赫维兹在20世纪70年代为了研究在什么样的激励机制下可以达到社会公认的经济目标或伦理目标，创立了机制设计理论。机制设计理论涉及两个方面的问题：一是信息成本，二是机制的激励问题。赫维兹认为，能够达成人力资本配置帕累托有效改进和个人理性配置的信息节约机制，就是最佳激励方式和最优经济资源配置机制。他证明了没有什么经济机制比竞争市场机制更能降低信息的空间维数，并且产生帕累托有效配置。机制设计理论启示我们，可以通过法律、激励和资源配置机制引导与协调个人行为，使之与社会目标的要求相一致。资源配置机制理论的出发点是研究社会系统的资源配置，对组织内部管理激励机制设计涉及较少，但它研究问题的思想和方法可供研究管理激励机制借鉴。随着20世纪70年代以来信息经济学的发展，尤其是80年代以来博弈论在经济学中的广泛应用，探索非对称信息下经济主体行为相互作用的分析工具相继出现。

现代公司所有权与经营权分离导致不同的需要，所有者追求投资回报的增加和公司持续发展的需要，而经营者追求报酬的增加和休闲时间的延长等利己的需要。显然这两种目标在有些情况下会互相矛盾、冲突。基于理性经济人假设和信息不对称，经营者势必会做出自利选择，损害所有者利益。这种损害表现为逆向选择和道德风险两种行为。在公司治理实践中，可以通过加强监督来约束上述行为，以维护所有者利益，然而，全面监督的成本极其高昂，而且不可能做到事事监督、时时监督。监督只能减少经营者违背所有者目标的行为，并不能从根本上解决全部问题，在这种情况下，激励作为一种制度被建立起来，用于激发经营者自愿选择与所有者相一致的目标。可见，经济学上的激励是指公司所有者（委托人）如何使公司经营者（代理人）在是否选择委托人标准或目标时，从自身效用最大化出发，自愿选择与委托人标准或目标相一致的行为。换言之，激励就是怎样使别人自愿为“我”做事。

张维迎发展了关于企业家契约的一般均衡理论，回答了为什么是资本雇佣劳动而不是工人监督企业家，为什么是资本所有者而不是劳动力所有者选择经营者等问题。他认为由于个人在经营能力、财富、风险态度三个方面有差异，经营能力低、个人财富多的人成为纯粹资本者；经营能力高、个人财富少的人成为管理者；经营能力低、个人财富少的人成为工人。可以说资本雇佣劳动的命题，在解释古典式企业的所有权安排方面很成功。

5.3.4 激励与约束

“约束”一词原本是指对物体位置及其运动条件所加的限制，也可以指控制、管束。从组织制度的视角来看，约束是指通过制度规范和伦理道德规范，使组织成员的行为有所遵循，使其知道该做什么，如何去做。凡组织皆有一定的制度，制度是一种有形约束，伦理道德是一种无形约束，前者是一种强制性约束，后者主要是自我约束和社会舆论约束。通过约束制度，使组织成员的行为更加符合组织的实际运行情况，使组织运营不致偏离既定目标。

激励与约束是两种不同的管理活动。激励主要解决管理者的工作热情、积极性、创造性不足等方面的问题，使其潜能得以发挥，使其努力工作；而约束主要解决人际关系、行为方向等问题，确保组织成员的个人目标与组织目标相一致，从而保护组织和被管理者个人的根本利益。激励的直接目的在于调动人的工作积极性、创造性，提高工作效率；而约束的主要目的是保证个人的行为方向与组织目标保持一致。由此可见，虽然两者目标是一致的，但不能相互替代。

激励与约束存在着相互补充、相辅相成的关系。首先，在一定条件下，激励与约束可以相互转化。例如，根据工作业绩，给管理对象以成就、荣誉等激励，如果方法得当，可以使受表彰者更加珍惜自己的声誉和形象，从而加强自我约束，达到良好的约束效果；而对于约束常用的批评、惩罚等手段，只要使用得当，也能起到积极的效果，使受约束者可能会卧薪尝胆、激励斗志，进一步做好以后的工作。其次，人的行为动机来源于人们的需要，在这些需要中，相对于组织的管理目标而言，有些是正当的，应用激励方法强化其行为；有些是不正当的，应用约束的方法弱化其行为。因此只有将两者科学搭配、有机结合，员工积极性与创造性的发挥才能事半功倍，否则，激励与约束的作用就不能得到充分发挥，难以达到应有效果。可以说，激励与约束的最终目的都是追求管理活动的制度化和高效化，都是要最大限度地调动被管理者的积极性与创造性，使其行为和努力最有效地投入组织目标的方向上。

激励与约束机制包括五个方面的内容：①诱导因素的集合，指用于调动激励与约束行为积极性的各种奖酬资源，包括各种外在性奖酬和内在性奖酬因素；②行为导向制度，指激励与约束主体对客体的努力方向、行为方式和应遵循价值观的规定；③行为幅度制度，指对由诱导因素所激发的行为在强度方面的控制规则；④行为时空制度，指奖酬制度在时间和空间方面的规定，包括特定的外在性奖酬与特定绩效相关联的时间限制，客体行为与一定工作相结合的限制及有效行为的空间范围；⑤行为归化制度，指对激励与约束客体进行组织同化和对违规行为进行惩罚的规定。上述五个方面的因素构成激励与约束机制的总和。其中，诱导因素起强化动机、发动行为的作用，其他因素起引导、规范和制约行为的作用。因此，激励与约束机制的核心实际上是一整套具有法律、行政效力和道德约束力的激励与约束制度体系。

在一项激励与约束制度安排中，激励与约束的主体是委托人，客体是代理人，委托人作为特定资源或权力的拥有者，通常需要通过代理人的工作或活动来实现其效用目标。为此，委托人需在了解代理人信息的基础上，向代理人发出关于权力授予、责任分工、利益分配等激励与约束信息，并经过谈判或协商形成正式制度或契约来规范代理人行为；同时，委托人行为也受到正式制度或契约的约束。但仅有这些安排还不够，由于委托人和代理人之间信息分布不对称，代理人通常在代理活动中占有信息优势，所以委托人要实现效用最大化目标，还必须做出防止出现逆向选择和道德风险的制度安排。代理人根据自己的效用最大化函数对委托人发出的激励与约束信息进行选择，并在代理活动过程中遵从交易成本最低、效用最大原则。利用现行的制度或契约及信息优势制约委托人行为。这样，根据激励与约束机制的含义，包括基本规则、激励规则、约束规则和度量衡规则在内的全部组织制度，委托人对代理人活动的动态调节机制，代理人对委托人的制约机制及组织文化等要素，构成一定社会组织的激励与约束机制的全部内容，其中由激励规则和约束规则表现的制度内容，构成激励与约束机制的核心内容。

5.3.5 企业治理机制理论

企业治理集中于两个要素：一是来自企业以外的信号；二是根据这些信号做出决策的企业内部控制结构。从制度角度来看，治理是一个法律、规制制度及公司报告要求的框架，以使公司得到很好管理。从社会责任角度来看，企业治理就是关于处理企业内部治理机制与行使企业社会责任关系的问题。从与利益相关者的关系角度来看，企业治理是一个机制，保证企业各利益相关者行使对企业内部人及管理者的监控，保护自己的利益不受侵犯。从企业治理这一问题的产生与发展来看，可以从狭义和广义两个方面去理解。狭义的企业治理是指所有者，主要是股东对经营者的一种监督与制衡机制，即通过一种制度安排，来合理配置所有者与经营者之间的权利与责任关系。企业治理的目标是保证股东利益最大化，防止经营者对所有者利益的背离。其主要特点是通过股东大会、董事会、监事会及管理层所构成的公司治理结构的内部治理。广义的企业治理则不局限于股东对经营者的制衡，而是涉及广泛的利害相关者，包括股东、债权人、供应商、雇员、政府和社区等与公司有利害关系的集团。企业治理通过一套包括正式或非正式、内部或外部制度或机制来协调企业与所有利害相关者之间的利益关系，以保证公司决策的科学化，从而最终维护公司各方面的利益。因为在广义上，企业已不仅仅是股东的企业，而是一个利益共同体，企业治理机制也不仅限于以治理结构为基础的内部治理，而是利益相关者通过一系列的内外部机制来实施共同治理，治理的目标不仅是股东利益最大化，而是要保证企业决策的科学性，保证企业各方面利益相关者的利益最大化。

有关企业治理的理论可以归纳为交易成本理论、委托代理理论和利益相关者理论。交易成本理论认为，企业所有权和控制权分离之后，就会产生机会主义行为，所以说企业本身就是一个治理结构，适当的治理方式，包括企业内部交易方式和外部交易方式的选择，有助于减少机会主义行为，使董事和股东的利益相一致。委托代理理论认为，由于企业所有权和控制权的分离，股东和经理之间就形成了一种委托代理关系，由于委托人和代理人均以追求自身利益最大化为目标，因此，代理人目标与委托人目标并不一致，由此就产生了代理问题。解决代理问题，可以通过建立激励机制，委托人通过监督，确保代理人行为符合委托人的最大利益，以及代理人可以向委托人保证，其不会实施有违委托人最大利益的行为。利益相关者理论从更广泛的角度来考虑企业，企业的组成不仅包括股东，还有各个利益相关者，包括雇员、消费者、供应商、政府及社区，强调利益相关者在企业治理中的作用。而无论是交易成本中的因素论还是委托代理关系中的主客体论，激励与约束机制的内容都是由一整套规则体系构成的，包括激励规则、约束规则及平衡激励与约束关系的协调规则。这些规则既可以来自组织内部，也可以来自组织外部。来自外部的规则往往是基于组织所处的经济环境，而来自内部的规则是组织为实现自身目标，在结合外在规则的基础上进行的一种制度选择。

5.4 企业博弈理论

5.4.1 现代企业中的囚徒困境

博弈论的思想最早可以追溯到18世纪，但真正作为一种理论研究则始于20世纪，公认的开山之作是1944年出版的由科学家冯·诺伊曼和经济学家奥斯卡·摩根斯坦恩合著的《博弈与经济行为的理论》一书。两位学者认为，以往的数学是为物理学的发展而建立起来的，它描述的是客观世界行为，对经济学不太合适。他们认为经济学所研究的对象更像一场游戏中的参与者，相互之间预期对方的行动，因此，描述、观察研究对象就需要一系列新的数学工具。这一套新的数学工具，就被他们命名为博弈论。博弈论这个名词虽然被提出，但却找不到发展的突破方向。直到1951年纳什提出了纳什均衡的概念，博弈论才找到正确的方向，并取得了长足的发展，开始运用于经济学研究。到了20世纪70年代，博弈论逐渐形成一个完整的体系，在经济学中也逐渐取得主流地位。1994年，经济学诺贝尔奖授予了对博弈论发展做出卓越贡献的海萨尼、纳什和泽尔腾三位学者，确认了博弈论对人类思想的贡献。

博弈是指利益存在冲突的决策主体在相互对抗（或合作）中，彼此相互依存的一系列策略和行动的过程集合。在这个定义中有以下几点需要注意。第一，博弈中的参与者各自追求的利益具有冲突性，如果决策主体之间的利益是一致的，就不是博弈。进一步分析，即使一个博弈包含无穷多参与者，但利益一致，就可以理解为一个人。显然一个人是不会和自己博弈的。因而从某种意义上看，博弈论是研究冲突的学科，它为人们理解冲突和合作提供了一种重要的思想方法。第二，博弈是一个过程集合。博弈不是一个孤立的事件，而是人们在对抗过程中所有有关方面的集合。它包含参与者集合、策略集合、行动集合、信息集合等。把博弈看作一个集合是思维从具体到抽象的重要一步。第三，博弈的一个本质特征就是策略的相互依存性。如果博弈参与者之间的策略不存在依存性，那么与一个人自娱自乐的游戏并无区别，当然也就不能称其为博弈。

第二次世界大战以来，世界经济环境发生了深刻的变化，生产规模不断扩大和集中，垄断和寡头垄断势力增强，经济生活中各种力量的联合和对抗不断强化，以及各国政府对经济生活干预强化，等等，都使得世界经济内部企业之间、企业和消费者之间、企业和工会组织之间、政府和企业之间及政府和消费者之间的相互影响、相互依存和相互制约不断加强。面对这样的现实，以注重经济生活中各个方面、各个个体之间相互影响和制约为研究前提的博弈理论便充实在现代企业决策的各个环节中。

博弈论在现代企业决策中应用的典型案例就是囚徒困境。囚徒困境的具体内容如下：两个嫌疑犯作案后被警察逮捕，分别关在不同的屋子里审讯，警察告诉他们，如果两个人都坦白，那么每人判刑8年；如果两个人都抵赖，每人各判刑1年；如果其中一人坦白，另一人抵赖，坦白的人释放，抵赖的人判刑10年。通过分析可以发现，在这个博弈中，均衡策略是（坦白，坦白）。原因在于当乙不坦白时，甲的最优战略是坦白；

当乙坦白时，甲的最优战略仍是坦白。因此，无论乙如何选择，甲的最优战略都是坦白；同理，无论甲如何选择，乙的最优战略也都是坦白。因此，尽管从总体上看，（抵赖，抵赖）是对两个人都有益的结果，事实上现实生活中的结果却并非如此，如表 5-1 所示（表中的下划线表示该数字为博弈的均衡策略，表 5-2～表 5-5 同）。

表 5-1　囚徒困境

	坦白	抵赖
坦白	<u>−8</u>，<u>−8</u>	0，−10
抵赖	−10，0	−1，−1

现代经济中企业之间的价格大战就是一种囚徒困境。“今天我降价，明天你让利”，价格大战此起彼伏。由于过度的价格战，使许多厂家基本上没有利润，甚至亏损，结果最终影响企业自身的长远发展。最经典的例子是 2000 年的彩电价格联盟事件。2000 年 6 月，9 家彩电巨头在深圳召开价格联盟会议，要求各联盟成员不得降价，否则要受到处罚，但墨迹未干，与会成员就纷纷违反协议，竞相降价，因为联盟中没有一个成员会相信对手真的会认真履行自己的协议。在这里，他们就面临着一个囚徒困境问题，当然是都不降价对于各彩电巨头整体是最好的选择，但作为理性人可能会想到在自己遵守诺言的情况下，一旦其他商家降价，其结果必然是自己的市场被对手占领，则不如自己先降价，就可以抢占先机。所以，最终的选择就是先降价，彩电价格联盟便就此宣告破产，如表 5-2 所示。

表 5-2　商家价格战

	高价	低价
高价	100，100	20，150
低价	150，20	<u>50</u>，<u>50</u>

5.4.2　企业博弈的要素

1. 参与人

参与人（player，以 i 表示）是指博弈中的决策主体，参与人的目的是通过选择战略来最大化自身效用水平。如果博弈中有 n 个参与人，则记为 $i=1, 2, \cdots, n$。判断博弈参与者的根本标志是他是否博弈的利害关系者，只有在博弈中存在利害关系的决策主体才被看作博弈的参与者。一个较为特殊的与其他参与者不存在利害关系的参与者定义为“自然”（nature）。

2. 信息

信息（information）是指参与人关于博弈的知识，包含对参与者行动顺序的规定、当某个参与者行动时他所知道的信息、有什么样的行动可供选择、选择之后会得到什么样的结果，等等。如果某参与人了解其他参与人的策略及收益，则称完全信息。反之，则称不完全信息。

3. 战略

战略（strategy）是指参与人在给定信息集情况下的行动规则。其中，s_i 表示第 i 个参与人的一个特定战略；S_i 表示第 i 个参与人的所有可能的战略选择；$s=(s_1, s_2, \cdots, s_n)$ 表示 n 个参示与人的一个战略组合。

4. 行动

行动（action）是指参与人在博弈的某一时点上的决策变量。其中，a_i 表示第 i 个参与人的一个特定行动；A_i 表示第 i 个参与人的所有可能的行动选择；$a=(a_1, a_2, \cdots, a_n)$ 表示 n 个参与人的一个行动组合。

5. 收益

收益（payoff）是指在一个特定的战略组合下参与人得到的确定效用水平。这意味着，博弈的每一位参与者会在不同的结果之间进行比较，以寻求最好收益。第 i 个参与人在特定战略组合下的收益记为 $u_i=u_i(s_1, s_2, \cdots, s_n)$。

6. 均衡

均衡（equilibrium）是指所有参与人的最优战略组合。如果以 * 表示最优，则当 $u_i(s_1^*, s_2^*, \cdots, s_n^*) \geqslant u_i(s_1^*, s_2', \cdots, s_n^*)$ 时的战略为均衡战略，记为 $s^*=(s_1^*, s_2^*, \cdots, s_n^*)$。其中，$s_i'$ 表示第 i 个参与人最优战略之外的其他战略。

5.4.3 企业博弈的类型

在企业博弈中，信息是至关重要的，有些信息对于参与者而言是公共信息（common knowledge），而有些信息只有自己知道。如果所有重要的信息都是公共信息，那么这样的博弈就称为完全信息博弈。如果一些重要的信息不是公共的，只有当事人知道，或者说不是所有的博弈者都知道，这样的博弈就称为不完全信息博弈。在博弈论中，对博弈的完全信息和非完全信息有着严格的定义：如果所有参与者在给定任意策略组合下，每个参与者的收益都是确定的，那么就是完全信息博弈；如果至少有一个参与者的收益是不确定的（参与者主观认为收益具有多种可能性），那么就是非完全信息博弈。上述这个定义等价于每个参与者的收益函数是否为公共信息，如果每个参与者的收益函数为公共信息，显然每个参与者的收益必然是确定的。收益不确定是由于有些参与者只能猜测他人或自己可能的收益。为什么靠猜测？因为参与者的收益函数不是公共信息。公共信息也译为公共知识，它定义为：你知道这件事，他知道这件事，你知道他知道这件事，他知道你知道这件事，你知道他知道你知道这件事，你也知道他知道你知道他知道这件事……以至无穷。通俗地说，就是博弈的任意两个参与者双方彼此心里都清楚地知晓对方知道此事。与公共信息相对应的就是私人信息。私人信息就是一部分人知道，或是所有人不知道但“自然”知道。非完全信息博弈比完全信息博弈复杂，分析起来也较困难，但非完全信息较符合实际情况，因而其适用范围更广，理论意义更大。

博弈参与者行动的顺序也很关键。他们可以同时行动，也可以有先有后。如果博弈双方同时行动（在博弈论中，所谓同时行动是指一方在做出行动时并不清楚对手是否已经做出了行动），称为静态博弈。如果一方在做出行动时，知道对手已经做出了行动（可能不知道具体行动是什么），称为动态博弈。例如，“石头、剪刀、布”游戏就是一个静态博弈，而下象棋是一个动态博弈。从这里可以看出，所谓动态和静态的划分与时间先后无关，而与博弈的规则有关。从上面这两点出发，可以把企业博弈分为四类：完全信息静态博弈、完全信息动态博弈、不完全信息静态博弈和不完全信息动态博弈。相应的，就有四个均衡概念。

1. 完全信息静态博弈

博弈各方都完全了解所有博弈方各种情况下的策略和收益，而且博弈各方同时选择策略行动的博弈称为完全信息静态博弈。完全信息静态博弈下的均衡战略称为纳什均衡战略。完全信息静态博弈在经济学上应用的典型案例就是双寡头博弈的古诺模型。古诺模型从每个企业个体理性决策（追求自身利益最大化）出发，揭示了个体理性与集体理性的冲突及市场失灵，颠覆了“看不见的手”原理。

古诺模型如下：已知市场上有 2 个寡头企业垄断经营某种产品，新企业进入市场受到有效阻塞。设企业 1 的产量为 Q_1，企业 2 的产量为 Q_2，市场出清价格 $P=a-(Q_1+Q_2)$，两个企业的单位可变成本为 c，不考虑固定成本（a，c 为常数）。求解完全信息静态博弈下均衡战略时企业 1 和企业 2 的决策产量。

由此可得企业 i（$i=1, 2$）的利润 $\pi_i=P\cdot Q_i-C_i=[(a-c)-(Q_1+Q_2)]\cdot Q_i$。

给定企业 2 选择 Q_2^* 的情况下，企业 1 利润最大化的条件为 π_1 关于 Q_1 的一阶偏导数为 0，解得 $Q_1^*=[(a-c)-Q_2^*]/2$。

给定企业 1 选择 Q_1^* 的情况下，企业 2 利润最大化的条件为 π_2 关于 Q_2 的一阶偏导数为 0，解得 $Q_2^*=[(a-c)-Q_1^*]/2$。

联立方程解得 $Q_1^*=Q_2^*=(a-c)/3$；寡头博弈下市场总产量为 $Q_1^*+Q_2^*=2(a-c)/3$。

其中，$(a-c)$ 表示完全竞争状态下市场上的总产量，而双寡头博弈下，每个企业都从自身利润最大化角度出发，结果市场上的总产量为完全竞争市场状态下的 2/3，未实现帕累托最优。另外，$(a-c)/2$ 表示完全垄断下市场上的总产量，如果两企业串谋形成“卡特尔”，将产量控制在 $(a-c)/2$ 水平上，彼此可以瓜分更大的垄断利润，实现集体（两个企业）的利润最大化。但由于给定对方维持垄断高价下，自己最优选择是降价；给定对方降价的情况下，自己最优选择仍是降价，所以彼此不降价的承诺不可置信，因此无法实现集体利益最大化，从而陷入囚徒困境。

2. 完全信息动态博弈

每个参与者了解其他所有参与方的策略和收益，但行动顺序有先后，后行动者可以观察到先行动者的行动，并调整自己的战略选择，但先行动者也可以理性地预期到后行动者的战略调整而调整自己的战略，并先采取行动，此种类型的博弈称为完全信息动态博弈。完全信息动态博弈下的均衡战略称为子博弈精炼纳什均衡战略。

例如，市场进入阻挠博弈（一）。已知：市场上某厂商（在位者）垄断某种产品的生产经营，垄断利润为 300 万元；市场另有一厂商（进入者）计划经营此种商品，他的进入成本为 10 万元。当进入者进入，在位者默许时，双方各得利润 50 万元；当进入者进入，在位者斗争时，双方利润都是 0 万元。在完全信息静态博弈下会有两个均衡战略，即（进入，默许）和（不进入，斗争），如表 5-3 所示。

表 5-3 市场进入阻挠博弈

	默许	斗争
进入	40，50	−10，0
不进入	0，300	0，300

但在完全信息情况下，如果进入者先行动，在位者后行动时的均衡战略是什么？由于进入者先行动，在位者的斗争策略是不可置信的。原因在于，进入者可以理性地预期到，如果自己选择了进入，在位者随后选择斗争的效用为 40，选择默许的效用为 50。因此在位者会选择默许，斗争是不可置信的。而如果进入者选择不进入，自己的效用为 0，小于 40，因此先行动的进入者选择进入，而后行动的在位者只能选择默许。因此，（进入，默许）为唯一的子博弈精炼纳什均衡战略。但如果在位者采取了具有约束力的承诺行动，则（不进入，斗争）也可以成为唯一的子博弈精炼纳什均衡战略。例如，20 世纪 70 年代，欧共体为打破美国波音公司对全球民航业的垄断，曾放弃欧洲传统的自由竞争精神，而对与波音公司进行竞争的空中客车公司进行补贴（相当于承诺行动）。因为，当双方都未获得政府的补贴时，两个公司都开发新型飞机会因市场饱和而亏损，若一家公司开发而另一家公司不开发，则开发的那家公司会获得巨额利润。如果欧共体对空中客车进行补贴，这时只有一个均衡战略，即（波音公司不开发，空中客车公司开发）。在这里，欧共体的补贴就是使空中客车公司一定要开发（无论波音是否开发）的威胁变得可置信的一种“承诺行动”。

3. 不完全信息静态博弈

每个参与者同时选择行动，但至少有一方不了解或不完全了解其他参与方的策略和收益，但可以依据贝叶斯概率分布参与的博弈，这种类型的博弈称为不完全信息静态博弈。不完全信息静态博弈下的均衡战略称为贝叶斯纳什均衡战略。

例如，市场进入阻挠博弈（二）。已知：进入者（A）有一种类型，进入成本为 10 万元，在位者有两种类型，即高成本在位者 B_1 或低成本在位者 B_2，B_1 的垄断利润为

300 万元，B_2 的垄断利润为 400 万元。当 A 进入，B_1 默许时，双方各得利润 50 万元；当 A 进入，B_1 斗争时，双方利润都是 0 万元；当 A 进入，B_2 默许时，A 得利润 50 万元，B_2 得利润 100 万元；当 A 进入，B_2 斗争时，A 得利润 0 万元，B_2 得利润 200 万元。如表 5-4 和表 5-5 所示。

表 5-4 高成本在位者

	默许	斗争
进入	40，50	−10，0
不进入	0，300	0，300

表 5-5 低成本在位者

	默许	斗争
进入	40，100	−10，200
不进入	0，400	0，400

在进入者不了解在位者确定类型的情况下，企业的均衡战略会是什么？海萨尼将"自然"引入不完全信息博弈中，即"自然"首先选择在位者的类型，进入者不了解"自然"的具体选择，但可了解在位者所属类型的概率分布参与博弈。在市场准入静态博弈中，"自然"选择了在位者，进入者不了解在位者的具体类型，但进入者知道在自己进入的情况下，选择默许的是高成本在位者，选择斗争的是低成本在位者，因此进入者可以依据在位者的概率类型参与博弈。如果进入者预测在自己选择进入时，在位者为高成本的概率为 P，在位者为低成本的概率为 $(1-P)$，则进入者进入的预期效用为 $40P+(-10)\times(1-P)$。

令 $40P+(-10)\times(1-P)=0$，解得 $P=0.2$。

当 $P>0.2$ 时，贝叶斯纳什均衡为 $s^*=$(进入，{高成本者默许，低成本者斗争})。

当 $P<0.2$ 时，贝叶斯纳什均衡为 $s^*=$(不进入，{高成本者斗争，低成本者斗争})。

4. 不完全信息动态博弈

至少有一个参与者不了解或不完全了解其他参与人的策略和收益，且参与人的行动顺序有先后之分时的博弈称为不完全信息动态博弈。不完全信息动态博弈下的均衡战略称为贝叶斯精炼纳什均衡战略。在不完全信息动态博弈中，后行动者可以观察到先行动者的行动，并调整自己的战略选择，但先行动者也可以理性地预期到后行动者的战略调整，进而调整自己的战略，并先采取行动。

例如，中央政府与地方企业博弈。在中央政府和地方企业之间存在信息不对称，中央政府（委托人）只知道地方企业（代理人）选择经营方式的概率分布。由于激励产出的短期增长符合地方政府和企业的共同利益，因此，中央政府对地方经济运行的调控博弈可以简化为在中央政府和地方企业之间进行分析。由于地方企业的所有者只对企业行为后果负“有限责任”，并且投资行为往往要经过若干个会计期才能完成，所有者就有可能通过人为膨胀前期会计净资产来增加所有者权益分红。也就是说，地方企业所有者不是通过追求企业利润最大化来实现自身收益最大化，而是倾向于瓜分企业。同时，所有者的道德风险会对政府宏观调控形成阻抗，加剧经济的波动。此过程可以通过一个不完全信息动态博弈模型化形成。

假定，在时期1，地方企业可以在稳健方式和投机方式之间选择经营策略。从中央政府的角度看，经济中存在着众多的地方企业，这些企业自己知道选择了什么样的经营方式，而中央政府不知道。但中央政府知道整个经济中这些企业选择稳健方式的比例为a，选择投机方式的比例为$1-a$。进一步假定：若地方企业的经营采用稳健方式，在第1期期末将给企业带来收益X_g，给国家带来收益Y_g。若采用投机方式，在第1期期末由中央政府决定对企业进行清算或对其提供财务支持。如选择清算，国家所获收益相当于企业的清算价值L，企业的收益为0；如选择提供财务支持，企业的收益为X_P，而国家获得的相应收益为Y_P。显然，在企业选择投机方式已知的前提下，中央政府的选择决定着企业预算约束的性质，进而也决定着中央政府与地方企业双方的收益。

依据前面的假设，与稳健投资相比，企业投机的收益会更大（$X_P > X_g$）。如果国家在第1期期末采取“硬预算约束”策略，则地方企业直接进入清理阶段，其所获收益为0。只有在国家施行“软预算约束”策略的情况下，企业才能获得收益X_P。这里，问题的关键显然在于中央政府的清理承诺是否可置信，以及地方企业对中央政府可能采取策略的预期。而中央政府的清理承诺进一步取决于其事后融资（或财务支持）的净收益Y_P，与清算收益L的比较。如果$Y_P>L$，事后融资是最优选择；若$Y_P<L$，清理则是最优选择。清算价值L是中央政府进行策略选择的一个重要门槛。L越高，中央政府选择清理的可能性越大；L越低，中央政府的清理承诺就越不可信。其实，这与企业经理人的策略选择具有内在一致性。经理人越倾向于投机策略，从企业单位资产中获取收益X_P，L就会越低；而L越低，中央政府的清理承诺就越不可信。因此，一旦设定经营策略，经理人总是尽力瓜分企业资产，降低企业的清算价值，从而增加国家选择财务支持的可能性。不难看出，只要投机经营的收益大于稳健经营的收益（$X_P > X_g$），且中央政府选择财务支持的收益大于选择清算的收益（$Y_P > L$），地方企业就有足够的激励选择投机方式，中央政府也总会倾向于采取事后财务支持的策略。

5.4.4 企业演化博弈

在经典博弈论中，假设参与人具有使自己受益最大化的主观意识与对于对手策略的最优反应能力，而在实际中，这种假设可能是不现实的。例如，在下象棋时，棋手不可能在每一步都能采取最优的反应行动。因而有必要把参与人的完全理性行为的假设推广为不完全理性行为的假设。在演化博弈中，认为参与人的选择行为可以依据前人经验、学习与模仿他人行为、受遗传因素决定等。因而演化博弈把具有主观选择行为的参与人扩展为包括动物、植物在内的有机体，动植物参与者的收益可被理解为某种适应程度。这个领域的开创性工作是由英国生物学家约翰·梅纳德·史密斯和普里斯在 1973 年进行的。演化博弈把博弈论的分析与应用从研究人类的竞争行为扩展为研究有机体的策略互动关系。演化博弈下的博弈方是不满足完全理性假设的。有限理性意味着博弈方往往不会在一开始就找到最优战略，必须通过学习和试错找到最好的策略；有限理性也意味着至少有部分博弈方不会采取完全理性的均衡策略，因此有限理性的均衡策略是不断调整和改进的结果，而不是一次博弈的结果，而且即使达到了均衡也可能再次偏离。依据参与博弈企业学习能力的差异，有限理性下的演化博弈可分为最优反应动态和复制动态两种形态。

1. 最优反应动态

最优反应动态假设有限理性的博弈方具有相当快的学习速度，能对不同策略的结果做出比较正确的事后评估，并相应调整策略。因此，给定前期的博弈结果，各博弈方本期都能找到和采取针对前期其他博弈方策略的最优反应策略。

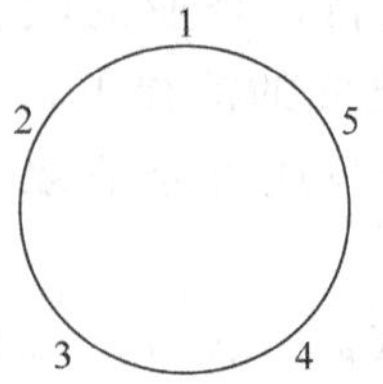

图 5-2　同质企业快速学习模型

例如，企业快速学习模型。假设有 5 个同质企业位于圆周的 5 个位置，如图 5-2 所示，每个企业都与各自左右的邻居反复博弈。既然博弈方都是有限理性的，那么初次博弈时每个位置的博弈方都既可能采取 A，也可能采取 B，彼此博弈的收益矩阵如表 5-6 所示。

表 5-6　快速学习模型

	A	B
A	50，50	49，0
B	0，49	60，60

初次博弈的策略组合共有 32 种可能，但其中一些情况可以通过旋转或对称反射完全重合，因此，最终只有 8 种情况存在实质差别：0A、1A、相邻 2A、不相邻 2A、3 连 A、非 3 连 A、4A、5A。设 X 为 T 时期博弈方 i 的邻居中采取 A 策略邻居的数量（$X=0,1,2$），采取 B 策略邻居的数量为 $2-X$。i 采取 A 策略的效用为 $50X+49(2-X)$，i 采取 B 策略的效用为 $0X+60(2-X)$。

当 $50X+49(2-X)>0X+60(2-X)$ 时，即 $X>22/61$ 时，i 在 $T+1$ 时期采取 A 策略。即两个相邻企业中有一个采取 A 策略，i 就采取 A 策略。

当 $50X+49(2-X)<0X+60(2-X)$ 时，即 $X<22/61$ 时，i 在 $T+1$ 时期采取 B 策略。即两个相邻企业都采取 B 策略，i 就采取 B 策略。

通过分析可以发现：（A，A）的概率为 31/32；（B，B）的概率为 1/32。除了 0A（所有博弈方一开始就采取 B 策略），其他 31 种情况下博弈方在最优反应动态法则下，经过或多或少时期的调整，最终都收敛到所有博弈方都选择 A 的稳定状态。

即使在稳态后，有少量博弈方偏离A策略，最优反应动态也会使博弈方都回到A策略。因此，A策略是进化稳定策略，B策略不是进化稳定策略。

2. 复制动态

复制动态假设有限理性的博弈方具有较差的学习能力，较慢的学习速度表现为向优势策略转化是一个渐进的过程。因此不是所有的博弈方同时调整，策略调整速度可以用生物进化的动态方程（复制动态）来表示。

例如，签协议博弈。企业在签协议时有同意和不同两种策略，彼此博弈的收益矩阵如表5-7所示。

表5-7　签协议博弈

	同意	不同意
同意	1，1	0，0
不同意	0，0	0，0

设企业群体中采取同意类型的比例为 X，采取不同意类型的比例为 $1-X$。

采取同意博弈方的效用为 $U_y=1\times X+0\times(1-X)=X$。

采取不同意博弈方的效用为 $U_n=0\times X+0\times(1-X)=0$。

企业群体成员的平均效用为 $U=X\cdot U_y+(1-X)\cdot U_n=X^2$。

尽管博弈方不具有最优反应动态，但他们会逐渐认识到采取同意策略的优势，因此博弈方会模仿同意类型的战略，因此 X 与 $1-X$ 就是变化的。博弈方的学习模仿速度取决于两个方面：一是模仿对象的数量 X，这决定模仿的难易程度；二是模仿对象的成功程度，可用 U_y-U 来衡量。因此采取同意策略博弈方比例变化的差分方程为 $\mathrm{d}X/\mathrm{d}t=X\cdot(U_y-U)=X\cdot(X-X_2)$。

当 $X=0$ 和 $X=1$ 时，$\mathrm{d}X/\mathrm{d}t=0$；当 $0<X<1$ 时，$\mathrm{d}X/\mathrm{d}t>0$。因此，除了 $X=0$（一开始就没人采取同意策略），其他情况下 $\mathrm{d}X/\mathrm{d}t>0$（同意的比例不断增加），直到 $X=1$ 达到稳态（不会有人愿意偏离）。因此，同意是复制动态下的进化稳定战略。

上述分析表明，企业的发展也是一个“物竞天择”的演化博弈过程，其中学习能力和学习环境对企业均衡策略的形成乃至最后发展至关重要。

5.4.5　企业博弈理论评析

古典企业理论认为信息是充分和对称的，对于个人来讲，所有其他人的行为都被归结在价格这个参数里，个人决策时面临的就是非人格化的对象，人们之间的相互作用通过价格来间接完成。因此个人的收益函数只依赖自己的选择，个人决策就是在给定价格和收入的条件下，最大化个人收益。博弈论认为信息不充分和不对称是常态，个人理性与集体理性也经常存在冲突，因此决策时必须考虑他人决策的影响。经济学可以对企业之间的互动关系进行直接研究，从而使理论更贴近现实。

企业博弈的实质是存在利益冲突的企业总是试图制胜对手以实现自身利益最大化，

这使得博弈双方（或多方）的策略具有相互依存性。而博弈论就是针对这种策略依存性来探索各种博弈模型中可能出现的均衡，并对各种均衡进行规律性的总结和概括，从而帮助人们理解各种社会现象。

博弈论还可看作由一系列模型所组成，博弈论理解各种冲突现象的方法就是将其抽象成一个模型，这个模型通常包含三个部分：理论前提、逻辑推理和理论结论。在发展中，博弈论深受经济学思想的影响，理性选择理论构成了博弈论最为核心的立足点，均衡则成为博弈论的研究中心。但由于存在垄断、公共产品、外在性、逆向选择和道德风险，使得一般均衡难以成立，完美的市场机制只不过是一种理想状态。另外，企业博弈研究的难点也体现在信息和顺序上。信息完全与否，取决于每一个企业在任意策略组合下对其收益是否确定。判断顺序的根据则是企业是否同时行动。同时行动与时间的先后无关，而与博弈的信息和规则有关。

企业演化博弈理论中有两条最重要的机制：一种叫自然选择，即不是每类企业都有相同概率在下一期存活；另一种叫突变机制，这保证了企业种群的变化。对于突变机制，需要强调的是它没有方向性，可能会提高个体的适应性，也有可能降低个体的适应性。

本章小结

本章首先介绍了企业理论的产生和发展，一方面介绍了企业的起源，另一方面介绍了新古典企业理论和新制度经济学企业理论，接着从科斯的理解、团队生产理论、资产专用性等方面介绍了企业性质理论；之后给出了企业治理机制，包括委托代理的均衡合同、激励理论、企业治理机制等；最后分析了企业博弈理论，内容包括企业博弈的要素、类型及演化博弈等。

思考题

1. 新古典企业理论与新制度经济学企业理论有哪些异同？
2. 运用新制度经济学企业理论分析我国一些国有企业效率不高的原因。
3. 资产专用性理论的基本观点是什么？
4. 企业博弈包含哪些基本要素？

第6章 国家理论

引导案例

湄南河猜那水利工程建设

由于19世纪泰国经济与世界经济的一体化和大米价格的上涨，大米出口形势突然好转，因而水稻耕种面积和大米出口量急剧增长。这种趋势引起的一个重要反应是地价上涨，进而使政府把注意力放到了旨在提高土地生产率的干预上：农业研究与灌溉投资。与此相适应，对制度变化的需求也强劲起来。

由于湄南河谷中央平原（该区占大米出口的绝大部分）的自然特点，为了给中央平原提供灌溉服务，必须修建一座大坝和发达的运河网。河谷地势坦荡，无法建造高效的小型水利工程或进行零敲零碎式的开发。灌溉设施的不可分性（资产的专用性质），以及一个地理区域内灌溉设施协调的必要性，导致只有中央政府才能承担这一任务。如果由地方承担就涉及巨额的协调费用及“搭便车”的问题。

1902年年末，在湄南河畔的猜那兴建一座水坝的建议出台。该工程由荷兰著名的灌溉工程师J. 霍曼·范德海德提出并设计。1902～1909年，他多次阐述其建议，且以一项周密的计划证实他的论点，该计划内含政府财政成本和效益（增加了土地税、水费）的估计数。其后使用社会成本和效益分析框架所做的分析证实了范德海德所提出的论点：该工程能给泰国带来大量的净社会利益。一旦完工，该工程能带来19%～22%的内部投资收益率，与同期铁路投资率相比，这是一个有利的投资收益率。再者，到了20世纪头10年晚期或20年代初期，就提高水稻产量来说，灌溉投资是一种比扩大耕种面积投资更为廉价的途径。此外，该工程启动，还有其他无法计算的一些社会收益率。

尽管范德海德及其拥护者的论据颇有说服力，这种投资的潜在社会收益率是很高的，泰国官员也十分熟悉运河开发的利益，但灌溉建议还是一再遭到否决，直至第二次世界大战以后，由于有世界银行的支持，范德海德设计的水利工程才最终得以完成。

是什么原因导致该项目的延期？从新制度经济学的角度来分析，至少有两大原因。

一是国家安全目标与经济发展目标之间的冲突。从当时的国际环境看，泰国始终面临着西方国家的威胁，因此国家安全目标高于一切。而与军事相关的一些投资，如铁路投资对于国家主权而言有较高的收益。此时政治成本-收益的比较必然放在首位。此外，当时由于外部环境的不利，泰国增加财政收入、支持政府投资的能力十分有限，而泰国又不愿债台高筑、冒受外国干涉的风险。因此，仰仗外国贷款的灌溉投资就没有吸引力；反之，继续依靠私人投资扩大播种面积，动用的国家财力少一些，冒受外国干涉的风险也最小。从政治成本-收益的比较看，这是当时“最佳”的选择。国际环境对各国的制度选择也是一个很重要的因素。前苏联及东欧的剧变在某种程度上也证明了这一点。

二是政府高层官员的私人利益与国家的经济利益之间的矛盾。当时泰国王室及政府高层官员拥有的绝大部分土地在Rangsit区。第二次世界大战前在中央平原所做金额最大的灌溉投资，是旨在使Rangsit地区得益的Pasak水利工程，Rangsit地区是1916～1917年所建泰国第一座水稻试验站的所在地。而一旦范德海德的灌溉政策实施，农民会大批从Rangsit区迁往湄南河谷中央平原，政府高层官员就会失去一定既得利益。由此可知，当政府官员成为公共投资主要受益者时，对采取干预措施、提高土地生产率的要求就会得到满足；而当这种干预影响有损于政府要员的利益时，这种要求就不会满足。上层决策者的净利益并不等于国家净利益（或社会净利益），社会净利益的存在并不一定导致制度供给。因为能给社会带来净利益的制度供给不一定能给上层决策者带来净利益。

正因为如此，诺思指出：“国家的存在是经济增长的关键，然而国家又是人为经济衰退的根源；这一悖论使国家成为经济史研究的核心，在任何关于长期变迁的分析中，国家模型都将占据显要的一席。”

历史的变迁往往令人困惑：为什么声威赫赫的庞大帝国逐渐衰亡或毁于一旦？为什么许多蛰居蛮荒默默无闻的民族卓然兴起，创造了巨大的财富与灿烂的文化？众所周知，一度威震西方的罗马帝国竟败于散居的蛮族部落而从历史上消失；19世纪后半叶，曾经“光照全球”的大英帝国也不得不将工业革命的领袖地位让于过去一直处于沉睡之中的德国与遥远的美洲前殖民地——美国，竟致江河日下，声威难再；第二次世界大战之后，一贫如洗的德国与日本却创造了世人瞩目的经济奇迹，迅速跻身世界最发达的民族之列。对于诸如上述种种历史谜团，社会学家、历史学家及经济学家们曾经从不同角度给出多种解释，但传统的解释大都流于肤浅而难以令人信服。如同对正统经济学一般理论的巨大冲击一样，在这一领域，新制度经济学家也做出了革命性的贡献。

6.1 国家的起源及变迁

国家像企业一样也是一种组织，如科斯称政府为“超级企业”，诺思认为国家是一种在暴力方面具有比较优势的组织。因此，正如用交易成本理论和产权理论来探讨企业一样，新制度经济学家们也用这些理论来研究国家，并建立有关国家的模型。

6.1.1 国家的内涵

国家作为一种制度安排，其起源是制度安排从非正式到正式、从低级到高级演进发展的结果，是制度安排发展到一定阶段的产物。从制度分析的角度来看，国家的出现标志着在制度安排中，强制力的国家机器和权力机构参与进来，并以第三方和裁判员的身份，维护其制定和认可的制度规则。同时，由国家制定和执行的制度规则也就成为了正式制度——制度形成了正式与非正式之分。

1. 国家的含义

国家是一个分歧较多、难以精确定义的概念。从地理和人口方面讲，国家可以被理解为一定领土区域或具有公民身份人口的总和。一般来讲，国家经常被理解为议会、法院、政府、军队等组织机构，或者被理解为这些专业机构产生后的人类社会或社会状态。

本书将国家定义为：国家是指以暴力统治为基础，公众基本认可并服从，具有强制性公共权力并提供相应公共服务，由各类专业组织机构所构成的有机整体。对于这一概念应从以下几个方面来认识。

第一，国家以暴力统治为基础。当然，国家这种“暴力统治”不一定也不需要时时刻刻都表现在公众面前。但是公众都明确清楚，国家具备暴力统治的潜在力量，也就是所谓的“暴力潜能”。

第二，国家具有强制性公共权力，这种权力来源于公众的认可与服从。当然，很多场合下国家的“暴力潜能”也是获得和维护这种认可与服从的根本保障。

第三，国家可以提供各类公共服务。这些服务包括以暴力统治为基础、防止外来入侵、制定并维护公共秩序、组织公众共同应对各类事件等。

第四，国家所对应的各类公共机构及其从业人员是独立于其他组织和人群的专业机构和成员。在无国家机构存在的原始社会中，暴力斗争、公共权威同样存在，不同之处在于这种社会中并不存在或至少是没有大量、系统地出现独立的专业暴力组织和权力机构。为了进一步明确国家机构与一般的家庭和氏族暴力组织、权力机构的区别，有的学者还将统治或服务范围超出氏族、部落范围作为国家机构的根本特征之一。

2. 国家的“三只手”

在经济学中，国家的分析模型主要有三种，即“无为之手”、“扶持之手”和“掠夺之手”，这“三只手”都有其理论基础。掠夺之手的理论基础是新制度经济学。建立在掠夺之手基础上的国家模型，可以探讨如何让国家在制度变迁中发挥积极作用，同时又限制国家的“掠夺之手”的这个新制度经济学国家理论要解决的核心问题。历史上有些国家成功地通过制度安排限制了国家的“掠夺之手”，这些制度安排往往是不同利益集团博弈的结果。从历史和实践来看，那些能够有效限制“掠夺之手”的国家，社会经济就能协调地发展。因此，在我们看来，国家是一个具有合法使用暴力和强制提供法律、秩序的组织，以及拥有垄断权，最终要对造成经济的增长、衰退或停滞的产权结构的效率负责的制度安排。

1）无为之手

按照斯密的理论，正因为有了充分信息的市场这只有效的“看不见的手”，国家在多数情况下就应该充当一只“无为之手”，政府应当越小越好。“无为之手”实际上把国家作为一个外生变量来处理。仿效科斯定理，我们可以阐明权力是如何融入理性选择的国家观的：在一个产权明晰、市场完全和交易成本为零的世界中，无论权力的初始配置状况如何，运用和行使权力的职位将归于那些能使权力价值最大化的人。但是，如果这些条件不满足或不能被近似地满足，权力的最终运用和处置方式将取决于其初始配置状况和社会个人间相互关系的特殊性质。“无为之手”模型描述的是一个接近于交易成本为零的世界。

2）扶持之手

这是建立在福利经济学基本思想基础之上的。“扶持之手”依据市场失灵分析了政府通过制度设计来完善市场的思路，但是“扶持之手”对于政府与市场的边界没有进行研究，在国家权力没有受到制约的情况下，通过制度设计来完善市场的目标难以有效实现。更重要的是，国家在实施“扶持之手”的过程中，由于权力没有受到制约，国家的“掠夺之手”也会发挥作用。斯蒂格勒研究发现了管制中的无效性，并有可能导致设租与寻租互动的寻租社会。

3）掠夺之手

国家也有自身利益，并会使用强制力来实现自身利益。这种理论是把国家作为一个内生变量来处理的。国家这样做时，它就成为“掠夺之手”。奥尔森指出，在人类社会，总有人认为，与其生产财富，不如去掠夺财富来得容易。而要掠夺财富，就要有武力。靠武力和掠夺获得财富的人有两种：掠夺地域是稳定的，或者是不稳定的。奥尔森分别称之为坐寇和流寇。奥尔森把国家视为一个坐寇。例如，过去的皇帝，他要归要，但一般还是会提供许多公共品，维持和增加自身的长远利益。针对国家的统治者会顾及长远利益这一观点，施莱弗等研究了英国王位继承的历史后发现，实际上国家统治者的利益经常是不长远的。这里有王位继承中的斗争和不确定性的问题，也有统治者个人当前高消费需要的问题。统治者当前和短期利益的需要经常会驱使他们去过度掠夺。在理论上，国家作为掠夺者的思想在布坎南、塔洛克和尼斯卡宁的公共选择学派，以及斯蒂格勒、佩尔兹曼和贝克尔的文章中都有体现。

6.1.2 国家的起源

所谓国家的起源，是指国家从无到有的过程。由于国家在人类社会中，尤其是在社会的制度安排中发挥着巨大作用，国家的起源过程也必然是人类社会的演化过程。

国家这种暴力方面具有比较优势的组织的出现，表明人类社会在进化中已经将从事暴力活动的功能转移到一部分人手中，走出了“人人皆兵”的原始状态。因此，国家的起源过程，也可以认为是专业暴力组织和以其为基础的专业公共权力机构的形成过程。那么，人类社会为什么会出现这样的专业组织？这种组织又是如何出现的？这些问题正是本节所要讨论的国家起源问题的主要内容。

总体而言，国家的起源是一个经典而活跃的研究领域，哲学、人类学、考古学、社会学都对这一问题进行过反复分析和争论。一般认为，这些理论可以归结为社会契约论与暴力掠夺论两个类别。社会契约论认为，国家是公民达成契约的结果，为公民服务。

暴力掠夺论认为，国家是某一集团或阶级的代理者，它的作用是代表该集团或阶级的利益向其他集团或阶级的成员榨取收入。

1. 社会契约论

关于无国家的社会，社会契约论者的处理方式是，放弃对复杂历史资料的烦琐整理与归纳，而根据理论分析需要，直接假设一个国家尚未出现时的人类社会“自然状态”，再把这种状态与国家存在的社会状态进行比较，从而分析国家起源所带来的社会进步和利益增进。这种分析方法，所关心的并不是国家起源的历史演进过程，而是更侧重于两种状态转化的结果及其逻辑关系。以这种比较静态的分析方法，从理论逻辑的角度解释国家起源，也成为了社会契约论的重要特点。其中，霍布斯、洛克和卢梭的观点最为著名，也最有代表性。

1）“霍布斯丛林”与霍布斯的社会契约

霍布斯认为自然状态下的人性是自私的，人们为了争夺利益而相互竞争，为了防止别人侵害、维护自身生命而相互猜疑，为了满足虚荣而争夺荣誉，同时假定最初的人类在智力和才能上平等。因此，人类出于上述自私本性，基于相互平等的才能而相互敌对，从而陷入“一切人反对一切人的战争”之中。在这种状态下，不存在所谓的产权和制度约束，人们必须时刻用自己的才能来寻求安全保证，过着惊慌恐惧的生活，不可能安全从事生产。

霍布斯所假设存在的这种自然状态也被称为战争状态或“霍布斯丛林”。从制度安排的角度来说，这种自然状态最大的特点就是人与人之间不存在相互认可的产权安排，任何人对任何资产的占有、使用、加工、生产、收获的权利都不能获得其他人的认可，甚至自己的躯体也是别人眼中可能的猎物或食物。处于这种状态下的人们所遵循的规则与自然界为了生存压力而相互猎食的生存规则没有什么不同，因此也被称为“霍布斯丛林法则”或“丛林法则”。

这种人人相互为战的战争状态，还会产生一种结果，那便是不可能有任何事情是不公道的，是和非及公正与不公正的观念在这里都不能存在。没有共同权力的地方就没有法律，而没有法律的地方就无所谓不公正。暴力与欺诈在战争中是两种主要美德。这样一种状况还会产生以下结果：没有财产，没有统治权，没有“你的”、“我的”之分；每一个人能得到手的东西，在他能保住的时期内便是他的。以上所说就是单纯天性使人实际处在的恶劣状况，然而这种状况却有可能超脱，这一方面要靠人们的激情，另一方面则要靠人们的理性。理性的选择将促使人们争取和平，摆脱这种战争状态，最终确立理性的自然法准则。

霍布斯认为：“使人们倾向于和平的激情是对死亡的畏惧，对舒适生活所必需事物的欲望，以及通过自己勤劳取得这一切的希望。于是便理智地提出可以使人同意的、方便易行的和平条件……这种和平条件在其他场合下也称为自然律。”

然而，如果没有公共权力的约束，自然法准则就不能得以保障，所以人们需要最终通过订立社会契约，建立公共权力机构，从而建立起国家。

因为各种自然法本身，如果没有某种权威使人们遵从，便与那些驱使人们走向偏私、自傲、复仇等的自然激情互相冲突。没有武力，信约便只是一纸空文，完全没有力量使人们得到安全保障……如果要建立这样一种能抵御外来侵略和制止相互侵害的共同权力，以便保障人们能通过自己的辛劳和土地的丰产为生并生活得很满意，那就只有一条道路：把人们所有的权力和力量托付给某一个人或一个能通过多数意见把他们的意志化为一个意志的集体。换言之，指定一个人或集体来代表他们的人格，每个人都承认授权于如此承当本身人格的人在有关公共和平或安全方面所采取的任何行为或命令他人做出的行为，在这种行为中，人们都把自己的意志服从于他的意志，把自己的判断服从于他的判断。这就不仅是同意或协调，而是全体真正统一于唯一人格之中；这一人格是人人相互订立信约而形成的，其方式就如同是人人都向每个其他人说："我承认这个人或集体，并放弃我管理自己的权利，把它授予这人或集体，但条件是你也把自己的权利拿出来授予他，并以同样的方式承认他的一切行为。"这一点做到之后，统一在一个人格之中的一群人就称为国家，在拉丁文中称为城邦。

人们为了摆脱自然状态而达成社会契约，从而一次性放弃自己的自然权利，把绝对权力赋予公共权力机构和君主，而拥有公共权力的君主和国家机构以第三者的身份保障臣民之间达成的社会契约，维护其自然权利。

2）洛克的自然状态和"同意论"

洛克假定自然状态是一种"完备无缺的自由状态"，这种状态下"人人平等，不存在从属或受制关系"，人与人之间机会均等。理性选择促使人们都遵守自然法，享有自然权利。但是这种绝对的自由，也存在着种种不方便，最大的"不便"就是一旦有人不受自然法的约束，而直接诉诸暴力，就会不可避免地使人们进入战争状态。为了克服这种"不便"，人们通过达成契约而脱离这种自然状态，并最终组建国家。

此外，洛克还注意到了由自然状态到国家的转变过程中的逻辑关系，他认为人们首先要"同意"组成一个"少数服从多数"的共同体。然后，主要是出于军事指挥和对付外侵的需要，再选择相应的领袖和君主，并同意将承担自然法执行人的权利和要求罪犯赔偿损害的权利转让给少数人，组成国家机构。也就是说，从逻辑上和过程上来讲，人们首先同意组成"少数服从多数"共同体的社会，然后建立公共权力机构，过渡到有国家的社会，而君主和公共权力机构的成员也是社会契约中的缔约方，在共同体成员的同意下实施公共权力。

总之，在社会契约论者看来，无国家的社会与有国家的社会状态相比，具有很多劣势，公共权威缺失所造成的社会混乱或"不便"，是无国家社会的主要劣势所在。为了提高社会福利水平，人类社会选择有国家的社会状态，达成社会契约则是人类社会建立国家及其各类公共权力机构的途径。

2. 暴力掠夺论

与社会契约论相对应的是，国家起源的暴力掠夺论。持有暴力掠夺论的学者认为国家作为一种阶级统治和暴力掠夺的工具，必然起源于阶级对立与暴力统治。此外，持有掠夺论观点的学者的分析方法与社会契约论者不同。与简单的理论假设或“思想实验”不同，这些学者试图通过对历史资料的整理与归纳，从历史演进的视角来具体探讨在国家出现的过程中人类社会经历了怎样的制度变迁。

1）历史资料与理论分歧

在考察人类社会历史演进过程的文献中，摩尔根的研究具有开创性。摩尔根把人类社会的发展分为三个主要时代——蒙昧时代、野蛮时代和文明时代，而在向文明社会进化过程中，蒙昧时代和野蛮时代又各自经历了低级阶段、中级阶段和高级阶段。在国家产生之前，人类社会则经历了氏族、部落、部落联盟几个阶段。近年来，随着考古学、人类学的发展，关于国家起源的历史演变模式分析也出现了一些新的理论解释，其中比较有代表性的是美国学者塞维斯提出的“原始群—部落—酋邦—国家”模式。酋邦概念是这一模式的核心，一般来说，酋邦概念指的是在部落与国家之间出现的，已经具有阶级社会特征的社会形态，政治权力集中于酋长一人手中。这一新模式强调国家诞生之前的政治权力集于一人的阶级社会状态。

2）国家起源的经济基础

恩格斯在其伟大著作《家庭、私有制和国家的起源》中分析了国家起源过程中的经济基础。恩格斯认为，分工的深化、生产率的提高推动了商品交换的发展、阶级的形成和国家的建立。他把由原始部落到国家的演变过程分为以下四个阶段，以此来分析国家制度的确立过程，其主要逻辑关系如下。

(1) 自然分工阶段。最早的氏族中只存在着以性别为基础的简单自然分工，“男子作战、打猎、捕鱼，获取食物原料，并制作为此所必需的工具。妇女管家，制备衣食——做饭、纺织、缝纫”。这种分工局限于部落内部，相应的交换也只发生在部落内部。女子是家庭中的主人，社会的最小单位是由几个家庭依据其母系血缘组成的“家户”，家户中凡是共同制作和使用的东西，都是共同财产。相应的氏族社会内部已经存在公共秩序和相应的组织结构，“这种简单的组织……是这种社会状态所特有的、自然长成的结构；它能够处理在这样组织起来的社会内部一切可能发生的冲突。对外的冲突，则由战争来解决”。生产没有剩余，因此，没有统治和奴役存在的余地，战争的结果是消灭敌对部落而不是奴役他们。

(2) 第一次社会大分工与阶级的形成。在自然分工的基础上，分工进一步发展，第一次社会大分工出现，即游牧部落从其余的野蛮人群中分离出来，原始农业和最初的手工业也开始出现。生产性劳动的地位提高，从事生产劳动的男人成为家庭主人，父权制个体家庭的独立性相对提高。分工促进了生产效率提高，生产出现剩余。稳定的生产剩余，为经常性的交换提供了可能，游牧部落与各部落的交换也使得商品交换开始突破部落范围而扩展到部落之间，频繁交换中“牲畜获得了货币职能”，充当一般等价物。生产效率提高和生产剩余出现，使得“吸收新的劳动力成为人们向往的事情。战争提供了新的劳动力：俘虏变成了奴隶”，“从第一次社会大分工中，也就产生了第一次社会大分裂，分裂为两个阶级：主人和奴隶、剥削者和被剥削者”。

(3) 第二次社会大分工及“英雄时代”与民族的形成。铁器的逐渐推广，推动各民族进入其“英雄时代”，织布业、金属加工业等手工业和种植业、酿酒等农业的规模扩大，其相对独立性提高，第二次大分工出现：手工业和农业分离。分工的细化推动了交换的发展，贵金属开始充当一般等价物，“出现了直接以交换为目的的生产，即商品生产”。财富的进一步增加导致社会出现贫富分化，共产制家庭公社瓦解，私有制逐步确立，个体家庭成为独立的社会经济单位。财富的增加和人口密度的提高，导致部落间出现以争夺财富为目的的频繁战争。分工的深化、人口密度的提高和军事防御的需要推动了城市出现和城乡对立。战争也推动了部落和部落联盟进一步联合，各部落领土的融合及民族的形成。民族的军事民主制形成，军事权力机关和军事领袖成为常设机构，军事集团的权力加强，军事首领形成世袭制，贵族形成。“整个氏族制度就转化为自己的对立物：从一个自由处理自己事务的部落组织转变为掠夺和压迫邻近部落的组织，而它的各机关也相应地从人民意志的工具转变为独立的、压迫和统治自己人民的机关了”。

(4) 第三次社会大分工与国家的形成。分工进一步深化，第三次社会大分工出现，专业商人摆脱了生产而独立出来，从而进一步推动了商品交换，货币随之出现并成为关键的财富象征。“随着贸易的扩大，货币和货币高利贷、土地所有权和抵押的产生，财富便迅速地积聚和集中到一个人数很少的阶级手中”，形成了新的财富贵族，这些财富贵族们已经不再源自旧部落的显贵。氏族组织最终被瓦解，国家形成。在这个过程中：氏族形成和发展的必要条件，即氏族人口的集中居住，受“商业活动、职业变换和土地所有权转让的影响而变动不定”；“由于分工而产生的手工业集团的利益，城市的对立与乡村的特殊需要，都要求有新的机构；但是，每个这种集团是由属于极不同的氏族、胞族和部落的人们组成的，甚至还包括外地人在内；因此，这种机构必须在氏族制度以外，与它并列地形成，从而又与它对立”；而阶级条件下的利益集团的联合也需要突破氏族局限建立起维护其利益的新组织结构。总之，“氏族制度已经过时，它被分工及其后果即社会分裂为阶级所炸毁，它被国家代替了”。

国家和旧的氏族组织的不同之处：第一点就是它按地区来划分它的国民，人口的流动打破了氏族成员的集中居住；第二点是公共权力的设立，军队及其物质的附属物如监狱和各种强制设施，成为阶级统治的工具。由于维护这种公共权力的需要，催生了税收和官僚机构。国家，确切说是国家机器和国家制度，在阶级对立中产生，也成为阶级统治的工具。

恩格斯说：“可见，国家绝不是从外部强加于社会的一种力量……确切说，国家是社会在一定发展阶段上的产物；国家是承认这个社会陷入了不可解决的自我矛盾，分裂为不可调和的对立面而又无力摆脱这些对立面。而为了使这些对立面、这些经济利益互相冲突的阶级，不致在无谓斗争中把自已和社会消灭，就需要有一种表面上凌驾于社会之上的力量，这种力量应当缓和冲突，把冲突保持在‘秩序’范围以内；这种从社会中产生但又自居于社会之上并且日益同社会相异化的力量，就是国家。”

持有酋邦理论观念的学者把恩格斯所阐述的这种由氏族的消失而形成国家起源模式称为“氏族模式”，并认为国家起源还有另一种“酋邦模式”。一般认为两种模型的不同在于权力集中的差异。在氏族模式中，国家形成之前的“英雄时代”或者说民族形成的时代，权力集中形式是一种“军事民主制”；而“酋邦模式”强调的是在国家产生之前，存在一个权力集中于酋长一人的相对独立阶段。这种差异与研究的侧重点有关系，恩格斯强调国家起源的经济基础，而权力集中程度是否超过了军事民主制，这种政治方面的差别没有被作为划分社会发展阶段的标志。

当然，恩格斯在上述分析中所表现出的思想精髓，即以经济基础为起点，从而通过分析不同利益集团的形成及它们之间的博弈过程来解释制度变迁，依然是公认的制度分析经典思想。这种以分工为逻辑出发点的分析方法，也有利于解释专业暴力组织和以其为基础的公共权力机构的出现过程，以及其统治和服务范围突破家庭和氏族血缘范围的演化过程。

3. 新制度经济学的分析

新制度经济学主要运用其产权、交易与契约分析来讨论国家起源的逻辑关系和演变过程。

1）波斯纳的分析

新制度经济学同样认为，对国家起源问题的解答要从无国家社会说起。对于国家形成前，人们的社会组织状况及其内在秩序安排，新制度经济学提出了一些新解释。在关于无国家社会的讨论中，波斯纳以新制度经济学的分析方法提出了新见解。他认为，在无国家社会，对交易或交换分析的经济理论基础不是生产的专业化分工，因为在无国家社会，交易的主要功能是提供社会所必需的防止挨饿的保险。由于原始社会简单的生产技术加上家庭生产，以及缺乏专业化分工，使得每年的产出一般刚够维持生存，自然条件的变动或许会使每家每年生产的食品有一定波动，原始技术却不能使丰年的产品储存起来供荒年使用，而且，在无国家社会也不能用征税和发放救济金的方法影响家庭间的食物分配。因此，原始社会需要一种比婚姻的形成、家庭或亲属之间的交换、赠送礼品等更为复杂的交易形式，即防止饥饿的保险。原始社会的整个社会制度都有助于提供这种保险服务：祭祀后分给部落成员的祭品等的分割、礼物的赠送、互惠的交易、无息借贷、婚姻和亲戚义务、确定亲属团体规模的习俗，以及其他许多原始社会的制度都可以从保险的角度加以分析。由于原始社会的家庭规模相对太小，无法应付歉收或动物疾病等所导致的产出波动，因此大的亲戚团体就成为基本保险单位。因为大的团体能降低单个家庭与其生活资料生产之间的相关程度，从而提供更多的保险。但是，随着社会专业化分工和交往范围的不断扩大，社会成员之间狭隘的地域性血缘联系不断被削弱，社会需要其他更持久、更有力也更系统的力量来适应日益复杂化的交易关系，维持必要的社会秩序，为社会成员提供更为复杂的生存保险。在这些所需要的力量中最重要的就是国家。这样，随着社会需求的扩大，保险单位也逐步扩大，一步一步地由家族向社区、自治领地和国家方向转化。

波斯纳的分析从原始社会的胚胎出发揭示了人类社会需要大范围生存保险，并进一步说明社会分工和交往范围的扩大，最终导致这一大范围生存保险单位转变为“国家”。

2）诺思和托马斯的分析

在《西方世界的兴起》中，诺思和托马斯则通过对中世纪庄园制及其演变的分析，解释了民族国家的兴起。他们提出，最有特色的庄园村落“包括经济的和行政的两个不同部分，并力求达到两个密切相关的目标，即村民的生存及领主的收益和权威……村民按照庄园的惯例（习俗）对他们的条状地进行耕种、播撒、收割……村民除自己的口粮外，他们的劳动还要供给军事统治阶级和有关神职人员的衣食之需，而这后两种人通常给他们以短暂的安宁、公正、教导和诫谕”。这说明，习惯法是庄园不成文的“宪法”，或者说是“无政府社会”的一种重要制度安排。这种非正式但长期存在的制度安排是早期社会向国家转化的过渡形态，是国家形成的一个重要环节。

显然，在庄园制经济中，存在一种互惠契约关系，这种互惠契约关系体现为农奴以劳役的方法换取领主的保护性服务。因为，在保护方面，设防的城堡和具有专门作战技术的骑兵提供了地方安全，这是任何装备简陋的农民团体不能相比的。当时的动乱加上军事技术上的特点使庄园制成为有效的保护模式，领主专门生产“保护”和“公正”，而靠农奴来消费它们，农奴则供给他们的衣食之需。但是，暴力资源的这种分配是低效的，产权的保护费用也相当高。随着各种资源与技术的相对变化，暴力资源的这种分散配置方式必然发生变化。因而随着新技术的出现，如新军事技术（长弩、长矛、火药）的出现，最有效的军事单位的最优规模逐渐扩大。这样，“庄园为了效率必须扩大成为一个共同体，一个国家”。

诺思和托马斯关于中世纪庄园制的分析表明，技术及需求范围的制约，维护了庄园制的长期存在，也正是技术与各种资源的相对变化，又导致了庄园制的解体及庄园制基础上的民族国家的出现。

与人类学和考古学对国家起源问题的系统分析和全面讨论不同，新制度经济学的国家起源理论尚未形成系统的理论体系，而且新制度经济学所关注的也并不是国家从无到有的发展过程，而是要通过对国家组织的分析，讨论与国家相关的各类制度安排及其变迁过程。对国家起源的认识是判断国家性质和作用的逻辑起点，新制度经济学对国家起源问题的看法，也集中体现在其对国家性质和国家作用的判断上。

6.2 国家的职能及目标

6.2.1 国家的职能

1. 保护性职能

路德维格·拉赫曼于 1973 年做出了内在制度与外在制度的区别，内在制度被定义为群体内随经验而演化的规则，而外在制度被定义为外在设计出来并靠政治行动由上级强加于社会的规则。外在制度不同于内在制度，外在制度总是隐含着某种自上而下的等级制，对违反外在制度的行为所施加惩罚永远是正式惩罚，并且往往要借助暴力。在许多社会中，政府都已获得运用暴力的合法垄断权，如依靠警察、法庭和监狱系统。因而，保护和支持社会的制度是政府的主要职能之一。国家或政府的保护性职能增进着秩序，并使个人、私人厂商和民间团体在面对无知的协调时变得较为容易而建立起他们的信心（“秩序政策”）。靠集体行为保护秩序和法治的做法可谓源远流长，其源头大概至少可上溯至永久定居的村庄、集镇和城市在某种领导体制下出现的时候。在这些共同体内，为了裁决冲突，并尊崇或制定能据以解决或避免共同体成员间冲突的原则（外在制度），出现了国王、高级僧侣和法官。最初，第三方裁决者的角色可能被授予了受人尊敬并有经验的长者，但后来出现了正式的、产生统治者的宪法性安排。集体行动、政治权力和政府的概念也由此产生：为了共同体利益，一些特定的行动应被付诸实施，特定的官员或官方组织获得了凌驾于普通公民和公民团体之上的权威和强制性权力。

政府最突出的保护性职能是防止一些公民受另一些公民的强制。有人曾论证，由政府接管保护性职能等于在所有公民之间达成一项（假设的）“解除武装条约”。如果我们处于无政府状态中，如果强制只能靠其他各方的“暴力潜能”来制约，如果所有公民都必须抵抗他人以保卫其财产，那将会代价极高（极高的排他成本和强制执行成本），它们会抑制大量有利的劳动分工并阻碍繁荣。在现代国家里，要求政府在行使其保护性职能时予以强制执行的许多规则都被正式地制定在刑法和民法之中。另外，政府的保护还指防止外部威胁，即抵御外来强制，保护公民眼前和将来的自由（安全）。

政府的保护性职能也是有局限性的。在政府保护性职能中，有相当一部分通过政府管制来实现，管制就其终极目的而言，是制度服务于公民。现在，许多国家在保健、安全和环境方面正实施着的大量管制却并不符合这一检验标准。这类管制的激增造成了交易成本，并削弱着竞争市场的协调控制功能。问题并不在于有这样的专项干预，而在于这类干预的广泛影响和高发生率。因此，对这类管制措施中的每一项，都必须根据其可能给整个制度系统带来的成本和收益加以评估。例如，1990 年美国关于苯废弃物的标准变得更加严格，这使得每保全一个人的生命要付出 1.68 亿美元的代价，而 1991 年美国新饮水标准的颁布使每保全一个人的生命要付出 9.2 亿美元的代价，更别提 1990 年在森林保护上列出的有害废弃物标准使多保全一个人的生命所要付出的代价不低于 5.1 亿美元。在政府保护性职能中存在一种倾向，即喜好强调安全，而不惜牺牲对竞争系统协调能力和控制能力的培育，并因而牺牲繁荣。对每一项管制措施，都要权衡与长期社会成本相对应的长期社会效益。

2. 生产性职能

国家的生产性职能是指国家或政府为公民提供某些公共品。公共品的成本和收益与由个人充分内部化的私人品相比，私人所有者不可能恰当地行使其产权，包括不可能行使排他性的权利，“搭便车”问题严重，公共品将供给不足，由政府供给则具有显著的正外部效应。由于在预计经济活动具有大量不可分解性，且超过了个人和私人合伙者的筹资能力和组织能力的场合，或者在预计会在很大规模经济的场合，统治者常常自行承担工作设计、筹资和实施的职能；在警察、军队及法庭那样的专业队伍间展开竞争的成本过高，国家赋予政治机构较多的直接控制权，靠公共垄断来供给特定服务；为了财政收入的便利来源，政府往往要求对特定类型的采掘活动或贸易活动拥有排他性的私有权，国营生产还常常被当作政治上易行的推进再分配的途径。出于以上理由，政府会选择用公共所有的财产来组织生产并为其提供资金。

对于不可能轻易排除他人使用，但对它的需求中存在争夺的那些物品，可以靠外在规则和政府指令来配给获取机会。究竟是靠社会化财产还是私人竞争来生产那样的物品和服务是次要的，重要的是要用公共资源来供给物品和服务。就获取途径而言，用社会化财产生产那些物品和服务肯定不具有必然性。阿莱西分析了公共部门和私人部门在可比物品和服务生产上的大量资料。他证明政治性企业的业绩的确比类似私人生产者差。在公共部门条件下，执行和监督相同任务的成本更高，很可能是，需要实施更强的监督并较少依赖自我的责任心。事实证明，当缺少由真正的竞争市场所施加的无情约束时，行政控制的约束往往相对较弱，而代价却相当高。

改革有可能缓解与国家生产性职能相关的各种问题。例如，可以通过将社会化生产活动移交给相应竞争的低级别政府，使社会化财产转变为某种俱乐部品；或者使社会化生产私有化，同时保证获取这些物品和服务的权利继续存留于公共领域之中。另外，可以改革会计系统，使之与运作最佳的私人企业看齐。激励和监督方面的现代管理技能可能有助于为纳税人获取效率红利。为了实现这一目的，必须让经理的政治性老板为经理制定明确而可测度的产出目标，但在选择被用来生产该产出的方法和如何购买必要投入的方法上，经理承担责任。只有在公共部门的经理任期有限并按业绩取酬时，这样的责任体系才能起作用：这样的安排与传统的、具有终身任期的公共服务体制根本不同。在无法实行这类改革的地方，就应将物品和服务的生产从公共部门中剥离出来，并使之私有化，从而使其采用竞争性私人企业的纪律。

3. 再分配职能

在许多国家中，国家或政府的第三个职能是对收入和财富进行再分配，即没收某些人的产权并将它们再分配给另一些人。这种行动提出了各种“社会公正”方面的概念。这样的概念在犹太教、基督教及伊斯兰教的传统中有着较深厚的历史根源。在欧洲，统治者曾长期用公共收入资助“流浪儿和寡妇”，而公共组织如公共贫民院，曾照顾过贫民们的基本需要。对产权的再分配可以用两种政策手段：一种是运用政府的强制权力来征税和分派转移支付，以弱化甚至消除竞争博弈的后果；另一种是通过直接干预交易私人产权的竞争基础，通过影响财务资本、物质资本和人力资本的积累，通过干预缔约自由，改变市场运行。

征税和转移收入都是在政治过程中决定的。以累进所得税制为例，它并不对所有货币所得一视同仁，而要考虑财产所有者的收入流规模；转移可以由直接的现金支付方式构成，但也可以由转移真实资源的方式构成。第二类再分配手段的目的是在人们于市场中竞争准备运用其产权之前改变起始机会。这方面的例子是各种帮助特定群体积累物质资本或人力资本的手段及关税保护。一个社会中要进行多少再分配由选民来决定。

统治者及其行政助手为了履行其各种职能，必须耗费资源，这被称为政府的代理成本。这部分成本必须得到弥补，且通常靠强制性征税。而征税和管理公共资金又会进一步引出各种代理成本。如果社会化财产能被转变为俱乐部品，即将政府的任务移交给小型的自我组织和自我监督群体，或者能被私有化，而公共服务能被分包出去但靠公共资金来供给，从而使生产与供给相分离，那么政府规模及与此相关的代理成本和税收成本就都能缩小。这会使政府事务更加可行，因为这样能使政府代理人专注于对核心活动的计划、指导、监督和纠正。

6.2.2　国家的目标

国家最基本的目标有两个：一是界定形成产权结构的竞争与合作的基本规则（在要素和产品市场上界定所有结构），使统治者的租金最大化；二是在第一个目标框架中降低交易成本，使社会产出最大，从而使国家税收增加。第二个目标是将提供一系列公共（或半公共）产品或服务供给，以便降低界定、谈判和实施作为经济交换基础的契约所引起的费用。与法律、公正和防卫设计相关的规模经济是文明的基本源泉。在整个历史上，当人们需要在可能具有剥削性的国家与无政府之间做出选择时，人们均选择了前者。几乎任何一套规则都好于无规则。

上述目标有三个重要的推论。

第一，综合起来看，上述两个目标并不完全一致。第二个目标包含一套能使社会产出最大化而完全有效率的产权，而第一个目标是企图确立一套基本规则以保证统治者自己收入的最大化（或者，如果放宽单一统治者的假设，则会使统治者所代表集团或阶级的垄断租金最大化）。国家的两个目标可以用图 6-1 来说明。

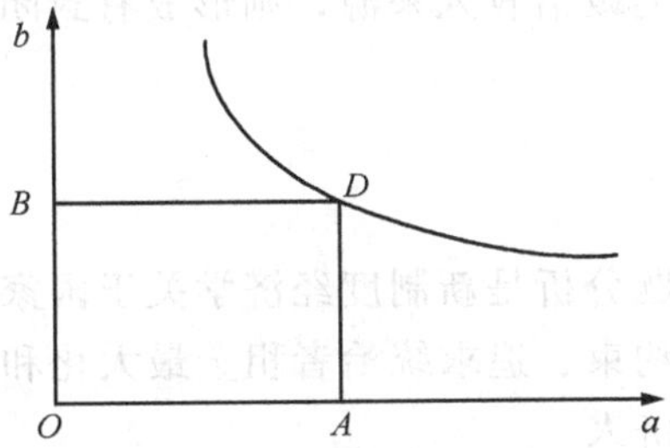

图 6-1　国家的目标

图 6-1 中横轴表示收入最大化 a，纵轴表示租金最大化 b，D 表示均衡点。

从历史上来看，在使统治者（及其集团）租金最大化的所有权结构与降低交易成本和促进经济增长的有效率体制之间，存在着持久冲突。从图 6-1 可知，统治者可在光滑曲线上寻找到一个均衡点。是使 DA>DB，还是使 DA<DB，或者 DA=DB，这并不完全由统治者的偏好决定，还取决于政治体制、社会经济发展水平、历史文化传统及外来竞争压力等。例如，在经济全球化背景下，外来竞争压力迫使统治者不得不注重产出最大化。

国家两个目标冲突的根源在于有效率产权制度的确立与统治者利益最大化之间存在着

冲突。建立有效率的产权可能并不有利于统治者利益（租金）最大化。在历史上，西班牙曾经有一个“羊主团”，他们有在全国放羊的特权，这样农民就遭殃了，农民种什么，就必须考虑羊是不是喜欢吃，否则就会难有收获，因为“羊主团”的羊进入其田地，庄稼就会被糟蹋。为什么“羊主团”会有这种特权？因为“羊主团”要给国王交费。为了社会产出最大化就必然要废除“羊主团”特权，从而建立一种有效率产权；但是建立有效率产权将在短时期内危及国王利益，于是“羊主团”的特权迟迟不能废除。政府可以通过重新界定产权结构来影响社会净财富量，也可以通过提供公共品，如规定度量标准从而降低交易成本来实现这一目标。新制度经济学家认为这种在一定程度上由政府所控制的竞赛规则，对于决定经济是持续增长还是陷入停滞不前有着举足轻重的作用。

第二，国家基础结构的创立旨在界定和实施一套产权，并指定统治者代理人的权力代表。由于代理人的效用函数与统治者并不一致，因此统治者要设立一套规则以使其代理人与其利益保持一致。然而，代理人在一定程度上并不完全受统治者约束，因为存在着统治者权力扩散，这也会降低统治者的垄断租金。

第三，统治者提供的服务有着不同形状的供给曲线。某些服务是纯粹公共品，而另外一些具有典型的 U 形成本曲线，它表明超出某些产出量的平均成本会上升。保护的成本曲线与国家军事技术有关，当保护的边际成本等于增加的收入时，可以确定一个有效率的政治——经济单位的规模。从希腊城邦到罗马帝国，再从封建时代小的、分散政治组织到民族国家，军事技术及其变化在决定供给曲线的形状上起着主要作用。弗里德曼用国家规模与形式的理论探讨了收入类型与国家规模和形式之间的关系。他认为，如果贸易是主要的政治收入来源，则结果就会出现大国；若租金是主要的政治收入来源，则导致小国；若劳动是主要的政治收入来源，则形成有封闭边界或相同文化的国家。

6.3 国家模型

把企业理论引入国家问题分析是新制度经济学关于国家理论的一个特色。统治者是一个在竞争与交易成本双重约束、追求统治者租金最大化和全社会总产出最大化的具有福利或效用最大化行为的经济人。

6.3.1 芬德雷和威尔逊的规范模型

芬德雷和威尔逊曾经提出一个国家模型，分析政府提供的公共秩序服务和国民收入之间的关系。该模型假设，Y 表示国民收入，劳动力 L 和资本 K 表示仅有的投入，那么，传统的生产函数为 $Y=(L, K)$。模型认为，该经济的产出还可以被第三个要素所提高，这一投入称为公共秩序 P（由制度体系所提供的服务）。假设只有国家能有效地提供公共秩序，并且政府工作人员 G 是唯一被使用的投入品，公共秩序的生产函数为 $P(G)$，这样，该社会的总生产函数可表示为 $Y=(L, K)P(G)$。假设劳动力同质，其总供给量是一个常量 H，且人们只在公共或私人两部门工作，则 $G=H-L$，所以可以有 $Y=y(G)$。

将 Y 与 G 之间的关系在坐标图里描绘出来，如图 6-2 所示。

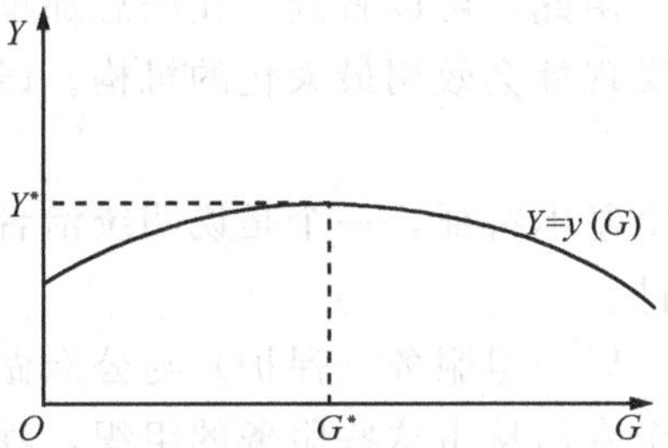

图 6-2 芬德雷和威尔逊的国家模型

图 6-2 显示，公共部门的扩张最初使国民收入 Y 增加，然后，在达到某点后又使之降低。当公共部门的就业水平为 G^* 时，该社会的产出达到最大 Y^*。

显然，在这一模型中，国家实际上被视为一种平等人之间的契约安排，其目的是提供生产性公共服务。因此，模型中 G 的水平将由公共目标来决定，且这一目标为社会产出最大化，完成这一目标要求 $G=G^*$。但是，国家必须征税用以支付公共部门工作人员的工资。假设国家对一切收入征收一个比例税 t，则政府税收为 tY，那么，这里的最优化问题包括：既要寻找 G^*，又要寻找相应的税率 t^*。该税率恰好能使政府支付工资，并使预算平衡。假若劳动力市场是竞争性市场，它将使公共和私人部门的工资相等，且等于私人部门的劳动者边际产出价值。这样，契约型政府的收入函数和支出函数分别为 $t^*y(G)$ 和 $(1-t^*)\mathrm{VMPL}\cdot G$，如图 6-3 所示。这表明契约型政府将会导致社会产出的最大化，而自身没有获取任何剩余。

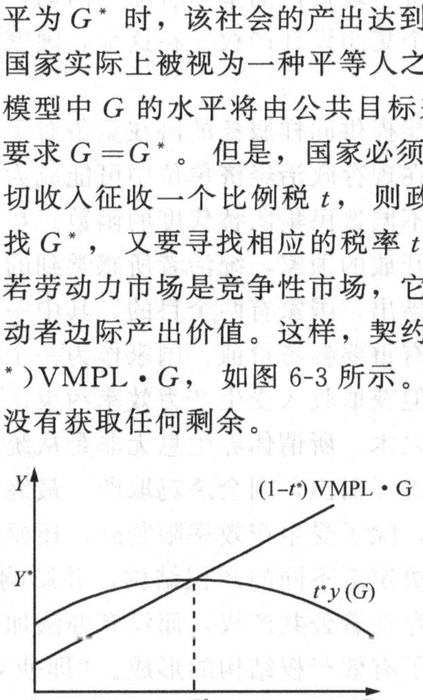

图 6-3 契约型政府的收入及支出函数

6.3.2 诺思的国家模型

诺思构建的国家模型建立在效用最大化假设之上。正如前面指出过，关于国家起源的契约论和掠夺论这两种理论都不全面。由霍布斯和洛克等建立的社会契约理论只假设了人们订立契约的原因和契约本身的功能，而没有进一步分析订立契约各方的利益要求，以及为了实现各自利益最大化所进行的斗争或争夺，因而它实际上忽视了国家作为契约各方实现各自利益最大化工具的功能。而掠夺或剥削理论虽然解释了国家实现统治利益最大化的本质，但忽视了国家与选民之间的互动关系，因为选民也是通过追求个人利益最大化来限制国家行为的，同时，这一理论也没有看到国家也是促进社会总收益提高的一种主要力量这一事实。由此，可以看到，在诺思那里，国家既是一个具有自身效用最大化的组织，也是一个实现社会效用最大化的机构。诺思的假设具有很强的经济人色彩。

诺思的国家模型具有三个基本特征，一个是说明统治者与选民的交换过程，其他两个是说明确定交换要素的条件。

第一，国家为获取收入，以一组服务（保护）与公众做交换。由于提供这些服务存在着规模经济，因而作为一个专门从事这些服务的组织，其社会总收入要高于每一个社会个体自己保护自己拥有产权的收入。换言之，国家为选民提供“保护”与“公正”，选民交纳税收维护国家正常运转，在某种程度上，这就是一种“交换关系”。

第二，国家试图如一个带有歧视性的垄断者那样活动，为使国家收入最大化，将选民分为各个集团，并为每一个集团设计产权。在这里，国家实际上是一个“带有歧视性的垄断者”。

第三，由于总是存在着能提供同样服务的潜在竞争对手，国家受制于其选民的机会成本。其对手是其他国家及在现存政治经济单位中可能成为潜在统治者的个人，因而统治者垄断权力的程度是各个不同选民集团替代度的函数。在这里，国家面临的外在竞争压力与开放程度相关，越是开放的国家，统治者所感觉到的竞争压力越大。

诺思在谈到国家模型时指出，国家有两个目的。其中一个目的是为了使自己租金最大化，这对于解释国家悖论有重要参考价值。国家作为一个经济人，统治者及其代理人以最大化利益为目标函数。但获取收入受生产力效率约束。如果生产效率低，统治者的收入就成了无源之水、无本之木。所谓休养生息无非是从统治者长远利益考虑，如果统治者目光短浅，鼠目寸光，竭泽而渔，则会杀鸡取卵，最终危害统治者的根本利益。

统治者获取最大化收入，除了受生产效率限制外，还要受交易成本约束。界定和保护产权的交易成本的大小，决定着不同的产权结构，并影响产权结构发展变化的速度。在交易成本高的地方，就会存在着公共产权，而没有办法加以利用。这样，统治者的租金就会减少，交易成本影响了有效产权结构的形成。“即使对历史和当代世界最一般的考察，也可清楚地看到‘无效’产权是常态而不是偶然”。有效产权的建立，往往需要花费一系列交易成本，在某种情况下还会产生社会阵痛。由于重新界定产权会产生新的利益矛盾，有时还可能激化，可能使统治者面临社会动荡，危及自己的统治，结果使有效产权无法建立起来。从历史上看，统治者的生命周期影响着国家稳定，这是产权制度停滞无效的一个重要例证。

此外，统治者效用函数的复杂性，以及统治者意识形态的多样性都是对统治者租金最大化的一种约束。一个“明主明君”可能以“水能载舟，亦能覆舟”为训，“先天下之忧而忧，后天下之乐而乐”，以千万人的福祉为自己的效用函数。但是一个暴君可能以“哪怕洪水滔天也与我无关”为效用函数。这样，统治者的效用函数就多元化了。当统治者的效用函数主要由声誉、社会地位、国际影响、忠诚组成时，统治者有可能以国家强大、扩军备战为目标，结果会容忍无效产权的存在。如果统治者以民富为目标，可能注意收入分配问题，建立有效产权，抑制大地主阶级的利益。相反，以奢侈淫逸为最大快乐的昏君，可能置国家利益于不顾，只顾自己享乐。这几种情况，都导致了国家二重目标的存在。

6.3.3 巴泽尔的国家模型[①]

1. 国家的起源和职能

巴泽尔国家理论模型的时间起点是在社会化出现之前，那个时候社会特征尚不存在。这个假设类似于霍布斯的“自然状态”。在一开始，个体之间相互独立，但人与人在智力和运用暴力上的能力存在差异，每一个个体都是个人效用最大化者，个体靠自己的技能和实力来获取资产，并可以采用任何手段来保护自己。个体对资产只拥有经济权利，却没有法律权利。后来，当人们认识到可以从相互作用中获利时，就会进行相互作用，交换也就随之出现。为了确保交换的成功，需要有一种可实施的机制来保证各方的合作，如将已承诺的商品按时交付或提供符合品质要求的商品等。因此，为了促使协议的成功达成，第三方实施的暴力机制开始出现。

第三方介入协议凭借的是其所拥有的权力，“权力就是强加成本的能力”。根据巴泽尔的逻辑，在一个一次性借贷协议中，如果没有第三方实施的存在，借款人总有到期不还的冲动，而要保证借款人到期还款，就必须对到期不还款的行为实施惩罚，第三方实施在这方面具有优势。第三方强加成本的能力可以依靠暴力，也可以依靠非暴力手段，但是使用暴力与其他方式相比有三个优势：更便宜、更有威胁力、在实施合约（在巴泽尔的理论里，合约专指由国家使用其第三方权力来实施的协议）交易时具有规模经济效应。

国家就是通过对暴力能力的运用来提供第三方实施服务的，但是，国家不是唯一的第三方实施者。除国家之外，家庭、企业、宗教组织和犯罪组织等也是第三方实施者。每一种类型的组织都具有独特的比较优势，都能够提供一些特定的服务类型。在对每一种组织进行细致分析之后，巴泽尔指出，国家具有比其他组织更大的比较优势。因为国家在地域上是连续的，在那些具有地域规模经济的交易的实施上具有优势。国家对一个案例的裁决可以适用于其他所有的案例，因此它在实施那些彼此相似的协议上具有优势。“国家最大的优势在于实施商品交易合约，以及实施其他能从对许多合约都是共同的争议（或潜在争议）的裁决中获益的合约”。此外，国家在应对外部威胁时也具有比较优势。当外部威胁上升到一定程度时，团体就可能允许内部成员专业化为专职暴力使用者。

但是，巴泽尔认为，国家的这些优势并不是导致国家出现的所有条件。理性的人们在国家出现之前还必须形成一个集体行动机制，只有建立了这种对国家的制约机制之后，才会允许国家出现。因为在巴泽尔看来，统治者都是利己主义者，这也是巴泽尔与

① 郑春勇．2011．评巴泽尔的产权国家理论．西南石油大学学报（社会科学版），13（3）：22-25.

霍布斯国家学说的最大不同。所谓集体行动，就是许多个体同时采取的行动。集体行动会因为某一给定信号而被触发，如13世纪初期英王约翰试图大规模没收贵族财产的行为就触发了集体行动机制，导致《英国大宪章》产生。因此，集体行动必须是自我实施的，并且集体行动具有一定强制力，能够对不服从行为进行集体处理。那么集体行动如何进行决策？巴泽尔认为，应该根据个体权力的比例来分配选票并按照绝大多数原则来做出集体行动决策。

集体行动机制既可以约束统治者，又可以通过立法来保护个体权利。集体行动机制是一个权力中心，而当组织者允许专职保护者出现时，实际上就是在集体行动机制之外又建立了另外一个权力中心。因此，集体行动机制必须有约束专职保护者的权力，防范权力被统治者攫取。要捆住攫取之手，臣民就要通过集体行动机制来对保护者进行限制，如对保护者武力大小的限制、对任期的限制、对保护者预算的控制、对军队设施和规模的限制等。这样，国家就可以在集体行动机制建立起来之后，由臣民和保护者之间的一系列协议构造出来。

2. 国家的规模和范围

巴泽尔认为，“国家包括以下两个部分：①一群个体，这些个体臣服于一个使用暴力执行合约的终极第三方；②一个疆域，就是这些个体居住的地方，也是实施者权力所及的范围”。而“国家范围是暴力维系的第三方所实施的协议价值与一国境内总产品（包括输入产品）的价值之比”。在巴泽尔看来，国家规模主要是领土规模和人口规模，而国家范围由国家实施的合约价值与境内总产品价值的比值来决定，两者不是同一个概念。国家规模扩大并不意味国家范围扩大。因为，国家规模扩大只是表明一国境内总产品价值上升。如果总产品交易很多是在企业内部完成的，国家规模扩大甚至会导致国家范围缩小。例如，纵向一体化程度提高导致很多交易在企业内部完成，从而缩小国家范围。巴泽尔认为，一个国家合约交换的范围越广，那么，由国家实施的合约价值与境内总产品价值的比值就越高，从而国家范围就越大。

国家规模和国家范围主要取决于两组规模因素：保护的规模经济和第三方实施的规模经济。其中，保护的规模经济主要影响国家规模，而第三方实施的规模经济主要影响国家范围。

保护的规模经济影响包括简单的规模经济和将其他情况下的保护进行内部化而得到的收益。规模经济比较明显的例子就是大国以相对较低的成本对小国进行征服。巴泽尔认为，一个暴力保护者和一对委托人就足以构成一个国家，像这样的效应扩展到许多相邻个体和邻近群体时，国家规模就会变大。自然地理条件会限制这种效应的扩展，如山脉隔断就使得周围的国家规模达不到山脉不存在时的那种国家规模。另外，构建集体行动机制的初始成本和国家合并成功的可能性也会对国家规模造成影响。

那些影响订约成本的因素会通过影响第三方实施的规模经济来影响国家范围。国家在资产界定上具有比较优势，随着这些资产界定规模的增加，被界定的资产占总资产的比例就增加，因而，国家范围也就增加。影响合约界定的因素会影响国家范围，这种因素主要有两组：第一组是影响制造合约文件能力的因素，如书写的发明、书写材料的可得性及共同的语言；第二组是影响合约本质的因素，如标准重量和标准度量的引入。此外，外部条件，如瘟疫会降低第三方实施的价值，因此每一次瘟疫都会减小国家范围。

巴泽尔还讨论了国家的扩张。他认为，在条约缺乏的情况下，国家扩张是实现合约贸易的最有效办法。国家扩张有多种方法，和平扩张可以通过建立贸易前哨来实现，因为贸易前哨不仅可以促进一般贸易，还可以更好地进行合约贸易。征服是国家扩张最激烈的表现形式，征服者会把自己的合约实施机制强加给被征服国家。这一点，从英帝国的形成过程中可以得到较好证实。

3. 国家的类型

巴泽尔论述了两种国家：法治国家和独裁国家。当集体行动机制能够有效控制保护者使用暴力时，国家就成为法治国。如果集体行动机制与保护者之间的权力均衡被破坏，保护者成为独裁者，且会废除集体行动机制，法治国家就会沦落为独裁国家。他从四个方面对这两种国家进行了比较：①建立的法律制度的范围；②鼓励或阻碍国家第三方实施的替代程度，以及对这些安排所施加约束的差异；③控制保护资源的方法；④企图实现的国家规模和范围。

从法律制度来看，独裁国家所发展出来的法律制度不可能与法治国家发展出来的法律制度拥有同样范围。也就是说，法治国家的法律制度要比独裁国家的法律制度健全。因为，独裁者是独裁国家收入的主要剩余索取者，臣民则相对贫困。

贫困的人没有多少纠纷需要法律裁决，而独裁者的裁决也未必公正，因此，独裁国家的臣民对法律制度的需求程度较低。同时，独裁者也缺乏投资于法律制度的激励。

从对国家第三方实施的替代来看，法治国家比独裁国家具有更高的替代性，原因在于这些替代制度对独裁者具有威胁，独裁国家的臣民们建立替代制度的自由受到限制。有组织犯罪是对国家第三方实施的一种替代，在独裁国家，有组织犯罪拥有较多获利机会，因此，有组织犯罪的活动范围相对较大。而法治国家具有较高水平的合约贸易和有利于合约贸易的安排，市场机制的完善使有组织犯罪的范围更小。

从保护资源的控制来看，独裁国家里接近权力中心的人对国家首脑的威胁要高于法治国家，因此独裁国家的将军或其他领导者的行动自由要少于法治国家。在法治国家，由于权力制衡机制比较完善，即使超凡领导者有广泛群众基础，他们也不会对政权构成威胁。在独裁国家，如果那些非常成功的领导者不能成为国家首脑，那么，他们的命运就是被独裁者消灭，因为独裁者对他们所得到的普遍支持感到害怕。

从国家规模和国家范围来看，独裁国家比法治国家在扩张国家边界上更具有侵略性，独裁国家的范围比法治国家更大。在法治国家，军队是国家的军队，国家的行动受到集体行动机制的控制，一般不会进行战争冒险。在独裁国家，独裁者个人掌控着军队，并且独裁者是国家收入主要的剩余索取者，因此会运营大量的国家企业。同时，独裁国家的臣民因为不拥有剩余索取权，缺乏生产积极性，也导致了国家实施的合约价值与境内总产品价值的比值偏大，国家范围也就更大。

4. 国家的演进

巴泽尔构建的国家模型是随着产权关系的不断调整而无限进化的。在巴泽尔的国家理论里，国家形式的演化与冲击联系在一起，因为冲击会打破国家之间的实力平衡，也会打破集体行动机制和保护者之间的权力平衡。冲击可以分为一般冲击和严重冲击两种：在冲击的作用之下，如果集体行动机制能够保持对保护者的控制，就是一般冲击；如果严重破坏了权力平衡，以至于保护者认为可以攫取权力并成为独裁者，就是严重冲击。

从法治国家向独裁国家演变较容易。冲击使那些获得相对于他人更多权力的人能够加强其地位，而且可以从采取“专制”行动中得益。冲击使得人们对权力的评估更加困难，因此导致人们会对自己的相对实力出现误判，如此，发生激烈争议的机会就会增加。利用冲击造成的影响来成功攫取权力的保护者将很容易成为独裁者，他们会借机消除现存的集体行动机制，并且会防止新的集体行动机制出现，以减少自己的威胁。因此，冲击使得独裁可能性上升，而且会使法治国家很容易被独裁者接管。

尽管从独裁国家向法治国家演进异常艰难，但是受到非紧急威胁的独裁国家还是会向法治国家发展。巴泽尔指出，在保持政治稳定的情况下，如果独裁者对自己的权力加以限制，并给予臣民以财产所有权、自由迁徙和投票等民主性权利，那么国家的产出就会增长。因此，财产权、自由、民主等都是推动独裁国家向法治国家演进的重要力量。如果独裁者可信地承诺不没收臣民的个人所得，臣民之间的合作就会增加，从而社会产出也会增加，独裁国家就会逐步向法治国家过渡。

但是，一般来说，独裁国家的演进往往比法治国家更加停滞不前。因为经济增长需要首创精神，同时伴随着个体财富的积累，这种积累对独裁者构成威胁。独裁者往往会阻碍合约交易，也会严格限制其他第三方实施的交易，这就使得独裁国家经常处于停滞不前的状态。

6.4 国家在经济增长中的作用

6.4.1 诺思悖论

1. 诺思悖论的内涵

国家是一种强制性的制度安排。一方面，国家权力是保护个人权利的最有效工具，因为它具有巨大的规模经济效益，国家出现及其存在的合理性，也正是为了保护个人权利和节省交易成本的需要；另一方面，国家权力又是个人权利最大和最危险的侵害者，因为，国家权力不仅具有扩张性质，而且其扩张总是依靠侵蚀个人权利实现，在国家侵权面前，个人无能为力。

国家提供的基本服务主要是界定形成产权结构的竞争与合作的基本规则。没有国家权力及其代理人的介入，财产权利就无法得到有效界定、保护和实施，因此，国家权力就构成有效产权安排和经济发展的必要条件。就此来看，一方面，没有国家就没有产权；另一方面，国家权力介入产权安排和产权交易，又是对个人财产权利的限制和侵害，会造成所有权残缺，导致无效产权安排和经济衰落。这就是有名的“诺思悖论”。

诺思曾说：“我自己都不知道有一个‘诺思悖论’。这个问题三言两语说不清，总的来说是这样一种观点：没有国家办不成事，有了国家又有很多麻烦。也就是说，如果给国家权力，由其强制执行合同或其他规章，它就会用自己的权力强制性施加影响，造成经济效率不高的现象……美国总统麦迪逊在其文章中也向我们提出了一些建议，他在美国联邦储备档案文集中写道：政治体制的一个根本问题就是利益集团往往要在经济市场和政治市场中活动，来改变市场经济有效性。这种由于利益集团的冲突而导致经济市场和政治市场效率低下的状况在 200 多年后的今天仍然存在。美国也采纳了这些建议，即防止国家和利益集团通过各种途径实现其目的。换句话说，我们故意建立起一个效率低下的政治制度，防止受到一个效率很高但想干坏事的政府的危害。尽管如此，美国和其他一些国家也出现了一些成功的政府和政治机构，它们的运转并没导致刚才所说的结局。与此同时也给我们造成了一种新困惑。如果我们严格按经济学的行为方式提出假设，就是布坎南提出的一种政治上的假设困惑。事实上大家都承认上述结论至少有一部分是错误的，否则我们所有的政治机构就像黑手党那样。如果他说的完全正确，我们这些国家的经济就不会有今天的成就。所以我认为，假如真有悖论说法，人们谈论经济问题时并非完全合理，但无论如何取得效益最大化的行为准则对任何国家都十分重要。所以具有一个好的行为准则对一个社会来说至关重要，它弥补了一个社会现有各种规章制度的不足。实际上要想取得交易成本低的经济市场和有效的政治市场，也需要有这种诚实、合乎理性、好的行为准则。社会学家科尔曼将这种社会品格称为‘社会资产’，他的观点收集在《如何使民主运转》一书中。”

诺思悖论实质上揭示了这样一个道理：没有国家办不成事，但有了国家又有很多麻烦。在新制度经济学看来，几乎任何一套规则都好于无规则。什么是国家？国家是一种制度结构，它的职能是生产和出售一种确定的社会产品，即安全和公正。那么怎么能确保秩序、公正和安全？人们把权利的垄断权，也就是确定和保护所有权的垄断权交给国家，以便它能够完成人们要求它完成的任务。但是，国家要有钱才能运转。国家的活动不是免费进行的，它必须付钱给公职人员、法官和军队。税制和捐税的作用就在于使国家获得财源。捐税实际上是公民交给国家保护公共财产权和其他权利的一种费用。

在诺思看来，因为是国家界定产权结构，因而国家理论是根本性的，最终是国家要对造成经济增长、停滞和衰退产权结构的效率负责。由于存在着“诺思悖论”，人们看到国家既可以利人也可以害人的两面性，干脆设计一种制度，宁可不让国家发挥其最大的潜能，也不让它尽自己所能干坏事。国家可以集中一切力量干大事，也可以集一切权力资源干坏事。在这种两难选择中，人们宁可选择一种低效率制度装置，也要防止一种最坏的结果出现。

国家的存在是经济增长的关键，然而国家又是人为经济衰退的根源。“诺思悖论”可从“纵”与“横”两个方面解释：从纵向来看，在同一国家里，国家过去阻碍经济发展，而现在变成促进经济发展的一个因素；从横向来看，在同一时期，甲国的国家有利于经济发展，而乙国的国家不利于经济发展。诺思把国家放在人类历史长河和世界格局中来分析，因此，我们也必须从这个视角去理解诺思悖论。

诺思国家模型告诉我们关于“国家悖论”的原因远远不够。国家以统治者收入最大化为目标没有什么异议，问题关键在于国家为什么能够实现收入最大化目标？

以中国封建王朝国家和西欧国家做对比就会发现，中国的封建王朝时间长、统治严密，甚至一度出现了兴盛时代，如唐、宋时期；而西欧诸国的封建王朝时间短、统治不够严密，其原因究竟是什么？再对比一下欧洲近代史上的法国、西班牙与英国、荷兰就更清楚了同一时代的国家，其发展的效率竟会如此不同的原因。英法百年战争以后，法国的王权逐渐占统治地位，但各地封建诸侯把持着各种赋税权，关卡林立，国内行会垄断严重；内乱、叛乱不止；追求奢华和浪漫，使泡沫产业飞速发展，实业被冷落；没有办法形成国内统一市场。而当时伊比利亚半岛上的西班牙与法国的情况大致相同。西班牙王权强大，内战不止，地方割据。当时西班牙的税赋主要来自低地国家和其他领地的款项，包括掠夺新大陆的财富。随着世界各国民族独立斗争的胜利，以及北方七省的独立，西班牙的收入只能来自国内税收。其中，对“羊主团”的税收，严重阻碍了有效土地所有权的发展。结果当时经济制度的性质就是这样，“一个人不是当学者便是当僧侣，不是当乞丐便是当官僚。除此而外别无其他选择途径”。当时西班牙的志士仁人，根本没有发挥自己才能的自由，也没有任何机会发展实业和商业。

而与此相反，当时荷兰统治者却倡导贸易自由政策，抑制行会，反对垄断，排除地方行会的割据势力。同时，建立了政府公证人制度，制定标准会计惯例和普及政府对存款的担保等，都极大地促进了贸易和实业发展，减少了交易成本，市场范围的扩大，有力地促进了分工的发展，成功地实现了国家繁荣。

与此同一时代的英伦三岛资源匮乏，孤立在大西洋上，与西欧诸国相比，较难形成统一的国内市场，但是，英国新兴资产阶级经过艰难斗争，战胜了王权，抑制了国王的垄断势力，减少了政治对经济的控制，中央银行制度、专利制度、保险制度、股份公司制度等一系列新制度的创立，降低了交易成本，拓展了交易空间，促进了有效产权的建立，使英国迅速崛起，成为19世纪最有效率的国家。在诺思看来，历史上的确存在着在没有所有权保障的情况下，出现了一些创新和发明，但是这种创新不是常态，而只是偶然。只有在有效的制度保护下，使发明者能够获得收益的发明创造才是持续不断的。

中外国家和英国、法国等国两组兴衰实例，能够启发思考：究竟什么原因促成了国家悖论？如果说利益集团的不均衡是形成国家悖论的原因（诺思确有此种解释）。曼库尔·奥尔森也是以分析利益集团的影响及其作用机理，来作为国家兴亡的根本原因。奥尔森认为，根据选择性刺激手段组成的集团，更容易使集团形成排他性质的垄断集体，组成追求自身利益的集团，尽可能榨取社会总剩余收入，加大社会总交易成本，抑制社会发展。那么，利益集团为什么能够形成，形成不均衡的原因又是什么？

首先，可以从一个社会的财产制度中去寻找原因。一个利益集团的产生，从根本上说，是由财产制度的性质造成的。中国的封建王朝，封建皇室控制了土地，占有了“普天之下”的王土，使当时最主要的生产资料被少数大地主占有，建立了垄断的土地所有权。尽管这种土地所有权有严格界区，具有严格排他性，但是这种产权制度却不是一种生产性的制度安排，而是一种分配性的制度安排，准确地说，是一种掠夺性的制度安排。大地主土地所有权的保护成本也很高，有家丁、家奴、打手、武士等人员在内的保护产权，也包括贿赂知府、县衙在内的费用等。产权界定成本一般是按功行赏。那些出生入死、效命皇帝的将军、士族、幕僚、世袭地主一般拥有土地所有权的垄断权。这种土地所有权的一个最大特点是不可交易性，只能世袭，结果那些有能力耕作的人无地可耕，而有土地的人却弃耕，土地使用权的效率越来越低。封建国家为了防范商人、农民、知识分子分享部分利益，制定了重农抑商政策，打击商人；用八股制度笼络知识分子；用严厉的赋税，防止工商业发展。结果国家变成了一个为少数大地主阶级利益集团服务的反动集团。这个少数利益集团，掌管了军队、法庭、监狱，集政权、财权、军权于一身，导致了国家衰败。

而在同一时代的西欧，封建庄园制占据了统治地位，为数众多的封建庄园就成了限制国王、王权的重要力量。西欧王权的统一是经过几个世纪的斗争才实现的。西欧国家强大的教会、宗教势力是抗衡王权的重要力量。西欧封建庄园制度的建立，为形成集团制衡的西欧封建国家起了积极作用；正是在教会与王权斗争的夹缝中，新兴商人集团得以产生。这种集团制衡使西欧能够实现经济增长。而国与国之间的军事竞赛，如英法百年战争，西班牙与英国、荷兰与英国的战争，促进了国与国之间的竞争，对有效率制度的建立产生了重大作用。而中国缺少这样的条件，所具有的只是民族内部的内讧、内斗和内耗。

2. 对诺思悖论的理解

诺思悖论引起了许多学者对制度选择的思考。人们从不同角度做出了许多解释。事实上，所谓诺思悖论并不是真正意义上的悖论或矛盾，统治者垄断租金的最大化和社会福利的最大化之间也并不存在非此即彼的对立关系，而只是在不同目标之间的考虑顺序问题。因为，整个社会的良好发展从长远上来讲有利于统治者利益，所以说，所谓诺思悖论，最多只是统治者对长远利益和近期利益的取舍问题。

归纳起来，对“诺思悖论”的解释主要有以下几点。

1）统治者的双重目标

统治者有两个目标，即社会福利最大化和自己垄断租金最大化。统治者追求社会福利最大化是为了赢得选民支持，这个目标促使国家去促进经济增长；而租金最大化的目标往往会牺牲社会总福利。在二者之间，往往会因为统治者的机会主义倾向而引起经济衰退。

2）统治者的双重约束

一方面，统治者一般都面临着交易成本约束和竞争约束。由于交易成本的高低影响着产权结构及其演变，正交易成本约束限制了统治者对有效率产权结构的选择。另一方面，各种利益集团的竞争压力也迫使统治者不得不选择一些无效率的产权结构。也就是说，在竞争约束下，统治者将避免触犯有势力的选民，特别是在这些利益集团的势力达到威胁统治者利益的边界时，统治者往往会同意一个有利于这一利益集团的产权结构和制度安排，而无视对整个社会效率的影响。

3）统治者偏好的多元性与有限理性

在统治者的偏好中，统治者可能是一个财富最大化者，但财富也可能仅仅是其效用函数中的一个变量，如果统治者更为关心他在国际舞台上的威望，那么他就可能牺牲国民财富而建立强化军事力量的制度安排。这也就是为什么前苏联在自己经济形势不好的情况下，却大量援助其他落后国家的原因之一。同样地，由于边际递减规律的作用，当统治者的财富增长到一定程度后，其他方面的边际效用递增。

4）利益集团的冲突

产权界定和制度安排的变迁通常在不同选民间进行财富、权利和收入的重新分配。显然，包括产权制度在内的各种制度安排并不完全取决于效率原则，还取决于不同利益集团的规模、地位及与统治者的关系。国家在某种程度上讲，就是不同集团争夺利益的场所，统治者只是这些不同利益集团的均衡者。舒尔茨曾说过，处于统治地位的个人在政治上依赖于特定群体集团的支持，这些集团使政体生存下去。经济政策在这个意义上讲就是维持政治支持的手段。

5）相对福利

相对福利理论认为，人们追求的是福利或满足的相对量而非绝对量。也就是说，自私经济人的“最大化行为”之中的“最大”，仅表示每个人或人群处处希望与他人之间的相对差距达到最大。这种情况如果发生在统治者身上，那么只要这种制度给统治者带来的害处小于给其他人造成的损失，即使这种制度对社会所有人来说都是有百害而无一利，它仍可能出现并生存下去。同样，如果另一种制度安排虽然会导致大多数人甚至所有人福利的提高，但只要它造成人们相对福利的改变，也可能引起激烈反对。这也就是许多良好的改革最终流产的原因。

6）路径依赖及积累效应

许多制度安排也许在开始是最佳选择，但它发展下去就可能阻碍经济发展。而且，一种制度安排一旦确定，就可能限定了今后的选择范围。例如，东方的专制主义，曾经在历史上行之有效，并且持续了很长时间，但因为存在扼杀个人创造性的因素，影响了今后经济的发展。

7）短期利益与长期利益的矛盾

这主要表现在财政收入上。在国家规模增长和财政支出刚性的约束下，统治者更关心的是短期财政收入的增长，在统治者面临较强的潜在竞争对手时更是如此。这也就是奥尔森所解释的为什么流动匪帮比常驻匪帮的掠夺性更强的道理所在。另外，统治者寿命有限或当政者有一定任期，使得他们着眼于在位的收益而不愿变更低效的产权安排。

8）防范心理

现代财政学原理提到，随着社会发展，国家的财政支出有越来越增大的趋势。政治学、社会学的一般共识是，国家权力有自我膨胀倾向，只要给予国家一定权力，它就会逐渐侵蚀个人权利。一个具有较高强制力的政府，效率也许很高，但一着不慎，造成灾难性后果的效率同样很高。一些自由主义者（如哈耶克）甚至认为世界上最大的坏事都是由好人做的，因此，他们积极提倡“最小政府是最好政府”，试图通过故意建立一个效率低下的政治制度来防止一个即使效率很高但可能会干坏事的政府的危害。

此外，“搭便车”问题、合乎理性的无知、投票悖论，以及制度环境系统的封闭和僵化程度，都会造成制度安排的无效。在世界联系越来越密切的今天，一体化进程日趋加强，一个地区、一个国家制度安排的效率，越来越受到其他地区、国家所发生事件的影响。因此，一些学者开始运用混沌原理来分析世界上日益趋强的“多米诺骨牌效应”，用“蝴蝶效应”来说明事件在传递过程中的放大效应。我们也经常听到有人戏称，“前美国联邦储蓄委员会主席格林斯潘打一个喷嚏，世界将要感冒三天”。联合国贸易和发展会议在日内瓦发表的《2003 年贸易和发展报告》也指出，主要发达国家的经济衰退导致全球贸易需求乏力，是造成近年来发展中国家经济增速下降的根本原因。

3. 我国基础设施领域的诺思悖论①

在基础设施领域促进竞争、反垄断是当前不少国家（地区）的一种选择，但是在我国基础设施领域垄断现象还相当严重，这其中一个重要原因就是我国政府在基础设施领域促进竞争及反垄断中存在诺思悖论。

1）基础设施领域放开管制、引入竞争的案例

据报载，我国香港特区政府以 67 亿港元的巨资，提前 7 年从香港电信公司购回香港地区国际长途直拨专营权，为香港尽快全面开放电信市场做准备。这笔交易的最大赢家是谁？从数据上来看，是消费者。香港市民由此可获得更为广阔的选择空间和更为质优价廉的服务。据香港当局最保守的估计，由于竞争带来的国际长途收费下降，市民的直接获益将不少于 171 亿港元。

在这笔交易中真正最大的赢家是香港政府。这笔交易可以看作一个“权钱交易”。但是，这里的权钱交易与我们通常理解的权钱交易相反。政府不是凭借自己手中的权力为自己谋利益，而是用纳税人的钱购回一种不利于纳税人的垄断专营权，从而为广大的市民带来了更大福利。1925 年，当香港经济不景气之时，当时的香港政府为市场选择了专营方式。今天，自由竞争的电信市场更有利于香港经济的发展，于是，香港政府果断地进行了这次权钱交易。电信市场的开放将为香港经济带来巨大的潜在利益，纷至沓来的高新技术会推动香港产业的升级换代；数以亿计的资金带来的是众多就业机会和相关行业的兴旺发达。这次权钱交易不仅为香港市民带来了巨大的好处和就业机会，而且为香港产业的发展带来了新机遇。香港在基础设施领域引入竞争及反垄断的特点是，对基础设施领域的垄断采取赎买政策。

国际上对自然垄断行业从管制到放松经历了一个过程，完成这个转变的原因有以下三个。第一，经济学家的努力。经济学家对管制的效率分析表明，管制并没有带来高效，管制成本（尤其是社会成本）高于管制收益。经济学的实证分析是政治家不得不放松管制的重要原因。第二，管制不利于经济全球化、一体化的进程，这不利于发达国家

---

① 卢现祥．2004．新制度经济学．武汉：武汉大学出版社．

利益，所以一些发达国家纷纷修改法律、政策，逐步地放松管制。第三，部门利益不等于国家利益。一些垄断行业为了追求本部门利益最大化，往往打着国家利益的招牌，也就是把部门利益等同于国家利益，拼命地限制其他企业进入，用垄断高价维持自己超额利润或掩盖自己的亏损，这些往往会引起消费者的投诉，从而引发社会矛盾。因此越来越多的人开始认识到，部门利益不等于国家利益。这些经验教训对于我国改革垄断行业的管理体制都很有启发意义。

2）我国基础设施领域促进竞争及反垄断中的诺思悖论

我国政府在深化市场化改革与面临加入WTO的双重约束下，已经意识到在基础设施领域促进竞争及反垄断的重要性，但是一旦在基础设施领域采取促进竞争及反垄断的改革措施就面临着种种约束，主要有以下几种。

（1）财政收入上的约束。从目前我国中央与地方财政收入的构成来看，政府能控制的基础设施领域占有相当大的比例。从2012年中国500强排行榜名单来看，营业收入最多的10家大企业集团依次为中国石油化工股份有限公司、中国石油天然气股份有限公司、中国移动有限公司、中国建筑股份有限公司、中国工商银行股份有限公司、中国中铁股份有限公司、中国铁建股份有限公司、上海汽车集团股份有限公司、中国建设银行股份有限公司及中国人寿保险股份有限公司，如表6-1所示。其中，中国石油化工股份有限公司营业收入超过2.5万亿元；中国石油天然气股份有限公司超过2万亿元。利润总额最大的10家企业集团依次为中国工商银行股份有限公司、中国建设银行股份有限公司、中国石油天然气股份有限公司、中国移动有限公司、中国银行股份有限公司、中国农业银行股份有限公司、中国石油化工股份有限公司、中国海洋石油有限公司、交通银行股份有限公司及中国神华能源股份有限公司，如表6-2所示。这10家企业集团的利润总额均超过400亿元，其中，中国工商银行股份有限公司的利润总额高达2 082.65亿元。这些部门如果真正放松管理、引入竞争，在转型阶段可能会出现政府财政收入的下降。

表6-1　2012年中国营业收入前10家企业

排名	公司名称	收入/亿元
1	中国石油化工股份有限公司	25 056.83
2	中国石油天然气股份有限公司	20 038.43
3	中国移动有限公司	5 550.38
4	中国建筑股份有限公司	4 828.37
5	中国工商银行股份有限公司	4 752.14
6	中国中铁股份有限公司	4 607.20
7	中国铁建股份有限公司	4 573.66
8	上海汽车集团股份有限公司	4 348.04
9	中国建设银行股份有限公司	3 970.90
10	中国人寿保险股份有限公司	3 853.88

表6-2 2012年中国净利润前10家企业

排名	公司名称	净利润/亿元
1	中国工商银行股份有限公司	2 082.65
2	中国建设银行股份有限公司	1 692.58
3	中国石油天然气股份有限公司	1 329.84
4	中国移动有限公司	1 258.70
5	中国银行股份有限公司	1 241.82
6	中国农业银行股份有限公司	1 219.27
7	中国石油化工股份有限公司	716.97
8	中国海洋石油有限公司	702.55
9	交通银行股份有限公司	507.35
10	中国神华能源股份有限公司	448.22

(2) 基础设施行业既得利益集团对改革的约束。在我国，就国有公共企业自身而言，政府管制与行业垄断是两大顽症，或者说是行业垄断性决定政府管制的持续性。我国国有经济在铁路、邮电通信、金融保险、城市公用事业等公共企业仍占垄断地位。对于国家来讲，政府管制与行业垄断已成为两难困境：从深化市场化改革和消费者角度讲，应该放松管制和行业垄断；但是从国有企业的生存和国家财政收入的角度讲，国家又不能放松管制和行业垄断。中国的渐进式改革，决定了国家决策者要不断地在这两者之间寻找均衡点。我国政府管制和行业垄断的结果是造成了不断的设租和寻租过程。这主要表现在以下几个方面。

第一，这些部门为了维持自己的垄断地位和经营上的特权，不断游说或论证本部门只能由国有企业特许经营，从而防止非国有企业的进入和市场竞争。这种游说或论证过程实际上是一个寻租过程。

第二，从就业动向来看，人们拼命地通过各种关系或手段进入邮电通信、金融保险等部门，在行业垄断的情况下，人们进入这些部门实际上就是获得一种职位租金。据统计，这些行业职工的平均工资比全国企业平均水平高出50%～120%。垄断行业利用垄断地位很容易获得垄断利润，而垄断利润通过各种形式转化成为行业自身的小利益。对此，一些专家建议垄断行业超额利润应当归国家财政。

第三，这些行业为了掩盖自己的低效就要通过寻租不断地维持自己的垄断地位。此外，我国邮电、电力等行业都存在类似情况。

自1949年新中国成立以来，我国电力行业一直由国有电力企业垄断经营。投资发展权控制在中央及中央所属的几大电业管理局手中，电力供给市场基本上是完全垄断市场。电力工业企业的所有制形式、电价的确定和电力运行的调度指挥等方面都高度整齐划一，主观上为了电力运行安全，客观上则排除了其他独立的利益主体进入电力市场。政府管制对电力工业发展的消极影响主要在于以下几个方面。

一是造成了电力工业经济的效率损失。这主要是因为，政府管制抑制了非国有经济成分的资本进入电力行业，从投资上限制了电力工业的发展；政府对电力行业的价格管制限制了电力企业的积累和扩大再生产；电力供给的完全垄断市场，使电力工业企业丧失降低成本、改善经营管理的外部压力，企业经营管理不善。实践中对电力行业因政府管制损失经济效益的估计方法，就是将缺电直接损失归结为政府管制造成的损失。

二是对宏观经济运行的负面影响。我国电力工业投资目前占社会总投资的6%～15%，其每个百分点的变动都可能给宏观经济运行带来较大冲击。电价管制还造成价格刚性，造成宏观经济波动。作为公共品，电力定价也应该反映电力供求关系的变化。但是，以控制电价总水平和全国统一电价为核心内容的电价管制则违背了电力供求关系的客观规律。电价的合理差异被一刀切，所抹杀其后果是严重的。

三是造成电力供求过程中的寻租现象。电力部门为了维持自己的垄断地位，就需要不断地通过寻租来达到；为了追求自身收益最大化，它们通过设租的方式来获取额外收益。用现代经济学的观点来看，基础设施领域是影响社会交易成本大小的一个重要因素。我国当前基础设施领域的产权安排及垄断格局可以为政府带来较稳定的财政收入，但是这种格局越来越受到这种运作体制的低效及我国加入WTO后的压力。此外，我国基础设施的这种格局从总体上增加了全社会交易成本，如果政府从全社会角度来看，应该在我国基础设施领域放开管制、引入竞争。但是这种给全社会带来好处的改革可能暂时以国家财政收入下降为代价。当前我国政府在基础设施领域打破垄断、引入竞争的关键可能不是财政约束，而是来自这些基础设施领域既得利益集团的“阻碍”，这主要表现在以下几个方面。

第一，这些基础设施领域的主管者往往把本行业利益等同于国家利益。这种所谓的观念和理论是我国基础设施领域打破垄断、引入竞争的重要阻碍之一。

第二，这些基础设施领域目前凭借其国家给予的垄断地位，日子都还过得可以。如果真正要在这些领域打破垄断、引入竞争，可能在其改革初期会出现一定震荡（尤其是这些行业职工的高收入可能会下降），那么谁来承担这种风险和压力？

第三，这些基础设施领域由于其垄断地位而没有参照系，人们只知道这些领域的服务很差，但是很难发现这些领域的低效。这也为该领域既得利益集团为自己的行为辩护提供了依据。

第四，在为我国基础设施领域垄断辩护中有一条理由，那就是西方国家基础设施领域也存在大量垄断，为什么我们就不能容忍垄断？在此值得指出的是，我国基础设施领域的垄断与西方国家基础设施领域的垄断存在“质”的差别，当年美国政府要分解美国电话电报公司的时候，老百姓很同情美国电话电报公司。今天我国政府要分解中国电信，老百姓可能会举双手赞成。这是因为同样是垄断，美国电话电报公司的垄断并没有引起消费者不满意，而中国消费者就没有美国消费者那么幸运了，我们的电信部门自称是国家利益的代表，但是在中国国有企业普遍不景气的情况下，其收入远远高于其他部门。美国电信是靠竞争、靠不断申请专利把竞争对手排在外面，使消费者得到了实惠；而我国的垄断是靠政府支持下的垄断，不思进取也可以得到比别人多得多的收入，它的成本核算就是没有商量的市场定价。

当前我国政府在基础设施领域促进竞争及反垄断中的诺思悖论的内涵正在发生转变，这主要表现在以下几个方面。

（1）过去财政收入或者国家利益正在被整个社会的利益所代替，即在基础设施领域促进竞争及反垄断所引起的交易成本下降及社会产出增长，会远远大于维持现有基础设施领域垄断格局带来的财政收入增长。

（2）从短期与长期的关系来看，短期内，在基础设施领域促进竞争及反垄断可能会带来财政收入下降，但是从长期来看，在我国基础设施领域促进竞争及反垄断会为该领域发展带来新增长空间。

（3）加入WTO及国与国之间的竞争也使我国政府不得不对我国基础设施领域的产权格局及产业政策做出相应调整，这种调整的基本走向是按照国外基础设施领域改革的成功经验及我国国情（包括我国经济体制改革进程）制定政策，尤其要对现有我国基础设施领域的规章制度做出改革。我国政府在基础设施领域促进竞争及反垄断的过程将是一个从垄断支持者变为垄断反对者的过程，这个过程可能痛苦，但它会带来我国基础设施领域发展的春天。

6.4.2 国家在产权制度形成中的作用

西方国家产权制度的演变主要经历了三个阶段，即公有产权——排他性公有产权——排他性私有产权。在这个演变过程中，并非所有的公有产权都演变为排他性私有产权。例如，一些公共土地、社团产权、集体产权及国有产权在当代资本主义国家都不同程度地存在着。任何国家都未曾建立起纯粹的排他性私有产权制度。

从公有产权到排他性私有产权的过程中，人类社会经历了一个相当长的排他性公有产权阶段。原始农业之所以最终代替狩猎业，可能与在狩猎业建立排他性产权制度很困难有关，而在农业里建立排他性产权制度要容易得多。因此，作为排他性的公有财产而组织起来的原始农业，从产权效率来看，优于狩猎业。狩猎公有产权与农业排他性公有产权的差异是，解释第一次经济革命（人类主要经济活动从狩猎采集业转到了定居农业）的关键。狩猎和农业不同类型的产权确实使技术变化逐渐导致劳动向农业部门转移。人类主要经济活动从狩猎业转到了定居农业之所以被称为一次革命，是因为这种转变为人类带来了基本均衡的激励机制变迁。激励机制变迁起源于两种体制下的不同产权。当某些资源的公有产权存在时，对获取较多技术和知识很少有刺激；相反，对所有者有利的排他性产权对提高效率和生产率产生直接刺激。可以用这种激励机制变迁来解释过去一万年人类所取得的迅速进步和漫长原始狩猎采集时代发展缓慢的原因。

在人类社会产权制度的演变过程中，国家充当什么角色、起着什么样的作用？诺思悖论已对这个问题做了比较形象的回答。国家仅仅在那些统治国家的人的福利最大化目标范围内促进和界定有效率的产权。历史上有效率的产权和无效率的产权都与国家有关。社会所曾达到的最好状态是提高私人收益使之更可能接近社会收益，以提供充分的刺激来实现经济增长。但增长比停滞或萧条更为罕见的事实表明，有效率的产权在历史中并不常见。

如果假设一个“中立”的国家存在，那么在给定现行技术、信息成本和不确定性的约束条件下，各个“经济人”在稀缺与竞争世界中以最小成本解决方案而形成的产权将有效率。但实际上国家不可能“中立”，产权的出现是国家统治者的欲望与交换当事人努力降低交易成本的企图彼此合作的结果。

国家在产权制度形成中的作用主要表现在以下几个方面。

1. 国家凭借暴力潜能和权威在全社会实现所有权

没有政府的权威，很难想象所有权会普遍地实现。尽管许多民间组织能够为其所有权提供小规模保护，但是不能解决“搭便车”问题。与各种民间组织相比，政府能够以较低的成本确定和实行所有权，并且由此获得的好处要比经过扩大市场获得的好处明显得多。因此，各种经济组织及个人在政府严格确立和实行所有权的条件下，才愿意付出来自贸易的收入（税金）。从这个意义上看，司法和财产所有权的实现是由公众出资的公共品。

2. 有利于降低产权界定和转让中的交易成本

产权界定涉及一系列成本，如度量成本、信息成本等。度量成本非常高的东西将成为一种公有财产或资源。如前所述，投入与产出范围的考核成本将决定不同经济部门的不同产权结构，因而这种结构依赖于考核技术水平。哪里资源测量成本高于收益，哪里就会存在公共产权。度量衡标准化的出现几乎与政府的历史一样悠长，并通过国家得以发展。国家的标准化有利于降低交易成本。在产权经济学看来，只要具有经济价值的某种物品的特性难以测定，那么私人成本与社会成本之间就会有差别。在缺乏有组织市场的情况下，人们将花很多时间与费用去搜寻信息。

私人所有者之间通过市场契约转让的产权必须是排他性产权。产权转让过程有两个阶段：第一阶段所产生的费用包括交换没发生时界定和管理独占权的费用；第二个阶段所产生的费用是就权利交换和转让的契约进行谈判和行使而引起的。产权经济学的分析表明，对一个产权的更完整界定减少了不确定性，并会增进资源的有效配置与使用。排他性产权制度的建立是一国产权有效转让和交换的前提。

建立排他性产权制度及产权的转让都有利于资源配置效率提高。但是过高的交易成本往往限制了排他性产权制度建立和产权转让。国家作为第三方当事人，能通过建立非人格化的立法和执法机构来降低交易成本。当交换的基本规则确定以后，只要存在法律机构，谈判和行使的费用就会不断减少。

3. 取决于权力介入产权安排的方式和程度的差异

在历史与现实中，有的国家只为产权安排和产权变革提供规则，有的国家不仅提供规则，还直接参与干预产权的安排和产权变革。一般说，国家介入产权安排的方式和程度有以下三种类型。

（1）产权安排完全是私人之间的一种合约，国家权力的介入仅仅在于承认这种合约安排的合法性和有效性，保护依据这种合约进行的正当产权交易。这种产权安排主要发生在那些分权化体制或自由竞争的市场经济国家。

(2) 产权的变更和取得不是通过个人之间的交易，而是通过国家权力强制做出的安排，这样形成的产权就是对另外一种产权进行剥夺的结果。其形式主要有：①随着政权更换，被剥夺和新形成的都是国有产权；②由个人产权变成国有产权；③由国有产权变成个人产权；④由一个人的产权变成另一个人的产权。

(3) 国家干预产权交易。由于干预方式、干预对象和干预强度的不同，也会出现不同的产权安排。主要有：如果国家直接成为买者或卖者，那就是强买或强卖，而且前者的强度比后者更甚。前者是私人产权变成国家产权，后者是国家产权变成私人产权，是一种私有化的过程。如果买卖双方都是私人所有者，国家干预也可能出现两种情况：一种是国家只限制产权交易价格，另一种是国家除了限制交易价格外，还可以对产权交易做进一步干预。

产权内容的改变，取决于统治集团对改变现有产权安排所带来收益的事前估计与监察和执行权利结构改变所带来成本的事前或事后估计之间的相互关系。那么，国家是否应该直接干预产权的界定、转让、交换的过程？总的来说，取缔和禁止产权交易，国家权力强制做出的产权安排是低效率和无效的。因为它违背了权利的本性，同时造成了一种根本和巨大的扭曲，使得国家把产权当成一种政策变量而非制度变量，随意改变产权关系，既然今天可以根据政治需要把产权给人民，明天也可以根据政治需要把产权从人民手中拿走。这样虽然能够实现统治者集团的租金最大化，但却破坏了社会结构稳定的基础，导致经济衰退和衰落。

封建社会解体后，欧洲经济不同的成就取决于各民族国家财政政策和所有权的关系。政府之所以承担保护和实现所有权的责任，是因为它能比民间组织以更低的成本达到此目的。但是，政府在财政方面的需要可能诱使它去保护那种阻碍而不是促进经济增长的所有权。

总之，离开了国家，现代意义上的产权制度就无法建立起来。但是历史和现实中的无效或低效率产权又或多或少与国家有关。这主要表现在以下几个方面。

(1) 国家为了自身利益最大化而维持有利于某一集团的财产产权制度。前面提到的"羊主团"就是一个例证。又如，一些产权制度尽管低效，却有利于财政收入增加，其实从长远来看，变更低效率产权制度始终有利于财政收入增加，但是有两个因素制约着统治者对低效率产权的变更。一是短期财政收入增长与长期财政收入增加之间的矛盾。在国家规模增长和财政支出刚性的约束条件下，统治者更多关注的是短期财政收入增长，在统治者面临潜在竞争对手时更是如此。二是统治者寿命有限。如果人的自然寿命比现在更长，那么不少人的有限理性现象和行为就不会产生。统治者的寿命限制使他不愿变更低效产权，历史上不少产权制度的变迁都与统治者的寿命周期有关。这应该成为新制度经济学家极有价值的一个研究课题。值得指出的是，越是集权的国家，统治者及其集团与产权制度的变迁关系就越密切。同时，国家对产权变迁的干预程度也就越高。

(2) 对产权形式的选择和歧视。某一产权形式存在的基本根据是产权的收益大于产权的运作成本，这只是就某一种产权形式而言。但实际上有多种产权收益大于产权运作成本，因此这就存在产权形式的选择问题。在这个选择过程中，决策者偏好至少是一个重要因素。决策者（统治者）可以通过很多方式（如政策、规则）来显示他对产权形式的偏好。同时，统治者对某一种产权的歧视也可通过政策、规则之类的方式体现出来。在统治者偏好的特定效用函数中，除了经济因素之外，还有政治因素、意识形态等。

（3）国家干预和管理制度造成的所有制残缺。在西方理论界，所有制残缺作为管制经济学的一部分发展起来。管制导致所有制残缺，所有制残缺程度与管制程度成正比。所有制残缺与行为之间存在着一种相互关系。例如，对一个人使用现金财富的限制会影响其他人。例如，通过提供较高的价格来赢得销售协议，其结果会导致更加强调“个性特征的竞争”（personal characteristics competition）。对租金的控制会使人们在为生存空间而竞争时，在更大程度上依赖于以肤色、信仰、家庭规模等为基础，使所有权残缺的管制妨碍了人们在现金边际报酬上的全部最大化，所有者会通过更集约地使用他们某些个性特征的偏好，从而使其效用最大化。

在所有制残缺中，排他性和可让渡性这两种权利的“残缺”对经济影响更深刻。

例如，社团产权（communal property rights）由于在社团内部不具有排他性，因此这种产权常常给资源的使用带来“外部影响”。空气是公有的，结果个人并不对排放有害他人的气体负责而造成“污染”。非排他性公有产权似乎对人人都有利，但结果是谁也得不到更多的好处。非排他性公有产权还会造成过多人使用资源的“拥挤”现象（从经济学意义上讲，有节制的利己主义比不计算成本收益的利他主义更有利于社会财富增长和文明进步）。例如，如果水塘里的鱼是自然生成的，谁也不拥有该水塘产权，那么人们就会出现竭泽而渔的行为。

可交换的产权（exchangeable property rights）也是产权权利束中最基本的权利之一。如前所述，商品交易实质上是产权交易。例如，如果一个人租用了一间公寓，但由于租金受管制，不能变动，那么这个用户就无权转让使用权。因为在租金固定的时候，这些权利不可能有市场价值。政府管制租金的本意是让穷人也有房子住，但适得其反，因为租金被管死以后，那些房地产商人就不愿经营廉价房地产。于是造成廉价房供不应求，穷人住房更加困难了。国家对租金的管制，实质上导致了房子转让权（或交换权）的残缺。以上分析表明，国家可以通过重构产权实现财富和收入的再分配。

上述三种形式是国家导致无效产权的主要途径。那么，如何破解诺思悖论？为了更好地发挥国家在产权制度建设方面的作用，限制其消极作用，至少要考虑以下几点。

第一，国家在产权方面的基本职能之一是为产权运行提供一个公正、安全的制度环境。如果没有一个公正、安全的制度环境，任何产权都失去了意义与价值。如前所述，国家是一个在暴力方面有比较优势的组织，通过国家保护产权可以达到规模经济。产权的安全、稳定其及延续性是产权产生激励功能的基本前提。

第二，国家在产权方面的另一基本职能是提供产权运作的规范。产权界定、转让是一项复杂的经济活动。产权的利益分配功能、资源配置功能都是通过产权交易实现的。产权能否有效运作，关键之一就在于能否建立健全的产权运作规范。换言之，国家应该为产权的运作提供“游戏规则”。例如，资产评估、产权量度、产权交易法规、产权交易契约的实行及产权市场的建立等都需要国家制定相应的法规。

第三，利用法律和宪法制约利益集团，通过重构产权实现对财富和收入的再分配。如何通过政治程序、法律及宪法制约等手段遏制国家权力对产权的干预、控制，是能否建立有效产权的基本前提。国家内部存在大量互相冲突的财产利益，它们之间自相残杀的斗争如果得不到控制，就会迫使政治、经济体制屈服于它们。有权参与产权重构的冲突集团利用这种途径对财富和收入进行再分配，而牺牲他人利益和该体制的活力。如何遏制利益集团对产权的干扰，至少应该建立三道防线。

一是建立有约束机制的政治体制。有效的政治体制应该使那些努力通过政治程序对财富和收入实行再分配的社会集团无利可图。例如，在美国，三权分立的政府体制、立法两院的进一步细化等都设计得使人们难以通过重构产权来实现财富和收入的再分配。总之，要建立相互制衡的权力机制。

二是宪法秩序。诺思认为：“私有产权制度的强化在很大程度上限制了政府权力。”阿尔钦也认为：“私有产权的强度由实施它的可能性与成本来衡量，这些又依赖于政府、非正规的社会行动及通行的伦理和道德规范。”限制政府权力的一套综合性规则应该体现在客观的法律结构中，这套规则不会因政治需要和统治者变动而变化。基本规则应该相对长期稳定。制定宪法契约条款的目的是消除私人财产的不安全性。宪法的有效性取决于它是多种利益集团讨价还价后的一种折中契约。同时，宪法所反映的意识形态要比任何一种特定利益广泛。因此，解析宪法结构可以更好地剖析一国的产权制度。

三是法律制度的完善。有效产权制度的基本标志之一是产权的交易规范能否法制化。同时，产权交易规范的法律化也是遏制国家机构对产权干扰的有效手段。

6.4.3 产权失灵

所谓产权失灵，是指产权不存在或者产权的作用受到限制而出现的资源配置低效甚至无效的现象。有三种情况会出现产权失灵：一是范围不明确的产权，如大浅滩，由于不存在产权，每个人都尽可能多捕鱼，从而出现竭泽而渔的现象；二是有限制的产权，如政府对用水权的限制使水资源不能得到有效利用；三是作为产权的法定权利。法定权利，如在一些大城市里普遍存在的、以受到控制的租金长期租用公寓（如廉租房）的权利也是一种产权。由于住在租金受到控制的公寓里的人不能够（合法地）出售公寓居住权，当他年龄大时，维修房子的动机就会减弱，更不用说对公寓加以改善。这是从微观角度界定的产权失灵。从宏观的角度来看，也存在产权失灵的问题，宏观上的产权失灵产生系统性、全面性的产权失灵。例如，在一些非洲国家，仅有1/10的居民生活在产权属于自己的房子里，只有1/10的劳动力在产权清楚的经济领域内就业。

宏观上的产权失灵比微观上的产权失灵包括的范围更广，对经济的影响也更大。目前经济学界关于市场失灵和政府失灵的文献很多，这些文献从不同层面揭示了市场与政府失灵的根源及其局限性。但是自科斯《社会成本问题》(1960)发表以来，不少经济学家开始认识到，与市场失灵和政府失灵相对应的更深层次失灵是产权失灵。产权失灵的领域越大，导致市场失灵的领域也越大。

格雷夫等对中世纪商业革命的行会研究表明，行会起源于具有共同知识的协调、诚信和契约的强制。一个重要的延伸是，作为强制契约和产权并提供公共品制度的国家引起了一个困境：具有充分力量做这些事情的国家也具有权力抑制、保护或强制征收私人财富，并削弱市场经济基础。通过检验中世纪欧洲部分城市的行会兴起，他们认为，行会之所以成为一个制度存在而且普遍存在于许多城市，是因为国家困境的存在。行会因为具有文化信仰的依托，所以能够广泛地在不同的商人集团之间建立信息名誉机制，并对行会成员产生诚信和道德强制。在多边名誉机制形成的过程中，长距离的贸易才成为可能，并形成分散化的信息交流网络，最终才是产权的形成。

制度安排和制度变迁受特殊利益集团的影响是新制度经济学很关注的一个问题。如行会、工会、卡特尔及院外活动集团等这样一些分利集团之所以会阻碍经济增长，主要是因为这些利益集团具有排他性，阻碍了技术进步、资源的流动与合理配置；降低了生产经营活动的报酬，而提高了利用法律、政治与官僚主义进行讨价还价等活动的报酬；提高了社会交易成本而降低了社会经济效益。那些希望采取集体行为以增加其收入的分利集团不会关心社会总收益的下降或公共损失，因而分利集团的活动不是增加社会总收入而是减少社会总收入，与其说他们是“分蛋糕”不如说他们是有破坏性后果的“抢瓷器”。

市场经济是一种产权经济。市场经济运行机制建立在以下几个前提基础上：一是产权界定清楚；二是产权有效转让；三是产权的法律保护。与此相适应的法规、制度就构成一国的产权制度。市场经济的建立，实质上是产权制度的建立过程。这主要是因为以下几个方面。

(1) 从历史上来看，市场经济的产生和发展与新的产权制度有着内在联系。行政权与产权的分离，是市场经济建立的根本前提。与封建社会相比，资本主义经济快速发展的奥秘就在于产权代替了封建社会的一系列“特权”。产权的界定、转让、保护及其相应的制度充分调动了个人积极性。

(2) 从市场经济运行机制来看，产权制度是否健全，关系着“无形的手”能否充分发挥作用。产权界定不清楚，交换几乎不能发生。因为没有产权的所有者，就无交换的主体。产权不能转让，就只能用非市场的手段（如计划）配置资源。没有有效的产权保护，谁也不愿意投资。市场经济之所以是人类社会目前最有效的资源配置方式，是因为它有一套健全的产权制度能使生产得以最佳配置。

产权失灵是市场失灵的重要原因。经济学的核心问题不是商品买卖，而是权力买卖。最简单的商品权力与商品本身不可分，而复杂的商品（如知识、思想）没有看得见、摸得着的形式，支配和享用它们的权利就成为不是简单的物体买卖可以处理的事情。很多所谓外部效应问题，都是由于人们议定契约的权利无法严格界定，从而产生了外部效应。例如，清洁空气的所有权难以界定，自然就有污染问题中的外部效应，所以市场失灵是产权定义不明确的结果。

外部性、公共品导致市场失灵的根源不在外部性与公共品本身，而在于产权失灵。

外部性的产生和不少公共品的形成往往与产权界定不清有关。外部性中的正外部性与负外部性实际上都与产权有关。对于这些领域的问题如果不从产权问题入手，而仅仅从国家干预入手可能并不能从根本上解决问题。在新古典经济学中，经济学家假定一个人会完全承担其行动所引起的成本或收益。而如果存在外部性问题，一个人的行动所引起的成本或收益就不完全由他自己承担；反过来，他也可能在不行动时，承担他人的行动引起的成本或收益。在这种情况下，什么是一个人的成本或收益都很成问题了。如果一个工厂“有权”污染，就必须为污染付费，因而污染就是它的“个人成本”。但“有权”尚未确定时，成本或收益就无从谈起。成本和收益的界定成了产权制度的结果。许多负外部性的产生都与产权界定不清有关。

产权制度的主要功能是引导人们实现将外部性较大地内在化的激励。建立排他性产权制度的过程也就是将外部性内在化的过程。也只有在排他性产权制度建立后，成本-收益之类的经济计算才有了真实意义。在外部性问题上，产权界定含混造成的混乱和对资源配置有效性的损害表现得最为充分。只要产权不明确，公共品问题不可避免；只有明确产权，才能消除或降低外部性所带来的危害。在明确产权的基础上，引入市场、价格机制，就能有效确认相互影响的程序及其相互负担的责任。

由上述分析可知，在一些领域从产权入手比从政府干预入手更有利于市场失灵问题的解决，因为市场失灵的根本原因是产权失灵。从国内外的实践来看，以完善产权制度为切入口来解决外部性（包括环境问题）、公共产品等所引起市场失灵问题的效果比国家干预的效果要好。

本章小结

本章介绍了不同理论观点下的国家起源及变迁；分析了国家的保护性职能、生产职能、产权再分配职能及国家的目标；给出了几种不同国家模型；阐述了国家在经济增长中的作用；介绍了关于国家理论产生的争论和未来的发展。

思考题

1. 新制度经济学对国家起源的分析与传统理论有什么不同？
2. 国家的职能有哪些？
3. 巴泽尔的国家模型与诺思的模型有什么不同？
4. 国家在经济增长中起到了哪些作用？
5. 试分析历史制度主义、理性选择制度主义、社会学制度主义的国家理论有何异同。

延伸阅读 国家理论的争论和发展[①]

新古典经济学把政府视为一种万能的、仁慈的机构，它控制着赋税、津贴和各种数

① 蒋雅文．2004．国家理论的争论与发展．天府新论，(5)：22-25.

量，以实现一种帕累托最优的资源配置。但公共选择学派指出，政府在运行过程中也会失灵。与企业间争夺客户的竞争对市场过程的结果所产生的影响相似，党派间的竞争也会对政治过程的结果产生同样令人满意的结果。

经济学家们一直倾向于将政府界定产权和保护产权的作用视为外生的，但并不能简单认为政府力量总是促进市场。政府的强大可以用于保护产权和保证对合同的履行，也足以对公民财产进行掠夺。市场的繁荣和发展一方面需要适当的产权制度和合同法，以保障产权不受侵犯和合同的完成；另一方面，也需要一种制度，保证政府在进行产权保护的同时不会对公民财富进行掠夺。从这一意义上讲，国家可以认为是内生性规范秩序的一个方面。

政府可以概括为政治领域中的博弈多重稳定均衡，其中，政府和私人之间将达成某种秩序。以青木昌彦为代表的观点把政府看作一个追求自身目标但又受到私人策略行为制约的策略性参与人。其观点可以简单地概括为：①政府为市场经济活动所必需；②政府是多重博弈的结果，政府对公民是保护或是侵犯，取决于博弈双方的力量对比。

国家理论随着新制度主义的兴盛也如火如荼地发展起来，尽管新制度主义对制度的理解在很多方面能够达成统一，但涉及国家问题时，其内部分化就非常明显了。而理论界在提到新制度主义的国家理论时往往一概而论。为了对国家理论的发展有一个更好地分析和理解，就必须对新制度主义内部对国家理论的争论加以区分。

历史制度主义的国家理论

20世纪六七十年代盛行的政治学集团理论和结构功能主义，对历史制度主义的兴盛和发展起到了重要作用。历史制度主义接受了集团理论的这样一个观点，即围绕着稀缺资源而展开竞争的各个集团之间的冲突构成政治核心，他们通过找出特定政体下的制度组织与经济结构的冲突是如何赋予某些利益以特权而排斥另外一些利益，寻求对那些不同国家的差异性政治后果及其不平等性做出更好的解释。

历史制度主义也接受了结构功能主义将政体看作相互作用的各个部分所构成的一个整体，是产生差异性结果主要因素的观点。在研究国家问题上，历史制度主义不再把国家看作在一组竞争性利益中起中立作用的赌金保管人，而是将其视为一套能够对集团冲突的特征与结果起构造作用的复杂制度体系。

历史制度主义在分析国家问题时，假定制度在各个社会集团间对权力的分配不平等，往往给予了某些集团以更多接近决策过程的机会，强调某一集团的失利和其他集团的胜出。在解释制度变迁时，则比较重视社会因果关系中的路径依赖特性。但解释制度变迁与制度的起源是两回事，路径依赖可以很好地解释现存制度导致的非意图性后果和低效率陷阱的存在，却对国家的起源没有充分地说明。

历史制度主义分析依靠均衡分析，在一定程度上超越了博弈论中的均衡经验分析，试图把自我实施制度、制度选择和路径依赖进行综合经验性的分析，甚至检验。对历史经济制度的研究使制度在更宏大的分析背景下展现出来，最后得出结论：社会、文化和政治因素而不是经济效率影响着经济制度的选择和路径依赖。因此，有效率的制度不一定出现，即使出现也由制度的路径依赖决定。得出这样的结论多少有些让人失望，属于归纳性的历史制度主义分析并没有找到一种合适的方法把制度变迁、制度与经济增长联系起来。

理性选择制度主义的国家理论

理性选择制度主义假定的世界只有偏好和制度两个要素，比历史制度主义的世界要简单得多。这一方面的典型代表是威廉姆森。他认为某一组织形式建立的目的就是要降低某一活动的交易成本。诺思曾提出，“有效率的经济组织是经济增长的关键，一个有效率的经济组织在西欧的发展正是西方兴起的原因所在”，国家产生的原因就在于为产权提供保护，从而节约交易成本，使经济顺利发展。他们还将这一理论放大到更为广阔的领域中，如对公司组织结构的解释就是通过指出其减少交易成本、生产成本和影响成本的方式来进行的。对美国国会活动规则的解释，也通过指出它为国会议员们的交易带来收益的角度进行。

诺思认为，关于国家起源的理论，最有影响的主要有两种：一种是契约论，一种是剥削论或掠夺论。契约论认为，国家是公民达成契约的结果，它要为公民服务，契约的达成是多重博弈的结果。近年来，由于新古典经济学在逻辑上拓展了交换定理，认为国家起着使社会福利最大化的作用，因而使这一理论得以复兴。20世纪30年代的创造性研究引出了存在公共物品、外部性和规模经济的情形下市场对资源配置的效率问题。这一理论认为，市场经济制度从某种意义上讲就是一种契约经济，国家的存在有利于契约制度的建立和契约的实施。假如没有国家，那么契约的实施费用将相当高昂，过高交易成本的存在将使任何契约都失去存在的意义。然而，国家的存在是经济增长的关键，也是人为经济衰退的根源。这一悖论使我们不得不对国家的存在问题重新审视。

剥削或掠夺论认为，国家是某一集团或阶级的代理人，其作用是代表该集团或阶级的利益向其他集团或阶级的成员榨取收入。掠夺性的国家将界定一套产权，使权利集团的收益最大化，而无视它对社会整体福利的影响。即这种产权制度对某一权利集团有益，但不能促进整个社会效率的提高。从长期来看，这必然演变成无效率产权。

这两种理论所说的国家都可以在人类历史上找到佐证，但这两种理论都不够全面，不能涵盖历史和现实中的所有国家形式。诺思将这两种理论统一起来，提出暴力潜能分配论的国家理论，认为国家带有“契约”和“掠夺”的双重属性，若暴力潜能在公民之间平等分配，便产生契约性的国家；若这样的分配不平等，就产生掠夺性或剥削性的国家。由此出现统治者和被统治者、掠夺者和被掠夺者、剥削者和被剥削者。

暴力潜能的内涵非常丰富，它既包括军队、警察、法庭、监狱等暴力工具，也包括权威、特权、专利权、垄断权等无形资产。诺思将国家视为一种组织或制度安排。国家这种制度安排的特点是其强制性，因而在暴力方面体现出比较优势。第一，国家是对付暴力的暴力，是对付非法暴力的合法暴力，这种合法性起源于每个人捍卫自己利益、抵御别人侵害的合法权利。第二，国家暴力只有在能够实现某种社会合作，并且比其他制度（如市场和其他组织）更有效时才被使用。

国家暴力资源之所以能被更有效地使用，在于其能达到规模经济和防止"搭便车"问题。例如，在一个可能遭到进攻的社区中怎样建立防御体系问题。安全对于社区中每一个成员来说都是公共产品，因此用市场方法购买安全就有可能失败，因为安全一旦被提供，对社区的所有成员都一样。但不同成员对安全的需求不同，如富人对安全的需求远远大于穷人对安全的需求，并且有人还会采取"搭便车"的行为，既享受安全的好处又免于付费。这样一来，整个社区会因此建立不起有效的防御体系。这时，采取政府供给的形式，强制性地要求每个成员为安全付费，就是解决"搭便车"问题的有效方法。政府在这方面的价值，就是政府要保护的社区若没有安全这种产品所遭受的损失。在历史演进过程中，那些没有建立政府的社区就会因没有良好的防御体系，被别人征服而消失。

这种观点并不能涵盖社会经济制度变迁的全部历史和产权结构变化的各种形式。在人类发展史上，特别是在漫长的人类文明史前时期，产权结构大多由人们长期形成的习俗固定下来，或由部落社会的公共机构来界定。诺思教授断言国家界定和实施产权，同人类社会发展史实并不完全相符，特别是在国家起源问题上。显然，他不能把国家和社会公共机构明确加以区分。人类由狩猎采集阶段的产权形式转向农业定居阶段的产权形式，并不是由国家界定实施，因为在一万年前的群落、部落社会中根本不存在国家，存在的只是群落、部落社会的公共机构。或如诺思认为的，那时存在的只是"农业共同体"的"制定并实施公共决策的组织"。诺思并未说清楚国家在人类历史上究竟产生于什么年代。他曾证明国家产生于公元前 3100 年的埃及和公元前 2350 年的美索不达米亚，也曾说大约一万年前的第一次经济革命产生了国家，建立起经济秩序的政治约束。

暴力潜能分配论的国家理论显然颠倒了生产权力同分配权力的关系，也颠倒了暴力、武力同经济力的关系。任何国家都需建立在一定经济基础之上，而暴力、武力要发挥其掠夺作用，也必须以社会生产力发展到一定水平为前提，因为任何人都不可能掠夺生产不出来的东西。所以，产权结构的变化、经济制度的变迁，最终由社会生产力发展决定。是经济力决定暴力、生产权决定分配权，而不是国家的暴力潜能决定分配。国家对产权的界定和实施，也以经济力为基础。

关于暴力潜能在公民之间的分配是平等还是不平等，诺思教授也未提出一个平等的标准。本书认为，平等分配首先是对生产物质条件的平等分配，即全体公民对物质生产条件有平等的占有权，然后才可能有对生产出来的产品的平等索取权。但是，按照私有产权所有者（尤其是近代大私有者）的理解，所谓平等分配，不过是按生产要素的贡献来分配，至于每种生产要素的贡献究竟是多少，其所有者应从诸要素共同生产的产品中获取多大份额，则完全由竞争来决定，而竞争是否平等，仍是个悬而未决的问题。总之，在私有产权存在的前提下，公民之间必然产生雇佣与被雇佣的关系，这种关系本身就是一种不平等的产权关系，在这种不平等的产权关系下，不可能产生"平等分配"。

社会学制度主义的国家理论

社会学制度主义从社会组织理论这一分支中发展而来。自韦伯以来，就有些社会学家指出，官僚组织在政府部门、公司、学校和利益集团等组织中居于统治地位，这些制度形式与程序的选择，往往不是因为他们最有效率，而是由于文化因素。社会学制度主义不同于历史制度主义和理性选择制度主义，它打破了制度与文化的固有界限，强调文化本身也是制度，人的行为受社会惯例影响，文化打造出的认知模式和道德模板在更大程度上左右着人的选择。

理性选择制度主义者在阐述制度起源问题时，是从制度的效率能够为接受这些制度的人带来物质利益的角度展开的，承袭成本收益分析方法，认为制度变迁的目的就是实现潜在收益。与此相反，社会学制度主义者认为，某一组织之所以会采用某一制度，并不是因为它提高了组织的目的，增进了效率，而是因为它提高了组织或其参与者的社会合法性，即在更大文化环境内具有更大的价值。从根本上说，这涉及文化权威的问题。

社会学制度主义认为，国家规则的大范围扩展方式，通过为社会组织提供公共平台而向他们强加了某些实践模式，而模式由既有制度世界中借用。

三种国家理论的比较分析

比较上述三种新制度主义的国家理论，不难看出，历史制度主义更强调归纳性的历史主义分析方法，却对国家起源问题无法明确说明，对于社会制度演进更强调内生性制度规范的意义。理性选择制度主义显然更功利或者说理性，但理性并不全部意味着可以闪烁出智慧的光芒，对低效率制度的长期存在和制度演进曲折的解释，也只好求助于历史制度主义中的路径依赖或意识形态的作用。社会学制度主义把文化影响放到了至高无上的地位，认知模式和道德模版几乎成为决定制度选择的唯一砝码，而制度变迁的路径也无非是对原有制度模版的借鉴。文化在社会学制度主义者看来就是制度，而在理性制度主义者看来，是作为意识形态的一部分或强或弱地影响着制度变迁。从这一点来讲，社会学制度主义与理性制度主义有很大相似性。

奥尔森以《集体行动的逻辑》一书闻名，对国家理论贡献颇多，因其理论的独创性，很难将他归入上述的任何一种制度主义中。比较理性制度主义的典型代表诺思的理论和奥尔森的“集体行动的逻辑”，他们对国家起源的探讨可以说都是独树一帜。这是两种不同的理论体系，却有着共同的出发点，从这个出发点开始，沿着不同路径得出了不同的国家起源说。他们共同关注的出发点就是人口因素。

在诺思看来，人口增长始终是打破现有经济均衡，从而产生制度变迁需求的革命性因素。诺思论述10～15世纪西方世界的历史时，对这一论点进一步进行了阐述、例证分析。他指出，随着贸易发展、市场制度确立，由于用市场来交换产品、用货币来计量产品，领主和农奴也就越来越愿意将每年劳动所得换成货币支付了。最初土地是丰裕的，劳动力价值相对于土地较高，所以人口不断增长。伴随人口的扩张，土地日益不足，这期间增加的人口报酬递减。在劳动力充裕、土地不足的情况下，领主占据谈判主动权，阻止实际工资上升；而当劳动力缺乏、土地丰裕时，农民可以逐渐要求改善条件增加实际工资，此时，他们的谈判实力改善了。在这种此消彼长的演进过程中，庄园制度经过一系列渐进的阶段发生了变化，庄园主和农奴变成了雇主和雇员或地主和佃农。

在解释和分析历史时，诺思的观点更是与众不同。诺思认为，人口增长是中世纪盛世西欧增长和发展的外生变量，中世纪市场经济的发展与扩张，是对因人口增长而变成可行的专业化和贸易所带来机会的直接反映。总之，人口增长为贸易创造了基础。

在奥尔森的理论中，人数的多寡决定了是否会产生个体理性与集体理性的冲突，即利益集团在提供集体产品时存在的“搭便车”现象。在探讨国家起源问题时，奥尔森认为，在人口众多的社会中很难产生社会契约式政府。他否定了国家的契约起源论，而将最初创建国家的功劳归于匪帮。他认为，在无政府状态下，流窜的匪帮所进行的非协调一致的竞争性偷盗，摧毁了投资和生产的积极性，无论大众还是匪帮都不会有更多资源。如果其中一个匪徒能成为一个独裁者，只要他是一位长驻的匪徒，即以各种税收的形式垄断偷盗物品并使之合理化，对大众和匪帮两方都会更好。一个稳固的独裁者对他的地盘有切身利益，使他会提供和平秩序和其他增加生产力的公共物品。独裁者对大众的掠夺一旦以税收的形式固定下来，就会给大众以恢复生产的信心，因为掠夺不再是不确定的。正常情况下，和平秩序和其他公共物品所带来的产出巨大增加使长驻匪徒获得的利益比他未治理前要大得多。

奥尔森的国家“匪帮起源论”显然不能够解释所有国家的起源问题。中国最初的国家形成不晚于大禹时期，这一结论在历史学家中已没有太多的争论。已经有不少文献指出，中国最初的国家脱胎于神权，依赖于图腾的整合，才形成了部落联盟以至后来的国家。无论在古老的东方还是西方，宗教和道德在国家的起源和运行中都是不可忽略的重要角色，宗教和道德可以被看作非正式制度。一种无形制度往往比有形制度更具鼓动性和约束力，同时是各种正式制度建立的基础。

在解释制度变革时，奥尔森指出：“当一位独裁者预期任职期很短时，没收那些在他任期内所应交纳的税少于其总价值的资产，当然对他更有利。独裁政体中的这种动力加之继承权的内在不确定性，就意味着任何独裁制几乎不会维持良好的经济运行多于一代以上。”这一论断显得有些武断，中国封建社会的独裁者有的是目光短浅、竭泽而渔的无道君王，有的则是懂得“水能载舟，亦能覆舟”道理的一代名君。

第7章 制度变迁理论

引导案例

新中国"修宪"

1954年9月20日，第一届全国人民代表大会第一次会议通过了中华人民共和国的第一部宪法，其基本内容和重要原则为后来宪法和宪政的发展奠定了基础。在财产权方面，该宪法规定，国家保护公民的合法收入、储蓄、房屋以及各种生活资料的所有权（第11条），依法保护公民私有财产的继承权（第12条），但同时也规定，国家为了公共利益的需要可以依照法律规定的条件对城乡土地以及其他生产资料征收、征用或者收归国有（第13条），禁止任何人利用私有财产破坏公共利益（第14条），并明确宣告，中华人民共和国的公共财产神圣不可侵犯，爱护和保全公共财产是每一个公民的义务（第101条）。

1975年，大规模修改的宪法由第四届全国人民代表大会第一次会议通过。该宪法是在"文化大革命"还未结束的特殊历史条件下形成的，它大量删减了宪法必须明确规定的内容。例如，它删除了1954年宪法中规定的法律面前人人平等的原则（第85条）、国家赔偿请求权（第97条）、继承权（第12条）、居住和迁徙的自由（第90条第2款）；同时追加了不少1954年宪法没有的条款，如公民有义务拥护共产党的领导、有宣传无神论的自由、有罢工的自由以及"运用大鸣、大放、大辩论、大字报的权利"等。

1978年，大规模修改的宪法由第五届全国人民代表大会第一次会议通过，它对1975年宪法文本做了修改并恢复了1954年宪法的部分内容。例如，它重新规定了公民接受教育的权利、国家保护青少年的成长、公民进行科学研究、文学艺术创作以及其他文化活动的自由等；并首次明文规定了公民参加国家管理和监督国家机关及其工作人员的权利，以及计划生育的义务。但是，一些最基本、最起码的权利和原则，如法律面前人人平等的原则、国家赔偿请求权、继承权等重要宪法条款，仍未得到宪法性承认和保障。

1982年12月4日，第五届全国人民代表大会第五次会议通过了新中国的第四部宪法，即1982年宪法，也是迄今一直在实施中的宪法。1982年宪法在继承和发展1954年宪法基本原则的基础上，总结了中国社会主义发展的经验，并吸收了国际经验。该宪法中写入了四项基本原则，明确规定今后国家的根本任务是集中力量进行社会主义现代化建设，并规定公民在法律面前一律平等。1982年宪法确实补充了一些新内容，但其实质还是向1954年宪法回归。

1982年宪法迄今经历了1988年、1993年、1999年和2004年四次小规模修改，具体内容如下。

1988 年，第七届全国人民代表大会第一次会议通过宪法修正案，这是我国第一次采用宪法修正案形式修改宪法。主要修改的两处为，增加规定“国家允许私营经济在法律规定的范围内存在和发展。私营经济是社会主义公有制经济的补充。国家保护私营经济的合法权利和利益，对私营经济实行引导、监督和管理”，同时将有关条款修改为“土地的使用权可以依照法律的规定转让”。这意味着，国家承认雇佣劳动、产业资本积累、土地商品化及分配原则的改变等经济事实的合法性，并将导致用益权相对于所有权的优先性。

1993 年，第八届全国人民代表大会第一次会议通过宪法修正案，主要将“社会主义初级阶段”和“建设有中国特色社会主义的理论”及“改革开放”正式写进宪法；以“家庭联产承包为主的责任制”取代“人民公社”，以“社会主义市场经济”取代“计划经济”；规定“中国共产党领导的多党合作和政治协商制度将长期存在和发展”等内容。

1999 年，第九届全国人民代表大会第二次会议再一次通过了宪法修正案，明确我国将长期处于社会主义初级阶段，确立了我国的社会主义的基本经济制度和分配制度；修改了我国的农村生产经营制度；确立了非公有制经济在社会主义市场经济中的地位；将宪法第 28 条“反革命的活动”修改为“危害国家安全的犯罪活动”。在根本规范中确认法治主义，废除反革命罪的概念，为私有财产权提供更明确的合法性根据。

第四次修宪于2004 年 3 月 5 日召开的第十届全国人民代表大会第二次会议完成。该次修宪前后得到了海内外、上上下下的热烈讨论，并征求了社会各界广泛的意见。此次让人们意识到，作为制度变迁的修宪具有重要价值，从而将继续大力推动中国的经济体制改革和政治体制改革。

20 世纪 70 年代前后，旨在解释经济增长的研究受到经济史研究的影响，最终把制度因素纳入解释经济增长中来。制度变迁理论在经济学上的意义“是一系列被制定出来的规则、服从程序和道德、伦理的行为规范”，诺思称之为“制度安排”。制度安排指的是支配经济单位之间可能合作与竞争方式的一种安排。制度安排旨在提供一种使其成员的合作获得一些在结构外不可能获得的追加收入，或者提供一种能影响法律或产权变迁的机制，以改变个人或团体可以合法竞争的方式。

7.1 制度变迁的相关定义

制度变迁是指“制度创立、变更及随着时间变化而被打破的方式”。任何制度都有产生、发展和消亡的过程。在历史的长河中制度是不稳定的。在制度变迁中，不同的个人和集体承担不同的角色。

1. 初级行动团体

所谓初级行动团体是指制度变迁过程中最初认识到制度变迁的预期收益大于预期成

本，并在一定程度上支配了制度安排创新进程的利益团体，是制度变迁的主体之一。它可能是个人或者由个人组成的团体，是一个决策单位。这一团体启动了制度创新与变迁的进程，并为创新与变迁支付成本，但不一定承担全部创新成本。初级行动团体是制度变迁的创新者、策划者、推动者，如某些游说中央在当地设立经济开发区或其他试点的地方政府或团体。

2. 次级行动团体

次级行动团体也是一个决策单位，是用于帮助初级行动团体获取收入而进行制度变迁的团体。次级行动团体虽然帮助获取收入，但它一般不增加收入总量，而经常耗费部分收入。当然，在某些制度变迁中，可能不存在次级行动团体。一些为实现某项具体制度变迁而设立的委员会是我们常见的次级行动团体。

3. 制度装置

制度装置是行动团体为实现制度变迁而利用的文件或手段等。当这些装置被运用于新的制度安排时，行动团体就用它们来换取制度创新收入。中国电信分拆改革中的移动通信牌照就是一个制度装置的例子。

为了便于读者熟悉这些定义，我们以一个例子说明。许多中国大学的学生食堂由学校后勤部门经营，由于食堂职工收入一般同伙食服务质量不直接挂钩，处于垄断地位的学生食堂的伙食往往较差。学生对此意见很大，但在目前的制度安排中，食堂对学生的意见经常爱理不理。学生为改变这种状况，组成学生代表团（初级行动团体），要求学校在食堂经营中引入竞争机制，如公开招标经营者、每年对各个食堂的伙食服务进行评比、强制淘汰最差食堂的经营者。如果学校同意学生的建议，就可以为此专门成立学生伙食委员会（次级行动团体）负责这件事。伙食委员会可以通过招标并颁发经营证选择食堂经营者，通过停止命令淘汰不合格经营者。经营证和停止命令就是制度装置。

7.2 制度的均衡与非均衡

制度经济学家指出，制度变迁是对制度非均衡的一种反应，从非均衡到均衡制度结构的演变过程也就是制度变迁的过程。

1. 制度均衡

所谓制度均衡，就是人们对既定制度安排和制度结构的一种满足状态或满意状态，因而无意也无力改变现行制度。换言之，制度均衡是指在既定的制度安排下，已经获取各种资源所产生的所有潜在收入，或者潜在利润仍然存在，但改变现有制度安排的预期成本超过潜在收入，因而，此时制度结构处于帕累托最优状态之中，在这种状态下，现存制度安排的任何改变都不能给经济中的任何个人或任何团体带来额外的收入。

2. 制度非均衡

制度非均衡是指人们对现存制度的一种不满意或不满足，意欲改变而又尚未改变的状态。之所以出现了不满意或不满足，显然是因为现行制度安排和制度结构的净收益小于另一种可供选择的制度安排和制度结构，也就是出现了改变制度安排的赢利机会。

显然，在社会经济发展过程中，制度均衡只是一种理想状态或瞬时状态，而制度非均衡才是一种常态，制度变迁也就是对制度非均衡的一种反应。但是，需要注意的是，制度非均衡是制度变迁的必要条件，却非充分条件。制度变迁只可能在制度非均衡状态下发生，而制度非均衡却不一定导致、更不等于制度变迁。

7.3 制度的需求与供给

经济学中的均衡和非均衡都由供求及其变化决定。从供求关系来看，制度均衡是指在影响人们的制度需求和制度供给的因素一定时，制度的供给适应制度需求。制度非均衡就是指制度供给与制度需求出现了不一致。因此，制度变迁也可以用“需求—供给”这一经典的理论框架进行分析。

戴维根据新制度经济学的一些文献，勾画了一个制度变迁供求分析的理论框架，如表 7-1 所示。

表 7-1 制度安排的需求与供给的分析框架概览

<table>
<tr><th>项目</th><th>要素</th></tr>
<tr><td rowspan="3">制度类别</td><td>宪法秩序</td></tr>
<tr><td>制度安排</td></tr>
<tr><td>规范性行为准则</td></tr>
<tr><td>决策变量</td><td>制度安排</td></tr>
<tr><td rowspan="4">制度需求变化的影响因素</td><td>相对产品和要素价格</td></tr>
<tr><td>宪法秩序</td></tr>
<tr><td>技术</td></tr>
<tr><td>市场规模</td></tr>
<tr><td rowspan="8">制度供给变化的影响因素</td><td>宪法秩序</td></tr>
<tr><td>现存制度安排</td></tr>
<tr><td>制度设计成本</td></tr>
<tr><td>现有知识累积</td></tr>
<tr><td>实施新制度的预期成本</td></tr>
<tr><td>规范性行为准则</td></tr>
<tr><td>公众态度</td></tr>
<tr><td>统治者的预期利益</td></tr>
</table>

在表 7-1 中，制度被划分为三种类型：宪法秩序，是指界定社会的产权和控制的基础性规则，是制定规则的规则；制度安排，是指在宪法秩序下界定交易关系的一系列正式规则；规范性行为准则，可以理解为植根于文化传统的非正式规则。

由于宪法秩序和规范性行为准则一经形成就不易显著变动，而制度安排相对活跃，容易变动。因此，戴维在其制度变迁的供求分析框架中，将宪法秩序和规范性行为准则视为影响制度供求的外生变量，将制度安排作为决策变量，在给定宪法秩序和规范性行为准则的制度环境下，研究制度安排的创新与变迁。

1. 制度的需求

按照这一分析框架，制度安排的需求与供给的变化将会导致制度安排的改变。那么，哪些因素影响着人们对制度安排的需求与供给？影响消费者对商品需求的因素有消费者的偏好、收入、价格、相关商品的价格等，类似地，影响人们对制度安排需求的因素也有很多。总的来说，正像人们对商品的需求是因为商品能够给人们带来“效用”、“满足”，人们对制度安排的需求，也是因为在现有制度安排下，人们无法获得潜在的利益，而改变现有制度安排则能够使人们获得在原有制度下得不到的利益。因而，一旦人们对于创立和利用新制度安排的预期净收益为正，就会产生对新制度安排的需求。

具体来说，影响制度需求的因素主要有以下几个。

(1) 产品和要素的相对价格。相对价格的变化改变了人们之间的激励结构，同时改变了相互之间讨价还价的相对能力，这样就会导致重新缔约的努力。如前所述，舒尔茨在考察晚近的经济史时，就认为人的经济价值上升是对制度产生重新安排需求的主要原因。诺思等也论证了人力价格的相对变化导致了经济革命。

(2) 宪法秩序。宪法秩序也就是一个社会的基础性制度规则，它是制定规则的规则，因而能深刻地影响创立新制度安排的预期成本和利益，从而会影响新制度安排的需求。

(3) 技术变化。显然，技术变化会影响创设新制度安排的成本与收益，从而引致对新制度安排的需求。不仅技术变迁所释放的新收入流是对制度变迁需求的一个重要原因，而且，新收入流分割所导致的与技术变迁或制度绩效增进相联系的效率收益，也是进一步制度变迁的一个主要激励。因此，技术进步可能会调动个人对其资源进行重新配置的积极性，以及为了再确定产权以实现新收入流的分割而组织和引进集体行动的积极性。

(4) 市场规模。市场规模对制度需求的影响表现在：首先，市场规模的扩大能稀释交易的固定成本（专用性投资），降低某些制度安排的运作成本；其次，市场规模的扩大会使一些与规模经济相适应的制度安排得以创立，如股份公司制度、跨国公司制度等。

诺思曾通过对美国经济史的考察指出，在美国史上有三个方面因素对新制度安排的需求产生过重大影响，并可能在将来继续起主导作用：一是市场规模的变化能改变特定制度安排的利益和费用，搜集信息和排除参与者的成本都体现了递减特征；二是技术对改变制度安排的利益有着普遍影响，这是因为技术变迁首先使产出具有规模报酬递增的特征，其次技术本身还具有内在的制度效应；三是一个社会中各种团体对收入预期的改变会导致对建立新制度安排的收益和成本的重新评价。

2. 制度供给

具体来说，影响制度供给的因素主要有以下几个。

(1) 宪法秩序。作为制定规则的规则，宪法秩序自然地也影响制度的供给。诺曼·尼科尔森总结了宪法秩序影响制度安排供给的四个方面：宪法秩序可能有助于自由调查和社会实践，或者可能起根本的压制作用；宪法秩序直接影响进入政治体系的成本和建立新制度立法基础的难易程度，如果在现有宪法秩序下，利益主体无法承受进入政治体系的成本或者既得利益格局对新立法的阻力过大，都将限制制度创新和供给；宪法秩序直接为制度安排规定了选择空间并影响着制度变迁的进程和方式；一种稳定而有活力的宪法秩序会给政治经济引入一种文明秩序的意识，即一种解决冲突的基本价值和程序理念，从而大大降低创新成本和风险。

(2) 现行制度安排。一般来说，初始制度安排或现有制度安排会影响新制度安排的选择，这就是所谓的路径依赖。路径依赖形成的主要原因在于，现存制度安排造就了一种既得利益格局，形成一种强化的稳定均衡状态，这样，欲打破这种格局所付出的成本将很大。

(3) 制度设计成本。制度设计成本主要取决于设计新制度安排的人力资源和其他资源的要素价格。在既定法律制度下，要做出新制度安排，通常必须有专项法规或司法制度或两者兼得。如果维持立法机关和司法制度的费用很高，那么制度安排设计的耗费也将不菲。

(4) 知识积累和社会科学知识的进步。正如当科学知识进步会导致技术的供给曲线右移一样，当社会科学知识进步时，制度供给曲线也会右移。因为，社会科学研究促成了有关制度知识的增加，能够拓宽制度安排的选择集合范围，减少某些制度安排的创新成本，并及早发现制度不均衡。所以，拉坦曾断言，拥有社会科学知识越多，设计和实施制度变迁就会干得越好。

(5) 实施制度变迁的预期成本。显然，新制度预期实施成本越小，其推行可能性越大。

(6) 规范性的行为准则或文化因素。一般而言，正式制度只有与文化等非正式规则相容，方可以降低组织集体行动和制度创新成本。

(7) 公众态度。公众对制度变迁的支持或反对，不仅会影响制度创新成本，也会影响制度安排的选择空间。

(8) 决策者的预期利益。在一个高度集权的国家，决策者处于一种控制地位，他们对制度安排的供给影响极大。如果这些决策者的效益和成本与社会效益和成本相一致，就能推进积极的制度安排变迁。

综上所述，在制度均衡状态下，各种影响制度需求与供给因素的变化，都将导致制度非均衡状态出现。一般来说，制度供求非均衡的情况可分为三类：一是制度供给不足，这是因为对新制度安排需求的产生往往先于该制度实际供给的形成，因而制度供给不足实际上主要由制度供给“时滞”造成；二是制度供给过剩，也就是相对于社会对制度需求而言，有些制度是多余的，或者一些过时或低效的制度仍然在发挥作用，如在各国所实施的管制制度中，许多便属于制度供给过剩；三是制度供求的结构性失衡，也就是制度供给不符合制度需求，造成了偏差，引起制度安排的低效率。显然，制度供求非均衡状态为制度变迁提供了方向。制度供给不足表明潜在利润的存在，制度创新能够弥补制度供给不足，而制度供给过剩也表明潜在利润的存在，不过此时不是增加制度供给而是要取消一些制度。制度安排从供求均衡状态到供求非均衡状态再到供求均衡状态的动态调整过程，就是一个经济社会的制度变迁。

7.4　制度变迁的动因和方式

7.4.1　制度变迁的动因

对制度变迁动因的分析也是诺思等新制度经济学家制度变迁理论的核心内容。新制度经济学是以现代微观经济学的框架来研究制度变迁的，因而，它是从制度变迁主体的行为动机或追求来解释制度变迁原因的。按照经济学一般理论，制度变迁主体都是财富最大化或效用最大化者。他们从事制度创新与变迁都是为了最大化自身利益，无论政府、团体、个人，其制度变迁行为的最终目的都是如此。也就是，制度变迁的内在动因是主体期望获取最大的潜在利润，即外部利润。正是获利能力无法在现在的安排结构内实现，才导致了新制度安排的形成。因而，只有当制度创新与变迁有利可图时，人们才会发动制度创新与变迁。也就是，如果没有潜在利润，就不可能有制度变迁。只有当通过制度创新与变迁所获取收益大于为此而支付的成本时，制度创新与变迁才有可能发生。正如诺思所说：“如果预期收益超过预期成本，一项制度安排才会被创新。只有当这一条件得到满足时，才可望发现在一个社会内改变现有制度和产权结构的企图。”总之，在新制度经济学家看来，经济人是制度变迁主体人格结构中的基本构成因素。

舒尔茨曾分析了由于人的经济价值提高，导致对有关制度需求的改变，打破了原有制度均衡，也就是资源相对价格的变动导致了制度需求或制度偏好的变化，提供了制度创新与变迁的动力。诺思更是将相对价格变化导致制度需求或制度偏好变化从而创造了创新与变迁机会的思想一般化。他指出，相对价格变化是制度变迁的动因，它提供了一个建立新制度安排的激励。需要注意的是，相对价格变化在诺思那里被赋予了很广泛的含义，所有与成本-收益有关的变化都包括在里面。在他看来，制度变迁的动因在于企业家所洞察到的获利机会。“企业家将现存制度框架下重立契约所可能获得的收益进行评估，并将此收益与将这种资源用于改变既存制度框架所获收益相对比”，以此来决定制度变迁的成本，从而做出是否进行制度变迁的决策。

总之，无论是个人还是团体、政府，都是从自身利益出发并基于自身的成本-收益计算来推动制度变迁的，这是制度变迁的根本动因。但是，由于不同行为主体的效用函数和约束条件的差异，他们对同一制度安排的收益和成本可能会有不同评价，要求全体行为主体对每一制度安排做出一致协议或一致同意往往不可能。并且，由于制度变迁的成本-收益的分布往往是非对称的，也就是受益者未必承担成本或承担较少成本，这样，某些制度变迁就有可能以很多人的利益损失为代价而让少数人获益。例如，统治者为了自身利益调整产权结构，而调整的产权结构却阻碍了经济增长。

7.4.2 制度变迁的方式

关于制度变迁方式，从各种不同角度可以做出多种划分。比较典型的是，将制度变迁划分为渐进式变迁与激进式变迁、诱致性变迁与强制性变迁、需求诱致型变迁和供给主导型变迁等不同模式。

1. 渐进式变迁与激进式变迁

所谓渐进式变迁是指变迁过程相对平稳、不引起较大的社会震荡、新旧制度之间衔接较好的变迁方式。这种制度变迁方式的特征决定了从启动制度变迁到完成制度变迁需要较长时间。所谓激进式变迁也称为突进式变迁或革命式变迁，是相对于渐进式变迁理论而言的，指在短时间内不顾及各种关系的协调、采取果断措施进行制度创新或变革的方式。其表现一般是，强制性地废除或破坏旧制度，制定和实施新制度。这种变迁方式，无论在历史还是现实中，无论哪个层次的制度，都曾发生过。但是，需要注意的是，激进式制度变迁不能被简单理解为制度变迁的全部任务都在极短时间内完成。制度变迁往往有一系列任务，激进式变迁一般能够果断地完成关键性任务，其余非关键性任务在以后慢慢完成。所以，从这个意义上说，所谓激进式变迁一般不是一次完整的制度变迁，而只是针对关键性任务或环节而言。从制度变迁的完成来看，可以说不存在严格意义上的激进式变迁。任何制度变迁都有一个循序渐进的过程，即使以激进方式解决了关键性问题，遗留问题还得渐进式地解决。观照现实，人们往往把中国的改革称为渐进式改革，而把俄罗斯的改革称为激进式改革。其实，中国的渐进式改革也不乏激进措施，俄罗斯的激进式改革所遗留的许多问题，也还需要现在和将来去慢慢解决。

诺思对这两种制度变迁方式也曾有过较为详细的论述。他指出，渐进式变迁是指交易双方为从交易中获取某些潜在收益而再签约，它是连续的变迁，没有大起大落或中断，而是一个演进过程。它相对于激进式变迁而言。激进式变迁是非连续性变迁，是正式规则的一种根本变迁，它常常是武力征服和革命的结果。他说："战争、革命、武力征服及自然灾害都是非连续性制度变迁的源泉。"但是，他同时指出，激进式变迁是非连续的，但很少是完全非连续的，这是因为意识形态或非正式规则不会因为革命而中断联系，发生激进式变迁。非正式规则总是连续、演进的。在《制度、制度变迁与经济实绩》的导言里，诺思明确指出："制度变迁更典型的是渐进性而非间断性。制度变迁如以及为什么是渐进性？为什么甚至连间断性的变迁（如革命和战争入侵）从来并非完全间断性？这主要是因为非正式制度在社会嵌存的结果。尽管正式规则可以因为政治与法律的决定而在一夜之间发生变化，但是体现于习俗、传统和行为准则中的非正式制度与刻意的政策相比更难于改变。这些文化约束不但把过去与未来连接起来，而且是我们理解历史变迁之路径的关键。”因此，诺思指出，尽管通过武力征服或革命所发生的非连续制度变迁也是重要的，但更重要、更一般的是渐进式制度变迁。

2. 诱致性变迁和强制性变迁

林毅夫于 1989 年发表的《关于制度变迁的经济学理论：诱致性变迁与强制性变迁》，首次将制度变迁区分为诱致性变迁和强制性变迁两种类型，并得到了国际学界的接受。按照林毅夫的理解，诱致性制度变迁是指一群（个）人在响应制度不均衡引致的获利机会时所进行的自发性变迁，也就是，它是由一群（个）人自发倡导、组织和实行的制度变迁。强制性变迁是指由政府命令和法律引入和实行的变迁，一般将由国家或集团主导的制度变迁称为强制性制度变迁。

1）诱致性制度变迁

诱致性制度变迁必须由某种在原有制度安排下无法得到的获利机会引起。也就是，要发生诱致性制度变迁就必须要有某些来自制度不均衡的获利机会。根据上面的解释可以知道，从初始制度均衡到制度不均衡再到制度新均衡，周而复始，就是人类制度变迁的一般过程。那么，从某个起始均衡点开始，是什么因素引起制度不均衡？引起制度不均衡的原因可以归结为四个方面：①制度选择集合改变；②技术改变；③制度服务的需求改变；④其他制度安排改变。

在新制度经济学看来，一种新制度安排是从一个可供选择的制度安排集合中挑选出来的，制度选择集合决定了制度安排的选择范围和空间。但是，制度选择集合并非固定不变，而是随着外部条件的变化，制度选择集合也随之扩大或缩小。影响制度选择集合的因素主要有社会科学方面的知识、制度引进及政府政策改变等。社会科学方面知识的进步，会促成人们对制度知识的积累，提高人们领悟和创造新制度安排的能力，从而拓展制度选择集合。制度引进也可以扩大制度选择集合。通过借用其他国家的现有制度安排，可以极大降低制度创新成本。制度选择集合还可能因政府政策的改变而扩大或收缩。政府把某些制度安排从集合中剔除会导致制度选择集合收缩，将过去被排除在外的制度安排纳入会扩大制度选择空间。

技术因素及对制度需求的改变和其他制度安排的改变也都将导致制度不均衡，从而产生获利机会。既然制度不均衡将产生获利机会，那么为了得到由获利机会带来的好处，新制度安排就可能被创造出来。但是，人的理性是有限的，制度变迁主体也是一样，而且，具有不同经验和在结构中具有不同作用的个人对制度不均衡程度和原因的认知也不同，对分割变迁收益方式的要求也不一样。这样，要使一套新行为规则被接受和采用，自发变迁主体之间的谈判成本可能非常之高。在诱致性制度变迁过程中，谈判成本是一个重要制约因素。谈判成本过高往往使一些诱致性制度变迁无法发生。

此外，诱致性制度变迁还面临一个突出问题，即外部性和“搭便车”问题。显然，制度创新不能获得专利，具有公共性，从而产生外部性和“搭便车”问题。人们往往可以简单模仿别人创造的合约方式或制度安排而无须付费。这样，制度创新者往往缺乏激励。

概括而言，诱致性制度变迁有以下几个特点。

(1) 赢利性，即只有当制度变迁的预期收益大于预期成本时，有关群体才会推进制度变迁。

(2) 自发性，即诱致性制度变迁是有关团体对制度不均衡的一种自发性反应。

(3) 渐进性，由于制度转换、替代、扩散需要时间，从外在利润的发现到外在利润内在化，需要经过许多复杂环节，因此，诱致性制度变迁往往是一种自下而上、从局部到整体的渐进式制度变迁过程。

2) 强制性制度变迁

与诱致性制度变迁不同，强制性制度变迁可以纯粹因在不同选民集团之间对现有收入进行再分配而发生。既然制度安排是一种公共物品，“搭便车”便是其固有的问题。由于广泛的外部性存在，制度创新的私人收益小于社会收益必然会使制度短缺或者说制度供给滞后。因此，就需要国家或政府介入制度变迁过程。一般而言，国家作为主体介入制度变迁有以下好处。

(1) 具有规模经济。公共物品一般由国家生产或提供，按照经济学分析，国家一般能够以比竞争性组织低得多的费用提供同等公共物品。对于制度这一公共物品同样如此。而且，国家天然具有强制性，在制度实施和组织成本方面都具有优势。

(2) 弥补制度供给不足问题。由于外部性和“搭便车”问题的广泛存在，必然使得个人缺乏激励去积极进行制度安排创新。而政府就可以强制受益者分摊成本，由国家出面作为制度变迁主体，在对制度变迁总收益和总成本衡量的基础上，组织制度变迁。

(3) 减少制度变迁时间。由于个人的有限理性，以及受到各种压力，面临种种风险，制度变迁时间一般较长；而国家就可利用其自身优势，缩短制度变迁的时滞。

(4) 供应作为纯公共品的制度。有些制度是纯公共品，个人无法、无意也无须自己来创新，必须要国家来组织行动。

当然，必须指出，国家作为制度变迁的主体也会造成制度变迁失败。例如，违反一致性同意原则，造成低效的制度安排等。

强制性制度变迁引致失败的原因一般可以归结为以下几个方面。

(1) 统治者的偏好和有限理性。在任何一个社会，国家权利都会被操纵在一个统治者集团手中，它也是一个财富最大化者。显然，如果它的效用函数与社会公众的效用函数一致，那么它就会有较大动力去积极进行制度创新，以满足社会收益最大化。但是，一般来说，统治者的效用函数与社会公众的效用函数有偏差，这种偏差的程度决定了制度变迁的时效性、方向和恰当性。此外，统治者理性的有限程度也会影响制度供给。

(2) 意识形态刚性。也就是新的正式规则与非正式规则的相容问题。由于统治者的权威一般建立在原来意识形态之上，当随着制度不均衡出现，意识形态和现实之间的差距越来越增大时，统治者为维护自己的权威，就可能不去创造新制度安排，而是尽可能去维护旧的无效率制度安排，并为纯洁意识形态而战。

(3) 政治体制问题。由于信息传递中的信息失真和耗散，以及集体决策或公共选择所导致的集体非理性，加上投票中出现的种种悖论，官僚机构常常会恶化统治者的有限理性并增加统治国家的交易成本。因此，所建立的制度安排往往被误导或歪曲。

（4）集团利益的冲突。制度安排的变迁实际上经常体现了不同选民对财富、收入和政治权力的重新分配，这必然会引起不同集团的摩擦。这不仅会导致制度变迁力量的消耗，同时如果制度变迁中的受损者得不到补偿，他们就会明确反对这一变迁。而如果统治者还需要这些集团的支持，那么统治者就会因害怕自己的政治支持受到侵蚀而情愿不进行这种制度变迁。

（5）社会科学知识的局限性。一般来说，制度安排选择集合受到社会科学知识储备的束缚。如果在某个社会范围占社会统治地位的思想有很大片面性，那么制度安排也就会具有相当局限性。另外，国家的外部环境也会影响制度变迁的缓慢程度。例如，在国家遇到生存危机时，一般会爆发出更强烈的制度变迁意向。

尽管在理论上可以将制度变迁区分为诱致性变迁和强制性变迁，但在实际生活中，诱致性制度变迁和强制性制度变迁很难分开。它们相互联系、相互制约、相互补充，共同推动着社会的制度变迁。当诱致性制度变迁满足不了社会对制度的需求时，由国家实施强制性制度变迁就可以弥补制度供给的滞后。此外，作为公共品的制度也有层次性、差异性及其特殊性，有些制度供给只能由国家来实施；而其他一些制度及其变迁由于其特定的适用范围，也只能由相关群体来完成。

虽然两种制度变迁方式有着密不可分的联系和许多共同点，如它们一般都是由于制度不均衡而引致的外在利润所激发，或都是对制度不均衡的反应，都是遵循成本-收益比较的基本原则等。但它们之间也存在不少差别。首先，制度变迁的主体不同。诱致性制度变迁的主体是个人或一群人（团体），而强制性制度变迁的主体是国家或政府。诱致性制度变迁主体集合的形成主要依据共同的利益和经济原则，而国家这个制度变迁主体进行制度变迁的诱因比竞争性组织更加复杂。其次，两种制度变迁的优势各有不同。诱致性制度变迁主要依据一致性同意原则和经济原则，因而具有较高效率，比较能与不同个人的具体情况相适应，体现个人的独特需求。强制性制度变迁的优势在于，能以最短、最快的速度推进制度变迁，充分发挥政府的强制力和暴力潜能等方面的优势，降低制度变迁成本。再次，两种制度变迁面临的问题也不同。诱致性制度变迁主要面临的问题是外部性和"搭便车"等问题，而强制性制度变迁却主要面临着统治者的有限理性、意识形态刚性、官僚政治、集团利益冲突等。最后，二者的影响因素也有所不同。一般而言，在诱致性制度变迁中，经济因素对制度变迁成本影响较大；而在强制性制度变迁中，政治因素和意识形态因素对变革成本影响较大。

3. 需求诱致型变迁和供给主导型变迁

需求诱致型制度变迁假定，追求利益最大化的单个行为主体总是力图在给定的制度约束条件下，谋求预期对自己最为有利的制度安排和界定；一旦发现制度不均衡，就会产生制度变迁的需求。这种制度变迁方式以市场经济为基础，与分散型决策体制相适应，一般来说是一种自下而上的制度变迁。这与西方传统的价值取向和历史文化传统相适应，所以西方制度经济学家偏重于此种模式研究。

但是，对制度的需求能否转化成正式安排，涉及各种利益主体间的力量对比。而且，政治因素也将起着极为重要的作用。因此，一般认为，对一个有着长期集权和市场不发达的国家来说，供给主导型制度变迁将起主要作用。另外，对落后的发展中国家来说，由于有了发达国家的一些经验和经过历史检验的制度安排，它们往往可以充分利用这种后发优势，积极主动地进行制度变迁，最大程度地减少制度变迁成本。

一般说来，供给主导型制度变迁是在一定的宪法秩序和行为道德规范下进行的。因此，权力中心提供新制度安排的能力和意愿是决定制度变迁的主导因素，而这种能力和意愿主要取决于社会既得利益集团的权利结构或力量对比。

在供给主导型制度变迁中，政府是决定制度供给方向、形式、进程及战略安排的主导力量。而政府的这种优势地位又取决于政府集权程度、财力集中程度及权力中心在国民中的威望等。也正因为如此，由于政府和非政府主体对某一新制度安排的成本与收益预期不同，就不可避免产生两者在制度变迁中的需求差异，使在制度供求上存在着矛盾。

7.5 制度变迁的过程

7.5.1 制度变迁的一般过程

一次制度变迁的全过程就是一个制度变迁的周期。新制度经济学家重视对制度变迁过程的具体分析，但是，对于一个变迁所经历的具体阶段，则没有一致划分。迄今为止，新制度经济学界较为广泛接受的是诺思的划分。他将完整的制度变迁的一般过程划分为五个阶段。

(1) 形成制度变迁的初级行动集团或第一行动集团，他们是对制度变迁起主导作用的集团。也就是，某些社会成员首先认识到变迁的条件、发现变迁机会或通过变迁而获利的机会，从而组织起来发动变迁。

(2) 制定有关制度变迁的方案，包括确定变迁目标，确定选择集合。这是制度发明或借鉴的过程。

(3) 确定变迁方案，即做出菜单选择。根据制度变迁的原则对各种变迁方案进行评估，并做出选择。

(4) 形成次级行动团体，即制度变迁的第二行动集团。

(5) 两个集团共同努力去建立新制度安排，实现制度变迁。

诺思指出，经过上述过程，制度安排会达至均衡，但由于供求因素的变化，制度安排又会出现非均衡，为此又要进行制度创新，进入一个新的制度变迁周期。

7.5.2 制度变迁的时滞

一般认为，诺思的制度变迁模型是一种滞后供给模型，即制度创新滞后于潜在利润的出现，潜在利润的出现和使利润内部化的制度安排建立之间存在着一定的时间间隔。

这就是所谓的制度变迁时滞。结合制度变迁的过程，诺思等将制度变迁时滞分为四部分。

（1）认识和组织时滞，即从辨识外部利润到组织初级行动团体所需要的时间。

（2）发明时滞，即发明新制度安排的时间，也就是方案设计的时间。

（3）菜单选择时滞，即在制度选择集合中选定一个能满足初级行动团体利润最大化所需要的时间。

（4）启动时滞，即可选择的最佳制度安排和开始旨在获取外部利润的实际操作之间存在着时滞。

影响制度变迁时滞长短的因素有很多，如人的有限理性、信息成本、意识形态等。在诸因素中，诺思认为，以下三个方面因素特别重要。

（1）现存法律和制度安排。尽管法律和制度可以变化，但至少在短期内制约了安排的选择，而且，现存制度的残存价值会阻碍新制度的替代，即使就发明而言，如无现存制度的借鉴，新制度的发明时滞必然很长。此外，制度创新作为一个利益调整过程，也必然受到现存制度安排的影响。斯蒂格利茨也曾经指出，虽然民主国家任期制政府不可能约束其继任者，但事实上，规则一旦确立就很难改变，否则要付出大量的交易成本。居先的法律和其他制度安排的存在不仅影响安排革新的形态，而且影响安排创新需要酝酿的时间。

（2）现存制度技术状态。现存制度技术状态也以另一种方式影响供给反应的时滞。一般而言，只要在旧技术的平均可变成本还低于新技术的平均总成本期间，企业一般就不会在短期内革新一个新技术程序。对于制度安排来说，相同的规则似乎也成立。

（3）如果革新必须要等待新安排形式的发明，则新制度安排的供给实际也需要一个很长过程。

在这三者之中，影响制度变迁时滞的最重要因素是现存法律和制度安排的状态。

7.5.3　路径依赖问题

根据达尔文的优胜劣汰、适者生存的理论和有效竞争原理，社会、政治、经济的长期演进会朝一个方向收敛，不会有发达和不发达之分，也不应有先进与落后之别。但是，实际上，不同国家的经济演进方向不同，经济落后国家往往长期在贫困的泥潭里挣扎。对此，诺思指出，路径依赖是对长期经济变化做出分析性理解的关键。这是因为，一方面，制度变迁中时滞的产生与路径依赖有很大关系；另一方面，一个社会制度演变的路径是以前制度变迁的轨迹，并在很大程度上制约了制度变迁后的发展。因此可以说，路径依赖理论是制度变迁分析中一个极其重要的理论。在诺思看来，正是由于路径依赖的存在才导致了一些经济社会制度安排的高效率，同时导致了另一些经济社会制度安排的低效率。

1. 自我强化与锁定问题

在技术演变过程中存在自我强化的现象。一般认为，新技术的采用往往具有报酬递增的性质。由于某种原因首先发展起来的技术通常可以凭借先占优势，促成单位成本的降低；学习和模仿又导致普遍流行，而在市场上越流行就越促使人们相信它会进一步流行。如此，技术演化就实现了自我增强的循环。相反，另外一种较优的技术却可能因为晚人一步，而从此被锁定在某种被动状态下。

自我强化产生的结果有四个特征。

(1) 多种均衡，即解决办法不总是唯一的。

(2) 一项技术可能开始有效，但发展下去可能会失去效率。

(3) 模式固化，一旦选择就很难放弃。

(4) 轨迹依赖，一旦选定某方法，就可能产生连锁反应，导致特定的进入路径。

2. 制度变迁的自我强化

在制度变迁中同样存在报酬递增和自我强化的机制。制度演进一般有两个方向：一是初始制度不断加以完善和强化；二是制度转向，即旧制度被新制度所取代。前者表明制度变迁具有路径依赖特性。正如诺思所说："人们过去做出的选择决定了他们现在可能的选择。"在制度变迁中，自我强化机制主要表现在以下几个方面。

(1) 设计一项制度需要大量的初始设置成本，而随着这项制度的推行，单位成本和追加成本都会下降，这相当于制度安排的发生及产出效应也具有规模经济特性。

(2) 制度变迁速度是学习速度的函数，适应制度而产生的组织会充分利用制度框架提供的获利机会。

(3) 通过适应制度而产生的组织与其他组织会逐渐产生协同效应，而且一项规则的产生将会导致其他正式规则及一系列非正式规则的产生。

(4) 由于适应性预期，随着一项制度的推行，不确定性将不断减少。

3. 制度变迁的路径依赖

基于制度变迁的特性，诺思总结了两条路径依赖：一是一旦某种独特的发展轨迹建立以后，一系列的外在性、组织学习过程、主观模型都会加强这一轨迹；二是在起始阶段带来报酬递增的制度安排，在市场不完全、组织无效的情况下，阻碍了生产活动的发展，但由于产生了一些与现有制度共存共荣的组织和利益集团，这些集团就不会进一步投资，而只会加强现有制度，由此产生维持现有制度的政治组织，从而使这种无效的制度变迁轨迹持续下去。

路径依赖理论有助于理解长期的社会经济变化，理解不同地区、不同国家的发展差异。诺思通过对一些贫困国家的分析认为，正是由于缺少进入现代法律约束和其他制度化社会的机会，才造成了现今发展中国家的经济长期停滞不前。因此，对于落后国家和转轨国家，摆脱路径依赖显然十分重要。渐进式制度变迁的最大困难或许就是如何摆脱路径依赖问题。为了打破路径依赖，一个社会往往需要经历一场强烈的外来冲击、政权更迭或战争之类的突发性事件冲击，这就是所谓的"奥尔森震荡"。

本章小结

本章首先分析了制度的起源，介绍了制度变迁的需求与供给分析框架；其次介绍了制度变迁的主体，阐述了制度变迁的动因和方式；最后介绍了制度变迁的过程。

思考题

1. 制度是如何起源的？
2. 制度变迁的主体有哪些？
3. 制度变迁的动因是什么？变迁方式有哪些？
4. 简述制度变迁的过程。

第8章 法律的经济分析

引导案例

科福费法的经济分析

20世纪50年代末期，美国著名的Thalisomyse丑闻使消费者协会非常惊慌。根据食品与药物管理局的决定，Thalisomyse已被正式排除出市场。但是，制造商仍然在某种试验范围内把它分发给某些医生。人们掀起了一场舆论运动，要求加强限制新药品上市的立法。人们认为食品与药物管理局的决定不够严厉，结果产生了1962年的科福费法，它增强了颁发新成药出售许可证的行政限制。制造商不仅要证明自己的产品是“可靠的”，还须证明该药品是“有效的”。

该立法是美国“用户至上主义者”取得的第一个重大胜利。该立法的出发点是，在每年上市的全部新产品中，一部分药品没有可靠的疗效，它们丝毫没有给消费者带来好处，因此造成了经济上的浪费。从这种观点来看，新立法的目的不仅仅是加强药品消费者的“安全”，还要使他们避免由于购买没有真正治疗功效的新药品所造成的浪费。在这个意义上，该立法已经和这种舆论运动融为一体了，后者谴责过分广告和商标废弃过快现象。

萨姆·佩兹曼针对这一法律的效果进行了研究，开始撰写研究报告时并不是打算对科福费法提出责难，而是希望估算其社会“收益”。他为此选择了最有利于新立法的假设，以使得出的结果更能说明问题。佩兹曼的想法其实很简单。在市场受到管制以前，“好”药和“坏”药的选择是通过试用过程在使用者、医生和病人之间自然做出。试用时间结束后“坏”药被抛弃。新立法的目的是使消费者避免支付这种“实验”费用而委托食品与药物管理局的官员在试验室里进行这项工作，使得只有“好”的产品才应被投入市场。要想知道新立法是否达到目的只需对照新立法实施前后新药需求曲线的演变情况就可以了。假如新法律有效，在施行该法之后新药品需求曲线的下跌应该比从前的小得多；假如新的法律毫无用处，两条曲线就不会有多大的区别。

佩兹曼发现在科福费法通过以前和以后，情况基本上没有变化。换句话说，甚至在食品与药物管理局进一步加强了监督之后，损耗仍然像以前一样严重，新立法没有减少人们以为会消除的浪费。公众的态度表明，在比例上新药品中的“坏”药并不比以前少，或者反过来说，监督并没有增加“好”药的比例。特别值得注意的是，科福费法使每年进入美国市场的新药数量减少了一半，新药投入市场的期限延长了四年，企业为发展新产品而承担的费用增加了一倍。其结果是它大大提高了美国市场出售的所有药品的价格。

这说明了什么？首先，新药品在相当长时间里被人们搬在一边。这些药品早些上市，可以挽救成百上千人的生命。其次，可以改善疗效的某些新产品可能永远也不会问世。因为发展诸如此类的新药品的费用太高了。最后，许多医生不得不继续给病人开出疗效靠不住或疗效不足的药品。如果发展新产品的活动没有受到新立法的阻碍，疗效更高的新产品将可以代替旧产品。

为什么要付出这样的代价？如果事实证明消费者从新立法那里得到了很大的好处，这些“代价”将值得。然而实际情况并不是这样。耶尔·希劳森在佩兹曼研究报告的前言中写道：“经验表明，1962 年以前市场的自然制裁已经相当有效，因此，用行政监督方式代替自然过程的做法并不能明显改善结果”。换句话说，市场的自然制裁已经把浪费减少到最低限度，人们很难把事情做得更好了。

法律的经济分析是一门运用经济理论（主要是微观经济学及其福利经济学的基本概念）来分析法律的形成、框架和运作，以及法律与法律制度所产生经济影响的学科。

8.1 法律的经济分析概述

8.1.1 形成及发展

“法律的经济分析”也称“法律经济学”或“法和经济学”，是 20 世纪 50～60 年代发展起来的一门经济学与法学交叉的边缘学科，也是当代西方经济学和当代法学中一个非常重要的学术流派。①

现代经济学的前身——古典经济学，当时被称为“政治经济学”，是从哲学（伦理学)、政治学、法学和神学等诸多学科中逐渐分离出来的一门社会科学。在古典经济学的发展过程中，由于学科形成的历史渊源和学科本身发展的历史使命，以及社会制度问题一直是古典经济学家重点关注的研究领域，其中也大量涉及法律问题。从法国重农学派的魁奈到英国古典经济学家亚当·斯密和大卫·李嘉图一直如此。例如，李嘉图关于分配制度理论问题的研究就涉及英国 19 世纪初有关“谷物法”的立法问题。19 世纪 70 年代后，随着经济学“边际革命”的兴起，社会制度问题逐渐被冷落，但在欧洲大陆，仍有德国的历史学派及罗雪尔和李斯特等继续研究社会制度和法律问题。19 世纪末至 20 世纪初，随着以马歇尔为代表的新古典经济学产生及在欧洲大陆主导地位的确立，经济学取代了政治经济学，资源配置成了经济学研究的核心问题，社会制度问题被作为研究资源配置问题的一个既定前提搁置在一旁。但是，即使在同一时期中，北美大陆仍存在着与欧洲不同的情景，以凡勃伦和康芒斯等为代表的美国制度学派经济学家，并没有中断古典经济学有关社会制度及法律问题研究的传统。

此外，由于资本主义经济的发展，尤其是重化工业（石油）、汽车工业和铁路的大发展，从 19 世纪下半叶开始，在资本主义国家陆续产生了大量的垄断组织，加上 20 世

① 史晋川．2003. 法律经济学评述．经济社会体制比较，11 (2)：95-103.

纪 20～30 年代经济大危机的爆发，导致了英国、美国等国有关反垄断法律的陆续颁布及政府在公共事业领域的干预和产业管制的扩张。因此，在同一时期中，经济学家对于反垄断法律和公共事业及产业管制的有关法律研究，实际上仍然在进行。例如，芝加哥大学经济学系和法学院的经济学家，从 20 世纪 30 年代开始就没有间断过关于反垄断和产业管制问题的研究。1939 年，芝加哥大学法学院在开设了一套包括经济学、会计学和法学的研究课程后，又任命了原经济系教师西蒙作为法学院的第一位经济学教授，开设“公共政策的经济学分析”课程。此后，西蒙又将阿伦·迪雷克特引入法学院，迪雷克特与爱德华·列维合作开设了有关反托拉斯法的课程。在 20 世纪 40 年代中期，芝加哥大学还成立了一个研究中心，致力于从事竞争经济中的法律和制度框架的研究，从而极大推进了芝加哥大学法学和经济学学科交叉的研究。一些学者也把在芝加哥大学法学院由西蒙和迪雷克特等发展起来的理论称为“旧”法律经济学，以区别于 20 世纪 50 年代以后在芝加哥大学发展起来的“新”法律经济学。

20 世纪 50 年代后期至整个 60 年代，是法律经济学的初创时期。艾伦·迪雷克特教授在 1958 年创办了《法和经济学》(*Journal of Law and Economics*，又译“法律经济学”）杂志，科斯教授于 1961 年发表了《社会成本问题》一文，标志着法律经济学的问世。由于上述有关人和事都发生在美国芝加哥大学，所以，可以认为芝加哥大学是法律经济学运动的直接源头。

在法律经济学的整个初创时期，法律经济学还不是一门相对独立的学科，法律经济学运动融合在整个新自由主义经济学运动和“经济学帝国主义”扩大运动中。从非主流的角度来看，当时新自由主义经济学的发展呈现出一种多样化格局，其中包括以米尔顿·弗里德曼为代表的货币主义学派；以科斯为代表的产权经济学理论及新制度主义经济学；以詹姆士·布坎南为代表的公共选择理论和加里·贝克尔为代表的非市场行为经济学研究。

科斯是法律经济学初创时期最重要的代表人物，也是法律经济学的学科创始人，其经典之作《社会成本问题》是法律经济学学科创立的里程碑。科斯在《社会成本问题》一文中，通过对外部性问题独辟蹊径的分析，得出结论：当交易成本为零时，不同产权界定将不会影响配置结果；反之，当交易成本不为零时，不同产权界定会导致出现不同资源配置结果。这就是著名的科斯定理。科斯定理告诉人们，私人之间的交易在谈判、签约、监督执行过程中会产生相关费用，即交易成本，同一交易过程在不同的法律制度框架中进行时，所涉及的交易成本不同，过高的交易成本将对私人交易形成障碍，从而影响资源配置效率。有效的法律制度安排能够节省私人交易成本，减少私人谈判达成协议的障碍，有利于资源配置结果的改善。因此，科斯定理通过引入交易成本这一核心概念，将法律制度安排与资源配置效率两者有机结合在一起，为运用经济学理论与方法研究法律问题奠定了基础。

此外，在法律经济学初创时期，还有两位非常重要的代表人物，一位是阿曼·A. 阿尔钦，另一位是戈多·卡拉布雷西。阿尔钦在 1961 年发表了《关于产权经济学》一文，运用效用理论和最大化方法研究了产权制度问题；卡拉布雷西则在同一年发表了

《关于风险分配和侵权法的思考》一文，从经济学的视角比较系统地研究了侵权的法律问题。这两篇论文的研究内容涉及了普通法的两个非常重要领域——财产法和侵权法，标志着经济学分析进入了传统上属于法学家的普通法研究具体领域。

法律经济学在 20 世纪 70～80 年代经历了一个蓬勃发展时期。在这个时期中涌现出许多优秀的代表人物与研究成果，如理查德·A. 波斯纳的《法律的经济分析》(1973 年)、沃纳·Z. 赫希的《法和经济学》(1979 年)、米契尔·波林斯基的《法和经济学导论》(1983 年)、罗伯特·考特和托马斯·尤伦的《法和经济学》(1988 年)。同一时期，有关法律经济学的研究机构和学术刊物也纷纷问世。例如，美国爱默里大学的"法和经济学研究中心"和《法律学经济学》杂志、迈阿密大学的"法和经济学研究中心"和《法与政治经济学》杂志、华盛顿大学的《法和经济学研究》杂志及在纽约出版的《法和经济学国际评论》；在英国也成立了"工业法研究会"等机构，仅牛津大学就出版了《工业法》杂志和《法学、经济学与组织研究》杂志。此外，一些著名的大学，如哈佛大学、芝加哥大学、斯坦福大学、加州大学伯克利分校、牛津大学、约克大学、多伦多大学等，纷纷在法学院、经济学院（系）开设法律经济学课程。一些著名大学的老牌法学杂志，如《哈佛法学评论》、《耶鲁法学评论》、《哥伦比亚法学评论》、《多伦多大学法律》等杂志，也开始纷纷重视法律经济学的研究，刊登有关法律经济学的研究成果。这一时期，法律经济学由于自身的不断成长，已经开始逐渐从新制度经济学中独立出来，成为一门具有比较完善理论体系的相对独立的新兴学科。

在法律经济学的蓬勃发展时期，芝加哥大学法学院的理查德·A. 波斯纳教授是最为杰出的一位代表人物，他的著作《法律的经济分析》是一部类似于法律经济学"百科全书"的经典作品，这部著作在 1973 年出版，标志着法律经济学完整理论体系的建立。同一时期，随着法律经济学理论研究的不断扩展和深入，法律经济学对立法和司法实践的影响也在不断扩大。例如，美国总统里根在 1981 年任命了波斯纳、博克和温特三位在法律经济学方面颇有造诣的法学家为美国联邦上诉法院法官，同年，还通过并颁布了 12291 号总统令，要求所有新制定的政府规章都要符合成本-收益分析的标准。

8.1.2　主要内容

法律经济学是一门"用经济学阐述法律问题"的学科，将经济学的理论和经验方法全面运用于法律制度分析中。具体来说，法律经济学采用经济学理论与分析方法，研究特定社会的法律制度、法律关系及不同法律规则的效率，其研究的主要目的在于使法律制度原则更清楚地显现出来，而不是改变法律制度。

法律经济分析涉及三项不同但相互关联的工作。首先，运用经济学理论预见法律规则的效果；其次，运用经济学理论判断何种法律规则经济有效，以便从经济角度选择法律规则；最后，运用经济学理论预见未来法律规则的发展。其中，第一项工作主要运用价格理论；第二项工作主要运用福利经济学理论；第三项工作主要运用公共选择理论。

1. 法律规则的效果

在以上三项工作之中争议最少的是第一项——运用经济学理论预见法律规则的效果。在许多情况下，这样做的目的是要表明：按照经济学理论，一项规则的实际效果与非经济学家所指望的效果可能截然不同。

例如，某市政府通过一项法令规定，房主若想从租户那里收回租屋必须提前三个月发出通知。乍看之下，这一法令的主要效果有利于租户，因为租户据此获得了更大的租房使用权保障；而这一法令不利于房主，因为他会更难以从不合意的租户手中收回所租房屋。这个结论是如此显而易见但却是错误的。按照经济学原理，如下结论成立：新法令提高了需求曲线，租户租房的房价将上涨，因为他们获得的是更有吸引力的商品；新法令也提高了供应曲线，因为生产用以出租房屋的报酬率上升了。需求曲线和供应曲线同时上升，结果是价格将随之上升。从短期来看新法令有利于租户，而有损于房主。但是，一旦日后房租得到调整，租户虽然因为租房使用权保障变得更好而获益，但因为所支付房租上涨而受损；房主虽然因为驱赶房客变得更困难而受损，但因为所得房租上涨而获益。

人们可以很容易地设想出这种规定使房主和租户同时受损的具体实例，也可以设想出双方的处境因这种规定而获得改善的实例。例如，在契约中加进某些条款，提高房主的成本，使之超出租户多付的款数，同时提高市场租金，使之超出租户收益的增加，但又不足以弥补房主的损失。所以，经济学的分析大大改变了对该规定是要维护还是要攻击的基础，消除了那种直接但浅显的论证（帮助了租户而损害了房主），代之以一系列更为复杂的不同结果。

在这一实例及许多其他类似的实例中，双方都由契约和价格联系在一起。在这种情况下，经济学对法律分析的首要贡献是使人们认识到，法律的改变将导致市场定价的改变。初看起来，对于原本没有契约和价格可言的事故、犯罪之类现象来说，情况似乎不是这样。但按照经济学原理，它们照样可以得到很好的说明。

在分析这些事例时，经济学的基本思路是把与结果相关的理性选择考虑进来（尽管在某些人看来，这些结果通常既不理性又不可选择）。例如，司机并不想造成事故，但他得做出与事故发生概率有关的许多选择。在决定以何种速度驾驶、以何种频率刹车、把多少注意力放在公路上、把多少注意力用于同身边的旅客谈话时，他实际上不知不觉地以增加事故发生频率为代价，换取早些返回、省钱或者享受愉快谈话之类的好处。因此司机想要“购买”的“安全”数量，将由相关代价和收益函数决定。佩尔兹曼证明比较安全的汽车往往导致比较冒险的驾驶，其结果便是：事故中死亡率的降低，部分地被更多的事故抵消，因为司机知道了较快和较为粗心驾驶的代价被降低以后，往往选择了这种做法。

无论是在分析旨在防止事故的法律（如速度限制），还是在分析旨在决定事故发生后谁应支付费用的责任法律时，这种看待事故的方式都很重要。从经济学角度来说，这两种法律是争取同一目的（控制事故水平）的可供抉择工具。知道自己有责任赔偿任何所引起事故费用的司机，在决定应如何安全驾驶时将会加以考虑和权衡。伊丽莎白·兰德斯在对无过失汽车保险问题所进行的研究中得出了如下结论：责任减少所造成的结果之一是死亡率提高 10%～15%。与直接管理相比较，有关赔偿责任规定所具有的好处是，假如司机知道他造成事故必须做出赔偿，司机就会主动地改变自己的行为以降低事故发生的频率。而速度限制之类的规定，仅仅控制了那些能从外部轻易加以观察的行为结果，如速度（而非注意力）。

对犯罪行为进行经济学分析以下述假设作为出发点，即成为罪犯是理性选择的结果，就如同决定进入任何其他行业一样。与惩罚概率及程度有关法律的改变，都有可能影响该行业的吸引力，从而影响犯罪发生频率。埃利希的经验研究证明，犯罪率的变化也将通过潜在受害者的理性选择，影响防止犯罪的支出。

2. 法律规则的选择

对法律规则进行经济学分析，主要回答它们是什么、它们应当是什么和它们将有什么样的变化，即解释、评价和预见。对法律进行经济学分析时，在解释和预见方面已经采取了两种颇为不同的形式。一方面，按照理查德·波斯纳的观点，鉴于各种各样原因，习惯法在经济学意义上与政府规制相比往往有效。如此，就对何种规则更有效提供了检验标准。另一方面，与公共选择理论相联系的观点认为，立法、行政甚至习惯法等都可视为政治市场运作的结果。在政治市场中，利益集团利用政府手段实现私人目的。一个集团为了得到自己所赞成的法律而愿意花费金钱的数目，不仅取决于法律对该集团的价值，也取决于该集团解决公共决策问题时促使其成员捐款的能力，所以政治市场中的开支不能准确代表法律对有关各方的价值。因此，无效法律，即对输者造成损害大于对赢者带来益处的法律，就有可能获得通过，有效法律则有可能被否决。这种分析的最明显含义是，法律往往牺牲分散的利益集团，而有助于集中的利益集团，因为集中的利益集团能够较好地从其成员那里筹措金钱，以便为它们所赞赏的法律向议员们进行游说。

在对法律进行经济学分析时，可以观察到的第一点是，经济学家将问题从有关公平、公正的争执转变为有关效率的争执。这一方面是因为经济学家经常考虑法律规定对市场价格的作用，而传统的法学家通常不是这样；另一方面是因为经济学家假设规则会改变行为。在对规则进行评估时，不仅必须考虑在特定情况下是否产生了正当结果，而且必须考虑该规则下人的行为是否产生了所需要的影响。可以观察到的第二点是，经济分析经常表明，对那些建立在正义基础上的规则而言，还存在着效率上的考虑。有关偷窃的法律就能很好地说明这一点。乍看之下，偷窃似乎不涉及经济效率损失问题，窃贼境遇的改善程度与受害者境遇的恶化程度是一样的。但是，这种判断是错误的。在一般情况下，对于收入仅敷支出的窃贼来说，以偷窃获得的收入（扣除被监禁的危险、工具的代价等）与他在一些生产活动中得到的收入相等，他将没有什么净收益可用来弥补对受害者造成的损失。因此，偷窃可以被指责为是无效的，而不管其正义与否。可以观察到的第三点是，对实际法律问题和实际案件进行研究，使经济学家们考虑他们较少注意的现实世界中某些复杂的相互关系，从而给他们提供了增加分析强度和力量的机会。

最后并且也是最重要的观察是，经济学家为不同的法律领域提供了某种一致性观念，这在许多传统法律分析中是缺乏的。正如波斯纳在《法律的经济分析》中指出："几乎任何民事侵权问题都可以作为契约问题加以解决，其方法是询问事故当事人，如果和解费用不是非常昂贵，事先在安全措施方面可能达成怎样的协议。同样，几乎任何契约问题都可作为民事侵权问题加以解决，其方法是询问：为制止履行方或支付方从事无效经济行为，需要进行何种制裁。并且，无论是民事侵权问题还是契约问题，都可以将其归纳为产权方面的问题。例如，有关玩忽职守的法律可以被视作为保护自己免受偶然伤害而规定的应具有的权利。产权定义本身可以被看作一个确定过程，即如果和解的代价并非非常昂贵，为了避免浪费宝贵的资源，有关各方将同意何种措施。"

3. 效率与法律

运用经济分析决定应当制定何种法律时，总要牵涉到一个简单而又争议颇多的前提，即法律的唯一目的是促进经济效率。这个前提存在着两个方面争议。首先，它依赖功利主义假设：增进人类幸福的行为是唯一的善行。事实上，它假设人们具有同样的收入边际效用，从而预先排除了人与人之间的效用比较问题。其次，经济效率在相当大程度上给人类提供了大多数人看来可以衡量"整个人类幸福"的近似标准。一般而言，大多数人认为效率或者是一个重要目标，或者是实现其他目标的重要手段。因此，虽然争取最大经济效率可能不是法律的唯一目的，但它至少应该是一个重要目的。经济理论还表明效率的改善也许是法庭能够加以实现的。一旦把经济效率作为目标加以接受，福利经济学家们的标准工具就可用来分析形形色色的法律问题。在此，可以继续以驱赶房客的规定为例，假如额外使用权保障对租户的好处超出了对房主造成的损失，房主就会发现，不管法律是否要求，在租借契约中包含这种影响的做法将符合他们的利益。最终的结果就是，他们收取的额外租金，要足以弥补因推迟驱逐不甚合宜租户而招致的损失。由此可以得出的结论是契约自由，即允许租约或任何其他契约中有关各方将任何相互可以接受的条款包括在内。

由此看来，法律规则的功能不过是详细规定缺乏协定时的契约，即有关各方没有做出具体规定时可加以应用的一系列条款。假如这种规定十分接近于有关各方能够同意的内容（倘若他们规定了协定的所有细节）。它就达到了减少谈判成本的目的。然而，在有关各方难以自愿达成协定的地方，契约自由将是一句空话。因此，法律必须以某种方式详细规定，在何种情况下谁应为事故的代价负责，以及对罪行的惩罚是什么等问题。解决这类问题的传统方法之一是所谓的"汉德（Hand）方式"。按照这一方式，只要某人在防止事故发生时的努力低于某个水平，他将被判玩忽职守，他要对事故负法律上的责任。这似乎非常适合于对法律的经济学分析，因为只要某人没有有效地采取适当的预防措施，他就会受到惩罚。

8.1.3　研究方法

法律的经济分析以个人理性及相应方法论的个人主义作为其研究方法基础，以经济学的“效率”作为核心衡量标准，以“成本-收益”及最大化方法作为基本分析工具，来进行法律问题研究。加里·贝克尔在谈到法律经济学成功的原因时指出，法律经济学获得成功的重要原因之一，就是它很好地运用了三个重要的经济学原则：一是个人效用最大化原则；二是市场出清（供求均衡）原则；三是效率原则。赫希也曾指出：“尽管并非所有的研究者对法和经济学的研究视角和方法都持有一致看法，但是，绝大多数的人都认为，新古典主义经济学的分析方法（包括经济理论与计量分析工具）构成了法律和法律制度经济分析的基本特征。”在这一点上，甚至连法律经济学中的非主流学派学者也看得十分清楚。麦乐怡就一针见血地说：“法律的经济分析通过对法律规则（doctrine）进行成本和收益分析及经济效率分析，使我们可以就法律实施的结果得出结论，并对特定法律安排的社会价值做出评价。”

具体而言，与传统法学研究相比较，法律经济学的研究方法主要具有如下特征。

1. 方法论个人主义

法律经济学是以方法论个人主义的假定作为其研究基础的。方法论个人主义的核心思想是，社会理论的研究必须建立在对个人意向和行为研究的基础之上，分析研究对象的基本单元是有理性的个人，并由此假定集体行为是其中个人选择的结果。因此，从法理学的角度来看，法律经济学实质上是研究理性选择行为模式的方法论个人主义法学，或者说是一种以人的理性全面发展为前提的法学思潮。

由于方法论个人主义同样也是古典经济学研究方法的重要基础，并且在“边际革命”兴起后的新古典主义经济学发展过程中得到广泛运用。因此，法律经济学在以方法论个人主义假定作为其研究基础时，也就不可避免地借用了与这一方法论相一致的经济学基本概念和分析方法，如“效用”、“效率”、“机会成本”等概念，以及“成本-收益分析”、“均衡分析”、“边际分析”等分析方法。

2. 激励分析

激励分析是现代经济学理论研究经济主体行为的一种重要分析方法，尤其适用于研究分析经济主体的预期行为。在波斯纳看来，传统的英美法学研究主要考察已经发生的事件及案例，是一种“事后研究”（ex-post approach），而法律经济学主要从事的是一种“事前研究”（ex-ante approach），因此，它必须注重分析随法律制度及相关因素变化所产生的预期行为刺激。对法律经济学家而言，过去只是一种沉没成本，他们将法律看成一种影响未来行为的激励系统。例如，法律经济学在讨论由于合同条文不明确所产生的合同履行过程中偶发性风险（损失）分摊问题时，之所以要确立一种规则，即把损失分配给能以最低成本承担这种损失风险的一方，其目的就是要通过警告未来的签约双方，法院将利用这个规则来分析不履行合同的损失，从而利用这一法院确立的规则，来促使未来的签约双方设计对损失风险做出明确分配的合同，促进经济活动效率的改善。

3. 规范研究与实证研究

规范研究与实证研究分别是经济理论中规范经济学和实证经济学的最基本的分析方法。规范经济学研究的主要问题是“为什么”，实证经济学研究的主要问题是“是什么”。在一些学者看来，法律经济学既然是一门运用经济学方法来研究法律问题的学科，那么，它同样也可以分成两个部分：一是所谓规范研究，即运用经济来研究最优的或最有效率的法律规则制定问题；二是所谓实证研究，即运用经济学来研究现实中法律规则的实际效果问题。

在法律经济学的规范研究中，其最大特点就是确立和突出法律的经济分析中的“效率”标准，即以效率为标准来研究一定社会制度中的法律制定和实施问题。在一些法律经济学家看来，传统法学研究强调和重视“公平”、“正义”，而这一类概念本身的含义往往模糊不清，同时，在非常多的情况下，经济学的分析都可以得出与法律分析相同的结论，所以，可以用“经济效率”去取代“正义”之类的传统法律概念，甚至可以将法律转为经济学。

从具体的效率标准来看，法律经济学在研究中所运用的经济效率标准，主要并不是帕累托最优，而是卡尔多-希克斯意义上的效率标准（Kaldor-Hicks Efficiency）。按照这一效率标准，在社会的资源配置过程中，如果那些从资源重新配置过程中获得利益的人，只要其所增加的利益足以补偿（并不要求必须实际补偿）在同一资源重新配置过程中受损人的利益，那么，这种资源配置就是有效率的。法律经济学的规范研究之所以要确立这种经济效率标准，主要原因在于，帕累托最优往往只能适用于市场中的自愿交易场合，而在许多社会活动中，法律规定的权利无法在市场上交易或无法通过市场自愿交易来转换。

在法律经济学的研究中，实证研究最适合用来分析法律的效果问题，或者说，实证经济学的分析方法最适合于研究法律的“效果评估”问题，包括对法律的效能做定性研究和定量分析。法律经济学运用实证研究来分析预测各种可供选择的法律制度安排的效果，目的是为了更好地说明，法律的实际效果与人们对该项法律预期的效果是否一致或在多大程度上一致。实证研究在法律经济学中的运用，不仅促进了法律经济学研究的模型化和精确化，而且使法律效果这个在法学中处于十分重要地位的法律分析问题研究取得了极大进展。

8.2 法律制度影响理论

8.2.1 基于传统经济学的法律制度影响理论

法律制度的经济分析可以分成法律制度影响理论和法律制度变迁理论。前者揭示的是法律制度如何影响人们的决策及资源配置效率；后者从新古典经济学某些基本前提和假定出发，增加制度和时间两个要素，分析现实世界中法律制度的变迁。

传统经济学将法律制度视为外生给定，它主要运用价格理论和成本-收益方法分析法律制度对经济主体的激励作用，从而揭示法律制度的绩效，为立法服务。下面以三个具体案例加以说明。

1. 安全带法的经济分析

在 20 世纪 50 年代，有安全带的汽车很少；现在，几乎所有汽车都配有安全带。造成这种变化的原因是颁布了机动车辆安全管理法。在 20 世纪 60 年代后期，拉尔夫·纳德尔的著作《任何速度都不安全》引起了公众对汽车安全的关注。最终结果是立法要求汽车公司生产包括安全带在内的各种安全设备。此后，安全带成为所有新汽车的标准设备。

安全带法如何影响汽车安全？直接影响显而易见。由于所有汽车都有安全带和更多人系安全带，重大车祸发生时存活机会提高了。从这种意义上说，安全带拯救了一些人的性命。安全带对安全的这种直接影响，构成了安全带立法的重要理由。但是，要完全了解这个法律的影响，还必须考虑这样一个事实，驾驶员会因此而改变自己的行为。在这种情况下，特别相关的行为变量是驾驶员开车的速度和谨慎程度。很显然，缓慢而谨慎开车是有代价的，因为这要耗费驾驶员更多的时间和精力。选择开车速度和谨慎程度时，理性的司机要对边际收益和边际成本进行比较。当提高安全程度的收益较高时，他们就会更慢、更谨慎地开车，这可以解释为什么人们在道路有冰时会比道路干净时更缓慢、更谨慎地开车。

现在来考虑安全带法如何改变了理性驾驶员的成本-收益计算。很显然，安全带降低了驾驶员的车祸代价，因为它减少了伤亡，换言之，安全带法减少了缓慢而谨慎开车的收益。驾驶员对安全带的反应和对道路状况改善的反应一样，即可以更快、更放肆地开车。这样一来，安全带法最终结果是更多的车祸次数，这个法律如何影响开车的死亡人数？系安全带的驾驶员在任何一次车祸中存活的可能性确实更大了，但是同时车祸更多了。因此，净效应不确定。此外，安全开车程度的下降对行人（以及没有系安全带的驾驶员）显然有不利影响，这些人将面对更大的危险。因此，安全带法倾向于增加行人的死亡数量。

有人可能认为这种关于安全带法的讨论似乎毫无根据。但是，经济学家萨姆·佩兹曼在 1975 年发表的《机动车辆安全管理法的后果》一文中，对安全带法在事故数量和事故严重性方面究竟起了怎样的作用进行了实证研究。他的回答是，毫无作用。当然在新立法施行以后，乘客受伤严重程度的确有所下降。但是，事故总次数却超过了法律生效以前根据某种简单趋势推断所得数字。特别应当指出的是，行人和骑自行车的事故在次数和相对严重程度上都出现了相当明显的增长。佩兹曼认为，机动车辆事故严重性的减弱，给社会带来的好处被社会为此付出的大量费用所抵消了，后者主要是由于非汽车驾驶者事故的数量与严重程度增加了。

2. 汉德法则的经济分析

一个理性行为者总是希望以最小成本获得最大收益。在侵权法领域也一样，行为者总是希望以最小预防成本来防止意外损害，然而，最小成本并不是最合理成本。侵权法中的“谨慎义务”和“合理注意”原则要求行为者以最合理的成本来预防损害，以保护受害者的利益。然而，合理的预防成本应该怎样确定？在这方面，加利福尼亚州最高法院的首席法官汉德提出了著名的“汉德法则”。这个法则是在一则涉及纽约港一艘驳船及其所载货物损失的法案中提出的。在该案中，有许多驳船停泊在码头上，船主租用卡罗尔公司的拖轮将其中一艘拖走。拖轮驶来，发现驳船上无人就自己解开驳船的缆绳。由于调整不当，有只驳船活动了，并撞上另一艘船，结果沉没了。船主要求赔偿，理由是拖轮船主的过失导致其受到损失。被告指出驳船船主的代理人（船员）有连带责任，因为当时他们不在船上。汉德法官认为，普通法没有一项普遍的规定适用于此案中侵权行为责任的确定。这里的关键问题是驳船的船员是否有必要留在船上，即驳船的船主是否应采取预防措施。在此案中，汉德指出既然每只船都有可能冲出泊留位置，并且如果冲出来，它便构成对周围船只的威胁，那么船主的责任之一便是防止损害产生。这取决于三个变量：第一，船只冲出泊留位置的概率；第二，如果冲出来，其产生损害的严重程度；第三，充分预防的责任。如果将概率记为 P，损害记为 L，责任记为 B，那么责任便取决于 B 是否小于 P 乘以 L，即是否 $B<P\cdot L$。本案的复杂性在于驳船冲走的可能性随着时间和地点的变化而变化，如是否有风暴、港口是否拥挤、按惯例船员是否必须留在船上等。这个法则认为，如果预期损害超过了预防成本，并且被告没有采取措施，那么被告就有过失。

汉德法则是对侵权法进行经济分析的最初尝试，对法学与经济学都产生了重要影响。该法则受到了经济分析法学的特别重视。例如，波斯纳用边际方法对汉德法则进行分析后指出，与避免事故有关的成本应该是边际成本，即在预防某一事故时需支付的追加成本。如果预防事故的追加成本超过了减少事故的预期收益，预防就得不偿失。他还将不同人对风险的态度作为确定侵权责任的因素。他认为，汉德法则是建立在风险中性假设基础上的，但是事实上人们对风险的态度不同。对于以 1% 的概率获得 100 美元（从而含有不确定性）与以 100% 的概率获得 1 美元（从而是确定性）两种选择之间，风险喜好者宁愿选择前者，而风险厌恶者宁愿选择后者。波斯纳认为，应当将人们不同的风险态度作为适用汉德法则的必要因素。此外，他还将汉德法则用于分析严格责任制度和故意侵权行为的责任分析。这些分析都体现了成本与效益原则。

3. 专利法的经济分析

信息是最有价值的无形资源之一。在信息方面设立和履行产权能鼓励对信息的有效投资和使用。在此，以专利法为例考察给创新性思想授以产权的法律制度实际上怎样发挥效力。专利法给发明和其他技术进步授予所有权，显著特征在于该产权的垄断性，但这似乎是个悖论，因为一般来说，垄断性产业比竞争性产业缺乏效率。一个值得注意的事实是，信息是一种非同寻常的商品，新信息的生产者在一个不受管制的市场中回收其价值很困难。通过给予创新性思想的生产者以垄断权，生产者就获得了一种强有力的刺激。然而，垄断者对产品索取高价的结果是在某种程度上阻止了专利产品的使用。简而言之，这个问题的困惑在于，没有合法的垄断权就不会有足够的信息被生产出来，但是有了合法的垄断权，又不会有太多的信息被使用。

经济学家长期以来一直关注着专利制度中的一个重要效率问题，即最佳专利有效期。如果授予专利的有效期过长，则垄断造成的损害可能超过授予发明者专利所产生的社会利益。在这种情况下，专利的社会成本可能大于社会利益，这些社会成本包括，发明物的潜在使用者或发明者的竞争对手可能因此承担的额外成本，垄断者的产品得不到充分利用而给消费者造成的损失。倘若将发明专利的垄断期限调整到在边际上社会成本等于社会收益的那一点，就能将社会成本降低到与社会利益相平衡的水平，图 8-1 描绘了这种平衡。图中横轴是以年为单位的专利有效期，纵轴是发明所带来的边际社会成本和边际社会收益。发明者享有垄断权的边际社会成本随时间的变化用向右上方倾斜的 MSC 曲线表示，向右下方倾斜的 MSB 曲线描述的是发明专利所带来边际社会收益随时间的变化，两条曲线的交点就是最佳的专利有效期，由图中 t^* 表示。

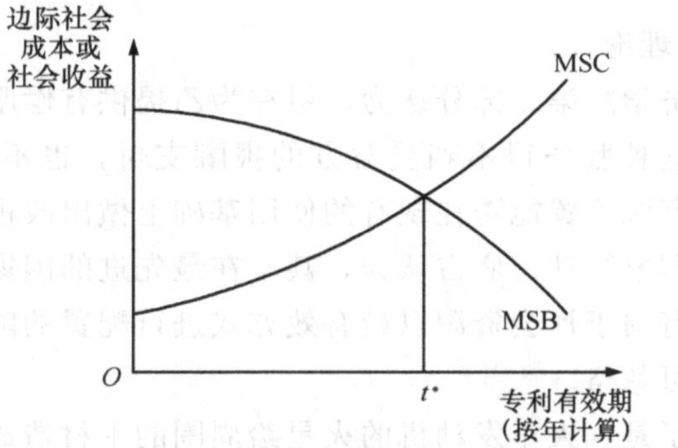

图 8-1　不同专利有效期下的边际社会成本或社会收益

早先专利法中所存在的问题是，一项重大发明和一项生产过程中的小改进同样拥有 17 年的垄断权。为了让发明者有时间获得足以收回其投资的利润，并且鼓励其他发明者专注于他们的项目，对重大发明给予较长专利期限无可非议。但是，对于一般改进而言，专利权获得者在技巧、时间和资源方面的投资可能较少，所以垄断权所必需的最佳期限可能比 17 年要短得多。值得注意的是，事先决定特定发明的最佳期限是有代价的，有时简直不可能。不过，对现行制度的效率做某些改进还是可能的。例如，德国已建成了双重专利制度。其中，重要发明可以获得足够长时期的专利权，次要发明和改进则获得为期 3 年的“低级专利权”。虽然对某项发明是重要的还是次要的这个问题总存在着争论，但是，德国的双重专利制度对于减少专利的社会成本是有效的。

针对专利法，近年来还出现了另外的政策。例如，所有生效的专利需交纳年度税或重申费，如不交纳就撤销专利权。德国所实行的政策是，专利有效期内的头几年收取的年度费相对来说比较适中，之后便按照固定间隔逐渐增加，直至专利期满。德国采用重申费制度的结果是，不到5%的专利在其整个期限内一直有效，专利平均有效期略低于8年。这种重申费制度减少了专利垄断所带来的社会成本，而对德国的发明活动没有产生不利影响。

可以借助图8-1来解释年度重申费是怎样制定的。这一费用等于专利持有者获得垄断权所导致的边际社会成本。在图8-1中，每年的专利重申费等于MSC曲线在对应年份的高度。MSC曲线向右上方倾斜表示，专利变旧时专利的延长将使社会成本加速增长，因而专利有效期中的每一年，重申费在增加。可以推测，专利持有者将在专利有效期的前几年进行付费，因为这时保持其垄断权的收益大于重申费（或社会成本）。但是，随着重申费的增加及垄断权所带来的私人收益减少，当垄断收益低于每年重申费用时，专利持有者将不会支付费用。如果该项费用计算准确，停止支付的时间就应在 t^* 点，即社会最佳专利期限这一点上。

8.2.2　基于科斯定理的法律制度影响理论

1. 科斯定理相关内容

1）庇古的外在性理论

庇古在《福利经济学》第二部分认为，甲在为乙提供有偿服务的过程中附带也给其他人提供了服务，但这种服务得不到受益方的报酬支付，也不能使受害方得到利益补偿。庇古的问题是，资源配置能否在现有的使用基础上做出改进。他的回答是，能够做出改进，但要借助于国家行动。庇古认为，甚至在最先进的国家，也存在许多缺陷和不完善之处，存在许多有损于社会资源以最有效方式进行配置的障碍，因此政府在提高社会福利方面的作用不可忽略。

庇古所研究的例子是：火车发动机的火星给周围的木材造成了非补偿性损失。该例子反映了真实情况。在英国，铁路公司一般并不赔偿那些因火星外溅而蒙受损失的人。庇古分析道，火车车轮与铁轨摩擦产生的火花伤害铁路两旁的庄稼，如同工厂造成空气和水质污染影响了他人一样。这种影响应当包括在社会成本中。既然存在社会成本和资源配置低效率，是否可以禁止火车行驶和工厂开工？怎样才能两全其美？庇古的政策建议是，首先应由某种国家行动来纠正；其次，铁路公司应赔偿那些受到损害的人。

2）科斯对庇古外在性理论的批评

科斯认为，不仅庇古对事实的看法存在着缺陷，而且在经济分析上也是错误的。他指出，庇古等福利经济学家在外在性问题上之所以没有得出正确结论，并不是因为他们的具体分析方法存在着不足，而是因为福利经济学方法中存在着根本性缺陷。这些缺陷主要有以下三个方面。

其一，由于福利经济学强调私人产品与社会产品之间的差异性，这样往往会把分析集中在那些具体的不足之处，并且容易形成“任何消除缺陷的方法肯定是人们所需要”的观念。在这种观念下，注意力往往会放在外在性的表象上，而不会放在从较为广泛的范围分析比较外在性事件引起市场价值变化这个一般性问题上。

其二，福利经济学的分析往往是以自由放任状态和某些理想世界作为前提的。这种分析方法最终导致了思维的松散，人们弄不清楚所比较对象的性质。在思维中自由驰骋，当然可以天马行空，独来独往，每个人能够自由得出他所需要、所喜欢的结论，但是，那种答案只能存在于神秘的天国中，于现实问题的解决没有益处。科斯认为，要改变这种状况，就必须把分析的出发点设定在现实基础上，并以此审视政策变化的效果，决定新情况是否比原来的情况好。

其三，福利经济学未能提出足以解决有害影响问题方法的另一个重要原因，是在生产要素上存在着概念错误。科斯认为，在福利经济学中人们交易或交换、使用、占有的仅是物品本身，而不是一定行为的权利。由于人们得到和使用的是物品本身，当人们在经济活动中对之加以运用时，并不会考虑物品运作的约束条件，并把物品的得到与使用看成无限制的。如果运作中出现了障碍，自然容易想到让政府来解决。反之，如果将生产要素视为权利，就容易理解导致外在性事件的原因在于权利这种生产要素。因此，要解决外在性问题，就要从社会总效果上加以考虑。可以说，科斯的产权理论是在对庇古外在性理论进行批评与分析的基础上建立起来的。

3）关于科斯定律的解释

尽管科斯定理的基本内容包含在社会成本问题中，但是，科斯定理并非首先由科斯本人加以概括。它是由斯蒂格勒在其 1966 年发表的《价格理论》中最先提出来的。斯蒂格勒把科斯定理概括为“在完全竞争的条件下，私人成本等于社会成本”，这与科斯所阐述的内容在表达方式上有差异。科斯设定的局限条件是“交易成本为零的世界”，斯蒂格勒设定的局限条件是“充分竞争”；科斯以社会总价值来衡量效率，强调的是产值最大化，斯蒂格勒则以成本来衡量效率，强调的是社会成本与私人成本相等，但是，他们的表述在思想实质上并无二致。科斯自己认为，科斯定理的基本观点在他 1959 年的《联邦通讯委员会》中已经初见端倪，科斯在对美国无线电频率及“斯特奇斯诉布里奇曼案”的分析中指出，市场交易的前提是权利的初始界定，没有这种权利初始界定，就不存在产权转让和重新组合的市场交易。产权初始界定指的是“谁有权做什么”，把权利界定给谁则无关重要。正是在这个意义上科斯认为，如果交易成本为零，则“最终结果（产值最大化）是不受法律状况影响的”。也就是说，在零交易成本条件下，无论法律初始界定的权利如何，通过市场机制会实现财富最大化结果。这就是运用最为广泛的科斯定理，也是科斯定理的实质。

显然，科斯定理的零交易成本假定仅是分析的逻辑起点，是对交易成本不为零的经济进行分析的基石。对交易成本大于零的现实世界资源配置的解释、产权结构的揭示才构成科斯定理的核心。因此，有些学者提出所谓的“科斯第二定理”：在交易成本大于零的世界里，产权制度安排或合法权利的初始界定，以及经济组织形式的选择将会对资源配置产生影响。科斯认为，如果市场交易无成本，则所有问题就是各当事人权利的充分界定和对法律行为后果的预测；如果市场交易成本如此之高，情况就完全不同了，此时法院直接影响着经济行为。其原因是，法院在判决时会考虑行为后果。在这里，科斯不仅强调了科斯第二定理的基本含义，即不同产权安排能增加或减少交易成本，从而导致不同资源配置结果，而且强调了产权实施对资源配置效率的影响，尤其是法院判决对资源配置效率的影响。总之，无论是人们所称的科斯第一定理，还是人们所称的科斯第二定理；无论是总产值最大化，还是交易成本最小化，核心问题是揭示产权制度安排与资源配置效率的相互关系，从而给现代经济学开创了新天地。

2. 对科斯定理的批评与争论

据张五常统计，《社会成本问题》是现代经济学文献中引用最多的著作之一。这就是说，对科斯定理无论是赞成还是反对，由于涉及以往经济学家所忽视的核心问题，必然会引起经济学界的广泛关注，这也必然会招致来自各方面的批评与争论。这些批评与争论不仅涉及科斯定理的核心内容，而且往往出自著名的经济学家。以科斯之见，这些批评意见多半不正确、不得要领或离题甚远。为了更好地理解科斯定理，本书在此对这些批评与争论做简要介绍。

首先是来自萨缪尔森的批评。他认为，科斯关于交易成本为零时谈判将导致产值最大化结果的假设是错误的。萨缪尔森针对《社会成本问题》说："在这种情况（有关克服烟尘妨碍的谈判）下，不受限制的自我利益将导致无法解决的且具有不确定性和非最优双边垄断问题。""对于可以共同使用的两种或两种以上投入品的定价问题，无法通过把它变成一个求确定的最大化总量问题来解决。因为在多边垄断的条件下，这种总量在各方面的配置是一个无法确定的问题。"萨缪尔森所要表明的是，零交易成本并不一定保证通过市场谈判能达到产量最大化的结果，因为交易者在追求自身利益最大化的过程中会导致交易的垄断，而无论是垄断本身还是垄断市场的不确定性，都会阻碍资源的有效配置。此外，即使通过谈判达成了一致性协议并使社会产值最大化，对单个交易者来说，能否实现效用最大化仍然不确定。

科斯认为，这些论点令人费解。因为假设交易者之间已订立合约，就需要达成一致性协议，这种情况下并不存在阻碍重新谈判的因素。如果双方没有合约，也谈不上破坏现状。就发生的交换而言，有关交换条款的协议必不可少。也就是说，交易者并不会选择比双方本来能够达到的境况更为不利的条款。对于最终结果的不确定性，科斯认为，在任何购买中都存在不确定性，不确定性的概念可以应用于任何经济分析。但是，就像埃奇沃思所指出的，不确定性的存在本身并不意味着结果非最优。而且，交易者之间预期收益的不确定性与他在《社会成本问题》中所讨论的问题毫不相干。科斯认为，他讨论的问题是个人和企业组织的权利转让对生产和销售产生了怎样的影响。由此可见，萨缪尔森的批评既不符合实际，也没有把握要领。

科斯认为，有的批评者提出了一些更具普遍意义的问题，即认为科斯定理未能考虑租金问题及其所起的重要作用。这个问题首先由韦得利茨提出来，后来，里甘和奥顿等用这种观点论证了科斯定理的错误性。奥顿说："在科斯的例子中，结果是随着排污者的'李嘉图租金'的责任变化而变化。如果排污者与受污者在边际土地上经营，并且前者承担责任，那么从长远来看，排污者必然会停止经营；如果后者承担责任，他则会让出这块土地。”也就是说，在外在性存在的情况下，当交易双方若把“租金”（此活动中某生产要素的所得与要素在其他活动中所得之间的差额或其要素的机会成本）考虑到要素运作之内时，就会出现两种情况。一是，如果要造成污染的当事人承担赔偿损失的责任，那么造成污染的生产要素就会移作他用，因为这样做的所得将会高于现有情况下的所得；如果排污者不承担责任，那些因污染而蒙受损失者也会发现在这种情况下的所得少于要素按照其他方式使用的所得，他们就会将要素移往他处。科斯认为，这些观点看起来似乎有道理，但要么实际上是错误的，要么只不过是用其他的语言重复了他原有的观点。科斯还是以牛走失会毁坏谷物为例分析了各种可能出现的情况。结果都说明，在所有的情况下，不论法律如何规定，资源配置效率保持不变，而且在每一种情况中，结果都使市场交易的产值最大化。

此外，考特在 1982 年发表的《科斯的成本》一文中认为，科斯关于交易成本为零和自愿交易这两个条件远远不能保证资源的有效配置，只有在完全竞争条件下这两个条件才能保证资源的有效配置。如果交易者之间存在着相互倾轧的讨价还价，就会出现潜在的资源浪费。张五常认为，按照科斯定理的解释，只要政府管制成本小于市场交易成本，那么运用政府管制可能比运用市场机制配置资源更为有效。这样，就等于是以科斯自己的逻辑否定了科斯主张的自愿交易有效性结论。布坎南同意科斯定理的核心论点，但同时认为，科斯关于交易成本为零的假设事实上削弱了结论成立的基础。因此，布坎南认为有必要按照契约主义的原则重构科斯定理。所有这些批评无论是对科斯定理内在逻辑的非议，还是对科斯定理分析方法的抨击，除了对科斯定理做了一些补充说明外，并没有从根本上对科斯定理予以修正，科斯定理在论战中仍然屹立不动。

张五常对科斯定理的评价也许更为恰当。张五常指出：“科斯定理的重要性在于它动摇了庇古整个理论体系。科斯定理表明，在零交易成本情况下的标准经济理论中，庇古对经济外在性的解释没有必要。”也正是对庇古传统理论的批评，推动着经济学提出三个方面的问题：“首先，它强调了对行为有决定性影响的产权和交易成本的各种限制，这就有可能对经济学家所回避的整个观察范围做出解释；其次，它根据被古典经济学家所忽视的各种限制来解释经济效率或帕累托最优条件；最后，科斯对管理和国家理论做出了新的探讨。”

3. 科斯定理成为现代法律经济分析的基础

毫无疑问，现代法律经济分析的创立与兴盛与科斯《社会成本问题》的发表分不开，这篇文章的核心是科斯定理。无论人们对科斯定理如何评头论足，不可否认的是，科斯定理是现代法律经济分析的基础。

在讨论科斯定理与法律经济分析内在联系之前，有必要简要讨论《企业的性质》对于法律经济分析的意义。《企业的性质》最重要的意义不在于科斯运用交易成本分析方法阐明企业的存在与企业的规模，而在于科斯明确地把交易成本引入经济分析之中。科斯在《社会成本问题》中说，将交易成本与经济制度及法律制度联系起来的思想，隐含着交易成本概念一般化的可能性。正是因为基本概念上的创新，才凸显了科斯理论与以往经济理论的分界。对此，张乃根的评价是："《企业的性质》还没有如《社会成本问题》那样运用交易成本理论去明确分析法律制度对资源配置最优化的影响，从而直接促成新法律经济学的诞生，但是我认为，对于法律经济学而言，它至少蕴含着两个重要的原理：第一，经济制度的选择就是法律制度的选择；第二，交易成本理论的实质就是效益最大化。"可以说，正是由于这两个方面，《企业的性质》为《社会成本问题》奠定了理论基础。

科斯在《社会成本问题》中用交易成本理论分析了法律规则对资源配置的影响。科斯认为，当涉及对他人产生有害影响的经济行为时，以庇古为代表的福利经济学解决的办法是征税或补贴，或者以强制手段制止某经济主体的行为。科斯认为，这种解决问题的办法所导致的结果不是人们所需要的，甚至通常也不是人们所满足的。要避免出现较为严重的有害后果，就必须运用经济分析的方法来确定制度运作的效率。因此，科斯在这篇论文中通过对大量案例的分析阐明了科斯定理的意蕴，即如果产权可以清楚界定，如果交易成本为零，那么不管谁拥有产权，资源配置都将有效率，或者说，如果产权界定清楚和交易成本为零，那么帕累托最优或经济效率将总能够达到。更加现实地说就是，在市场交易成本较低的情况下，可以用市场交易代替企业组织或司法程序及其他政府管制。但在现实生活中，交易成本总是非常高昂的，因此，现实世界中合法权利的初始界定会对经济制度的运行效率产生影响。现实中，即使权利的一种安排会比其他安排产生更高的产值，但如果法律制度未对该权利安排进行确认，在通过权利转移和合并达到同样后果的市场费用过高的情况下，这个最佳权利配置及由此带来的更高产值将永远也不会实现。

对于这种思想，科斯后来在他的《论生产的制度结构》这篇演讲词中阐述得更加淋漓尽致。在科斯看来，当我们从零交易成本世界走向正交易成本世界时，法律规则起到了至关重要的作用。市场交易的对象并不是以往经济学家所认为的物质商品，而是确定行动的权利。由于个人所具有的权利由法律规则所决定，因此，法律规则对经济体系的运作将会产生深远影响。权利应该配置给那些能够最有效率使用它们的主体。不仅如此，要发现和维持这种权利分配，就应该通过法律进行清楚确定，从而使权利让渡不至于过于复杂或者说让渡成本较低。这就是说，由于交易成本的存在，权利成了人们经济生活中的稀缺品，研究社会资源有效配置也是研究人们所拥有权利的有效配置。法律是界定权利的规则，人们从社会资源优化配置的角度出发应该选择合适的法律规则（合适的权利初始界定），要使用经济分析的方法估算法律规则可能出现的后果，因为"法院实际上做的是有关经济问题的判决，并决定各种资源如何配置有效"。换言之，"法律制度的选择与设计同样要考虑其经济的总效果"。如此，科斯不仅运用交易成本理论说明了法律规则对解决损害问题及资源配置问题至关重要的影响，而且提出了法律制度设计与选择都要用经济分析方法来权衡利弊得失。这些思想一旦融入法律问题研究中就为法律经济学奠定了方法论基础。

另外，《社会成本问题》还对英美普通法中一系列涉及有害影响的侵权行为的判例进行了具体分析，这些分析对科斯定理的理解、交易成本理论的应用及对英美普通法判例的研究都具有示范性的作用。如果这种对判例的分析没有示范性，科斯的产权理论与交易成本学说要转化为经济学理论与方法相当困难。正是在这个意义上，科斯对英美普通法判例的示范研究同样是科斯法律经济学理论不可或缺的部分。然而，正如波斯纳在《侵权行为法的经济学结构》中所指出，人们往往忽视了这一方面。

在《社会成本问题》中，科斯先以走失牛群和谷物损失为例揭示科斯定理的实质。在科斯看来，这只是一个典型问题。为了阐述理论的一般性原则，还必须根据英美普通法中的典型判例做示范分析。科斯以“斯特奇斯诉布里奇曼案”、“库克诉福布斯案”、“布赖恩特诉勒菲弗案”和“巴斯诉格雷戈里案”对科斯定理做出了说明。

在前两个判例中，科斯的分析表明，其基本情况与走失牛群和谷物损失的例子完全一样，即市场交易成本为零时，法院有关损害责任的判决对资源配置毫无影响。不过，科斯认为，尽管法官们都认为他们正在影响经济制度的运行，并希望朝着有效率的方向发展，但法官们并不理解科斯定理的实质。

“布赖恩特诉勒菲弗案”以新的形式提出了侵权行为问题。在此案例中，原告和被告的房屋紧靠在一起，且高度相同。在 1876 年以前，原告可以在他房子内任何一间屋里生火而室内都没有烟尘，而且这种情况一直保持了三四十年。1876 年，被告拆掉旧房盖新房，并在原告烟囱旁造了一堵超过原来高度的墙，在房顶堆放木材。因为这个原因，原告生火时烟囱的烟会进入室内。从其情况来说，烟囱冒烟是造墙和堆放木材影响空气流通所致。因此，在法院初审中，原告得到了 40 英镑的损害赔偿费。但被告不服而上诉，初审判决被推翻。法官推翻的理由是，烟尘妨害不是由造墙者引起的，而是由生火者引起的。因此，虽然被告行使自己的权利时造成了对原告的侵害，但被告对此并没有责任。

科斯分析道，这些判例的新奇之处在于蒙受烟尘妨碍的是生火者而不是他人。这也是讨论问题的实质，即究竟谁引起了烟尘妨碍？科斯认为，妨碍由造墙者和生火者共同引起。在生火的前提下，若没有墙壁，就不会有烟尘妨碍；在造墙的前提下，若不生火，也不会有烟尘妨碍。不造墙或不生火，烟尘妨碍便消失了。因此，在双方都有责任的情况下，双方决定是否继续采取相关行动时，都面临着烟尘带来的损失。如果想达到资源配置的最优效率，那么在判定当事人行动时需要考虑他们所带来的究竟是怎样的影响。法院的两次判决都只是考虑一方既定的情况下（或是墙壁或是生火）所得出的结果，由此也就不能断定哪一次判决更有效率。

科斯通过几个判例的分析不仅进一步探化了科斯定理的基本内容，而且具体地给法官判决提供了判例示范，并指出“法院面临的迫切问题不是由谁做什么，而是谁有权做什么。通过市场交易修改权利最初合法界定是可能的。当然，如果这种市场交易是无成本的，那么通常出现这种权利的重新安排，并导致产值最大化”。这些都为法律经济学的研究提供了理论和方法。

8.2.3　基于博弈分析的法律制度影响理论

近年来，为数众多的现代法律经济分析文献表明，博弈分析方法已经应用到法律政策、法律规制、法律行为等相关领域（包括个人协商解决争端、诉讼中的讨价还价、反托拉斯和竞争政策等)。由于博弈方法突破了市场经济中经济主体行为归结为价格参数的传统模式，把个人效用看作自身策略与选择和他人策略与选择的函数，将行为主体及其决策置于研究中心，使行为研究更加接近于现实。因此博弈分析与法律经济分析具有很强的相融性，两者的结合推动了法律经济分析范式的发展和创新。

1. 应用不同博弈模型比较法律制度

针对涉及司机与行人的交通事故，法学家长期以来一直假定，如果司机对交通事故和行人遭受的损失负责，司机应该会更加谨慎地驾驶。但是，这个假定并不能正确说明应如何制定侵权法律。如果要在更加复杂的事件中理解法律的作用，还必须知道更多的东西。博弈理论为这样的分析提供了可能。

可应用标准博弈来模型化司机和行人之间的相互作用，由于要研究的是不同情况下法律规则的作用及所依赖的理性，因此，可在模型中简单假设每个参与人只有两种选择，即适度谨慎和不谨慎：如果保持适度谨慎，每个参与人得承担 10 美元成本，交通事故的发生将对行人产生 100 美元损失；任一参与人不谨慎时将会发生事故；双方都保持谨慎时，交通事故可能性为 1/10。在纯粹严格责任制度下，只要发生交通事故，司机就要承担责任，支付行人所有损失，而不论他是否谨慎驾驶，该博弈可用图 8-2 加以说明。

		司机	
		不谨慎	适度谨慎
行人	不谨慎	0, -100	0, -100
	适度谨慎	-10, -100	-10, -20

图 8-2 行人与司机博弈模型

不难看出，在此博弈中如果双方都不谨慎，司机的收益为－100 美元，行人的收益为 0 美元；如果双方都谨慎，那么司机的收益为－20 美元，行人的收益是－10 美元(司机保持谨慎需要承担 10 美元，同时他还面临 10 美元的期望事故成本)；如果司机保持谨慎而行人不谨慎，那么前者的收益为－110 美元（谨慎成本加事故成本），行人的收益为 0 美元；最后，如果司机不谨慎而行人谨慎，司机的收益为－100 美元，行人的收益为－10 美元。

在此博弈中行人有一个占优策略，即不管司机如何行动，行人将选择不谨慎。在严格责任制度下，司机承担完全责任，补偿行人所有事故损失，行人谨慎所花费的成本不能带来任何收益。因此，行人将不保持任何谨慎。更进一步，司机认识到行人会这样行动，他也将选择不谨慎。因此，在这种法律制度下事故必然发生。

该模型揭示出，由于司机承担事故的损失，行人将没有充分的激励来保持谨慎。在某些事故中，如空难，牺牲者完全没有能力保持谨慎。在此场合下，法院无法确定牺牲者是否谨慎，人们倾向于支持纯粹严格的责任制度。然而，在受伤者能够采取办法来防止事故发生的场合，人们就不希望这样的责任制度了。这时，那种能激励受伤害者保持谨慎的法律规则至关重要，在严格责任制度或无责任制度（行人完全承担所有的事故损失）下，将至少有一方当事人为了自身的利益致使谨慎程度低于适度谨慎水平。

接下来讨论的法律规则是，行人只有在司机存在过失而自己没有过失时才能获得损害赔偿，从这个法律规则可以得出图 8-3 所示的标准形博弈。在本博弈中，适度谨慎是行人占优战略，司机认识到行人会选择适度谨慎之后，也将选择适度谨慎。因此，在这种法律规则下，司机和行人都将保持适度谨慎。这时，事故出现的可能性只有 1/10。

		司机	
		不谨慎	适度谨慎
行人	不谨慎	−100, 0	−100, 10
	适度谨慎	−10, −100	−20, −10

图 8-3　新的行人与司机博弈模型

上述分析的提示是，法律规则的改变能够改变当事人的行为。

在后一种情况下，均衡结果是行人不适度谨慎就得不到任何东西。许多人认为这个结果不恰当，他们倡导比较过失制度，即司机和行人双方都不谨慎时应分担事故损失。许多法律制度在其事故法律中采取了比较过失制度。在此，需要对其加以考察，将注意力集中于过失制度是如何区别于其他制度这个方面，从双方都不谨慎时如何分摊责任以改变当事人激励的角度来考察比较过失制度。

比较过失制度给予当事人的激励，取决于双方都不谨慎时责任如何分摊。在某些裁判制度中，法官要求陪审团对“所有相关因素”或“每个当事人的行为状况及相应地导致或促成了对原告的损害”做出考虑，之后再来划分责任，当然还有其他分摊规则。这就要求对不同的分摊规则做出选择。在此只考虑一种极端的分摊规则，即较粗心的人分担不对称的大部分事故成本。

假设参与人可以在不谨慎、有点谨慎和适度谨慎之中进行选择。如果双方都不谨慎或都有点谨慎，那么两人平均地分摊责任；如果一人不谨慎，另一人有点谨慎，则不谨慎一方承担不对称的大部分责任，而有点谨慎的一方只承担很小的一部分事故损失。不妨事故的损失为 100 美元，并且除非双方当事人都适度谨慎，否则事故就会发生。假设适度谨慎给每个参与人带来的成本是 3 美元；有点谨慎给每个参与人带来的成本是 1 美元。当双方都适度谨慎时，事故的概率降至 1/50，这时行人承担的事故期望成本为 2 美元；如果双方当事人都不谨慎，每人承担 50 美元损失；如果双方都有点谨慎，则他们都承担 50 美元的事故损失和 1 美元的有点谨慎成本；如果一方不谨慎而另一方有点谨慎，前者承担 99 美元的事故损失，而较为谨慎的后者承担 1 美元的事故责任和 1 美元的有点谨慎成本。图 8-4 表述了这类博弈。

		司机		
		不谨慎	有点谨慎	适度谨慎
	不谨慎	−50, −50	−90, −2	−100, −3
行人	有点谨慎	−2, −99	−51, −51	−101, −3
	适度谨慎	−3, −100	−3, −101	−5, −3

图 8-4　行人与司机扩展模型

从上述博弈不难发现，双方当事人都适度谨慎的策略组合才是纳什均衡。当对方选择适度谨慎时，自己选择适度谨慎策略总是最优反应。如果参与人采用了任何其他策略组合，则至少有一个参与人选择的策略不是对对方所选择策略的最优反应。因此，该参与人可以选择别的策略而获得更高的收益。例如，假定行人有点谨慎而司机不谨慎。给定司机的策略选择，行人没有激励保持适度谨慎，行人偏好－2 美元的收益而不是－3 美元。然而，对于司机来说，不谨慎不是对行人有点谨慎策略的最优反应。司机选择有点谨慎得到－51 美元的收益，而不是－99 美元，或选择适度谨慎得到－3 美元的收益，将改善自己的状况。

上述模型显示，比较过失制度将引导双方当事人选择适度谨慎。重要的是，这一点不随所选择的待定分摊规则而改变。比较过失规则给予参与人正确的激励，而不管分摊规则如何确定。

2. 动态博弈与掠夺性定价

前面介绍的博弈都是静态博弈。但是，社会经济生活中绝大部分博弈是动态博弈，即博弈双方相继行动，各方的最优策略是决策者在决策时所掌握信息的函数。1986 年，美国的 Zenith 等公司向最高法院提起诉讼，指控日本几家电子公司合谋，在电子消费品市场上倾销达 20 年之久，企图把美国的公司赶出市场。法庭的意见书指出，任何公司不可能长期地将价格定在成本之下，日本产品价格较低，可能存在着其他原因，如成本较低等。其实，即使现存企业从掠夺性定价中遭受的损失小于竞争者，现存企业也不一定会采用这种策略，也许和平相处胜过对抗。下面，以一个动态博弈模型对此加以分析。

假设汉堡王是快餐行业的在位者，麦当劳是快餐行业的潜在进入者。汉堡王威胁说，如果麦当劳进入市场，他将采用掠夺性定价，使麦当劳遭受损失。那么，麦当劳是进入还是不进入？我们用博弈树来描绘这个动态博弈。在图 8-5 中，○和△分别表示汉堡王和麦当劳的决策点。从每个决策点出发，用一条分支来代表决策者在该决策点可能采取的行动。当决策者在每一决策点做选择时，掌握此前所有的信息，包括自己和竞争者在此前采取的行动。从每一决策点向右展开的部分叫作子博弈（subgame），子博弈是从整个博弈中某一决策点开始并展开到结束的博弈。在这里，汉堡王的两个策略是反击（削价）和不反击（不削价）；麦当劳的策略是进入和不进入。如果麦当劳进入市场而汉堡王执行威胁，那么汉堡王的利润是 10 万元，麦当劳将损失 5 万元；如果麦当劳进入市场而汉堡王并不反击，即两公司和平相处，那么各得利润 40 万元。其他情况下的报酬也列在博弈树上。

用逆向归纳法解此博弈。在从决策点 2 开始的子博弈里，汉堡王的最优决策是不削价，这时汉堡王和麦当劳的报酬为（40，40）。在从决策点 3 开始的子博弈里，因为麦当劳没有进入市场，汉堡王的上策当然是不削价，两店的报酬为（100，0）。用粗线表示决策者所选定的决策。现在回溯到麦当劳的决策点 1。麦当劳进入市场，将得到 40；不进入市场，将得到 0。结果便是进入市场。所以这个博弈的均衡是，汉堡王不会进行反击，而麦当劳将进入市场。

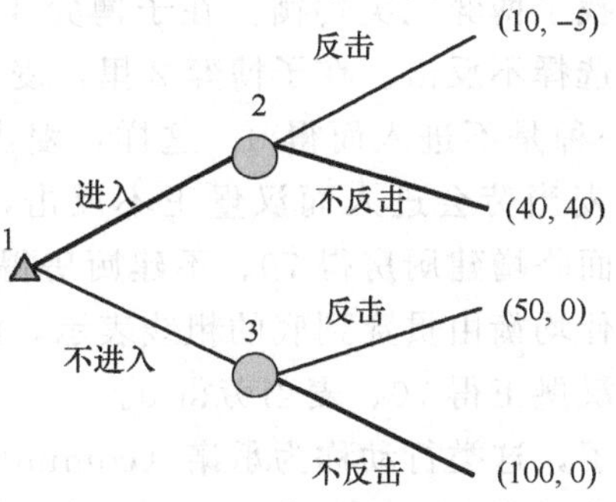

图 8-5　汉堡王与麦当劳博弈树

初看起来，削价反击似乎是汉堡王的最优决策，因为麦当劳进入市场会侵蚀它的利润。但削价不是子博弈 2 的最优策略，因此汉堡王的威胁不可信。其原因是，一旦麦当劳进入市场，汉堡王便不会削价。如果博弈双方的策略在博弈展开过程的任何子博弈中都是最优对策，那么这个策略便叫作子博弈完美纳什均衡。在这个博弈里，只有汉堡王不反击而麦当劳进入市场才是子博弈完美纳什均衡，其他策略都不是。

上述博弈说明，空头威胁不一定能改变竞争者的行为。这里，威胁之所以无效，是因为威胁策略并不是子博弈完美的。到了某一子博弈，威胁者就会反悔，撤回自己的威胁。要使威胁有效，必须采取某些实质性的行动改变博弈环境，使威胁在新环境下的子博弈是完美的。这时竞争者才会相信威胁一定会被执行因而改变行为。

进一步假设，汉堡王在向麦当劳发出“反击”这个警告的同时，还大兴土木，花 30 万元增建了现代化大厨房。这个厨房平时闲置不用。倘若麦当劳进入市场，汉堡王将同时使用两个厨房，以应付低价所导致的需求剧增。这个增建的厨房设备所起的作用是，降低了汉堡王与麦当劳进行价格战的成本。一旦商战爆发，汉堡王的利润为 15 万元，而麦当劳的损失仍为 5 万元。由于修建厨房要花费成本，在麦当劳不进入市场的情况下汉堡王的利润减少 30 万元。将这个博弈用图 8-6 表述，其中决策点 1 以下的子博弈与图 8-5 博弈完全一样，因此没有详细画出。

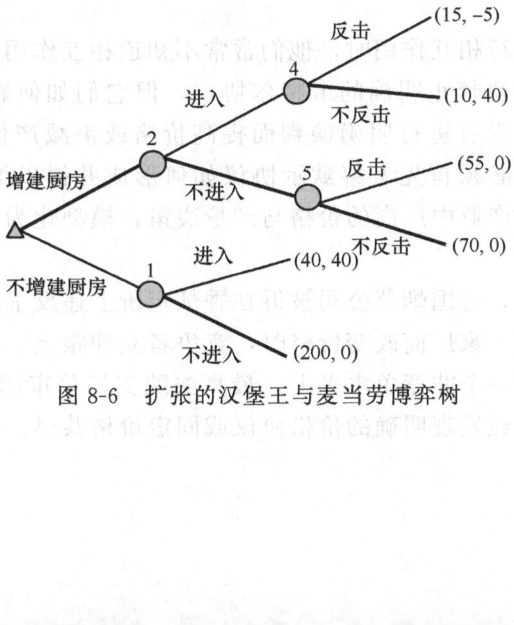

图 8-6　扩张的汉堡王与麦当劳博弈树

还是使用逆向归纳法寻找子博弈完美均衡。在子博弈 4 里，汉堡王当然选择反击；在子博弈 5 里，汉堡王当然选择不反击。在子博弈 2 里，麦当劳面临两种选择，一种是进入并遭反击而得−5，另一种是不进入而得 0。这样，麦当劳当然选择不进入。在子博弈 1 即图 8-5 里，均衡是麦当劳会进入而汉堡王不反击，报酬为（40，40）。最后，在整个博弈的起点，汉堡王面临增建厨房得 70、不建厨房得 40 的选择，它当然选择建厨房。因此，子博弈完美纳什均衡由贯穿到底的粗线表示，汉堡王增建厨房，麦当劳不进入，汉堡王不反击，结果汉堡王得 70、麦当劳得 0。

增建厨房使得威胁可信了，这类行动称为承诺（commitment）。承诺可以理解为那种无法反悔的行为，它束缚着承诺者自己的手脚，不给自己留有其他选择余地。在上述例子里，汉堡王只多建了一个厨房，就排除了与麦当劳和平共处分享市场的可能。中国古代战争中"破釜沉舟"、"背水一战"，正是同样的道理。正是这种别无选择的处境，才使得竞争者相信威胁会被执行到底。

IBM 公司曾经对有些刚上市的新型计算机宣布两三年以后将以更低的价格出售，这令人十分困惑。如果众人都知道 IBM 计算机价格将在几年内显著下降，一部分人就会等到明年或后年再购买计算机，这不影响利润吗？原来，IBM 此举之意不在消费者，而在仿造者。IBM 的新产品一出笼，不出一年半载，各种 IBM 兼容机将相继上市，其功能与 IBM 原机毫无二致，而价格却比 IBM 机低 10%～30%。IBM 为了阻止仿造者一拥而上，便声称 IBM 的新产品价格将大幅度下降，其用意在于产生这样的信息：待到仿造者产品上市时，价格已经很低，无利可图了。当然，这必须是可置信的承诺，而不仅仅是言语诈唬。不然，一旦兼容机上市，IBM 就会反悔。大削价固然会伤害仿造者，但也同时伤害了 IBM 自己。理性的仿造者知道理性的 IBM 一定会反悔，就不会听信 IBM 的警告。那么，IBM 如何约束自己，使自己将来想要反悔也不能反悔呢？那就是正式公布今后的价格表。这样一来，IBM 若要反悔，一是公司名誉受损，二是可能遭致法律诉讼。所以，宣布未来价格乃是战略性承诺。反垄断法如何评价这类策略性行为，是目前学术界争论较大的领域。

3. 重复博弈与默契合谋

当参与人不断地进行相互作用时，他们常常不知道相互作用何时将结束，即没有终点的重复博弈。反垄断法禁止明确的卡特尔协议，但它们如何影响默示协议则还不清楚。当市场中的厂商在没有进行明确谈判而提高价格或消减产量时，默示协议就存在了，要理解这一问题，必须首先考察默示协议如何形成并得以维持。一个有效的方法是，将只有少量厂商的产业中厂商的价格与产量决策，模型化为一个具有不确定长度的重复博弈。

在 20 世纪 40 年代，美国烟草公司被诉在香烟定价上违反了反垄断法。在这个产业中，厂商定价一致，当一家厂商改变价格时，竞争者立即跟上。政府认为这种方式使这些厂商能将价格维持在一个非竞争水平上。最高法院支持陪审团针对烟草公司的裁决，尽管诉讼案没有宣称已经发现明确的价格协议或固定价格共谋。

假设两个厂商只能选择两种价格即高价格或低价格。在每一时期，他们共同决定选择哪种价格，每一时期的利润表示在图 8-7 所示的矩阵中，当两家厂商都选择高价格时，他们的共同利润达到最大。如果博弈只进行一次，选取低价格将是每个参与人的占优策略，因为，厂商 B 选取高价格时，厂商 A 选取低价格比选取高价格能多获得 144 的利润；当厂商 B 选取低价格时，厂商 A 选取低价格比选取高价格能多获得 160 的利润，所以，不管厂商 B 怎样选择，厂商 A 选取低价格总能获得更多的利润。因为博弈是对称的，厂商 B 必然也会发现，选取低价格符合自己的利益。

		厂商B	
		高价	低价
厂商A	高价	1152, 1152	864, 1296
	低价	1296, 864	1024, 1024

图 8-7 两厂商价格博弈

这个博弈与囚徒困境具有同样的结构。在一次性博弈里，尽管都选取高价格策略时共同利益能更好，两个参与人都会选取低价格策略。现在的问题是，博弈重复有限次结论会怎样？首先，假定以上博弈只重复两次。仍然用逆向归纳法求解，由于第二期就是末期，末期博弈跟一次性博弈没有区别，所以第二期两公司都将不合作；回到第一期，每个公司都知道，不管这一期做何决策，下一期都是不合作，这一期表示合作的诚意并不能影响对方在下一期的行为；这一期被欺骗，下一期也没法进行报复。于是，双方处在互不信任、互相提防的状态。这与一次性囚徒困境博弈没有差别。可以把这一分析推广到 n 期的重复博弈中得到相同结论：在有限重复的囚徒困境博弈里，博弈均衡是双方都不合作。

进一步假定两公司将上述博弈重复无限次。一旦转到无限重复博弈，就需要理解前后博弈收益之间的联系。假定参与人认为，将来一单位收益比现在一单位收益的价值要小，可以引入贴现因子 $\delta(0<\delta<)$ 来说明，以现在为 0 期，第 1 期报酬 π 折算到现在就是 $\delta\cdot\pi$，第二期报酬折算到现在就是 $\delta^2\cdot\pi$，依次类推，第 n 期的现值就是 $\delta^n\cdot\pi$。从现在开始，A、B 两公司如果自始至终合作，那么，每个公司每期都可得到 1152。总报酬为 $(1+\delta+\delta^2+\cdots)\times1152=1152\times1/(1-\delta)$。如果两公司从现在开始再也不合作，那么，每个公司的总报酬为 $1024\times1/(1-\delta)$。

考虑这样的策略：本公司一开始总选择合作，并继续合作，直到对方背叛；一旦对方背叛，本公司将不再合作。在这种策略里，选择欺骗的公司最多只能占一次便宜，即得到 1296，这比合作的报酬 1152 多了 144，这是短期利益。但是，这一欺骗却带来了长期损失，即从此以后，欺骗者再也得不到 1152 而只能得到 1024 了。所以长期损失是 $1152\times1/(1-\delta)-1024\times1/(1-\delta)=128\times1/(1-\delta)$。

很显然，只要欺骗的短期利益小于长期损失，公司就不会欺骗。也就是说，如果 $144<128\times\delta/(1-\delta)$，公司就不会欺骗。以上不等式里，由于长期损失是在下一期才开始实现的，所以乘上了 δ。在本案中，只要 $\delta>0.53$，上述不等式就能成立。所以，实际上，只要贴现因子足够高，且对方一旦偏离这个组合就永远转向低价格的威胁可信，任何高价格与高价格的组合都会成为均衡。对于所有具有完全信息的无限重复博弈，这一结论可以一般化。因此，在图 8-7 中，任何使每个公司平均至少得到 864 的收益组合是某个子博弈完美纳什均衡的一部分。这一结论及类似的结论被称为无名氏定理(folk theorems)。在无限重复博弈中，有多个子博弈完美纳什均衡。这样，就面临着在多重均衡中进行选择的问题。虽然所有缩小均衡范围的方法中没有一种完全令人满意，但模型确实表明无限重复本身创造了合作行为的可能性，支持合作的机制是对偏离合作施以将来不合作的威胁，其中决定性因素是贴现因子。贴现因子越高，参与人从合作中获得的就越多。

默契合谋的主要障碍之一是难以观测到竞争者的价格。在许多市场中，价格是购买者与销售者之间以一种竞争者不可能直接观测的方式协商得出的。一家厂商如何才能知道竞争者什么时候已经降低了价格？厂商最终可以通过需求的下降或者从潜在的顾客那里得知这一信息。如果要花费很长时间才得知，那么相应的时期就更长。在这些情况下，合作战略可能会变得很脆弱。

此外，随着产业中厂商数目增加，合谋可能性也随之降低。一家厂商定较低的价格并且扩大产出规模，对众多厂商中每家厂商所形成的影响非常小。因此，众多厂商中的每家厂商将不太可能有积极性对背叛厂商进行惩罚。此外，随着厂商数目增加，发现背叛也变得更加困难。一家具有许多竞争者的厂商可能忍受市场份额下降，因为难以确定这是其中某家厂商背叛所致还是其他原因。而且，即使其他厂商告诉它某家厂商背叛了，也难以协调起来进行惩罚。

合谋价格不断改变也会抑制厂商合谋的能力。因此，反垄断当局真正应当关注的是，产业中价格变化有多快、价格信息如何传递及产业中有多少厂商等有用信息，对那些被认为比较有可能进行默契合谋的产业进行重点检查。

8.3 法律制度变迁理论

8.3.1 法律制度在制度变迁中的地位

诺思制度变迁理论的意义在于将经济学与国家和意识形态等上层建筑联系起来，提供了可供多维观察的镜头和更为广阔的思维空间，而不必局限于新古典经济理论的固定模式。特别难得的是，引导将经济与历史、经济制度与法律制度结合起来进行研究。

在诺思制度变迁理论中，法律是制度环境中重要的组成部分。诺思把制度环境定义为：“一系列用来确定生产、交换与分配的基本政治、社会与法律规则。”事实上，支配选举、产权与合约的规则是经济环境的基本规则，重要的是环境可以改变。例如，在美国的法律变迁中，变迁可能是由于政治行动对宪法的修正，也可能是由于对司法解释的变迁，或者是由于公民偏好的改变。

在制度创新过程中，法律制度具有重要的作用。一方面，法律制度制约着制度安排的演化范围。尽管法律可以变化，但在短期内可能制约其他制度安排的选择，如此，法律制度对制度创新便存在某种阻碍作用。另一方面，法律制度可能有利于制度创新，特别是法律制度的改变会促进制度创新。一般而言，法律变迁只不过是承认已经改变了的制度，即使新制度安排合法化。例如，公司法使公司成为正式制度安排而不同于自发的非正式安排。公司法提供了一种组织结构，使管理者对经济活动的控制比在原始、非正式制度下更为有效，给组织以合法的生命，使之在法律允许范围内有效竞争。

为了适应变化了的环境，经济结构要向效率更高的方向转变，这种转变并不是市场力量自发作用的结果。相反，制度、法律和政策起着相当重要的作用。新的交往形式要发展起来并成为普遍形式，就必须以适当的方式得到法律承认。制度规则最终必须通过公共当局来推行，因此必须与更高层次的法律秩序相一致。简言之，制度变化依存于政治和经济力量的相互作用。

制度经济学将制度变迁分为两种类型：诱致性变迁和强制性变迁。在所有制度安排中，又可分为正式制度安排和非正式制度安排。在正式制度安排中，规则需要得到受它管束的一群人的准许。在非正式制度安排中，规则变动与修改由其中的个人完成，如价值观、伦理规范、道德、习惯和意识形态等。

强制性制度变迁的主体是国家。国家的基本功能是提供法律和秩序，并保护产权和税收。国家在使用强制力时有很大的规模优势。作为垄断者，国家可能比竞争性组织以低得多的费用提供一定的制度性服务，国家在制度供给上除了规模经济优势外，在制度实施及其组织成本方面也有优势。例如，国家可以凭借强制力降低自治成本和实施成本。

根据制度经济学关于制度变迁形式的划分，法律制度变迁应属于强制性制度变迁。在变迁之后，法律便成为正式制度安排。法律制度变迁需要大多数选民的同意。例如，一项立法必须经过一定立法程序。在立法过程中，利益集团之间会因利益而发生争论，进行讨价还价。事实上，每一项立法都会对利益集团产生损益，哪一个集团也不会轻易让步，这就产生了立法成本。一项法律或法令一旦通过，就具有了强制力量，可以利用国家力量实行强制性变迁。这种强制性变迁的优点在于可以以较少的费用来实现，并较快地产生社会效果，进一步讲，法律制度一旦建立起来，就作为制度环境的重要组成部分发挥作用。

8.3.2　法律制度变迁的需求

法律史学者施瓦茨指出："每当我们购买一辆汽车或一幢房子，找到一份工作，乘坐汽车、火车或飞机旅行，打开电灯，甚至穿过马路的时候，我们都在从事一种能引起法律后果的行为。在所有情况下，我们的权利和义务都是由法律规定，如果需要，将由法院甚至由州和国家的最高法院来规定。从这种意义上讲，我们都是法律的用户，我们享用的这种产品的质量，在我们生活中的每一个环节上，都直接影响着我们。"这段话十分直观地说明了社会对法律的需求。不过，这种需求只是一种静态需求，它表明社会对于法律秩序和法律服务的需要。本节所要研究的法律需求是指法律制度变迁的需求。根据制度经济学的解释，制度变迁的需求基本上起因于，在现在的制度安排下，无法获得某种潜在利益；改变现有制度安排，目的在于获得原有制度下得不到的利益。制度安排的改变，一种情况是改变现有的收入分配，另一种情况是提高制度效率，通常来说，后一种情况更为多见。法律制度变迁也是一样。人们之所以要采取一种新法律制度，就在于新的法律制度能够给人们带来收益，而这种收益在原有的法律制度下不能获得。

新制度经济学认为，影响制度变迁的需求主要有四个因素。第一，宪法秩序。宪法奠定制度的最基本框架。宪法变化能影响新制度安排的预期成本和利益，因而也就影响对新制度安排的需求。第二，技术变化。技术包括两个方面：一是生产技术，二是交易技术。对制度变迁而言，前者提供最基础的动因，后者直接影响制度安排。技术对于制度变迁的影响，通过影响制度变迁的成本和收益来实现。第三，市场规模。市场规模的扩大，使制度变迁的费用分摊到多项交易中，从而使制度变迁变得容易。第四，相对价格变化。相对价格变化，要求资源进行重新配置，相应地要求重新做出制度安排。

1. 宪法秩序与法律制度变迁的需求

宪法作为最基本的法律制度，提供最基本的制度环境，同时是适应社会经济发展需求而产生的。关于宪法的经济学分析，美国历史学家查尔斯·A. 比尔德在《美国宪法的经济观》中指出，在美国建国时期，社会秩序一片混乱，充满了各种复杂的冲突。各种利益集团的代表通过长期争论建立起解决矛盾和冲突的规则，从而使美国走出了混乱。比尔德通过研究美国宪法制定者们的经济利益背景，分析美国宪法的产生及其性质之后认为，美国宪法事实上是利益集团从自己集团的利益出发，通过讨价还价后达到均衡的结果。

宪法制度作为制度环境的重要方面，它的变化能够影响整个法律制度的变迁。加拿大经济学家戴维·菲尼指出："宪法秩序的变化，即政权基本规则的变化，能深刻影响创立新制度安排的预期成本和利益，因而也就深刻影响对新制度安排的需求。"在历史上，美国选举权的变化就对美国土地政策产生了深刻影响。例如，随着普选权的施行，对大土地投机商有利部分减少了，对小投资者有利部分增加了。

2. 技术变化、市场规模与要素的相对价格

宪法秩序为制度创新提供了基本环境。在基本环境既定情况下，影响制度变迁需求的因素是技术变化、市场规模和要素的相对价格。其中，技术变化可以改变市场规模和要素的相对价格。例如，19 世纪最后 30 年，新炼钢法、电力技术、内燃技术和化工技术的发展，导致大企业的优越性日益突出；与此同时，市场规模通过铁路网的兴建迅速扩大，这就要求企业制度方面发生相应的变化。其结果是，公司组织大量出现。在公司大量出现之前，企业主要采取合伙制或独资形式，股份制企业主要存在于某些收益较高、规模报酬递增的行业。这是因为当时法人的创制需通过特许实现，而取得特许的费用极高，只有大企业才能通过法人创制获利，所以公司企业主要出现在运输业及极少数报酬递增行业。在其他行业由于创立股份公司的成本超过其收益，因此，尽管也认识到了企业有限责任与无限寿命的优越性，但费用过高使得仍然不可能采用这种制度。随着技术进步，企业规模普遍扩大，规模经济日益突出，特别是当采用股份公司制度成为竞

争的必要手段时，就要求改变法律制度，降低法人创制的成本，结果就诞生了公司法。

8.3.3　法律制度变迁的供给

法律制度供给主体是国家。前面已经提到，制度经济学将制度变迁分为诱致性变迁和强制性变迁，前者由个人或团体响应获利机会时自发进行，后者通过政府命令和法律来强制实施。所以，法律制度变迁属于强制性变迁，变迁的主体是国家。国家的基本功能是提供法律、秩序并保护产权，以换取税收。法律制度供给具有以下特点。首先，法律制度供给具有较高成本，因为法律制度不同于其他制度，需要通过法律制度的设计，经过立法部门的批准，并经过司法部门的实践检验等。这一系列过程都要耗费较大成本。其次，法律制度供给受利益集团的影响。法律制度由国家供给，国家在某种意义上可看成利益集团的均衡，因此集团利益和偏好决定法律制度的选择。但在某些情况下，也不得不考虑候选集团的要求。一旦候选集团的力量接近于统治集团的力量，统治者就会受到威胁，法律制度变迁就可能得到供给。

决定法律制度变迁供给的因素主要有以下几个。

1. 宪法秩序

宪法为人们提供了基本的制度框架，决定法律制度变迁供给的基本方式，也决定了供给的成本。诺思指出：“一个政治体制由彼此间具有特殊联系的一套复杂制度构成。宪法是这种体制最基本的组织约束，其目的是通过界定产权及强权控制的基本结构使统治者效用最大化。”“宪法是基本法则，它的制定用于界定国家的产权和控制的基本结构，与执行法相比显得难以修改。”

2. 法律制度设计成本

法律制度设计成本是设计新法律制度需要的人力资源和其他资源的要素价格。在既定法律制度下，要做出新法律制度安排，通常需要专项法规或司法制度。如果说维持立法机关和司法制度需要相当大的耗费，法律制度安排的设计耗费将更大。

3. 现有法律知识的积累和相关科学理论的进步

正如科学和技术知识进步时，技术变迁的供给曲线会右移，社会科学知识和有关的商业、计划、法律和社会服务专业的知识进步时，法律制度变迁的供给曲线也会右移。也就是说，正如自然科学及工程知识的进步降低了技术变迁的成本，社会科学和有关专业知识的进步，降低了法律制度变迁的成本。

4. 实施新法律制度的预期成本

一项新法律制度的实施会受到不少阻力，需要花费成本。例如，宣传新法律制度所需费用、司法机构为新法律制度实施要做的必要调整等。一般来讲，如果新法律制度变迁所需的预期费用高于预期收益，新法律制度将减少或不被供给；相反，如果变迁的预期收益高于成本，新法律制度的供给将会增加。

5. 行为准则

同宪法秩序一样，行为准则也要比制度安排变化缓慢，难以更改。这类准则对于赋予宪法秩序和制度安排以合法性来说很重要。

6. 法院的作用

法律供给基本上依靠立法机关，立法机关在立法过程中通过利益集团的一系列交易实现。但是，从立法机关那里产生的法律并不完全成熟，这就需要解释和运用，这就是法院的作用。

8.3.4 法律制度的成本-收益分析

制度变迁的基本动因是对新收入流的追求，即利用赢利机会。由于技术进步等原因，经济中会产生新赢利机会（收入流），要内化这种收入流就必须通过制度的变迁。进一步讲，要使这种潜在的收入变成现实的收入并以合法的形式内化，就要借助于包括法律变迁在内的制度变迁。法律的变迁能够使这种收入合法化进而使获得这种收入的方式合法化。事实上，制度变迁往往要上升为法律变迁，或者被法律所确认。但法律变迁相对于其他层面的制度变迁来说，具有一定程度的滞后性。这是因为法制变迁的成本大大高于其他层面制度的变迁成本，只有当变迁收益足够大，变迁成本下降到足够小时，这种变迁才能实现。

戴维斯和诺思在《制度变迁与美国经济增长》中分析了几种制度变迁形式。他们认为，制度创新不仅取决于它的成本与收益，还受相对的市场和非市场力量的影响。

第一，个人安排。在这种情况下，由于收益的增长只限于个人而使制度创新的外部收益不大，因此不需要支付组织成本和强制成本。

第二，志愿安排。这是相互独立的个人之间所达成的合理性安排，参与其中的任何人都可以合法退出。这时，不需要强制成本，但要支付组织成本。

第三，政府性安排。这种安排下没有退出权，因而既要支付组织成本，也要支付强制成本，不过由于它在做出决定时不需要一致同意，所以支付的组织成本可能低于志愿安排。政府性安排涉及面广，一项合理的制度变迁如果属于政府性安排，尽管它的强制成本较高，还要支付一定的组织成本，由于它的社会收益面大，可以实现更大的社会效益。

在由个人和团体实施的制度变迁例子中，由于私人和社会之间在收益和成本方面存在着分歧，变迁可能难以实施。在由国家实施的制度变迁例子中，只要统治者的预期收益高于他强制推行变迁的预期成本，变迁就不难实施。在分析法律制度变迁时，要分析它的成本与收益，以便进行合理选择。

法官在判案过程中事实上也是依据效率原则进行的。如果法官的决定缺乏效率，就会增加社会成本。其结果是，从经济学观点看，错误判决案件的败诉方有更大动力通过上诉、新诉讼或立法活动来要求纠正，因此就总是存在一种要求有效率的压力。更甚的是，根据缺乏效率的规则进行诉讼的案件比起按照有效率的规则进行诉讼的案件，趋于涉及更大的利害关系（因为缺乏效率的规则会有更多的社会浪费）。而且，一起纠纷中的利害关系越大，越有可能进行诉讼而不是在法庭外解决。因此，法官们会有机会重新考察那些缺乏效率的规则。但是，制度变迁，特别是法律制度变迁，并不是依据整个社会的成本与收益的比较来进行，而是受利益集团的支配。由于征税和开支权，立法机关拥有强有力的进行财富再分配的工具。因此，一种有效率的立法和司法之间的劳动分工，就使立法部门集中力量于利益集团的财富再分配要求，司法部门集中力量于基础更广泛的社会要求，即以有效率的规则来保护安全、财产和交易。

一项法律条款的通过和实施，事实上是经过各利益集团的竞争和讨价还价实现的，所以，有效法律制度并不是绝对的，在有的情况下，一项制度安排对于社会来说可能低效率，但由于符合特殊集团的特殊利益而得到实施。这可以从社会宏观经济效益和微观效益的矛盾这个角度得到解释，但并不十分确切。一个社会究竟实行什么样的法律制度，是促进经济发展还是阻碍经济发展，取决于占统治地位利益集团的性质。这是因为经济集团既是利益集团又是生产集团，作为利益集团具有特殊的利益函数；作为生产集团，具有特殊的生产函数。政府会代表一定集团的利益，设置符合该集团利益的产权结构和其他相关的法律制度。但是，决定经济增长和经济效率的是集团的生产函数，用马克思主义的术语讲就是该阶级所代表的生产力性质。如果候选统治者集团的财富或收入受到产权的不利影响，统治者就会受到威胁。因而，统治者往往会建立一个有利于这个集团的产权结构，而无视它的低效率。这可以解释为什么并不是所有的社会都一定会选择高效的产权结构和相应的法律制度。

法律变迁的成本与收益关系是可变的。首先，法制变迁的成本可变。在一定时期，变迁的成本可能过高从而使变迁难以实现，但技术进步（如信息传播技术进步）、制度安排其他方面的进步及宪法基本制度改变等，都可能导致成本降低；其次，随着法律制度变迁收益的提高，变迁成本将相对下降，这也可能使制度变迁成为现实。换言之，影响制度变迁成本与收益的要素相对价格决定着制度变迁。

8.3.5　法律制度变迁滞后

对于法律制度变迁滞后有三种解释。

1. 马克思主义关于经济基础和上层建筑关系的理论

法律作为上层建筑的重要组成部分，其变化必然滞后于经济关系。根据马克思历史唯物主义理论，经济基础是决定上层建筑的力量，随着经济基础变化，上层建筑必然相应发生变化。但由于上层建筑具有相对独立性，它的变化并不一定与经济关系变化同步，事实上总是滞后于经济基础变化。经济基础的要求反映给上层建筑，总是要经过一个过程。法律制度存在刚性，即使法律制度与经济基础的矛盾趋于尖锐，法律制度的变迁也要经历社会各阶级斗争和较量的过程，所以，作为上层建筑一部分的法律制度变迁，总是滞后于经济基础的变化。

2. 成本与收益关系的平衡

法律变迁的滞后还可以通过法律变迁的成本与收益之间的关系得到说明。一个社会为什么要改变现有的法律制度，最根本的原因或者是发现了现有法律制度存在着低效率问题，或者是发现了新法律制度的潜在效益。总之，改变现有法律制度，目的是能够使整个社会获得更高经济效率、获得更高生活质量。但是，法律变迁并非没有成本，在一定条件下，这种成本会很高，以致于根本无法实施变迁。法律制度不同于经济制度和其他方面的制度，它的特点是变迁成本往往非常高。例如，立法过程需要立法部门经过长期的探讨，协调各方面关系，最后经过一系列立法程序才能得以成立。如果变迁的收益进一步提高，抵消了变迁成本，变迁将能够进行，这事实上是个法律制度均衡的问题。不过，这种均衡关系的转变是一个长期过程。

3. 国家经济学的解释

财产权制度是基本的法律制度，财产权由国家界定，所以，国家决定法律制度的变迁，在某些情况下，国家可能推进法律制度的变迁。但是，法律制度的特点之一是其相对稳定性，一旦建立起来就要在相当长时期里保持稳定。当经济发展提出变迁要求时，要经过一个较长时间的反馈过程。在这一阶段，国家往往作为既得利益集团的代表要求保持现有法律制度。竞争约束和交易成本约束使国家总是保护无效率的产权。在竞争约束下统治者将避免触犯那些有势力的选民；如果某个集团的势力与之比较接近，其财富或收入又受到了产权的不利影响，那么统治者就会受到威胁，这时，统治者就会同意有利于这些集团的产权结构，而无视它对效率的影响。

本章小结

本章首先介绍了法律经济分析的形成与发展、主要内容及研究方法；其次分析了传统经济学、科斯定理和博弈论等视角下的法律制度影响理论；最后分析了法律制度在制度变迁中的地位，并从需求和供给、成本与收益的角度解释了法律制度变迁的经济学根源，指出了法律制度变迁滞后的原因。

思考题

1. 法律经济学的主要内容有哪些？
2. 法律经济学的主要研究方法有哪些？
3. 法律制度在制度变迁中有何作用和地位？
4. 影响制度变迁需求的主要因素有哪些？
5. 什么情况下我们需要进行法律制度的变迁？同时应该选择什么样的新法律制度？
6. 决定法律制度变迁供给的因素主要有哪些？
7. 国家经济学是如何解释法律制度变迁滞后情况的？

第9章 马克思的制度经济学思想

引导案例

国外学者评《资本论》

《资本论》在西方颇有争议。在相当长的时间里一些非主流经济学家给了它较高评价，主流经济学家则持否定态度。在20世纪30年代大危机以后，一些西方主流经济学家开始对马克思的《资本论》采取某种肯定态度。例如，美国经济学家瓦西里·里昂惕夫（1973年诺贝尔经济学奖获得者）在《马克思的经济学对当代理论的意义》一文中肯定了《资本论》有关资本主义社会经济矛盾和运动规律理论的实证性与科学性，指出："在试图做出任何解释以前，如果一个人想要了解资本主义企业的利润和工资实际上是什么，那么，他从三卷《资本论》可以得到的信息，会比他在十期《美国统计普查》、一打有关当代经济制度的教科书，甚至再加上托斯丹·凡勃伦的所有论文集当中，可以找到的信息都更真实也更有用。"

英国经济学家琼·罗宾逊肯定了《资本论》在揭示资本主义社会经济矛盾和运动规律方面的学术成就。她在《马克思经济学论稿》一书中说，《资本论》中所描述的阶级冲突，与主流经济学中所描述的资本主义经济中利益和谐景象形成了鲜明对比。主流经济学对资本主义经济的分析，是以存在无数财产相等的小业主组成的社会为假设前提的，《资本论》关于资本积聚和集中的论述却涉及了垄断竞争现象，为分析现代市场经济中存在的寡头垄断结构提供了刺激。在工资理论中，主流经济学沉浸在田园诗般的幻想中，将工资说成是由附加一小时工作的"边际非效用"决定的，就像为自己种田的农夫拄着锄头，在傍晚决定再干一小时多生产的产品能否补偿自己多一分背痛一样。相反，《资本论》却看到了在真实的劳动力市场上，一无所有的劳动者是如何被无形绳索捆绑在机器上的。

瑞典经济学家冈纳·米尔达尔（1974年诺贝尔经济学奖获得者）在《经济学原理的政治要素》一书中说，主流经济学在完全竞争的假设下回避了市场经济中的矛盾和冲突，《资本论》中的劳动价值理论和剩余价值论等学说，却揭示了市场经济中的矛盾和冲突，触到主要凭借财产所有权生活的人的痛处，这也就是为什么这两个理论会在经济学家中引起那么多争议的原因。

美国经济学家R.L.海尔布隆纳在《马克思主义：赞成与反对》一书中说："只要资本主义存在着，我就相信我们在任何时候都不能宣布马克思对资本主义内在本性的分析有任何错误。"

苏东剧变以后，马克思主义在世界上一度陷入低潮，但是，一些被原苏东国家视为异端的西方马克思主义者，如被称为当代西方最著名的四位思想家的德里达、詹姆逊、哈贝马斯和吉登斯，仍然对马克思有关资本主义社会经济矛盾和运动规律的论述以很高的评价。他们认为，《资本论》对资本主义社会经济矛盾和运动规律的论述仍具有现实意义，《资本论》关于未来社会的科学预见仍有价值。在当代资本主义的社会变化中，有许多变化本身就是对《资本论》揭示的这些矛盾和规律做出反应的结果。可以肯定地说，如果没有《资本论》，就没有今天的世界。

新制度经济学家诺思承认："马克思主义的框架之所以是目前对长期变革最有利的论述，恰好是因为它包含了新古典分析框架所遗漏的所有因素：制度、产权、国家和意识形态。"虽然马克思没有形成完整的制度分析系统逻辑，但是，依然可以从马克思的理论著作中解剖出马克思的制度分析系统逻辑。要把握马克思的制度分析理论，首先就要从理论的基础来看，那就是方法论、人性假设和价值观。

9.1　马克思制度经济学的思考①

9.1.1　马克思制度分析的方法论

马克思制度经济学的基本研究方法是唯物史观和唯物辩证法。这一方法被许多经济学家归结为制度整体主义。但是，马克思的制度分析又与制度整体主义有区别。根据制度整体主义的分析方法，社会不是个人的简单加总，相反，由特殊社会结构决定的社会整体决定个人属性及其生存和行动空间。因此，一定的社会制度体现不同阶级或不同社会集团之间的生产关系，是社会系统结构中生产力和生产关系、经济基础和上层建筑矛盾运动的产物。不是理性个人的自由选择导致经济制度的变迁，相反，是社会结构和制度的变迁决定着个人行为方式和选择空间。制度整体主义比制度个人主义更接近对于现实人的分析。个人主义方法论是新古典经济学研究经济问题的方法，往往把制度作为既定前提或把制度抽象化。但是在研究制度问题时，个人主义方法论存在很大局限性。例如，从"规则遵循者"与理性最大化者的关系来看，前者建立习惯和常规，更重要的是采纳社会规范和惯例；后者则根据其环境和机会的变化调整行为，以使其净收益最大化。规则遵循者更多体现了制度整体主义的思路，而理性最大化者体现了个人主义方法论。

马克思明确反对用鲁滨逊式的孤立个人主义之间的自由契约来解释社会制度起源。"我们越往前追溯历史，个人也就是进行生产的个人，就显得越不独立，越从属于一个更大的整体。"随着生产力发展，个人的力量也逐步强大，但无论个人的力量如何强大，任何人物都不可能脱离社会而进行孤立生产。不过，现实中的个人也并不是被动地受制于环境的个人，而是能够实践的个人。马克思主义制度分析是将个人放到社会关系的大环境中去考察，是从社会出发来看待个体所做出的选择，这点与西方学者把个体看作制

① 洪坤，孔令乾.2009.马克思制度经济学的思考.南方论刊，(4)：37-38.

度分析的逻辑起点和人类历史起点不同。

但是，马克思并不是由此走向反面，完全否定个体主义方法，那是因为马克思反对从抽象的整体来空谈问题。马克思在《政治经济学批判》导言中论述政治经济学分析方法时明确指出："在经济学上从作为全部社会生产行为的基础和主体的人口开始似乎是正确的。但是，更仔细地考察会发现这是错误的。如果抛开构成人口的阶级，人口就是一个抽象名词。如果不知道这些阶级所依据的因素，如雇佣劳动、资本等，阶级又是一句空话。而这些因素以交换、分工、价格等为前提。例如资本，如果没有雇佣劳动、价值、货币、价格等，它就什么也不是。因此，如果从人口着手，那么就是关于整体的一个混沌表象。"

目前，马克思主义研究者中大多数人都认为马克思主义的制度分析方法是整体主义。但是马克思主义的制度分析方法，既不是个体主义，也不是简单的整体主义，而是个体与整体的高度统一方法论，整体主义并不能涵盖马克思主义制度分析方法的本质。国家、集体、阶级只是分析工具，只是为了更好地分析个人在各种社会联系中的行为，但是，并不是说就不关注个体行动。由于马克思所处的年代里资产阶级与无产阶级矛盾冲突激烈，所以，马克思过度重视阶级的作用，过多采用阶级的分析方法，这也是由当时的时代背景所决定的。

可见在不同的逻辑阶段，制度分析的基本单位可以不同，但是这个不同只是个表象，本质是人在不发展的状态下借以实现自我行动的形式或工具。例如，在分析资本主义制度的时候，表面是在分析资产阶级和无产阶级，实际是分析以物的依赖性为基础的独立人类。但是，在以往的社会主义实践中，传统的社会主义政治经济学却是从抽象的整体出发来看问题，抽象的集体利益代替了个人利益及个人与个人之间的利益矛盾，认为阶级利益就能代替个人利益，集体利益就能代替个人利益，完全忽视了人与人之间的利益矛盾纠纷。

9.1.2　马克思制度分析的人性假设

马克思的人性假设不是西方经济学的抽象经济人，也不是新制度经济学的有限理性经济人，而是"现实中的个人，也就是说，这些个人是从事活动，进行物质生产，因而在一定物质的、不受他们任意支配的界限、前提和条件下活动着"。马克思认为人的本质是随着生产关系的不断发展而不断变化的，并不是一成不变的。马克思的《1844 年经济学哲学手稿》认为，人的本质由劳动决定，人的发展状况取决于劳动分工导致的脑力劳动与体力劳动的分裂。可以说只要劳动分工所导致的脑力劳动和体力劳动的分裂存在，那么人的本质就不会发生改变。

所以从人类历史发展来看，不管是资本主义社会还是社会主义社会，其实人追求自身利益的本质并没有发生根本变化。资本主义社会和社会主义社会其实对应的仍然是人类发展三种形态的第二种形态，也就是说，人的本性仍然是以物的依赖性为基础的独立存在，是一种利己主义的个人。

所以，在现代化和市场经济这个阶段，经济人当然能够作为分析工具，因为它本身就是市场经济和现代化的产物。既然中国目前正处在现代化和市场经济这个历史阶段，那么从利己的人出发分析问题无可厚非。但是，这样的经济人，也应该是社会人与人之间的互动，也应该是有限理性的经济人，并且应该从经济领域扩展到整个社会制度中。

9.1.3 马克思制度分析的价值观

国内马克思主义学者认为，马克思主义制度分析方法坚持的价值观是集体主义，并且认为这是马克思主义制度分析与西方新制度经济学学派的本质区别，其实这是对马克思主义本身的误解。从马克思的理论发展来看，马克思始终充满的是人文主义的高度关怀，制度分析始终充满人性。所以，每个人的自由全面发展，才是马克思制度经济学自始至终坚持的价值观。

马克思虽然强调分析个体要在人与人的现实关系中，在个体与集体、个体与制度、个人与社会的关系中，既强调个人的主观能动性又强调个人受到的既定自然环境、社会制度的制约，但是，马克思是否就认为集体利益高于一切，决定一切？马克思设想的共产主义社会恰恰是自由人的联合体。联合体的前提之一是，人是自由人而不是目前社会的异化的人，正是在自由人的联合体中，联合体的利益和每个人的利益一致。相反在异化人所组成的共同体中，更多的是人与人之间的利益矛盾，人和集体的利益矛盾。

马克思主义制度分析注重人的实践作用，这种实践不仅仅是指无产阶级用暴力推翻资产阶级，也不仅仅是消灭私有制，而是指社会中的每个人自主自觉去追求自身的自由和解放，消除异化劳动，从而把自己从异化的人中解放出来。如果把人的实践局限在无产阶级当家作主或者消灭私有制度，那才是真正不理解马克思的实践作用。所以，评价一种制度是否优劣，应以这种制度是否有利于个人的发展为标准，即以制度安排对于人的自由、全面发展的存在意义为判别方法。这种价值判断既不是西方经济学注重的资源配置效率，也不是传统社会主义注重的虚假平均主义，而是人的自由全面发展。只要一种制度能够极大限度调动人的积极性、主动性和创造性，更大限度赋予人的自由和个性，更大限度为人的自由全面发展提供物质基础和思想基础，这就是好制度。制度变迁和创新就应该朝着这样的方向，而不是以创新的名义退到约束人、压制人、侵害个人权利的局面，开历史的倒车。

9.2 马克思产权理论①

自20世纪80年代后期西方产权理论传入我国以来，我国经济理论界关于产权问题的研究大多以介绍和宣传西方产权理论为主，马克思主义被边缘化了，出现了言必称科斯定理的现象。许多人甚至认为“产权”这一概念是以科斯为代表的西方产权理论的经济学家所提出的。实际上，马克思早于科斯等西方学者一百多年就开始了对产权问题的研究。佩乔维奇曾经在《马克思、产权学派和社会演变过程》一文中指出：“马克思是

① 贺静．2009．论马克思的产权理论及启示．生产力研究，(11)：11-13.

第一位有产权理论的社会科学家。”马克思在历史唯物主义方法论的基础上，研究了财产权的本质，认为产权关系是生产关系的具体形式，分析了财产和财产权的起源和变迁，并提出财产权统一和分离的思想。

9.2.1　财产权、所有权、产权及所有制的基本内涵及相互关系

在马克思的经济学研究中，马克思始终把财产权利看作一种社会关系，同时，马克思也把财产权利看作一种经济权利。在此基础上，马克思更进一步把财产权上升为是用法的意志表现出来的经济关系。“每当工业和商业的发展创造出新的交往形式，如保险公司等的时候，法便不得不承认它们是获得财产的新方式”。在这里，马克思指出，财产权利本身是一种客观的经济性权利或经济关系，属于经济基础范畴，而当这种客观的经济性权利或经济关系获得一定认可和规范时，就取得了法权的形式，成为具有法律界定的财产权利或财产关系。

马克思在《资本论》中对“所有权”的使用存在两种不同的情况。一种情况是，马克思所指的所有权包括一组权利，包括归属权、占有权、使用权、支配权和收益权等。例如，他在《资本论》第三卷中分析土地的国家所有制时所指出：“在这里，主权就是在全国范围内集中的土地所有权。但因此那时也就没有私有土地所有权，虽然存在着对土地私人的和共同的占有权与使用权。”第二种情况是，所有权仅指财产的归属权，这个权力包含在上述广义所有权之中。例如，他分析劳动力作为商品卖出之后，劳动力的使用权归资本家，而工人仍然拥有劳动力的所有权。

所有权和所有制是两个有密切联系的不同范畴：所有制是经济范畴，所有权是法律范畴；所有制是生产资料归谁所有的经济制度，所有权是财产归谁所有的法律制度；所有制体现人们在生产资料方面形成的经济关系，是生产关系的基础和核心，它决定人们在生产过程中的关系及交换关系和分配关系，所有权是所有制的法律形态。一定的所有制决定一定的所有权，所有制的性质和内容决定所有权的性质和内容，所有制的变动决定所有权的变动。在存在国家和法的各个历史阶段上，没有不存在所有制的所有权，也没有不存在所有权的所有制。马克思预言，在未来社会中，当国家消亡以后，所有权将会消亡，但所有制仍将继续下去。

9.2.2　产权的统一与分离

1. 所有权和占有权的统一与分离

独立的农民和手工业者，奴隶制经济中的奴隶主，领主制经济中的领主，他们既是所有者又是占有者，既有所有权又有占有权。在研究亚细亚的所有制形式时，马克思发现所有者和占有者不是同一主体。在公社内，公社是所有者，个人只是占有者，这是一种情况；另一种情况是，大共同体是所有者，而大共同体所属的小共同体是占有者。

2. 土地所有权和经营权的统一与分离

在所有权和经营权分离的情况下，土地所有者占有土地，土地经营者即租地农场主占有资本，这是资本主义生产方式的典型情况。在资本主义制度下，土地所有权和经营权的分离解决了既要投资购买土地，又要投资经营土地的矛盾。在资本主义的农业生产中，剩余价值和利润是工人创造的，土地所有者凭借土地所有权获得地租，农业资本家凭借土地经营权投资于土地，并雇佣农业工人进行农业生产。因此，资本主义土地所有权和经营权的分离体现了土地所有者和农业资本家对工人的共同剥削。

3. 劳动力所有权和使用权的统一与分离

在资本主义生产关系下，劳动力表现为商品，劳动者对于自己的劳动力获得了所有权，而生产资料所有者在市场上找到作为商品的劳动力，当资本雇佣劳动的契约关系形成时，劳动力的使用权属于生产资料所有者。在劳动条件和劳动力完全分离的情况下，资本主义生产关系使劳动条件和劳动力处于对立之中。

4. 资本所有权和使用权的统一与分离

马克思研究产业资本和商业资本时，假设资本家完全用自有资本进行经营，此时，资本所有权和使用权是统一的。而马克思在研究借贷资本时，则假设职能资本家完全用借入资本进行经营。在这里，资本所有权和使用权分离。资本所有权和使用权的分离形成了借贷资本家和职能资本家两个不同产权主体，导致了利息和企业利润的分离。马克思还考察了资本所有权和使用权的分离在股份公司中的发展。股份公司资本所有权和使用权的分离，使股份公司的资本具有生息资本和产业资本或商业资本二重特性。马克思指出，“单纯的资本所有者所得的股息包括利息和企业主收入，也就是全部利润，这全部利润仍然只是在利息的形式上，即作为资本所有权的报酬获得”。

9.3 马克思的企业制度理论

企业制度理论，即从企业发展规模的角度考察企业组织制度和管理制度。现代企业制度理论将企业分成个人业主制（独资）企业、合伙（合作）制企业和公司（股份）制企业。其中公司被认为是现代企业。国有企业选择了公司制度，人们也希望从西方的企业理论中去寻找国企改革的理论依据，可至今有关国有企业建立“现代企业制度”的问题还存在许多难以克服的矛盾。研究者忽略了马克思的企业制度理论，甚至有人认为马克思没有企业理论。其实，马克思在许多著作中，特别是在《资本论》整个三卷书中用了大量篇幅讨论企业制度理论。马克思研究企业制度理论有着不同于西方企业理论的视角。

9.3.1　企业制度演进[①]

1. 企业制度演进与生产力发展的一致性

马克思认为企业是资本主义经济发展的产物，企业制度的演进与生产力发展相一致。

企业产生的起点是资本主义初期的简单协作。在协作阶段“资本主义生产实际上是在同一个资本同时雇佣较多的工人，因而劳动过程扩大了自己的规模，并提供了较大量产品的时候才开始。较多的工人在同一时间、同一空间（或者说同一劳动场所），为了生产同种商品，在同一资本家的指挥下工作，这在历史上和逻辑上都是资本主义生产的起点”。协作使资本主义生产量的扩大引起了生产方式质的变化。“即使劳动方式不变，同时使用较多的工人，也会在劳动过程的物质条件上引起革命。”在简单协作阶段，标志生产力水平的生产工具还是以手工工具为主。但协作的物质条件比过去优越，“较大量的生产资料积聚在单个资本家手中，是雇佣工人进行协作的物质条件，而且协作范围或生产规模取决于这种积聚的程度”。就在资本主义初期阶段，生产力水平和分工协作决定了以商品生产为目的的企业开始产生。

工场手工业使企业进一步发展。“工场手工业分工通过手工业活动的分解、劳动工具的专门化、局部工人的形成，以及局部工人在一个总机构中的分组和结合，造成了社会生产过程的质的划分和量的比例，从而创立了社会劳动的一定组织，这样就同时发展了新的、社会的劳动生产力。”以标志生产力发展水平的劳动工具的专门化和分工的进一步发展使企业组织得到发展，并使企业内部分工合理化、内部组织层级化的特征日益显现。

机器大工业最终确立了企业的工厂制形态。机器大工业彻底改变了生产的技术条件，也使企业组织形态和制度趋于完善。马克思认为机器大工业取代手工企业带来了整个社会生产方式的革命。“大工业必须掌握它特有的生产资料，即机器本身，必须用机器来生产机器”。机器大工业本身推动着企业制度不断发生变革，“社会劳动组织本身，促进了社会劳动生产力的提高，要求生产大规模地进行，从而要求单个资本家预付大量货币资本”。

由于生产力的提高，资本主义市场的扩大，铁路、公路等水陆运输的发展，电力的加速扩大，单个资本企业无力满足为进行有效生产所必须的企业资本最低限额，企业资本社会化便产生了。再加上资本主义信用制度、通信业的发展，股份企业制度由此产生了。“在资本主义生产的基础上，历时较长、范围较广的事业，要求在较长时间内预付较大量货币资本。所以，这一类领域里的生产取决于单个资本家拥有的货币资本的界限。这个限制被信用制度和与此相连的联合经营（如股份公司）打破了。”股份公司制企业应运而生。

---

① 何玉长．1998．马克思企业制度理论及其现实意义．财经研究，15(4)：45-48.

2. 企业制度演进的三种组织形式

企业制度的演进随着生产力的进程不断发展，在这一发展进程中，其组织形式经过了业主制、合伙制和现代公司制的发展进程。

业主制是一种产权单一所有，适应于小规模经营的企业制度。业主拥有全部产权，包括剩余索取权、经营决策权、监督管理权。业主与雇员之间是一种雇佣劳动关系。马克思在分析企业制度时所说的简单协作和工场手工业，都是以单个资本经营为分析对象的典型业主制企业。“数量较多的工人受同一资本指挥，既是一般协作的自然起点，也是工场手工业的自然起点。现在，单个资本家所必需使用的最低限额工人人数，要由现有的分工来规定。”马克思在这里所说的“同一资本”是指资本的所有权掌握在一个业主手中，他所说的“同一资本家”、“单个资本家”指挥生产是指资本所有权与经营权统一在业主手中。

合伙制是由两个以上的人共同投资经营的企业制度，一般也是小企业。企业经营风险由合伙人共同承担，剩余索取权也由合伙人分享。因此，合伙制能促进自我控制和投资者之间的相互监督。从生产力的发展和分工来说，合伙制企业与业主制属于一个层次。因而，马克思的分析从单个资本的业主制迅速转移到联合资本的股份公司制。从企业史看，合伙制企业是单个资本走向资本联合，从而发展成公司制的过渡点。

在马克思企业制度组织形式的分析中，较多论述了现代公司制的主要形式——股份公司制。股份公司制通常适应大规模的生产经营。股份公司巨额资金投入，是通过向社会发行股票的办法筹集的，投资者将以等额股份获得投资收益，并以出资额为限承担有限责任。公司享有独立的法人财产权。资本主义生产力的发展，使资本有机构成提高，企业规模扩大，对资本数额的要求越来越大。联合资本的出现适应了这种要求。其组织形式便是股份公司。马克思说：“一个独立的工业企业为进行有效的生产所必需的资本最低限额，随着生产力的提高而提高，这种情况在竞争中表现为：只要新的较贵的生产设备普遍得到采用，较小的资本在将来就会被排除在这种生产之外。只是在各生产部门机器发明的初期，较小的资本才能在这些部门独立执行职能。另外，铁路之类规模极大的企业，固定资本所占比例异常巨大，它们不提供平均利润率，只提供它的一部分，即利息。否则，一般利润率就会降得更低。但是，资本在股份形式上的巨大结合，在这里也找到了直接的活动场所。”同时，信用制度又为股份公司的产生提供了条件。“信用制度是资本主义私人企业逐渐转化为资本主义股份公司的主要基础”。

现代股份公司制是在1840年以后出现的。其制度特征是，实际经营决策权逐渐由董事会转移到职业经理人员手中，现代企业成了由经理人员控制的经理式企业。现代股份公司的规模也以极快的速度增长着。恩格斯在整理《资本论》第三卷时，指出了当时日益扩大的股份公司状况：“一些新的工业企业的形式发展起来了。这些形式代表着股份公司的二次方和三次方。”

马克思将企业制度分为三种类型：独资企业、合作制企业和股份制企业。无论是形成机制还是具体形式都有别于西方企业理论中的业主制、合伙制和公司制企业。

9.3.2　马克思的独资企业理论①

马克思研究独资企业，是从资本主义私人企业开始的。马克思认为，现代资本主义私人企业的产生经历了三个过程：协作、分工，工场手工业，机器大工业。

1. 协作是资本主义生产的起点

马克思研究资本主义企业，是从资本主义典型形态——英国出发的，他并非一开始就研究企业管理制度，而是研究资本主义企业产生的起点。

马克思进一步将研究深入协作的生产力变化和生产关系变化。马克思认为，这种协作不但使劳动的“量”，而且“质”发生变化。“即使劳动方式不变，同时使用较多的工人，也会在劳动过程的物质条件上引起革命。”“物质条件”指的就是生产力。马克思还更直接地谈到协作引起生产力变化，这里的问题不仅通过协作提高了个人生产力，而且创造了一种生产力，这种生产力本身必然是集体力。

马克思还从生产关系角度分析。“起初，为了有足够的同时被剥削的工人人数，从而有足够的生产出来的剩余价值数量，以便使雇主本身摆脱体力劳动，由小业主变成资本家，从而使资本关系在形式上建立起来”。劳动过程的监督关系也发生了变化，“正如起初当资本家的资本达到开始真正的资本主义生产所需要的最低限额时，他便摆脱体力劳动一样，现在他把直接和经常监督单个工人和工人小组的职能交给了特种雇佣工人。在劳动过程中以资本的名义进行指挥。监督工作固定为他们的专职。”资本主义协作是协作的一个特殊历史形式。协作这种形式古代就存在，但资本主义协作的特点是“一开始就以出卖自己的劳动力给资本的自由雇佣工人为前提”。“资本主义的协作形式是同农民经济和独立的手工业生产（不管是否具有行会形式）相对立而发展起来”。马克思区分了资本主义协作同人类文明初期协作的不同特点，并且指出了资本主义协作同个体经营之间的内在相承关系。

协作是个人业主制企业的一种特殊形式。“正如协作发挥的劳动的社会生产力表现为资本的生产力一样，协作本身表现为与单个独立劳动者或小业主的生产过程相对立的资本主义生产过程的特有形式。”协作本身还是个人业主制企业，这一特点并未改变，但它又是资本主义的协作，这是与历史上单个独立劳动者或小业主的区别。这种区别表现为“是与规模较大的生产结合在一起”，但资本主义协作并非个人业主制在资本主义时代表现的唯一形式，除了协作这种形式外，工场手工业和机器生产初期也是以个人业主制企业形式表现出来的。这里能看出马克思的企业理论同西方企业理论在分类上的差别。

2. 工场手工业是在协作基础上发展起来的

“以分工为基础的协作，在工场手工业上取得了自己的典型形态”。在简单协作上的

① 安增军．2001．马克思研究企业制度理论的独特视角．当代经济研究，(8)：17-21，42．

工人分工、劳动工具的专门化、工场手工业不仅使劳动的生产力得到了发展，而且，首先使企业组织形式得到了发展。在资本主义企业制度中，工场手工业分工是资本主义分工的特有形式。“整个社会内的分工，不论是否以商品交换为媒介，是各种社会经济形态所有的，而工场手工业分工却完全是资本主义生产方式的独特创造。”它一方面使企业内部组织层级化特征日益显现，另一方面为企业规模的进一步扩大，向机器大工业发展奠定了一个基础。一般企业理论并没有将个人业主制这种制度再细分为若干形式。马克思的企业理论的重要特点是他不仅对独资企业做了若干细划，而且将工场手工业看成资本主义的特有形式。这样，企业制度便可以分成一般形式和特有形式。从这一视角出发，完全可以将几种企业制度再细分。在工场手工业之前的企业形式，可能有多种形态，但它们是还没有发展的企业制度形式，古代大规模生产需要分工和协作，但这不是分工的发达形式。工场手工业就完全不同，它是分工的发达形式，机器大工业在技术上是革命的，但从企业制度角度看，它仅仅是工场手工业量的扩展。

3. 机器大工业使资本主义企业制度最终确立

机器大工业不仅为资本主义制度的最终确立奠定了基础，而且使资本主义企业制度最终确定。机器大工业不仅使生产的效率大大提高，而且使“生产方式的变革，在工场手工业中以劳动力为起点，在大工业中以劳动资料为起点”。企业的组织形式随着劳动生产力物质基础的机器的建立而建立起来。“机器还从根本上使资本关系在形式上表现为，工人和资本家之间的契约发生了革命。”过去工人和资本家以独立的商品所有者自由买卖，现在虽然在形式上没有变化，但由于妇女、儿童劳动使这种交换的实质改变了。“工人在技术上服从劳动资料的划一运动，以及由各种年龄的男女个体组成的劳动体的特殊构成，创造了一种兵营式的纪律。这种纪律发展成为完整的工厂制度，并且使前面已经提到的监督劳动得到充分发展，同时使那种把工人划分为劳动和监工，划分为普通工业士兵和工业军士的现象得到了充分发展。”“奴隶监督者的鞭子被监工的罚金簿所代替。自然一切处罚都简化成罚款和扣工资。”企业制度的一个重要方面是劳动的组织和监督形式，由于机器的使用发生了变化。现在不用鞭子了，甚至当机器流水线出现后，连专门的监工也不要了，每个层级的工头本身就是监工。这个变化的基础是机器，“因此，大工业必须掌握它特有的生产资料，即机器本身，必须用机器来生产机器。这样，大工业才建立起与自己相适应的技术基础，才得以自立”。马克思把以机器为基础的工厂制的产生看成生产力发展的结果，是适应机器大工业产生的。马克思甚至把工厂看成“有组织的机器体系”。马克思的机器大工业理论是马克思企业理论中的经典之作。资本主义机器大工业的发展，不仅是生产力的发展，更是生产关系的变革。过去的一切目的和形式，在机器大工业面前全部改变了，工人从形式上的隶属变成了实际上的隶属。企业制度的变化也由劳动资料本身的性质所决定。

从企业理论的激励理论看，马克思的分析同当代西方理论也有较大差别。马克思认为，机器不仅使生产力提高，还使工人之间的技术差别均等化，“工具的效率从人类劳动力的人身限制下解放出来。这样一来，工场手工业分工的技术基础就消失了。因此，在自动工厂里，机器助手所要完成的各种劳动的平等或均等趋势，代替了工场手工业所特有的专业工人等级制度，年龄和性别的自然差别代替了局部工人之间的人力差别”。由于劳动的均等化趋势，作为激励工人的手段主要体现为作为机器助手的作用。

9.3.3　马克思的合作制理论

马克思的企业理论中同样有合作制企业的理论。但马克思、恩格斯并没有将合作制同个人业主制和股份制当作前后交替产生的企业制度。他们的研究是从资本主义制度下合作制企业发展的必然性和对未来社会的企业组织形式角度进行分析的。

1. 合作制形式是大规模生产的要求

合作制是一种古代的企业制度，在许多国家很早就出现过。但资本主义制度出现后的合作制是由空想社会主义者提出的。“在英国，合作制的种子是由罗伯特·欧文播下的”。但马克思始终认为，即使在资本主义社会中，合作制对工人也具有积极作用，因为它是工人自己的企业。马克思在 1864 年为国际工人协会成立而写的宣言中认为：“合作运动，特别是由少数勇敢的‘手’（劳动者——作者语）独立创办起来的合作工厂，是劳动的政治经济学对财产的政治经济学的一次更大的胜利。”其中，“劳动的政治经济学”指工人，“财产的政治经济学”指资本家。同时，马克思认为这是生产力发展的必然要求，因为这种组织形式用事实证明“大规模生产，并且是按照现代科学要求进行的生产，在没有利用雇佣工人阶级劳动的雇主阶级参加的条件下能够进行”。合作制是顺应历史潮流的一种企业组织形式。无论是资本主义社会中的合作企业，还是工人自己的合作工厂，在历史进程中都具有积极意义。马克思给予高度评价，“对这些伟大的社会试验的意义不论给予多么高的估价都不算过分”。从现在看，这个评价是否过高，值得研究，因为合作企业也只是企业制度中的一种过渡形式，它并不一定完全适应未来生产力高度发达的需要。同时，马克思、恩格斯所研究的合作制，主要限于工人自己的合作工厂，并没有对各种性质的合作制都进行广泛研究，他们对合作制评价过高可能是因为这个原因。

2. 合作制扬弃了资本和劳动的对立

“工人自己的合作工厂，是在旧形式内对旧形式打开的第一个缺口。虽然它在自己的实际组织中到处都再生产出并且必然会再生产出现有制度的一切缺点，但是，资本和劳动之间的对立在这种工厂内已经被扬弃。”马克思在这里所指的合作工厂，不是资本主义社会一般的合作工厂，而指“工人自己的合作工厂”。他认为这种合作工厂继承了旧制度的“一切缺点”，但它毕竟“是在旧形式内对旧形式打开了第一个缺口”。在这个合作工厂内劳动和资本的对立已经被扬弃，合作工厂是在资本主义制度中产生的新工厂制度。“这种工厂表明，在物质生产力与之相适应的社会生产形式的一定发展阶段上，一种新生产方式怎样会自然而然地从一种生产方式中发展并形成起来。没有从资本主义生产方式中产生的工厂制度，合作工厂就不可能发展起来；同样，没有从资本主义生产方式中产生的信用制度，合作工厂也不可能发展起来。”马克思分析的合作工厂是从资本主义的工厂制度中和信用制度中产生的，这里又一次证明这种合作制不是资本主义以前的古代合作制，同时证明了合作制度是私人企业的一个发展或进步。但不能证明历史上的企业形式是先有个人业主制，才有合作制，从历史考证看，合作制也是一种古老的形式，与个人业主制一样，它的历史起点始终未能被证明。

3. 合作制企业是一种过渡企业形式

合作制企业具有不同的性质，但它是向新生产方式过渡的形式。“资本主义股份制企业和合作工厂一样要看作由资本主义生产方式向社会共同生产方式过渡形式。不过，有一点区别，一方面，对立是消极扬弃；另一方面，对立是积极扬弃。”恩格斯明确指出：“在向完全的共产主义经济过渡时，我们必须大规模采取合作生产作为中心环节，这一点马克思和我从来没有怀疑。”恩格斯的观点同马克思是一致的，同“合作社是向社会共同生产方式过渡形式”一致。合作社同社会主义是一个什么关系？恩格斯在谈到这个问题时说：“但事情必须这样来处理，使得社会（首先是国家）保持对生产资料的所有权，这样，合作社的特殊利益就不可能压过全社会的整个利益。”

从上述马克思关于合作制的论述可以认识到，占统治地位的既然是资本主义生产方式，在这种制度下的合作社，无论属于哪一种性质（即便这些合作社是社会主义者组织的），都离不开资本主义社会的大环境，总是在相当大的程度上，或者确切地说在很大程度上具有资本主义性质。但马克思又没有把合作社与一般的资本主义经济形式等量齐观，而明确指出这种合作社“在这个形式上，组合了的劳动者已经是他们自己的资本家，他们利用生产资料来增值他们自己的劳动”。过去理论界有一个错误的认识，即社会主义的因素不会在资本主义内部产生，只有先推翻资本主义制度，才能建立社会主义。马克思关于合作制的思想中提供了不同的观点。

9.3.4 马克思的公司制理论

马克思从股份制角度探讨公司制。在马克思时代，古老的股份公司虽然可能存在了几百年，但资本主义股份制企业还处在发展的初期阶段。在股份制还不成熟时马克思就已经对股份制进行了比较全面的认识和较深入的分析。

1. 股份公司是私人企业，但它采取了社会企业的形式

马克思认为股份公司“是资本主义生产方式在其本身范围内的扬弃，因而是一个自行扬弃的矛盾，这个矛盾首先表现为通向一种新生产方式形式的单纯过渡点”。股份公司“在这里直接取得了社会资本（那些直接联合起来的个人的资本）的形式，而与私人资本相对立，并且它的企业也表现为社会企业，而与私人企业相对立”。马克思还指出，股份公司是在“资本主义体系本身的基础上对资本主义私人产业的扬弃；它越是扩大，越是侵入新生产部门，就越会消灭私人产业”。扬弃，既克服又保留。股份公司本身克服了私人资本的狭隘性，采取了社会资本的形式，但它并不会自行克服私人占有制度的本身，仍保留了这种资本主义占有方式。

2. 股份公司使个人企业中的资本所有权与资本职能两者逐渐分离

在个人企业中，资本家既是所有者又是资本职能的执行者，股份公司则不然。“在股份公司内，职能已经与资本所有权相分离，因而劳动也完全与生产资料所有权和剩余劳动所有权相分离”。资本所有者即股东并不直接管理企业，通常经由股东大会授权给董事会，再由董事会聘用公司经理，并授权经理管理公司的业务；经理负责一整套经营管理机构，是资本职能的执行者，是公司资本的管理人。股票所有者则成为单纯的资本所有者。这种资本所有权同资本职能的分离并非在股份公司中第一次产生，在土地的经营上很早就产生过两权的分离问题。但股份公司的两权分离，正是现代企业制度的典型特征之一。在这里，必须看到，股份公司的制度框架更符合现代企业制度，合作制并非一定比股份制更先进。

3. 股份公司形式已经提供了转化为社会财产的过渡点

马克思考察股份公司形式，得出它将可能成为转化为未来社会中由社会占有资本的形式。“资本主义生产极度发展的结果，是资本再转化为生产者的财产所必需的过渡点，不过这种财产不再是各个互相分离的生产者的私有财产，而是联合起来的生产者的财产，即直接的社会财产。另外，这是所有那些直到今天还和资本所有权结合在一起的再生产过程中的职能转化为联合起来的生产者的单纯职能，转化为社会职能的过渡点。”这个过渡点是必需的，但又是单纯的。因为它即使发展到卡特尔、托拉斯这样的巨型股份公司，也只是资本主义生产方式内一种形式到另一种形式的过渡，最多也只能在一定部门中造成垄断，因而要求国家干涉。恩格斯认为，这时的股份公司已经最令人鼓舞地为将来由整个社会即全民族来实行剥夺做好了准备。马克思、恩格斯对股份制性质的研究有一点很明确，就是股份公司无论如何发展，它仍然是私人资本的性质。

9.4　马克思制度变迁与社会发展理论①

自新制度经济学兴起后，极大地引起了学界对马克思制度变迁理论的研究。在对马克思制度变迁理论的研究中，学者们主要从新制度经济学与马克思制度变迁理论比较、马克思制度变迁理论追本溯源及马克思制度变迁理论构建等方面展开。

9.4.1　分工、交往与制度的起源

在经济学说史上，马克思、恩格斯是较早论述分工、交往与制度起源的学者。在《德意志意识形态》中，马克思、恩格斯精辟论述了分工、交往与制度起源的关系。

何谓制度？制度是如何被创立的？这是研究制度起源和制度变迁理论的学者所关注

① 刘荣材．2009．论马克思制度变迁与社会发展理论模式．延安大学学报（社会科学版），31(4):9-13.

的首要问题。在马克思看来，社会制度是社会历史的产物，它随着生产力的发展、分工和交往的出现而产生。马克思指出，“社会，不管其形式如何，究竟是什么呢？是人们交互作用的产物。人们能否自由选择一个社会形式呢？绝对不能。在人们生产力发展的一定状况下，就会有一定的交换和消费形式。在生产、交换和消费发展的一定阶段上，就会有一定社会制度、一定家庭、等级和阶级组织，一句话，就会有一定的市民社会，就会有不过是市民社会正式表现的一定政治国家。因此，现存制度只不过是个人之间迄今所存在的交往的产物。”

个人之间的交往及制度受分工和生产力的制约，并随着分工的出现而产生发展。最初的分工是在原始形态的家庭内部按性别进行的，这种分工还处于自然状态。马克思、恩格斯指出，“分工起初只是性别方面的分工，后来是由于天赋（如体力）、需要、偶然性等而自发或‘自然产生’的分工。与这种分工相对应并对这种分工进行规定的制度便是家庭关系”。“这个家庭起初是唯一的社会关系”。在这种按性别和自然产生分工的家庭里，开始出现了所有制的萌芽和原始形态，在那里妻子和孩子属丈夫所有，是丈夫的奴隶。“家庭中的奴隶制（诚然，非常原始和隐蔽）是最早的所有制”。

当分工由性别的自然分工向体力劳动和脑力劳动分工演化时，标志着真正分工的开始，同时意味着制度发展变化。马克思指出，“分工只是从体力劳动和脑力劳动分离时才开始成为真实的分工”。社会分工的出现，人们在社会生产和交往中的地位发生了改变，利益分配的矛盾和对立也随之产生。“分工不仅使体力劳动和脑力劳动、享受和劳动、生产和消费由各种不同的人来分担成为可能，而且成为现实。”因为，“与分工同时出现的还有分配，而且是劳动及其产品在数量和质量上的不平等分配，因而产生了所有制”。因此，随着分工的发展，所有制即随着演进。“分工发展的各个不同阶段就是所有制的各种不同形式”。马克思根据分工、生产力发展的程度，分析了人类历史上部落所有制、古代公社所有制和国家所有制、封建或等级所有制的变迁和演进。

9.4.2 制度变迁的动力

马克思指出，社会制度有其自身发展变迁的轨迹和规律。马克思从辩证唯物主义和历史唯物主义出发，认为推动制度变迁的动力是生产力和生产关系的矛盾运动，以及一定社会中不同社会关系人们的物质利益冲突。

1. 制度变迁的根本动力

马克思认为，制度变迁的根本动力是生产力和生产关系的矛盾运动。从生产力和生产关系的矛盾运动来解释社会经济制度的变迁，是马克思制度变迁理论的基本方法和特点。马克思历史唯物主义认为，物质资料的生产是人类社会存在和发展的基础。为此，一方面要与自然界进行物质和能量的交换，另一方面人与人之间或经济主体之间也要进行劳动的交换。前者表现为生产力，后者表现为生产关系。有什么样的社会生产力，就有什么样的生产关系。生产力决定生产关系，生产关系一定要适应生产的发展状况，并反作用于生产力。其中，生产力是根本的首要因素。与生产力和生产关系的这种辩证关系相对应，经济基础和上层建筑之间的矛盾运动成了历史唯物主义的逻辑主线。经济基础决定上层建筑，上层建筑反作用于经济基础。

马克思对生产力和生产关系、经济基础和上层建筑之间的辩证关系做了高度浓缩而经典的概括，“人们在自己生活的社会生产中发生一定的、必然的、不以其意志为转移的关系，即与其物质生产力发展阶段相适应的生产关系。这些生产关系的总和构成社会经济结构，即有法律和政治上层建筑竖立其上，并有一定社会意识形式与之相适应的现实基础。物质生活的生产方式制约着整个社会生活、政治生活和精神生活的过程。不是人们的意识决定人们的存在，相反，是人们的社会存在决定人们的意识。社会的物质生产力发展到一定阶段，便与他们一直在其中活动的现存生产关系或财产关系（这只是生产关系的法律用语）发生矛盾。于是这些关系便由生产力的发展形式变成生产力的桎梏，社会革命的时代也就随之到来。随着经济基础的变更，全部庞大的上层建筑也发生变革”。

在这里，马克思认为生产力及其发展变化决定着社会生产关系的性质及其发展变化，即生产力的发展变化决定着制度变迁。生产力的内在变化引起原有生产关系的外在不适应，从而引起生产关系的改变。马克思在《资本论》中详细分析了生产力的变化必然引起制度变迁。以小生产者占有为标志的小私有制已越来越不适应日益发展起来的生产力要求，通过血腥的资本原始积累，催生了资本所有制，资本主义生产关系确立起来了。资本主义制度下，生产资料和劳动者相分离，分工协作进一步深化加强，科技成果被广泛地应用于社会生产，社会生产力被魔术般地创造出来。“资产阶级在它不到一百年的阶级统治中所创造的生产力，比过去一切世代创造的全部生产力还要多，还要大……过去哪一个世纪能够料想到有这样的生产力潜伏在社会劳动里呢?”伴随生产力的巨大发展，一方面，财富在资本家一极积累起来了，另一方面，贫困却也在劳动者一极积累起来。资本主义生产关系成为生产力进一步发展的障碍。同时，马克思分析指出，随着技术创新、生产力发展，资本有机构成越来越高，整个社会平均利润率呈下降趋势。平均利润率下降规律进一步加剧生产扩大与消费不足的矛盾，社会生产力只有靠周期性的经济危机强行为自己开辟道路。资本积累规律和平均利润率下降规律共同作用的结果必然导致，“生产资料的集中和劳动的社会化，达到了与其资本主义外壳不能相容的地步。这个外壳就要炸毁了，资本主义私有制的丧钟就要敲响了”。

在马克思看来，生产力是最革命、最活跃的因素，它始终在发展和前进。生产关系则相对稳定，只有生产力和生产关系的矛盾积累到一定程度，它才发生革命式的变革。正是社会生产力和生产关系的矛盾运动，推动着人类社会经济制度的变迁和演进。

2. 制度变迁的直接动力

制度变迁的根本动力是生产力和生产关系的矛盾运动，制度变迁的直接动因则是不同阶级之间的利益冲突。在与莱茵省议会的辩论中，马克思一针见血地指出：“人们奋斗所争取的一切，都同他们的利益有关。”因为人们的一切活动首先是为了经济利益而进行的，政治权力不过是用来实现经济利益的手段。恩格斯也指出，“每一个社会的经济关系首先作为利益表现出来”。在《共产党宣言》中，马克思、恩格斯开宗明义地指出：“到目前为止的一切社会历史都是阶级斗争的历史。”阶级斗争，即不同利益集团之间的利益冲突，被认为是整个社会经济发展的直接原因。

马克思根据人们在社会经济关系中对生产资料的占有分为不同阶级，即不同的大利益集团，这些利益集团之间的冲突构成了社会经济生活中的主要矛盾。而这些矛盾运动的结果就是整个社会经济制度的不断变化，其最高形式是革命式的激变。“自由民和奴隶、贵族和平民、领主和农奴、行会师傅和帮工，一句话，压迫者和被压迫者，始终处于相互对立的地位，进行不断的、有时隐蔽有时公开的斗争，而每一次斗争的结局都是整个社会受到革命改造或者斗争的各阶级同归于尽。”马克思认为正是不同利益集团之间围绕物质利益而展开的斗争，推动着社会经济制度的变迁。

首先，生产关系体现物质利益关系。马克思经济理论认为，任何生产关系都包含体现着一定的物质利益关系。当这种生产关系或制度进行调整和变革，必然改变人们的利益关系，从而也就会推动制度变迁。

其次，生产关系又制约、决定物质利益关系。在马克思看来，人们在生产关系所处的地位不同，特别是对生产资料的占有关系不同，决定人们实际所获物质利益的性质和水平也不同。也就是说，一定的制度安排决定着人们的利益状况。生产关系的变革、制度的变迁，会引起利益关系的调整，而对利益关系的调整要求又反过来推动制度的变迁。马克思正是通过生产力和生产关系、利益冲突两条相互联系的线索来研究人类经济制度的变迁，从而科学地揭示了人类社会经济形态及经济制度的变迁和演进。

9.4.3 制度变迁的共有信念

人们社会关系中地位和利益关系，还有待于意识形态的确认，制度变迁的实现，也需要意识形态的推动。一般来说，按照历史唯物主义的观点，社会存在决定社会意识，经济基础决定上层建筑。但是，作为上层建筑的社会意识形态，对一定社会经济基础和生产关系的确立又具有重要的反作用。马克思在《黑格尔法哲学批判》导言中深刻指出了社会意识对制度创新的作用。他认为：“批判的武器当然不能代替武器的批判，物质力量只能用物质力量来摧毁；但是理论一经掌握，群众也会变成物质力量。”意识形态一经产生并为群众掌握，就作为人们对世界和人类社会制度的系统看法和认识，从共有信念上规定了制度、制度运行和制度变迁的合法性及人们实施制度创新的行动域。

首先，意识形态预设了制度变迁的路径及目标函数。意识形态的主要内容和功能就是对未来社会经济制度、世界观和价值体系做出预设，规定未来制度设置的路径，是一定利益集团的行动纲领。一旦这种新的意识形态被大多数人所接受，则意味着人们对某种制度安排和生产关系的确认。也就是说，意识形态预先规定了制度安排模式、价值体系和理想信念，使未来制度安排以某种“先验”形式存在着。因此，意识形态一旦形成并被人们广泛接受，就意味着某种价值体系和理想信念在人们之间确立起来了，新制度安排也就会沿着意识形态预设的轨道被创设出来。

其次，意识形态保证了社会制度的合法性和有效运行。对于一定社会制度来说，意识形态的保证是社会制度合法性和有效运行的必要条件。如果没有意识形态的制度保证和制度约束，社会关系、利益分配、社会组织乃至个人交往关系，就没有合法性的制度基础，就会缺乏合作的制度保障。马克思指出："占统治地位的思想不过是占统治地位的物质关系在观念形态上的表现，不过是以思想形式表现出来的占统治地位的物质关系。"这是因为，占统治地位的思想或意识形态，要维护或论证占统治地位的生产、交换、分配和消费制度的合理性与合法性。

9.5　马克思制度经济学与新制度经济学的比较①②

新制度经济学和马克思制度经济学对一些问题的分析具有共同特点。例如，在重视对人与物关系分析的同时，注重对人与人社会关系的研究；重视制度在经济体系运行中的决定性意义，认识到制度对经济效率具有举足轻重的作用；同样立足于现实，不满主流经济学在远离现实的理论世界中摸索；都认为制度不仅影响经济体系的运行，而且不适应经济发展的制度会阻碍经济发展和社会进步，因而制度趋向于创新和变迁；在马克思的理论中也有关于交易成本（流通中的费用）和企业理论的论述，其精辟度不亚于新制度经济学。尽管他们都重视制度的作用，而且在众多领域都有所论述，但是其论证方法、目的、理解角度及世界观等方面的不同导致两大体系之间有明显区别。

9.5.1　方法论及分析方法

在现实世界中由于人所处的经济制度环境的复杂性及人自身能力的限制性，信息是稀缺的资源，因此总有意识想把事情做到最好的人可能会导致：想达到理性意识，但又是有限的。所以经济人行为的有限理性就成为新制度经济学的基本假定。由于有限理性，所以人们在经济活动中就有了机会主义倾向。在其基本假定之后，新制度经济学继承了古典的个人主义方法，同时就不可避免地使用与这一方法论相一致的经济学概念和分析方法，如效用、效率、边际、成本-收益分析、均衡等．新制度经济学是反凯恩斯的新自由主义学派中的一支，自由主义是其鲜明特征。科斯在其经典论文《社会成本问题》中明确批评了庇古的福利经济学原理，所谓"庇古税"是一种无效率的解决外部性的方法，它不能从根本上解决外部性，只要国家通过法律等正式规则和社会非正式规则明确经济行为主体之间的产权关系，市场就会自动有效地解决外部性问题，因此认为该学派并不主张国家有所作为。

新制度经济学以正统经济理论来分析制度的构成和运行，把制度这一当今非常重要的分析工具用在新古典经济学上面，企图解决它对现实世界解释不力的尴尬，以便继续维持资产阶级的稳固统治。交易成本概念是新制度经济学的分析基础，而正由于此，交易成为有成本的稀缺资源，新制度学派得以在主流体系中以经典成本-收益框架分析制

① 胡钧，刘凤义．2001．马克思经济学与新制度经济学的比较．经济学动态，(6)：6-13．
② 赵波，冉宏伟．2005．马克思制度经济学与新制度经济学之比较．河北经贸大学学报，26(1)：14-18．

度结构，从而被主流经济学所接纳。从这个意义看，新制度经济学的本质仍是新古典主义，是后者的补充。

如果说新制度经济学没有自己严密完整的理论体系，那么众所周知，马克思经济学却是一个基于其哲学基础之上的严密而完整的逻辑体系。

(1) 唯物辩证法是其根本方法，当唯物辩证法用于人类社会分析中时创立了历史唯物主义，马克思经济学是其哲学的最深刻、最全面、最详细的证明和运用。

(2) 抽象法。“分析经济形式，既不能用显微镜，也不能用化学试剂。二者必须用抽象力来代替。”例如，在对资本主义制度的商品分析中，如果只是看现象则只能看到物物关系，不能看到物的外壳掩盖下的人与人关系，从而不能认识到商品交换的本质。

(3) 矛盾分析法。马克思主张用抽象思维研究经济现象内层次的方法。例如，为了揭示简单商品经济的运动规律，就必须分析商品二因素、生产商品的劳动二重性、私人劳动和社会劳动等各种矛盾，从而使人更加清楚地认识资本主义经济制度的本质是剥削与被剥削的关系。

9.5.2 制度及其构成

马克思和新制度经济学都重视制度对经济效率和生产力的主要作用，有效的制度安排能促进生产力的发展，反之亦然。诺思认为：“制度是一系列被制定出来的规则、守法程序和行为的道德伦理规范，旨在约束追求主体福利或效用最大化的个人行为。”为了说明制度的创新和变迁对经济增长的作用，他将制度分为制度环境和制度安排。制度环境是“一系列用来建立生产、交换与分配基础的基本政治、社会和法律基础规则”，它是一个社会中所有制度安排的总和，相对稳定，改变起来较困难。而制度安排是“支配经济单位之间可能合作与竞争方式的一种安排”，是对某些具体行为或关系实施管制的规则，它往往在制度环境不变的情况下进行。制度安排分为正规制约和非正规制约。正规制约如政府、家庭、企业、学校、医院和股市等；非正规制约如习俗、传统、意识形态、惯例和道德等。由于经济活动中存在交易成本，合适的制度安排可以减少交易成本，促进经济增长，如果制度安排不能使交易成本倾向于降低，那么就会出现制度变迁。诺思理解制度是从产权理论、国家理论和意识形态理论三者之间的关系说明的，经济增长有赖于产权的明确界定，然而产权界定和实施的代价极高，所以国家作为一个低成本提供产权界定和实施的制度安排应运而生，而成功的意识形态能够克服“搭便车”问题，为社会稳定的必备因素。总之，他们主要从经济社会的微观层次来理解制度的作用，其制度变迁也不过是在既定制度环境中制度安排的变迁，其目的是想证明资本主义制度的和谐，其不完美之处可以通过资本主义经济制度内部的自我调节得到改善。

在马克思看来，社会制度分为经济制度、政治制度和文化制度，他主要从宏观角度来把握制度，通过对商品、所有制、流通、企业、生产力、生产关系等元素辩证分析了这三大制度之间的关系。经济制度是核心，它决定文化制度和政治制度。马克思从生产力和生产关系的关系角这一度来说明经济制度，生产力是最活跃、最能动的因素，生产力决定生产关系，它决定生产关系的发展变化状况及其发展变化的程度；生产关系反作用于生产力，当生产关系的新变革同生产力的发展要求相适应时，就能推动生产力发展，反之就会阻碍生产力发展。生产力和生产关系中，经济关系的总和共同构成经济基础即经济制度，经济制度和政治制度与上层建筑的关系如同生产力和生产关系的关系。最后，有什么样的经济制度和政治制度，就有什么样的思想意识形态与之相适应。由此可见，马克思的制度分析框架细致严密，涵盖并详细界定了各种制度内容，科学揭示了它们之间的内在本质联系，更重要的是，层层递进地探讨了经济制度、政治制度、文化等制度因素之间唯物主义的辩证关系，这是新制度经济学还不能达到的境界。

9.5.3　产权

新制度经济学中的"产权"是"财产权利"一词的缩写，它和法律上的所有权有区别。所有权就其一般意义来讲是某人对某物的垄断占有，从而取得对该物的支配权，这种权利由法律规定并保护。"这种具有契约形式的（不管这种契约是不是用法律固定下来）法权关系，是一种反映着经济关系的意志关系。"说明了所有权是表示经济概念的所有制的法律表现，是以所有制或者更广义地说是生产关系，也即以经济基础为基础的，没有人们之间的经济关系，法律就失去了其存在的意义。

产权问题是一个复杂问题，尽管世人都在赞颂合理的产权对经济效率的影响，但是由于经济学家从不同角度给予了产权不同定义，所以至今也没有一个对产权的定论。德姆塞茨认为"产权意味着权利对所有者自己或者他人有益或有害"，就是说界定人们是否有权利利用自己的财产获取收益或损害他人的权益，以及他们之间如何进行补偿的规则。"产权是一种通过社会强制实现的对某种经济物品的多种用途进行选择的权利，属于个人的产权即私有产权，可以转让以换取对其他物品同样的权利"，就是说没有经过产权所有者允许，其他人没有权利就其物品进行使用或者施加影响；而且在产权完备的条件下，产权所有者对其物品进行享用和处置时，也不能对其他人的私有产权施加影响。例如，在一间小屋子里面，空间按照每个人的位置相对划分给每个人，假设这种划分只是在抽不抽烟时才生效。如果甲抽烟，乙不抽烟，则当甲抽烟的时候，虽然他有就产权属于他的香烟进行处置的权利，即他可以在这里抽他的香烟，但是他没有权利让他的烟满屋子扩散，如果扩散到乙的空间则视他违背规则，他应该就抽烟对乙造成的损害进行补偿。

关于产权的定义还有很多，但是总的看来它们有许多共同点。新制度经济学重新把人与人之间的关系提到研究对象，人对物的关系只不过是为人与人之间的交易顺利实现；他们研究的产权是一组权利束，包括对物品的占有、使用、收益和处置等；他们都承认产权制度的合理安排对经济效率起着重要影响，其主要功能是引导人们在更大程度上将外部性内部化；某人具有更多附在某物上的产权，则该物品对他来说具有更大的价值；并且产权给他带来的预期不仅可以由法来规定，而且可以从习俗、社会习惯及伦理道德中得到实现。

马克思的产权理论就是马克思的所有制理论。所有制是体现现实生产过程中的经济关系，并表现了经济利益的实现形式，是一个更强的经济概念；而所有权是所有制现实经济形态的法律形式，是一个更强的法律概念，离开现实的所有制关系，所有权就失去意义。所有制理论决定了人们在生产过程中的地位和分配关系，它是生产关系三个组成部分的核心。资本主义所有制决定了生产资料归资本家所有，资本家在生产过程中处于支配地位，劳动产品的分配有利于资本家。“为了使这些物作为商品彼此发生关系，商品监护人必须作为有自己意志体现在这些物中的人彼此发生关系，因此，一方只有符合另一方的意志，就是说每一方只有通过双方共同一致的意志行为，才能让渡自己的商品，占有别人的商品。”这可以看出，马克思就商品的交换本质同阿尔奇安的看法一致。在所有制和经济效率的论述中，马克思认为所有制应该和生产力相适应，当所有制不适应生产力的发展时，所有制就会创新和变迁。但是马克思不仅仅研究同一经济制度内部的所有制也研究生产关系的变化，而且从对资本主义制度的本质和对以前各种经济制度的综合研究，得出了经济制度最终会倾向于更新的更加高级的经济制度变迁。

9.5.4 制度变迁

对经济制度动态发展的研究，无论是马克思制度经济学，还是新制度经济学，都把制度发展、变迁作为研究重点之一。两者有很多共同之处：都认为制度是变化发展的，是促进人类社会不断发展的不可或缺因素；都试图寻找制度变迁的动因、过程、方式；都把制度变迁与经济增长结合起来；都在一定程度上强调制度变迁过程与政治、社会意识形态之间的关系。但两者之间仍有很大差异。

新制度经济学继承了新古典经济学的供需理论，认为制度变迁是一个由制度需求和制度供给相互作用的过程，当供需均衡时制度就稳定下来。由于人类的有限理性，所以制度在减少交易成本、克服外部性、帮助人们克服对风险的厌恶、保证人们收益等方面发挥重要作用。至于制度的变迁是因为人们在现在的制度中的交易成本太高，制度变迁可以从中获益，只有当预期的变迁收益超过预期的变迁成本时制度变迁才有可能；但是意识形态对制度变迁的影响不可忽视，如果意识形态使人们对现在的制度支持和同意，即使个人可以从变迁中获益，人们也不会选择新制度；由于制度变迁是因为人们可以获益，所以它可以促进经济发展。但是，制度变迁存在时滞性，所以制度变迁存在的成本也不可小视，甚至有时候成本会大于收益。此外，制度变迁存在路径依赖，一旦它走上某一路径，就会在以后的发展中沿着既定方向不断强化自己，可能进入良性循环的轨道，也可能陷入无效率状态。

马克思制度经济学中的制度变迁主要不是在既定制度内探讨制度变迁，而是探讨制度的根本性变化，即一种经济制度由另一种经济制度替代，他通过对以前各种经济制度的替代原因分析及资本主义经济制度的本质分析，得出资本主义经济制度也会被更加高级的社会主义经济制度所替代，其分析出发点是生产力与生产关系的辩证关系：无论哪一种社会形态，在它们所能容纳的全部生产力发挥出来以前不会灭亡；而新的更高级的生产关系，在它存在的物质条件在旧社会的胚胎里成熟以前绝不会出现。如果用制度经济学的语言来说，马克思的论述隐含着这样的观点：在向变迁的临界点趋近过程中，旧制度安排的收益逐渐降低，并趋近于零；新制度实施的成本逐渐降低，当旧制度的收益达到零，且新制度实施的利润增大时，变革将会发生。

关于制度变迁的动因，马克思认为根本动因是生产力发展，直接原因是阶级矛盾，当旧制度不适应新生产力时，上层建筑也就不适合经济基础，这时阶级斗争就会激化，从而导致新制度取代旧制度。当然马克思也论述了制度与生产力的关系，由于旧制度不适应生产力，其效率低下；新制度适应新生产力，从而可以推动生产力和科技进步，促进经济增长。

本章小结

本章首先对马克思制度经济学的基本思想进行了介绍，包括马克思制度分析的方法论、人性假设及价值观等；其次分析了马克思的产权理论、企业制度理论、制度变迁与社会发展理论；最后对马克思制度经济学与新制度经济学进行了比较分析。

思考题

1. 马克思制度分析的人性假设与西方经济学关于人性的假设有何区别？
2. 马克思制度分析关于财产权、所有权、产权及所有制的基本内涵及相互关系的认识是怎样的？
3. 马克思制度分析是怎样看待企业制度的演进的？
4. 马克思制度分析关于制度变迁的动力来源于哪里？
5. 马克思制度经济学与新制度经济学的区别主要体现在哪些方面？

参考文献

埃格特森．1996. 新制度经济学．吴经邦译．北京：商务印书馆．

安增军．2001. 马克思研究企业制度理论的独特视角．当代经济研究，(8)：17-21，42.

鲍尔斯．2006. 微观经济学：行为、制度和演化．江艇，等译．北京：中国人民大学出版社．

布尔迪厄．1997. 文化资本与社会炼金术：布尔迪厄访谈录．包亚明译．上海：上海人民出版社．

布罗代尔．1993. 15至18世纪的物质文明、经济和资本主义．顾良译．北京：三联书店．

迪尔凯姆．1999. 社会学方法的规则．胡伟译．北京：华夏出版社．

迪尔凯姆．2000. 社会分工论．涂尔干，渠东译．北京：三联书店．

段文斌．2003. 制度经济学．天津：南开大学出版社．

范国权．2011. 基于契约理论的政策性税收筹划研究．中国总会计师，12：208-209.

何玉长．1998. 马克思企业制度理论及其现实意义．财经研究，15 (4)：45-48.

贺静．2009. 论马克思的产权理论及启示．生产力研究，(11)：11-13.

贺卫，伍山林．2003. 制度经济学．北京：机械工业出版社．

洪坤，孔令乾．2009. 马克思制度经济学的思考．南方论刊，(4)：37-38.

胡钧，刘凤义．2001. 马克思经济学与新制度经济学的比较．经济学动态，(6)：6-13.

胡乐明，刘刚．2009. 新制度经济学．北京：中国经济出版社．

黄少安．2008. 制度经济学．北京：高等教育出版社．

蒋雅文．2004. 国家理论的争论与发展．天府新论，(5)：22-25.

康芒斯．1962. 制度经济学．于树生译．北京：商务印书馆．

康芒斯．1997. 制度经济学：上册．于树生译．北京：商务印书馆．

柯武刚，史漫飞．2000. 制度经济学：社会秩序与公共政策．韩朝华译．北京：商务印书馆．

科尔曼．1999. 社会理论的基础．邓方译．北京：社会科学文献出版社．

科斯．1990. 企业、市场和法律．盛洪，陈郁译．上海：上海三联书店．

黎溢明，钟明聪．2008. 交易费用的测量研究．商场现代化，(10)：162-163.

刘劲杨．2002. 知识创新、技术创新与制度创新概念的再界定．科学学与科学技术管理，23 (5)：5-8.

刘荣材．2009 论马克思制度变迁与社会发展理论模式．延安大学学报（社会科学版），31 (4)：9-13.

刘秀生．2003. 新制度经济学．北京：中国商业出版社．

卢现祥．1996. 西方新制度经济学．北京：中国发展出版社．

卢现祥．2004. 新制度经济学．武汉：武汉大学出版社．

路平，何玮．2002. 新制度经济学及其发展．经济社会体制比较，(5)：5-10.

罗必良．2005. 新制度经济学．太原：山西经济出版社．

马克思．1975. 资本论．郭大力，王亚南译．北京：人民出版社．

诺思．1991 经济史中的结构与变迁．陈郁，等译．上海：上海三联书店．

诺思．1994. 制度、制度变迁与经济绩效．刘守英译．上海：上海三联书店．

帕森斯，斯梅尔瑟．1989. 经济与社会．刘进，等译．北京：华夏出版社．

彭德琳．2002. 新制度经济学．武汉：湖北人民出版社．

青木昌彦．2001. 比较制度分析．周黎安译．上海：上海远东出版社．

石建社．1998. 制度内涵与制度变迁．山西财经大学学报，(2)：16-19.
史晋川．2003. 法律经济学评述．经济社会体制比较，11 (2)：95-103.
舒尔茨．1991. 制度与人的经济价值的不断提高．//科斯，阿尔钦，诺斯，等．财产权利与制度变迁：产权学派与新制度学派译文集．刘守英，等译．上海：上海三联书店．
斯格特．2002. 组织理论．黄洋，等译．北京：华夏出版社．
斯密．1972. 国民财富的性质和原因的研究．郭大力，王亚南译．北京：商务印书馆．
苏鹏，陈扬乐．2009. 基于“逆向选择”分析零负团费问题．经济研究导刊，(31)：160-161.
特纳．1987. 社会学理论的结构．吴曲辉，等译．杭州：浙江人民出版社．
汪丁丁，韦森，姚洋．2005. 制度经济学三人谈．北京：北京大学出版社．
汪洪涛．2003. 制度经济学：制度及制度变迁性质解释．上海：复旦大学出版社．
韦伯，温克尔曼．1997. 经济与社会（下卷）．林荣远译．北京：商务印书馆．
熊彼特．1992. 经济分析史（第二卷）．杨敬年译．北京：商务印书馆．
熊彼特．1994. 经济分析史（第三卷）．朱泱，等译．北京：商务印书馆．
熊彼特．1996. 经济分析史（第一卷）．朱泱，等译．北京：商务印书馆．
徐鹏，宁向东．2011. 家族企业的公司治理模式——基于契约理论的研究．学术月刊，43 (10)：91-96.
杨德才．2007. 新制度经济学．南京：南京大学出版社．
杨小凯．2003-04-30. 为什么工业革命在英国而不在西班牙发生——纪念李慎之．南方周末．趋势版．
易婷婷，梁子应．2011. 旅行社“零负团费”现象及对策分析——香港“购物门”事件引发的思考．重庆科技学院学报（社会科学版），(1)：104-105.
袁庆明．2005. 新制度经济学．北京：中国发展出版社．
张计划．2007. 论交易费用的含义、功能与理论启示．当代财经，(3)：12-16.
张鹏，王丹．2012. 康芒斯的产权思想评析．经济研究导刊，(1)：112-113.
张蓉晖．1995. 产权与所有权关系新解．财经科学，(2)：76.
张五常．1999. 契约经济学．北京：经济科学出版社．
赵波，冉宏伟．2005. 马克思制度经济学与新制度经济学之比较．河北经贸大学学报，26 (1)：14-18.
郑秉文．1992. 外部性的内在化问题．管理世界，(5)：189-198.
郑春勇．2011 评巴泽尔的产权国家理论．西南石油大学学报（社会科学版），13 (3)：22-25.
Bajari P，Tadelis S. 2001. Incentives versus transaction costs：a theory and procurement contracts . Rand Journal of Economics，32 (3)：287-307.
Bardhan P. 1989. The new institutional economics and development theory：a brief critical assessment. World Development，17 (9)：1389-1395.
Barzel Y. 1989. Economic Analysis of Property Rights. Cambridge：Cambridge University Press.
Becker G S. 1957. The Economics of Discrimination. Chicago：University of Chicago Press.
Becker G S. 1973. The Economic Approach to Human Behavior. Chicago：University of Chicago Press.
Buchanan J A. 1975. Contractarian paradigm for applying economic theory，papers and proceedings of the eighty-seventh annualMeeting of the American economic association. American Economic Review，65 (2)：225- 230.
Burns J，Scapens R W. 2000. Conceptualizing management accounting change：an institutional framework. Management accounting research，11 (1)：3-25.
Calabresi G. 1961. Some thoughts on risk distribution and the law of torts. Yale Law Journal，70 (4)：

449-553.

Coase R H. 1960. The problem of social cost. Journal of Law&Economics，3 (4)：1-44.

Coase R H. 1984. The new institutional economics. Zeitschrift für die gesamte Staatswissenschaft/Journal of Institutional and Theoretical Economics，140 (1)：229-231.

Coase R. 1998. The new institutional economics. The American Economic Review，88 (2)：72-74.

Commons J R. 1931. Institutional economics. The American economic review，21 (4)：648-657.

Commons J. R. 1932. The problem of correlating law，economics，and ethics. Wisconsin Law Review，13 (8)：3-26.

Dorward A，Kydd J，Poulton C. 1998. Smallholder Cash Crop Production under Market Liberalisation：A New Institutional Economics Perspective. CAB International.

Feige E L. 1990. Defining and estimating underground and informal economies：the new institutional economics approach. World development，18 (7)：989-1002.

Floro S L，Yotopoulos P A. 1991. Informal Credit Markets and the New Institutional Economics：The Case of Philippine Agriculture. Boulder CO：Westview Press.

Furubotn E G，Richter R. 1984. The new institutional economics：symposium June 6-10，1983，Mettlach/Saar：editorial preface. Zeitschrift für die gesamte Staatswissenschaft/Journal of Institutional and Theoretical Economics，140 (1)：1-6.

Furubotn E G，Richter R. 2005. Institutions and Economic Theory：The Contribution of the New Institutional Economics. Michigan：University of Michigan Press.

Hart O，Moore J. 1990. Property rights and the nature of the firm. Journal of Political Economy，98 (6)：1119-1158.

Hart O. 1995. Firms，Contracts，and Financial Structure. New York：Oxford University Press.

Hodgson G M. 1998. The approach of institutional economics. Journal of Economic literature，36 (1)：166-192.

Hodgson G M. 2000. What is the essence of institutional economics? Journal of economic issues，34 (2)：317-329.

Hodgson G M. 2004. The Evolution of Institutional Economics. London：Routledge.

Kasper W，Streit M E. 1998. Institutional Economics：Social Order and Public Policy. Cheltenham，UK：Edward Elgar.

Landa J T. 1994. Trust，Ethnicity，and Identity：Beyond the New Institutional Economics of Ethnic Trading Networks，Contract Law，and Gift Exchange. Michigan：University of Michigan Press.

Langlois R N. 1986. The new institutional economics：an introductory essay//Langlois R N. Economics as a Process：Essays in the New Institutional Economics. Cambridge：Cambridge Vnivisity Press.

Nabli M K，Nugent J B. 1989. The new institutional economics and its applicability to development. World Development，17 (9)：1333-1347.

North D C. 1986. The new institutional economics. Journal of Institutional and Theoretical Economics (JITE) /Zeitschrift für die gesamte Staatswissenschaft，142 (1)：230-237.

North D C. 1993. The new institutional economics and development. EconWPA Economic History No. 9309002 Working Paper.

North D C. 1997. The Contribution of the new Institutional Economics to an Understanding of the Transition Problem. Helsinki：UNU World Institute for Development Economics Research.

Ostrom E，Schroeder L，Wynne S. 1993. Institutional Incentives and Sustainable Development：Infrastructure Policies in Perspective. Boulder：Westview Press.

Palay T M. 1984. Comparative institutional economics：the governance of rail freight contracting. The Journal of Legal Studies，13 (2)：265-287.

Wilber C K，Harrison R S. 1978. The methodological basis of institutional economics：pattern model，storytelling，and holism. Journal of Economic issues，12 (1)：61-89.

Williamson O E. 2000. The new institutional economics：taking stock，looking ahead. Journal of economic literature，38 (3)：595-613.

